江戸の子供遊び事典

中田幸平

江戸の子供遊び事典

八坂書房

目次

軒下遊び

目　次

外遊び……367

手遊び

坐り相撲

〝坐り相撲〟とは、坐って相撲を取ることで、座敷相撲（指相撲、腕相撲、脛《すね》相撲、足相撲）の一つである。

相撲の取り方も座敷ならばこそ、屋外で相撲を取るようなわけにはいかないから、どうしても身体の上半身の相撲になる。そしてこの相撲の禁止手は「ドッタンバッタン」音を出さないこと、取り組み中は尻を絶対にあげないこと、膝を畳から離さぬことで、また顔などをたたくことも禁止されている。もちろんこのルールを破れば負けとなるのは、いうまでもない。

相撲の取り方は、畳一畳を土俵として取り組む。まず二人がその中央に出て相対し、互いの膝と膝との間を三〇センチ開けて坐り、にらみあう。手は両膝の上にのせておく。行司は坐って団扇またはハタキを軍配にして、屋外の相撲と同じ仕切りを行う。行司の「ハッケヨイ！」（この場合小さな圧し殺した声で気合を入れる）で相対する二人はにらみあって、トノサマガエルのような恰好になる。「ノコッタ！」で軍配があげられると、ふたりは突っ張りあったのち組み合う。

〝坐り相撲〟に勝つコツは、まず仕切った後の立合いの出足にあり、といっても足は使うことができないので、すばやく前褌《まえみつ》（ズボンのベルト）を取るように、身を低くして相手の胴に抱きつき、すかさず右股外を左手で押え、右手を相手の左脇下あたりに当てて右に強く倒すことである。これをすばやくすると、相手はどんなに体が大きくとも、意外なほどダルマのように横に転げる。なんといっても勝つことは、立合いの優劣で勝敗が決められてしまうので、身を低くして出足を早くしなければならない。もし出足がおくれた場合には攻撃を変えて、突っ張って突っ張って相手が気おくれしたならば、すばやく胴に取り組む。または相手が反り身になるまで突っ張り、前膝が浮いて床から離れるから、どんと押しまくればよい。だがこの場合、相手の反り身でついつい尻を浮かしてしまうことがあるので注意すべし。もう一つは立合いに突くと見せかけて、身をかわして相手の突っ張りをさけると、相手はそのまま手を伸して尻をあげてしまう。

こうして次から次へと勝ち抜き、勝ち残ったものが横綱となるが、連戦の横綱の膝は畳で擦れて真っ赤になり、膝の痛みも横綱の勲章のようである。

座敷相撲のうち腕相撲のことは、平安時代の『倭名類《わみょうるい》聚抄《じゅうしょう》』とか、南北朝時代の『異制庭訓往来《ていきんおうらい》』に記載され、その歴史も古いが、〝坐り相撲〟は江戸時代も中期以降に流行ったものである。天保二年（一八三一）刊の『尾張童遊集』に、

角力遊び　チヨツカ角力　三尺角力トモ云三尺隔テツマ立テ相向ヒ片手ニテ引合引倒シタルヲ勝トス　座角力

とあり、また天保十年（一八三九）刊の『娘太平記操早引』（三二）に、

取らう遣らじと取っ付き引っ付き坐相撲に異ならず……

とあることからも、かなり遊ばれていたといえる。

この〝坐り相撲〟はどちらかというと、身近に遊ぶ場がない都市社会のもので、とくに商人《あきんど》の大店へ奉公に出された丁《でっ》稚《ち》小僧の間で人気があった。もっとも丁稚小僧も一般の子らも遊びたい盛りには変りがないが、丁稚に出された子供は昼も夜も遊ぶことができないから、やっと自由になるのは一日の労働が終ってからの就寝時である。夏はまだしも冬などは店の戸閉りの後に寝床に入るにも寒くて眠れず、〝坐り相撲〟で体を揉み温めた。こうした相撲だから、音がドタンバタンとでると主家の旦那やお内儀《かみ》さんに叱られる。そのために音がでないルールを決めて相撲を取った。それでも負けまいとして頑張るから、ついつい大きな声や音をだしてしまう。そんなとき、ハッと組む腕を離して床にもぐったものであると、いまは亡き父の苦労話を聞いたことがある。

この頃の子供たちは、腕相撲、指相撲までは知っているが、脛相撲、足相撲などを知っている子はいない。〝坐り相撲〟を含めて、これらの座敷相撲は、子供がまだ社会的に保護されない時代、苦しさ悲しさの中に、ひそかに楽しみにした相撲であったのである。

針打ち

若い頃、時代考証の仕事で、安政時代（一八五四〜六〇）の女性の結髪を調べたことがあった。腰元の結髪は文金高島田で、御殿勤めの少女の結髪は「針打」と呼ぶと資料に記載されていた。同じ高島田にかかわらず、どうして針打なのか戸惑ったことがある。ところがしばらくして江戸の子供の遊びに〝針打ち〟という危険な遊びがあるので驚き、早速、文政十三年（一八三〇）刊『嬉遊笑覧』を繙くと、

今童の戯に紙を賭にして針に糸をつけ（長さ三、四寸）糸の端を指にてつまみ針を前歯にくはへて重ね置きたる紙にうつ紙に針立たるをそと抜ば針先に紙付て上るをとる是を針打といふ此戯に類せされど紙を賭とするによりて次にいふ（『長崎歳時記』）に是を紙打ちといへり

口に針をくわえて、これを敵に吹き飛ばし急場を逃れるという、映画、テレビに登場する忍者の必殺技《ひっさつわざ》のようで、これは子供の遊びとしては危険極りないと思いながら、同時代の子供遊びをまとめた天保二年（一八三一）刊の『尾張童遊集』繙くと、〝針打ち〟の遊びが絵入りで掲載されているのには驚いた。ますますこの遊びに関心が湧き、実際にこの遊びの体験者はいまいかと思案の末、旅先で知りあった浜松の旧東海道筋に育った古老に訪ねた。明治生れの老人は七、八歳の頃遊んだ記憶があると答えた。訊くところによると、右手に針の房をつまみ半紙に向って吹き打つ、主に正月など座敷で競技したという話であった。

『日本全国児童遊戯法』（明治三十四年刊、太田才次郎編）には江戸の〝針打ち〟遊びについて、

野卑の遊戯なれば市中には絶えたれど、辺鄙の地にては尚稀になし居るを見受けることあり

とあり、古老は正に辺鄙な街道筋の生れ育った子供時代であるから、この文献通りの体験者であった。

この遊びはどのようにして針を口にくわえて吹きつけるのか。前述の老人の話によると、まず一本の縫針（中ぐけ、大ぐけ、蒲団針）に長さ一〇〜一五センチの糸を通す。針を打つときは、針先を前にむけて前歯にてくわえる。吹きつけるときの息は静かに吸いながら唇を細めにして、針先がわずかにみえるくらいにする。そして一気に吹く。すると針は飛び出すが、こ

の針により速度をつけるために、つまんでいた糸を針の飛び出す方に強く引く。針を吹くことと糸で針を引くのが同時であるから、針は目的物に強く突き刺さるわけである。

針打ちのゲーム

まずゲームに参加する者は、半紙二枚ずつ持ち寄り、これを重ねて畳の上に置く、これが針打ちの的である。ジャンケンで先攻順を決めて、順番がくると針を口で吹きつける。針が半紙に突き刺されば、そろそろとつまんだ糸を引きあげる。そして半紙が付着してくれれば針を突き刺した者のものとなる。付着しても付着しなくとも次の番に替わり、半紙がなくなるまで順番に吹き刺す。勝敗はたくさん半紙を取得したものが勝ちとなる。

この他に、同じ〝針打ち〟遊びといわれるものに、針を口にくわえず、指先でつまんで山盛りにしたミカンに打ちこみ、糸をたぐりよせるミカン釣り遊びがある。

また、茨城県の磐城地方にあるもので、まず突き刺す針の加工からはじまる。太く長い針とあるから蒲団をとじる針であろうか、それとも畳屋の畳床をとじる針だろうか不明であるが、その針に数本の糸を通し、長さ一〇センチくらいの房のようなものをつくる。次に餅を賽子《さいころ》のように切って、その針に刺しとおす（図参照）。

遊び方は（イ）を左手指先でつまみ、（ロ）を右手指でつまんで、上より打ちつけて刺す。刺し方は垂直に針を打たないと折れるので注意を要すとある。そして糸の房（ロ）のところをつまんで針を引きあげると半紙が付着し、取得することができるというわけである。

口から指先へと〝針打ち〟遊びの方法は移ったが、針をもって半紙を取りあう正月遊びは、明治の初め頃まで盛んに行われていたようである。しかし、現在では完全に姿を消した。なぜ口にくわえて吹き飛ばす危険な遊びが江戸の子供たちに流行ったのか。その理由は不明である。あるいは宗教にかかわりあうものなのかもしれない。

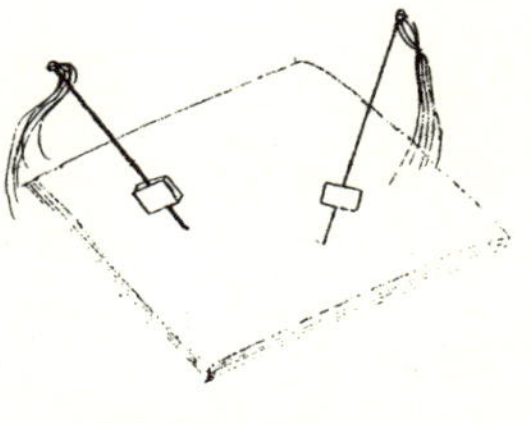

『尾張童遊集』より

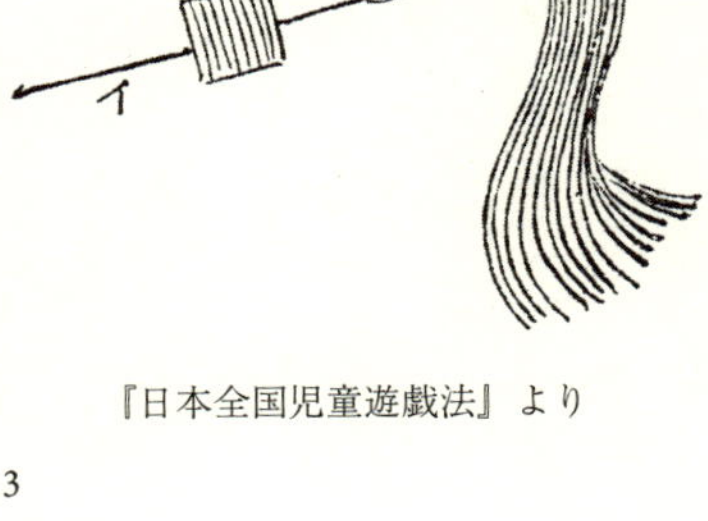

『日本全国児童遊戯法』より

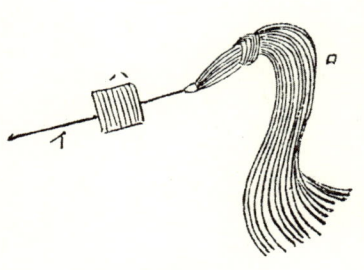

首引き

遊戯研究の先達前田勇氏は『児戯叢考』（昭和十九年〔一九四四〕刊）の中で、

字引と首っぴきで、とはなか〱面白い言葉だと思ふ（…中略…）しかし幾ら字引と首引きしても、分に過ぎたものは読めっこない。そう云ふ時は「よせ〱どうせ朝比奈と首っぴきさ」と忠告してやればよいのだが……

と述べている。これが書かれた昭和十年代でも「さう云ふ洒落のわかる青年は、われわれの周囲には先づゐまい」といっているが、朝比奈三郎義秀の大力無双どころか、現代では〝首引き〟ということすら知る人も少なく、この遊びはすっかり失なわれて死語に近いからなおさらである。

〝首引き〟とは、昔の子供たちが下帯または兵児帯《へこおび》を輪に結び、これを相対して坐る子供の首にかけ、掛け声とともに首の力で引きあった力競べである。一般に首根っこの太い子が勝つが、〝首引き〟も相撲でいう立合いの早さが勝負を決めるので、痩せ首でも首引き巧者は勝ち、三人抜きは軽くこなした。

〝首引き〟の面白さは、勝った時の勝者の恰好である。相撲で勝つと相手が転がるか土俵の外に出されるが、〝首引き〟に勝った者は仰向けに後ろに倒れ、負けた者は深々と頭をさげて「降参した」という恰好になる。こうした勝者の姿は周囲の笑いの的となるが、同じ力の首根っこの強い者どうしが引き合うと、引いてはゆるめ、ゆるめては相手を油断させて急に一気呵成《かせい》に引きに引き、満身の力で相手を屈伏させてしまう。その力を入れた赤ら顔もまた笑いの的で、やっとこさ勝った者も、力つきて負けた者も、首筋が真っ赤に擦れて痛く、首が回らなくなるほどになる。

〝首引き〟とはこれだけの力競べであるが、この遊びだけ行う単独の体技遊びではない。それは「腕相撲」とか「膝挟み」「脛相撲」「坐り相撲」といった連続の力競べの一つとして行われるものである。

長雨の降る季節には、昔の男の子たちは、座敷の片隅などでこうした遊びをしたものである。

この遊びは歴史的にみても古くからのもので、南北朝時代の書といわれる『異制庭訓往来《ていきんおうらい》』に、

目比、頸引、膝挾、指引、腕推、指抓等、

是尤雖二不雖之振一　尚費レ力摧肝之體也

とあり、体の各部分の力競べであることをうかがい知れる。それは室町時代中期成立の『義経記』においても、弁慶生立の条に、

人も行ぬ御堂のうしろの山のおくなどへ、ともないゆきて、腕おし、首引　すまふなどぞこのみける……

とあり、比叡の山の学頭西塔桜本の僧正の許にあずけられた幼少の弁慶が、学問もさることながら、力も強く逞しくなり、他の児法師などを集めて力競べをしたようすが知れるが、〝首引き〟はその力競べの一つであることが記されている。

こうした複合的な体技の一つとしての〝首引き〟に対し、〝首引き〟そのものの物語がある。それは和泉流狂言の『首引』で、かの有名な剛力の鎮西八郎為朝が、鬼ケ島に出かけて、弓技でなく鬼の子や娘と首引きするという話で、見事引き勝ったということである。なかでも鬼の親の応援が振っており、

姫が方が弱いね、えいさう〳〵……

と狂言の面白さがある。〝首引き〟を主題にしたものは、後にも先にも、おそらくこれ一つかもしれない。昔語りの朝比奈三郎義秀も、鎮西八郎為朝も、それから武蔵坊弁慶も、無双の力持ちは単に重量ある物を手軽に持ち運ぶという単純なものでなく、身体のどの部分の力競べにも強いものであったという証である。

さて男の子の〝首引き〟もこうした昔語りに啓発されることも多い。昔、大店の丁稚小僧などは、店じまいのひとときに、こんな力競べを店の片隅でよくやったそうで、そのつど番頭に大目玉をくらったと年輩の人に聞いたことがある。この〝首引き〟の遊びは大正時代の末には、いつのまにか子供たちに忘れ去られてしまった。〝首引き〟という遊びは歴史に残る力競べとして書きとどめられるにすぎない。ましてや江戸の黄表紙に出てくる「炬燵《こたつ》で首引き」とか、「火鉢と首引き」などの言葉はとうの昔に消えてしまった。

手毬つき

数人の年長の女の子と、一つ二つ年下の女の子ばかり陽だまりに集まって、毬をつく子を囲んで唄をうたう遊びは、かなり激しく体を動かす遊びであった。

〽一もんめ　一ちょ
二もんめ　一ちょ二ちょ
三もんめ　一ちょ二ちょ三ちょ
四もんめ　一ちょ二ちょ三ちょ四ちょ
五もんめ　一ちょ二ちょ三ちょ四ちょ五ちょ
六もんめ　一ちょ二ちょ三ちょ四ちょ五ちょ六ちょ
（……以下略）

毬をつく子は左手で着物の後裾をつかみ、股をくぐらせて前に引きあげた恰好で唄をうたい、そして右手で毬をつきながら次のような技を繰り返す。

「一もんめ」で毬を二、三度つき、「一ちょ」で前から毬をついて股をくぐらせ、体の向きを変えて後ろに出た毬をつき「二もんめ」をうたう。次の「一ちょ二ちょ」で再び股をくぐらせて、体をよじって後に出た毬をつき、再び股をくぐらせて前に出す。二回股をくぐらせるわけである。「三もんめ、一ちょ二ちょ三ちょ」では三回、「四もんめ、一ちょ二ちょ三ちょ四ちょ」では四回と、連続して毬をつく。すなわち、「〇もんめ」をうたうときにバランスを取り、「一ちょ二ちょ……」の数だけ股をくぐらせるので、「十もんめ」までくると、連続十回も股をくぐらせることになり、そうとうな体技と根性がなければ通し技は無理であった。

冬の陽だまりの遊びといえ、北風は吹き荒れ寒い。しかし毬をつく子は、毬つきに熱中し、額に汗がにじみ、地面に毬をたたきつける埃が汗につき、すすけたような顔をしている。それでも手毬に憑かれたように声高々うたい続けた。

こうした子供たちの遊び唄は、近年見聞することがまったくといっていいくらいなくなった。それはお手玉唄、羽子つき唄も同様である。

〝手毬つき〟やお手玉、羽子つきなど女の子を魅了して離さなかった遊びはどのようにして発生し、近年まで伝承されてきたか、〝手毬つき〟を大まかに検証してみる。

初期の毬は現代のように弾むものではなかった。したがって地面または床に毬をついても弾みは小さく、毬をつくということはバレーボールのように上に突きあげるものであった。

手毬の始めは、多くの先学が残した説のように、中国渡来の蹴鞠《しゅうきく》から発生したのである。これは文字通り足で毬を蹴りあげる遊戯で、手で突きあげる遊びに移行したのが手毬の発生である。

ではこの蹴鞠とは、どんな遊びであったであろうか。寺島良安著『和漢三才図会』（正徳二年（一七一二）頃刊）によれば、皇極天皇（六四二〜四五）の頃、中国（唐）から移入されたもので、古くは「くえまり」とか「まりこえ」などと呼ばれていた。この遊戯は平安時代には、朝儀の一つとして行なわれるほどのもので、鹿の滑革二枚を一つに合せ、接ぎの部分に馬革を張り、そこに穴を開け、大麦を注入して球形に整形した物であった。球形の表面に膠入りの液体を塗り固めたとか、球形に整え中の大麦を抜いたとか、こうした毬は蹴っても弾みは弱いものであろうと想像する。

これを松、楓、柳、桜の木を四方に植えた「鞠壺」という庭で数人が輪になり、順送りに鞠を蹴り、地面に落す事なく遊戯するものである（この蹴鞠は現在も京都に於いて毎年催される）。

手毬はこうした球を蹴りあげる遊びを、手で突きあげる遊びに換えたもので、何故か諸書の文献にも推定のみで的確な資料はない。

手毬の初出の文献は貴族社会に関するものがなく、武家に関りのものが多い。ここに、手毬考察の上で重要な点があるように思う。その例は『平治物語』（作者不詳、十二〜十三世紀中頃成立）「叡山物語」の段に、

まず一ノ箱の修禅定の具足の中に、勢手鞠ばかりして音有る物あり

とあり、また同書の「悪源太為雷」の段に、

唯今、手鞠許の物巽の方より飛び来るは

とあるが、この頃にはすでに手毬遊びが行なわれたかのようである。

この手毬遊びの全容をみることが出来るのは、治承四年の頃より八十七年間（一一八〇〜一二六六）の武家の記録を記した『吾妻鏡』であろう。この書の貞応二年（一二二三）の条に、

正月二日其後、於若君御方、有手鞠会。奥州、駿河守、後藤左衛門尉、隠岐入道、苅田右衛門尉等、爲其衆、若年之輩不被召加。

四月十三日乙酒、若君出御南庭、有手鞠会。

四月二十八日庚子、若君、出御西御壺、有例手鞠会。

などという記録がある。この手鞠会なる遊びは左右二つの組に分れて、堂々たる武士たちが、壺庭に集まって蹴鞠のよう

に手で鞠をついたものと思う。それは現代のスポーツでいうならばネットなしのバレーボールのようなものであろうか。しかしこうした文献は大人たちばかりで、子供は登場しておらず、手鞠は大人たちの専有遊戯であったようである。

手鞠の文献で子供が登場してくるのは、『吾妻鏡』から二十数年後（一二四〇年代）、後深草天皇の御代に成る『石清水物語』七月の条に、

……わかきこたち手まりつき給ひて、みだりかなしく几丁などさまよひたる……

と子供たちが遊んでいたことが語られている。またこれより八十～百年後の『増鏡』（十四世紀中頃成立）「五、内野の雪」には、

……女房の中にまじりつゝ、乱碁、貝おほひ、手毬、扁つきなどやうの事どもをおもひ〳〵にしつゝ……

とあり、ようやく手鞠が子供の遊びとなり、しかも他の遊びから推察すると、家の内で座って遊ぶようにみられる。

この他に『沙石集』（一二八三）、『太平記』（一三六八～七四年頃成立）、『異制庭訓往来』（南北朝時代に成立）、『尺素往来』（一四八一年以前の成立）、『遊学往来』（室町時代に成立）など、手毬の文献は鎌倉時代より江戸時代にわたって随所に出てくるのであるが、まだまだ子供の手に至らない。

『骨董集』（山東京伝著、文化十年（一八一三）成立）に、

……手まりは蹴鞠よりうつれるわざなるべし。しかおもはる、ことは、ちかきむかし寛永、正保のころの絵に、四人立むかひてまりをつくさまかけり。……

と婦人らが立ち姿で毬をつく図があり、また、

今も田舎にては、正月五人十人立むかひてつくとぞきゝける。……

と記されてある。そして『吾妻鏡』に手鞠とこれらの毬つきは「符合せるかのごとし」といっているが、この頃はまだ昔ながらの立ち姿の毬つきで遊んだものらしく、寛永～正保（一六二四～四七）の頃の毛鞠会の唄にも鞠を投げるにあたって、その唄の終りで「おおわたし申ゥす……」とあり、鞠を受ける側は唄の始めに「受取った 受取った」とうたうことからも、左右の組に分れて毬つきしたことが伺える。

『骨董集』より

ところが貞享三年（一六八六）刊『雍州府志《ようしゅうふし》』（黒川道佑著

という書に山城国（京都）の手毬遊びについて

……一種有手鞠、其大如橙、自始棉糸纒環之、婦人女子於家園或板床上、以手撃之、是衝手鞠、其甚之者以千算之……

とあり、橙《だいだい》（果物）ほどの大きさの糸を巻いて作った毬（この時代ではまだ良く弾むという綿糸はまだ普及しておらず、絹糸か麻糸を巻いたものと思う）は良く弾むので、千回も毬をつくことができるという意味である（注：一、二、三の手玉の数え方で千回。「お手玉」の項参照）。ここにはまだ数多く毬をつくことで唄らしい唄は生れてない。何より変化のきざしは、集団で毬をつくのでなく、個人でしかも庭か屋内の床板の上でつくということである。

江戸も半ば過ぎ、この頃になると手鞠も数人が円形になってつく立ち鞠から、「跪《ひざまず》き鞠」、または「歩行鞠」、「奔走鞠」と、個人技《わざ》へ進化した。さらには一つついてから体を一回転する方法とか、さまざまな個人芸まで生まれた。

そのために、鞠の製作にも苦心され、より弾むように鞠の中芯に蒟蒻玉《こんにゃくたま》とか、龍の髭（という植物）の青玉を入れたりして工夫し（何よりもこの頃から良く弾む綿糸が使用されたのでないか）、かくして〝手毬つき〟は各地に広まった。

そして、天和〜貞享（一六八一〜八七）の頃、大坂に手鞠唄が生れた。その唄は十二ケ月にわたる長い手鞠唄なので、その一部を紹介する。

〽一つとやァ　一と夜翌くれば賑やかでー
お飾りィ立てたる松飾りィ　松飾りィ
二つとやァ　二葉の松は色ようてー　色ようてー
三蓋松は上総山　上総山……（以下略）

と、このように十二月まで続くのだが、これは和泉式部集の「一《ひと》つとや」を踏襲《とうしゅう》した唄であった。江戸でもこの後（宝暦の頃）、「一つとや」で始まる数え唄が流行《はや》り出し、次から次へと類唄が現れた。そして遂には明和六年（一七六五）刊『半日閑話』の記事にある、江戸谷中の笠森稲荷社の茶屋娘お仙が大変な美人で、その評判から生れた手鞠唄が生れた。

「向こう横町の」

〽向こう横町のお稲荷さんへ
一銭あげて
ざっと拝んでお仙の茶屋へ
腰をかけたら渋茶を出して
渋茶よこよこ横目で見たらば
お土のだんごかお米のだんごか
おだんご　だんご
まずまず一貫貸しました

また、白木屋のお駒さんなどの唄もあり、ついには歌舞伎『恋娘昔八丈』（安永四年（一七七五）初演）が登場。お駒とその恋人才三郎、そして丈八という番頭にからむ物語である。

お白さサァ、おんしろ白しろ白木屋のお駒さん、才三さん、みせには丈八ならい筆、えェん遠州はやいちごじゃのゥ、油まんしゅの孫じゃというて、いうにいわれぬ伊達なる男、夏も足袋はくばらおのせきだ、じょろりじょろりとじょうろりじょろはくばかり

（『浮世風呂』式亭三馬作、文化六年（一八〇二）刊より）

この時代は、黄表紙、洒落本が大流行、また名横綱の二代目谷風梶之助や小野川といった力士の活躍した時代であった。この頃、江戸より遠く離れた越後の国出雲崎で、良寛という僧侶が国上山の五合庵から村々に出かけては、村の子供等と毬つきをして遊んだという。

この里に手まりつきつゝ子供らと
　遊ぶ春日は暮れずともよし

霞立つ永き春日を子供らと
　手毬つきつつこの日暮らしつ

良寛さんのこの歌からも、凶作で貧困にあえぐ村の子らと過す毬つきの一刻《ひととき》は、どんな思いだったであろう。やがて再び訪ずれる度に、この子らは一人消え、二人消えてゆく（宿場の飯盛女として売られてゆく）。その無情さに良寛さんはどんな気持だったであろうか。

良寛さんを称える絵本や物語の絵をみると〝手毬つき〟の絵がよく描かれているが、その多くが立って毬をつく姿が多い。しかし、昔の毬は芯にゼンマイの綿毛や芋がらを用い、それを綿の糸で球形に巻いたものなので、ゴム毬のように弾まない。弾まないから体を屈めて、または跪づいてついたと思われる。この〝手毬つき〟の姿がなおのこと、良寛さんの心に響いたのでしょう。

さて、毬つきも毬唄も各地方に広まり、地方らしい毬唄が次つぎに生れた。この頃の毬の情況は『守貞漫稿』（一名『近世風俗志』、喜田川守貞編、嘉永六年（一八五三））によると、

今製の手鞠、大中小、種々ともに蚕糸をもって巻き飾るその糸、五彩を交へたり、中心に蛤殻等に砂を入れ、これを振るに音あり、貝殻の表にほそき鋸屑をもってこれを包み、その表に真綿を包み、その表に五彩糸を巻く。大なるは直径六、五寸、小なるは五、七分なり

以上の如く、毬作りの典型的な方法であるが、その表に

五彩糸を巻くとある。この五彩色の糸かがりの美しき模様は、どちらかというと競技や遊びの為の毬でなく、規則的な毬の地割を彩る五色の美さは、祝いの贈り物として評価されるようになった。とくに江戸時代後期頃の城勤めの奥女中や武家の子女に愛された。その伝統が現代に至り、郷土性を盛った「御殿毬」はつとに有名である。

八戸くけまり（青森）　加賀御殿まり（石川）
鶴岡御殿まり（山形）　紀州まり（和歌山）
江戸福寿まり（東京）　博多まり（福岡）
尾張まり（愛知）　金助まり（鹿児島）

以上は、現在伝承されている郷土玩具として知られる「御殿毬」である。

だが、一般的な糸巻き毬も、明治時代に入ると、しだいに衰えをみせはじめた。

（注：筆者はこの最後の糸巻き毬を体験している事に気付く。それは小学生の頃、紅白の球入れ競技が運動会にはかならず催された。その時の紅白色の球は糸で巻いた球であった）

『明治事物起源』（石井研著、大正十五年（一九二六））によると、明治十年頃にはドイツ製のゴム毬がすでに輸入されていた。このゴム毬は初め一部の人たちに使用され、糸毬より数倍の驚異的な弾みで、使用した子供たちは驚き、魅了されたことはいうまでもない。そして、国産のゴム毬は東京の三田土護謨製造会社が明治二十三年（一八九〇）に本格的に製造を開始。続いて東京の右川護謨製造所、大阪では河本信三という人がゴム毬製造に着手した。

当時一ダース一円ないし一円二十銭、明治末には一個十銭～十五銭だそうだ。それでも当時駄菓子屋では五厘、半銭の銅貨が使用されていたことから見るとまだまだ高価であった。初めのゴム毬の大きさは二インチ、二インチ半、三インチの三種のみであった。後に大中小三段階に規格され、大正に入って八インチ、十二インチの大型のものが市販された。

やがて都市部の子供が安易に手にするようになる頃、ゴム毬は糸毬に代って農山漁村地区にも登場し広まった。昭和に入ると軍事関係を除いても、地下足袋、運動靴ほか、ゴム製品は多くなり、価格も低下してゆき、ゴム毬も容易に農村の子らに普及していった。

こうしたゴム毬の普及によって、〝手毬つき〟遊びにも変革が起きてきた。毬が軽く、しかも大きく弾むの

『尾張童遊集』より

『絵本西川東童』より

で、昔ながらの手毬唄だと唄のテンポと毬のバウンドが合わないことから、新しい手毬唄が生れたのである。

手毬唄「伊勢、新潟」などは地名がしだいに増え、その度に片脚をあげる回数が増えて大変である。強くつくとそれだけ激しく弾み、強くかえってくる。すると再びすばやくつく。その度に片足で地名の数だけ跨ぐので、それだけ忙しい。「一番はじめは」（「一番はじめは一の宮」とも）、「一列らんぱん」（「一列談判」とも）、「おんさかさかさか」等々、筆者の幼き頃の記憶（昭和初期）を辿ると、メンコ勝負の傍《かたわ》らに見聞きしたもので、とくに「おんさかさかさか」という歌声が忘れられない。

〽おんさかさか坂屋でドン　四谷でドン
　赤坂、麹町、さらさら落ちるはお茶の水……

また、最後の処に「不如帰《ほととぎす》」の浪子と武雄の出てくる「一番はじめは」の唄は大好きだった。

やがて戦争に突入し、南方資源のゴムは真っ先に統制品となり、熱狂的に遊ばれた〝手毬つき〟のゴム毬は早々に生産縮小し、軍事品に切り変っていった。冬の季節、子供らの集まる地域に聞こえた毬音は、次第に消えていった。

そして戦争は終わった。

戦災の焼け跡の闇市の屋台には、時折劣化したようなゴム毬が売られていたが、子供たちの手に届くものではなかった。男の子らは健気にも焼け跡の路上で、丸めた新聞紙の中に小石を入れ、紙紐でぐるぐる巻きにしたボール状の球で、三角ベース（野球）をする姿を度々見かけたものである。

焼け残った住宅地や郊外での女の子たちは、とっておきのゴム毬を取り出し遊んだ。終戦の翌年あたりから「一もんめの一助さん」や「あんたがたどこさ」が流行りだした、と新聞記事で見かけた。

この頃は毬を持っているだけで他の子供から羨ましがられ、毬を貸して小遣い稼ぎをする子もいた。また、朝日新聞だったと思うが（昭和二十一年）、東京郊外で卑猥な手毬唄が流行り、大人のひんしゅくをかっているという記事が出ていた。

　敗戦後の教育界はどんでん返しの混乱で、子供たちは何が正しくて何が正しくないのかわからなかった。そんな昭和二十二年の秋、進駐軍から子供たちへの贈り物として、ゴム毬二〇〇万個が放出された。その翌年、六・三制の教育改革があり、その時の学童調査では男の子の遊びの筆頭は野球、女の子では毬つきであった。

　この頃は初めて夜間試合《ナイター》が始まり、その翌年にはアメリカ大リーグのチームが来日し、プロ野球が大いに盛りあがった。以降昭和二十年代後半よりゴム生産は再興し、毬は戦前ほどではないが再び子供たちに遊ばれるようになった。昭和三十年代に入ると第二次野球ブームが訪れ、白い肌だった毬が茶黄色のゴム毬に変わり、ドッジボールや蹴球《サッカー》で遊ばれることが多くなった。

　かつて唄とともに発展し、数々の詩情を生んだ毬だが、手毬唄は衰退し、毬《マリ》はただのスポーツ用の球《タマ》でしかない時代となった。

お手玉

〝お手玉〟遊びが女の子の間に流行りだすのは、昔から晩秋に多かった。それは〝お手玉〟に入れる新あずきの屑や、溝のへりに生えるジュズ玉が熟する頃で、そろそろ冷たい風をさけて、日向が恋しくなる頃でもある。
　日向での遊びは、男の子は馬とびや面子、ビー玉遊び、女の子は毬つきや〝お手玉〟だった。お手玉遊びが流行りだすと、昨年使ったお手玉はすっかり汚れてしまっているので、母や祖母にねだって新しく作ってもらった。
　やがてどの子も新しいお手玉を懐に、いつもの日向の遊び場に出かける。嬉しくって友だちとお互いにお手玉を見せ合い、袋の縮緬の裂地の自慢話や、「形は枕型がいい」とか、「叺《かます》型は古い」とか、「親玉になるお手玉は足袋のコハゼを入れるといい」などと、作ってもらったお手玉の話でもちきりであった。こんな騒々しい中で、年長の子が新しいお手玉のあげ具合をみるつもりで一、二回投げ玉をしてから、突然うたい出した。それは祖母さんから聞いた可哀そうな物語の唄だった。

〽一、俊徳丸《しゅんとくまる》は可哀相に
継母《ままはは》間《ざま》にいびられて（継母様にいびられて）
二、両親《ふたおや》ぁ様が有ったなら
こう云ふ思いも知らすまい（こういうこともあるまいに）
三、三ツの歳に母さんと
別れていくのも辛いもの
四、他所の人さえ他に小さい（よその人さえ他人さえ）
涙を溢《こぼ》すは無理はない
五、何時《いっ》までこうしていたとても
この世の余波《なごり》りは尚をろうか
六、無理に奨励《すすめて》暇もらい
一刻、きしう、さんがんに
七、涙乍らに俊徳は
父さんさよならと暇もらい
八、山に寝ようか、野に寝よか（山に寝ようが野に寝よが）
狼・獅子に喰われようか（喰われよが）
九、此処は何処だと訊えたなら
和泉《いずみ》の宿《しゅく》だと人が居る（人はいう）
十、とうとう世界を巡り合い
めーでたいな、めでたいな
（最後、「めーでたいな、めでたいな」で一段と高く高くお手玉をあげておわる）

年長の子は、最後の「めでたいな」で手を止めてお手玉をまとめて、持ち主の子に返しながら「縮緬のお手玉っていいね！」といった。

（この説教節の俊徳丸の唄は、明治生れの筆者の母が例幣使街道の傍で育ち、旅芸人から教った唄である。この唄をうたうと、バセドー氏病を患った若き日の母の面影が浮かぶ。また、これに似た唄が茨城方面にあると聞いた。）

お手玉の模範演技がおわると、他の子供たちは年長の子の技《わざ》に見ほれて、呆然として去り行く姿を見送った。

このお手玉遊びには大別して「投げ玉」と「ツキ玉」がある。前述の「俊徳丸」はうたいながらのお手玉で「投げ玉」である。「投げ玉」は立ったり歩いたり、膝をついて遊ぶ曲芸の「弄玉」（奈良時代末に隣国の唐から渡って来た「散楽」曲芸の玉をあやつる芸）に似たもので、さらに「投げ玉」には片手使いと両手使いとがある。片手の場合は掌に三個～五個の玉をつかみ、唄に合せてこれを一つずつすばやく連続して空中に投げあげ、順次落ちてくる玉をその片手で受けては投げあげ、お手玉は掌を中心に弧を描く。ところによると、片手の場合も両手の場合も、最後の一個を投げあげてすぐ体を一回転して玉を受け、「一貫貸した」とうたって終る。

こうした「投げ玉」に対し、座敷や日向の縁側などで遊ぶお手玉を「ツキ玉」という。この「ツキ玉」の特徴は親玉一個に子玉数個のお手玉で遊ぶもので、遊び方は二つの系統に分れる。一つは「オサライ」で、もう一つは「オジャミダマ」である。

「オサライ」

〽おさらい
おひとつ　おひとつ　おひとつ
おひとつでおさらい
おふたつでおさらい
おひとつおのこり　おさらい（……以下略）

遊び方は、まず親玉を上に投げあげている間に、前に置かれた子玉すべてをつかみ、落ちてくる親玉を受けて、つかんだ子玉すべてを離す（「おさらい」）。次に「おひとつ」で、親玉を再び上に投げあげている間に子玉を一個つまみ、親玉を受けて、子玉を落す。これを子玉の数だけ繰り返し、最後に初めにやったように「おさらい」をする。次に「おふたつ」では、初めに「おさらい」をして、今度は二個ずつまんでは落し、これをまた玉の数だけ繰り返す。このようにして唄が進むと「おのせ、おのせ」で、子玉を左手甲に一個ずつのせて「おつかみ、おつかみ」では一個ずつ左手で子玉をつかんでゆく。「おはさみ、おはさみ」では左手指間に一個ずつ挟んでゆく。

この「オサライ」は唄に合せてさまざまな技巧が展開され、その都度動作が変り、最後まで失敗なく続けば「一貫貸した」と点数をつけ、失敗すれば次の子の番となる。

次に「オジャミダマ」というゲームがあるが、この遊びは「オサライ」に遊び方が少し似ているところがある。

「オジャミ」

〽おひとつ　おふた　おみい　およお　おい　おむら
なってくりよ　とんきり
おじやみじやくら　おふたふくら
おみいざくら　およざくら（……以下略）

などと唄が続けられ、それに合せて玉の動作が続けられる。遊び方はだいたい「オサライ」と同じ方法で、異なるのは「とんきり」のところで親玉を投げあげて、落ちてくる親玉を手の甲で上にはねあげて、これをつかみとる。

以上のように、お手玉遊びの技は大きく分けて「投げ玉」と「ツキ玉」が遊び方の主流をなしている。この技は地方により幾分変ることもある。したがって各地にはさまざまなお手玉唄も多く、その数はわらべ唄の中では、毬つき唄と首位を争うほどである。また〝お手玉〟の名も地方によって異なり、その数は九十余種に及ぶ。その代表的なものは、

オジャミ（美濃）　イッツイコ（尾張）
オコンメ（京都）　イシドリ（長崎）
オサラ（三重、和歌山）　ナナイシ（岡山）
アヤオリ（長野）　イシキ（山口）
イシナゴ（イシナンゴとも、関西、中国地方）

このような地方名、および〝お手玉〟と名付けられたのはいつであろうか。遊戯史の先学の説には、平安時代に布袋に小石を入れた「石投取《いしなどり》」が生まれ、江戸時代に〝お手玉〟の呼称が生れたという説と、室町時代とする説があり、いまだ有力な証しとなる事蹟が待たれる。

お手玉の歴史

〝お手玉〟の古い遊び名は「石なご」「石などり」「擲石《てきじゃく》」とあり、手頃な小石を数個手に、投げあげたり、受けとめる競技遊びであった。

『物類称呼』（越谷吾山編著、安永四年〔一七七五〕）によると、

江戸にて手玉といふ　東国にて石なんご又なつこともいふ　信州軽井沢辺にてはんねいばなと云　出羽にてだまと云　越前にてなゝつごと云　伊勢にてをのせと云　中国及薩摩にて石なごといふ

とあり、以上が三三〇年前の「石なご」の遊び名で、地方により現代でも昔ながらの名を引き継ぐところもあるが、大方は時代が進展するにしたがい〝お手玉〟という江戸でつけられた名に落ちついた。もちろん小石だけで遊ぶことも、小さな布袋にジュズダマや小豆など入れた物でも、みな同じ〝お手玉〟と呼ぶのである。

さて、「石なご」や〝お手玉〟らしき遊びはいつ頃から始まったのであろうか。それは驚く程遠い昔から遊ばれた。その遊びのもとは聖徳太子の時代（約六〇〇年前）、中国が唐といわれた頃、朝鮮、中国、沿海州との交流があった。

進歩的知識人であった聖徳太子のすすめで唐から高度な文物を積極的に移入、そのひとつに音楽、舞踊を輸入した。まず仮面劇の伎楽を輸入し、続いて舞楽、そして散楽が入ってきた。

この三者が揃うまで長い年月を経たが、平安時代の初め、

伎楽と舞楽の雅《みやび》やかな舞踊に対し、散楽（中央アジアの民衆芸能）は大衆に向けた芸能であるため、早々に宮廷の保護から離れ、寺院を通じて大衆と接触し人気は上々であった。

その演目は、

高足《たかあし》　輪鼓《りゅうご》　独楽《こまつぶり》　傀儡《かいらい》　戯縄《きじょう》
擲剣《てきけん》　独相撲《ひとりずもう》　物真似《ものまね》　品玉《しなだま》（弄玉《ろうぎょく》）

など、どの芸能をみても、現代に至るもこの曲芸は引き継がれている。

『三代実録』（貞観三年（八六一））「六月童相撲」の条に、

天皇御殿観童相撲（…中略…）左右互奏童音楽、
種々雑技、散楽透撞、呪擲、弄玉等之……

という記録がある。散楽は宮廷を離れながらも、こうした行事には天皇が出席した。

これより百年後、花山天皇（九六八～一〇〇八）の撰とも、藤原公任（九六六～一〇四〇）の撰ともいわれる、『拾遺和歌集』の雑歌に、

春宮の石なとりの石めしければ……

という記述がある。「石なとり」とは「石なご」のことで、上流の人たちの歌集に「石なご」が登場する。さらに、同時代の歌人小大君《こだいのきみ》の歌集にも、

おほん石なとりの
石をつゝませ給ひけるに

とあり、また赤染衛門編『栄華物語』（万寿五年（一〇二八）～長元七年（一〇三四）頃成立）「月宴の巻」にも、村上天皇（九二六～九六七）が幼少時に「石などり」を観るという件がある。

以上平安時代中期頃の上流の人たちが、民衆の好む「石なご」の手業《てわざ》の遊びを無視出来ぬ様子がうかがわれる。

散楽は「石なご」のもとをなした「弄玉」ばかりでなく、漸次ほかの演目も日本的に同化されるようになり、その名称もまた「散楽」が「散更《さるごう》」になり、「猿楽」と変化した。「更《こう》」は楽の転音だとされているが、その滑稽芸が発展して普遍化したために、『枕草子』（七）に出てくる「さるがう」や、『源氏物語』（二一）の「さるがう」のように滑稽戯謔の意に転用されたこともある。

また、平安後期の散楽についても、須田敦夫著『日本劇場史の研究』（昭和四十一年（一九六六）刊）にこう書かれている。

平安後期の『中古記』に於ける保安元年（一一一八）四月十日の条には、滑稽芸を演じた「猿楽法師」名が見え、鎌倉初期の『明月記』に於ける正治二年（一二〇〇）十二月二十三日の条には「奈良猿楽法師」の文字が認められる。このように散楽（猿楽）専業の法師が既に存在し寺社に属していた。

『尾張童遊集』より

鎌倉時代に入るとこの「石などり」を一二《ひふ》と名付けたらしく、それは宙に小石を一ツ二ツと投げあげる際に、一《ひ》、二《ふ》、三《み》、四《よ》、五《いつ》、六《む》、七《なな》、八《や》、九《ここ》、十七、二十三十七、四十五十七、六十七十七、八十九十百という独得の飛ばし数え方からの名付けである（『尾張童遊集』より）。

作者名年代ともに不詳の『源平盛衰記』巻三十四、知康芸能の条に、知康が御前で一二を演技する個所がある。

あの知康は九重第一の手鼓と一二との上手ときく、是にて一二と有るべしといへとて、手鼓に砂金十二両取添へて奉り給ひければ、知康畏つて賜つて、先づ鼓を取つて、始めには居ながら打ちけるが、後には跪き、直垂を肩脱ぎて様々打つて、結句は座を起つて、十六間の侍を打廻つて柱の本《もと》ごとに無尽の手を躍らしたり、宛転たり、腰を廻し肩を廻して打ちたりければ、女房男房を澄し、落涙する者多かりけり。其後十二両の金を取りて云く、砂金は我朝の重宝なり、輙《たやす》く争《いかで》か玉に取るべしと申して、懐中する儘に庭上に走り下りて、同じ程なる石を四とり持ちて、目より下にて、片手を以て数百千の一二を突き、左右の手にて数百万をつき、様々乱舞して、をう〳〵音を挙げて、よく一時突きたりければ、其座に有りける大名小名、興に入りてゑつぼの会なりけり。兵衛佐も見給ひて、誠《まこと》鼓といふとは名を得たるものと云ふに合ひて、其験ありけりとて感じ入り給へり。

文中「数百千の一二を突き」とあるが、一二独得の数え方では、六十四回だそうだ。文中で気になることは、「石などり」は投げあげる前に、あらかじめ演技のかしこに拾う石を撒くと聞くが、知康は演技前に撒くことがなく即興にその場に有る足下《あしもと》の石を拾ったのだろうか。

（注：ここにきて文献では「石などり」の文字のみであったが、初めてこの遊戯の全容を知ることができた）

鎌倉、頼朝の全盛期、殿上に限らず、というから五位以上の人たちも、また一般的にも石などりが好まれたらしい。

大陸から入って来た「散楽」は、奈良時代末から平安、鎌倉時代へ……と漸次日本化して「猿楽」となった。やがて吾が民衆の中から生れた「神事、芸能、五穀豊穣を祈る田楽が猿楽の要素吸収して大衆化した。この田楽から生れたのが「八ツ玉」という球法で、この八ツ玉の技芸が、お手玉の「投げ玉」方式でないかと推察されている。

ところが、先学の酒井欣著の『童戯』（昭和十九年〔一九四四〕刊）では、お手玉はこの「八ツ玉」よりも、「擲石《てきじゃく》」の遊法を換骨奪胎したものだった。その意味で「擲石《てきじゃく》」を「擲石《いしなどり》」と改めて名付けている。

擲石《いしなどり》とは、小石を座中又は庭先などに撒いて、その一箇を宙に投げ、落ちない内に、他の一石を拾ひ取って投げ、これを交互に行ふ遊戯であり、主として幼令期の子女の間に行はれた。が、始めは鞠のそれのごとく、子女の圏外のものだった。

さてここに至っても現代に伝えられた小さな布袋のお手玉は出現していない。わが国の遊戯史研究の先学、小高吉三郎著『日本の遊戯』（昭和十八年〔一九四三〕刊）では、

はつきりした文献はないが、現在行なはれてゐる布製のオテダマは、その当時から作り始められたものともいはれる。小さな袋を布で作つてそれに小石、豆或は米などを約半分ほど入れ、五個七個若しくは九個と拵えてそのうち一個だけ見易いやうに形を大きくする、そしてこれを一二又はお手玉と名付けたと伝えられている。それが徳川時代の初期から元禄時代の泰平の世になつて、一層華美贅沢のものとなり、錦繍《きんしょう》・縮緬《ちりめん》其の他目も綾な布地を撰んで作られ、子女の間に持囃される遊戯の一つに数へられた。

さらに酒井欣著『日本遊戯史』（昭和八年〔一九三三〕刊）の擲石と手玉の項には、

かくして一《ひ》、二《ふ》、三《み》、四《よ》、五《い》、六《む》、七《な》、八《やは》、九《こゝ》、十《とお》と手玉を数へ唄が歌はるるに至つたのは室町時代以降の事であらう。手玉には絞《しぼり》に手玉をとりさばく両手突きと片手突きとがあり、いづれも落ちるまで突き、数多く突きたる者を勝ちとなすのであつて、主として一、二、三、四、の外に毬唄が代用されていた。

と述べられてある。どうして一二三《ひふみ》……の数のかぞえ方は、『源平盛衰記』の中で知康がすでに「数百千の一二《ひふ》を突き」とあるのに、室町以降とは解せぬことである。筆者は小高吉三郎説に賛同に傾くが、何故に平安時代と決め付けるのか不明である。

筆者の考察では、平安朝時代に小さな布袋に小石などを入れたものや、例えば砂金を入れた袋物屋の暖簾《のれん》（旧舟木本の暖簾）、薬種屋の巾着袋、または帳《とばり》（布帛類で目隠しや風除けの間切りに用いる）の裾に鎮子《ちんし》（重り）として用いた砂入りの三角の布袋などがあり、これは遊び心さえあれば、立ちどころに一二（お手玉）となったであろう。

室町時代には、西行法師が著した『山家集』（保安四年〔一一九〇〕）に、

石なごの玉のおちくるほどなきに
過ぐる月日は変りやはする

とあり、またこの時代になると、さらに田楽は大衆化して「放下《ほうげ》」と呼ばれ、大衆芸能化していった。もちろん玉を放り上げる「八ツ玉」も「品玉」と呼ばれるようになり、やがて大神楽となる。俗に「太神楽十三番」の曲芸にも玉の芸（曲毬）が多くを占めた。

（注：「放下」とは禅宗語、無我の境という意味。毬、玉芸は誠に無我の境地か）

これより下って、嘉永六年刊（一八五四）『守貞漫稿』（喜田川守貞編）には、

いしなごと云。今京阪地方にては、いしなごとりと云。女童集り、各々小石或二、或三つを集め、一童持レ之。席上に抛蒔き、其数石の内一石を取り、是を尺ばかり、或は二三尺上になげ上げ、落来る間に二石をとりて後、落る石を受け、席上の石とり尽せば、再蒔二散之一。今度は、三石づゝを取て、落る石を受、三四回准レ之。七回に至り畢とす。半に受遇ふ時は、次の童に譲る云々

以上、文献に「石などり」と示されてより九百余年、変らず伝承され続け、明治年代初め頃まで「お手玉」と共遊されてきたが、すっかりお手玉の世界に近年は占有されてきた。

お手玉は、錦繍、縮緬など贅沢で豪華な布地であっても、古手拭で作られたものでも、いずれも遊びの境地は変らぬもので、身近かな人々の温かき心境の賜物感が溢れるものである。市販のお手玉を昨今目にするが、お手玉として遊びづらいものが多い。しかし筆者はこの出来あいのお手玉が売れて売れて、とどまること知らぬ文献を見出した。それは、幕末明治の頃の様子をまとめた、篠田鉱造著『幕末明治女百話』（昭和七年刊）という本の中で、話は明治の初め頃、東京に家族とともに上京したが、何をやってもうまくゆかず困っていた時、姉の発案でお手玉を作って売ったらということで、東京中の呉服屋を廻りメリンスの耳（生地の端）を買い集め、四角の布に乾物屋で入手した屑小豆を入れて、七ツ一組で向島の花見に店を出し売り出した。花見の客はお手玉の売物はめずらしいと売れに売れた。何しろメリンスの耳の生地は屑屋にしか売れず捨て値、屑小豆は掃き溜めに捨てるもの、それだからほとんど元手無しで丸々儲けで製造が間に合はぬ……ということになった。

初め顔をお高祖頭巾で目深くかぶり店先に座ったが、珍し

い売物が出たと評判になり石油箱二杯（ダンボール箱大二ケ分）がアッというまに売れたそうな。

　現在、お手玉のできる人は皆老齢となり、伝承遊戯が根絶やしとなってしまった。代って現代は、歌詞もない球戯ばかりで、伝承は細り消えゆくばかりである。

姉さんごっこ（姉様人形遊び）

子供は成長するにしたがい、自然に男の子と女の子の遊びに隔たりが生じ、それぞれが成人涵養へ、遊びの中から成長してゆくものである。とくに姉様人形は女の世帯ごとの真似の「ままごと遊び」に欠かせない人形であった。

　この姉様人形の特徴は、雛節供の人形とは異なり手足がなく、顔も略して簡単に眉眼口を印すのみで、髪型を強調した人形が多く、また衣裳も折紙技法で千代紙を使ったものや、なかには首だけの人形で、自由に衣替えするものもあった。

　〝姉さんごっこ（姉様人形遊び）〟はいつ頃から存在したのだろうか。この事蹟に早くから注目した、喜田川守貞編の『守貞漫稿』（一名『近世風俗志』、嘉永六年（一八五三）刊）に、平安朝時代の「ひいな遊び」は姉様遊びのことで、これに日本古来の禊《みそぎ》の習俗や中国から移入された上巳の節供の混交によって、後世の「雛人形祭り」が生れた、と記されている。

また、喜多村信節著『嬉遊笑覧』（文政十三年〔一八三〇〕刊）巻六では、

人の形小さく作りまたそれに似合たる家居調度なども作り戯れ遊ぶ、是をひゝな遊びといへり、「贖物《あがもの》」（注：上巳の節句に人形の草や紙で体の厄を撫でて流す）のひゝなとは事異なり「源氏」「栄花」（各物語）等をはじめ諸の物語または歌人の家集などにも、おほく見えたり。もとより小児の戯れなればいつといふ定めたる時もなく。今小児女のするままごと姉様ごとといふ事とおなじ『源氏物語』（紅葉賀正月の処）紫のうへに小納言がいふ詞。ことしたにすこし、おとなびさせ給へ、とをにあまりぬる人ひゝなあそびはいみはべるものを云々。またひゝなの中の源氏の君つくろひ立つ門にまゐらせなどし給ふ。人形に名を付て人の所作を学ぶ童あそび今も同じ。

まゝ事とは小児の言葉に飯をまゝといふ此戯は飯作り種々食物を料理する学びなればなり女子のみにあらず（…中略…）又姉様事とも云うは紙にて作りたる人形をあまたもてあそぶなり……云々。

と雛節供と姉様あそびは、同じ人形でも違いを述べている。

さらに次にその遊びの内容と季節なく遊ばれた資料として、山東京伝著『骨董集』（文化十年〔一八一三〕成立）に、

……古代ひいな遊びのさまを、今目のまへに見るこゝちす。今の世の女の児のつねのあそびに、ひなさま事、まゝ事などとて、紙びなを作り、これは某《なにがし》、かれは某など名をつけて、人によそへ、人家むつまじき体をまねびもて遊ぶに、つゆたがはざるなり。今のやよひのひな遊びは、かへりていにしへに似ず。云々……

すゑつむ花、もみぢの賀のひな遊は正月なり。のわきのは八月、夕ぎりのは八月の末なり。古のひな遊は、かく常なりしをおもふべし。云々……

とあり、三月の雛節供でなく、日常に遊ばれたことである。

以上、これらの文献をみるに、ひゝな遊びはつまるところ、貴族社会での遊びであった。

さて鄙離《ひなさか》る地方での女の子のひゝな遊びはどうであったか、同じ『骨董集』の『雛遊記』（度会直方著、寛延二年〔一七四九〕刊）伊勢神宮の小米ひゝなの記事に、

伊勢山田あたりに、古へより伝へて、女児平日の雛遊びに、小米雛とて、五六分許の紙びなを造り、その衣服にするものをきゝといひ、巾一寸許、長さ二寸許のちひさき鳥の子などの紙に、丹青もて文様をいろどり、或は行

成紙などをちひさく裁て用ひ、或はちひさき紅絹《もみ》のきれなどを添て、衣領《えり》つきをと丶のふるもあり。（…中略…）人家平日のさまむつましき体をまねびて、常のもて遊びにしたるよし（…中略…）今はたえて小米びなといふ名をだにしれる人稀なり。云々……

小米雛は小さな紙で作った人形だが、「姫瓜」や「ひひな草」についての記事がある。

姫瓜は……元禄の前後、女児、これを雛につくりて、平日にもて遊びたることありき。

『雍州府志』（貞享三年（一六八六））に、

姫瓜は九条の田間より出。其の大さ如レ梨。其色至て白し。故に姫を以て之を称す。女児、斯瓜を求め少茎を留め、白粉を其面に傅、墨を以て鬢髪眉目口鼻を画き、水引を以て其茎を結び、とり持ちて玩具とす。云々……

今の世の女童、ひいな草を採て雛の髪を結ひ、紙の衣服を着せなどして、平日《つね》の玩具とす。これもいと古き事なり。云々……

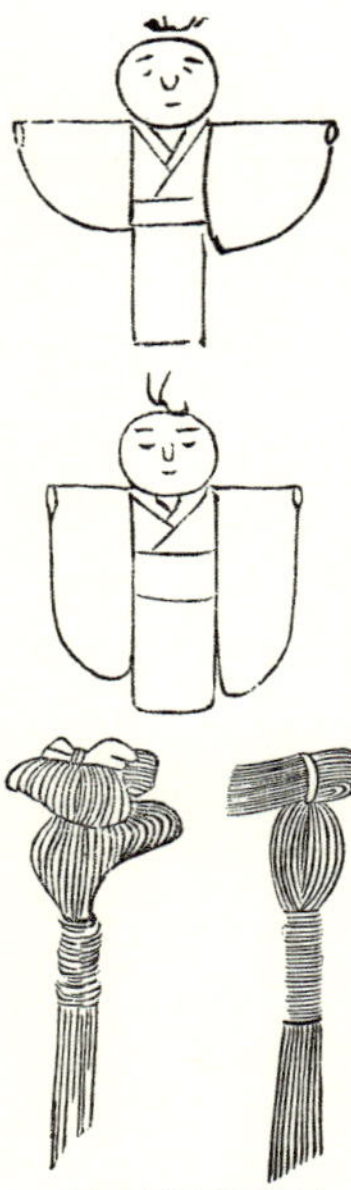
姫瓜雛と髪葛子
『骨董集』より

続いて巻の終りに姫瓜雛や髪葛子の図があり、「桑名わたりにてはひいな草をかづら草といふとぞ」、また「江戸ちかき地にてもひいなつくる事すれど、物そなへてまつることせず」と三月の節句以外にも遊ばれたことを説明しているが、江戸市中でも、江戸の町は町作りに区画された中に防火のために空き地が至るところにあり、そこには雑草が繁り、子供がよく入り込んで遊んだとい報告がある。もちろんひいな草と呼ばれる雑草も繁茂していたことであろう。

ところが、ひいな草とはいかなる草なのか、と問われると先の文献では不明である。何よりも髪の毛の如く加工できる草ということから詮索すると、標準名に「かもじ草」という、初夏に荒地や路傍に繁茂する草があることに気付いた。かもじとは、女房詞の髪文字で添え髪の事である。

この「かもじ草」はイネ科の植物で、五、六〇センチにのび、白緑の葉で線状披針形、葉質はややかたいという草である。この「かもじ草」を『日本植物方言集』（八坂書房刊）でみると、

オカタ、オカタクサ、カズラ、カズラメ（和歌山）
カズラ（高山）　カンズラ（富山）　ヒナクサ（岡山・邑久）

その他では

標準名　やぶかんぞう　方言名　オヒナクサ（千葉・君津）
標準名　おきなくさ　方言名　ヒーナクサ（山口、福岡）
標準名　ちどめくさ　方言名　ヒーナクサ（静岡）

以上が雛人形を作って遊んだであろうことからひいな草と名付けたものとみられるが、果してひいな人形遊びからのものか、それとも上巳の禊祓いに撫物の人形として流されたものかは不明である。

さらに民俗学にひいな人形を求めると、柳田國男著（民俗学者、一八七五～一九六二）の『分類児童語彙上巻』「手遊び」の項に、「イナカブアネコ」という人形の報告があった。それは秋田県平鹿郡の乙女たちが、秋の稲刈時に、人形作りのために稲の根株を掘り出し水洗いをして、その株の細根を梳《す》いて髪の毛として結い、人形に仕立て遊ぶという（「アネコ」とは新しく村に来た息子の嫁のこと）。また、青森県三戸郡の村々では、この人形を「カブタジンジョ」という（「ジンジョ」は人形のこと）。この他に田植えの残り苗で髪を結う遊びもある。さらに同じ三戸郡には「柿の葉人形《じんじょ》」がある。これは紅葉した葉を折り重ね、茨の棘でさして止めて作る。この二つの粗朴な人形は、やがておとずれる豪雪の冬籠りに向う乙女ごころそのものであった。

“姉さんごっこ”は、女児の大人の真似事を本能から再現したもので、一般に「飯事《ままごと》」、「お客さんごっこ」、「およばれごっこ」、ときには「おばさんごっこ」などというものがあり、全国的に採集した『こどもの風土記』（柳田國男著）にはたくさん集収されている。

こうした女児の遊びで、江戸の古川柳に登場する「ままごと遊び」を紹介しよう。

○ままごとに乞女房とこましやくれ

子供でも年寄りに育てられると、お婆さんの口真似で、おしゃまな言葉でままごとを仕切る子がいるもので、とくに姉様人形を手にとると大変である。

○まま事の亭主も客もがんぜなし

昨晩縁日で姉様人形買って貰った女の子が、ままごとをしたくてたまらない、とりあえず幼ない妹を客に、同じく隣りの家の幼ない男の子を亭主に仕立てて遊ぶが、がんぜない子供ばかりでごっこがうまく進行しない。イライラとして、ヒステリーをおこしたかも……。

○まま事の店替えずうるずるしょ引き

「店替え」は引越しである。玄関口に莚を広げ、ままごとを始めたが、そこで遊んではダメと母親に叱られて、ままごと道具と姉様人形を寝せたまま、莚ごとズルズルと引きずって引越しをする。
〇盃盤狼藉《はいばんろうぜき》まま事にもめが出来

揉め事が出来たのであるが、これは子供同士の喧嘩であろう。互いにいい合ってめちゃくちゃになった情景。

次にもう一つ、江戸時代のままごとの情景で、式亭三馬著『浮世風呂』二編（文化六年（一八一三）刊）に、

子もりの小女、おかみさんの赤子をあげるあいだ、きもの丶そばにすわつてゐて、ひとつ身のきものをひろげ、ちい〱（シラミ）をひろつてゐるかたはら、七八才をかしらにして、六歳ばかりなる娘の子、四五人、えのしまみやげの貝屏風を立て、香箱の上へ、人形のべ丶をしき、おふとんをきせてねかしおき、草たばねのあねさま、もみ紙でこしらへた嶋田、丸まげ、嶋田くづし、片はづしなどのあねさまへ附木で拵た櫛かうがいをさしまげゆはひの古ぎれで、帯をしめたりといたりして、こしやくなことをしやべりながら、おとなりごとをしてゐる……

このままごとの描写に、草を束ねて姉様を作るとあるのは、紙で作るほかに、草や黍殻《きびがら》などで作った人形でも遊んだものである。

姉様人形の特徴は、首と胴から成る人形である。とくに髪型に特徴があり、江戸時代（安永年間）に結髪の専門の生業（専問家）が成り立って、さまざまな技巧に形成された美髪（この時代にカモジが発生する）が時の姉様人形にも表現されていた。しかし残念ながら、当時の姉様人形は紙と僅かな布で作られていたために、この歴史的な人形はほとんど残存しておらず、今日にその作品を見ることも皆無に等しい。地方の郷玩人形の姉様人形から往時の様子を忍ぶほかはない。だが往時の姉様人形を伺い知る文献がある。それは前掲の喜田川守貞編『守貞漫稿』に、

今世の児女、平日の遊びに、白紙を筆軸に巻きて、これを押し皺め、その半ば開き、軸を抜き去りて、皺紙《しわがみ》の筒なる中に紙《こ》よりを通し、輪のごとくしてこれを結ぶ、その軸、すなはち鬢髱《びんたぼ》となり、紙よりをもつて結び合せたる所には、別の白紙を竪長に折りて、輪の内外にこれを当てて、下にてまたこれも結び、その白紙の所、下は顔なり。上は前髪となる。開きたる所江戸、先年は曲のみ皺紙を用ひ、鬢髱、紙を切り抜きにてこれを造ると云へり。昔の髱は扁なる故なり。また今世、江戸も自製するあれども、あるひは小売これを造りて、群集の路頭に売る。必ず背面を向きて、立を並び置きけり。

京坂、売物これなく、自製のみ。けだし軸に巻きて、押ししわめ、半開して筒をびんつとにすること同前なれども、余紙を下にして、同前の顔を付け、別の皺紙をもつて島田曲を造り、島田の半ばを長き紙よりにてこれを結び、その紙捻《こより》の余りと、初めの余紙とともに集めて身とす。近年、京坂の幼稚、これを弄ぶ者稀なり。江戸も、自製するは稀なれども、売物ある故に京坂より多く、また精製なり。背面、実に美人のごとし。かくのごとき無益の物にも江戸には売物あり。他推して知るべし。また三都ともに、先年は雛草をもつて人形を造りしことは聞き伝へたれども、今の棘婦《きょくふ》などはこれを知らず、廃れて五、七十年になるか。今の紙製の物も、雛草、姫瓜等の遺意なるべし。

江戸―東京の姉様人形は『守貞漫稿』にある人形製作が文献通りに継承され、全国にある姉様人形に類例のない「背面美に美人の如し」で、白皺紙の結髪の美しさを強調するかのような後姿である。結髪の種類は「島田」「丸髷」「立兵庫」「桃割」「銀杏返し」があり、背の中心の帯結びには「御太鼓」「引ッ掛け」「貝の口」「前立」「矢立」などがある。

（注：現在まで江戸姉様人形作りはそのままの伝承されていて、小倉とりさん、武藤てうさんの人形は巧緻な作り方で知られている）

さて地方各都市に、姉様人形は約五十余種あるという。この中で注目すべきは、江戸幕府瓦解後の明治の世になるが、士族の奥方、女中たちが経済的困窮から手遊《てずさ》びであった姉様人形製作をしたという話がある。この話が伝えられるのは、山形、会津、桑名、松江で、静岡の姉様人形は、幕臣たちとともに奥方や女中が江戸から駿河に移ったので、作られた人形は江戸姉様人形そっくりであった。また、

松江の姉様人形は、明治二十三年に松江にきた小泉八雲が、人形や玩具に強くひかれ、なかでも人形やひとがたを集めて、英国の博物館へ送ったそうである（『小泉八雲全集別冊』）。

昔、お城のお女中としていた人たちが、内職に作った人形を小泉八雲は次のように絶賛した。

私にとってすべての中で最も美しいものは小さな人形……お雛様は別嬪だ。胴体は俤にすぎない。紙の着物で

松江（左）、仙台（右）の姉様人形

おおはれた扁平の枝条だ。……しかし頭は真に芸術品だ。目尻の上った眼に柔かな影を含んではずかしげに俯視せる美しい卵形の顔……それから立派な少女風な髪の結び方……帯形や渦形や包旋形や小葉のちゞれた形など実に異常なる美観だ。……はじらんだ悲しげな美はしい趣があって、何んとも名状し難いけれど、それが日本の娘の美の典型を極めてよくほのめかしている……

現在、〝姉さんごっこ（姉様人形遊び）〟は、過去の遺物となった。時折製作する老女が見出されると新聞の話題なるほど珍しいものとなった。中には郷土玩具として話題になるが、しだいに姿を消しつつある。

（注：贖物《あがもの》としての人形《ひとがた》〔流しびな〕、船に祀る舟魂さま、建前雛、便所の神様、災難除けの人形《ひとがた》などが時折、姉様人形と間違われているので注意したい。）

雛遊び（雛祭り）

三月三日は雛節供、桃の節供などといわれる雛祭りで、雛段に雛人形や調度品を飾り、お供えをする、家庭のお祭りである。現代では祭りの前日、街の花屋でお供えの桃の枝花が売られ、菓子店では雛あられや小さな籠に入れた金花糖、草餅や三色の菱餅、魚屋では蛤、また酒屋では白酒が売り出される。それぞれに女の子の幸福《しあわせ》を祈って、その謂《いわ》れがこめられており、街の人々はこれらの食物を求め、座敷に飾られる雛人形に供える。

以前は、雛人形は買い求めたものの、こうしたお供えの食物は、家庭で母親や祖母たちが女の子の節供を祝って御馳走をつくり、お供えしたものである。そして、呼ばれた近所の子供たちは雛段の前で御馳走をいただいた。近頃の雛祭りは心のこもった供物はなく、形ばかりになり、すべてが華美になり金銭であがなう祭りとなったのは残念なことである。形式化されて空虚な祭りになってもなお、三月三日を迎える頃になると、新生児を祝って親や親せきの人たちが雛人形を求めるのも、長い慣習から抜けられないものであろう。これは五月の端午の節供においても同様であるが、ほかの古来からの節日が衰えたにもかかわらず、三月と五月の子供の節供が継続されているのは、子供の生誕に対する親たちの愛情のしるしかもしれない。

　ではこうした雛節供が、女の子の健やかな成長と将来の幸福を祈って、庶民全般に慣習として歳時に組み入れられるようになったのは、いつ頃からであろうか。実は意外にもその歴史はさして古くはなく、三月三日が雛節供と定まったのは江戸時代中期頃からであった。

　だがこの三月三日の雛節供は忽然と出現したのではない。その要因はわが国古来の信仰に由来するのである。それは神仰による禊《みそぎ》祓いにことよせて、人の形に草や紙で作り、これをもって身を撫でさすり、己の罰や穢れを人形《ひとがた》に託して川に流す神事から端を発するものであり、

　身を撫でて水のほとりに解きはらふ
　　雛人形はあがものの儀

と古歌にもうたわれるものである。古《いにしえ》の倭比売命が草で人形をつくり、五十鈴川に流した伝説も、また「神功皇后紀」に芻霊といって等身大の草人形をつくり身代りとしたと記されているのもこの人形《ひとがた》である。

（現代でも神社によっては六月と十二月の大祓いに人形《ひとがた》の紙を授与する社があるのも、この古代から引き継れた禊祓である。）

この人形《ひとがた》は形代《かたしろ》ともいわれ、やがて草から紙へと時代が降るにつれて、切ったり折ったりして人形をつくるものになるが、この頃より定例の禊祓の神事にかかわりなく、災難や病気などに罹ると、その邪気を祓うために体を撫でさすり禊を行うようになった（これは神事というものに陰陽道信仰の混入されたものらしい）。また出産の母子の無事を祈って、人形を傍に据えおく人形ともなった。たとえば「江家次第十七」に、

　咸幼宮時……奉㆓張中阿末加津㆒云々、但有㆓常阿末加津
　土器撤、其後供㆒比々奈

とあるが、これは皇太子の寝室に邪気と身の穢れを祓うために用いたと記されている。この文中に「阿末加津《あまがつ》」とは天勝、天児と書き孺霊《すうれい》とも呼ぶ人形《ひとがた》で、這子《ほうこ》、比々奈《ひいな》などもやはり人形《ひとがた》である。天児の人形は白絹に詰め物をして頭をつくり、手足のない幼児の姿に近いもので、後世には横木をつけて手がつけられた。這子は両手両足をひろげ頭をつけた人形であり、比々奈は人の姿に一番近い雛人形であった。これらの人形は、撫でものの人形から進化したものである。

天児、這子と比々奈は時代が降るにつれ、日常生活の子供の身近に存在することから、次第に穢れを祓うための人形から離れていった。そしてどちらかというと子供らのお守りから、手に持って遊ぶものになっていったのである。とくに比々奈は人の姿に似せてつくるものだけに、子供たちに愛玩されるようになった。

『源氏物語』や『宇都保物語』、または日記、歌の古典文学の中に、随所に出てくる〝雛遊び（ひいなあそび）〟とは、この比々奈を愛玩する貴族の子供たちの様子である。それは今でいう「ままごと」や「人形ごっこ」のようなもので、常日頃《つねひごろ》遊びたわむれたものであった。

こうした〝雛遊び〟は、とくに貴族の子女の間に遊ばれたもので、この上流社会のほかに、庶民の子供の間にもやはり形代からの愛玩人形へとなった記録がある。それは伊勢の小禾雛、ひめ爪、ひいな草による粗朴な人形で、これはやがて姉様人形へと進展する（「姉さんごっこ」の項参照）。

雛人形（比々奈）は時代が降るにつれて、紙雛と土雛の二つになり、紙は現在の鳥取の流し雛にとどまるが、土雛は次第に精巧な工芸品へと発展し、家庭の手づくりでなく、専門の人形師によるものとなった。その発展の因は、子に対する親の籠愛、そして権力への諸々の思惑など、大人の意志が人形に加えられてきたことである。当然のように「ひいなあそび」としての幼な子の遊ぶ人形から、贈物としての雛人形、雛道具へと変化をたどることとなる。持て遊ぶ雛人形から、飾り眺める雛人形へ移行するその顕著な例は、室町時代末から現れる。

享禄年間（一五二八）の宮中の女房が書き継いだ「お湯殿の上の日記」、三月三日の条に、

あきとみ御人ぎょうまゐる

とある。続いて弘治二年（一五五六）の公卿日記の「言継卿記」には、

中御門娘御料人へ、ヒヒナ、ハリコ以下数十五包……

と記されている。また下って先の「お湯殿の上の日記」、寛永二年（一六二六）三月四日の条にも、

中宮の御かたより、ひゝなのたいの物、御たるまゐる……

とある。さらに下って、同日記の延宝四年（一七七八）三月三日の条に、

女一宮の御かた、女二宮の御方へ、ひゝなの御道ぐ、色〳〵まゐらせらるゝ、あなたよりも、ひゝなの御樽、たいの物いろ〳〵まゐる

と記されている。長々と文献を挙げたが、この日記の内容からみて雛人形は贈物で、いずれも昔ながらに女房たちの手作りのものではなかろうかとおもう。それは貞享二年(一六八五)というから、前掲の延宝の日記が書かれてから八年後に刊行された『京羽二重』という書の「小細工師人形類」に、京都の町で六軒の雛人形専門店があると記載されているからである。また、江戸ではこれより五年後の元禄二年(一六九〇)刊行の『増補総鹿子名所大全』の「諸職名匠諸商人」の中に「張子屋並にひいな類」とあり、ここに雛人形専門店が五軒もあり、すでに貞享年間頃より、二月二十日から三月二日まで雛市が十間店《じっけんだな》に立っているのである(後の雛の市、十軒店《じっけんだな》)。

これらの文献から察すると、雛人形はかつて見られない工芸専門職のつくるものになり、人々はこれを買い求め、雛人形はもはや貴族社会の専有物でなくなっている。

こうした雛人形専門店の存在は、需要があればこそ成り立つもので、裏を返せばそれだけ雛祭り行事が次第に京坂から江戸に広がっていることを現す。しかも、大人の意志の介入によって、それまでの子供の遊びの「ひいなあそび」のように不定期でなく、年一回三月三日の行事、そして「家」の祭りとなったことが、泰平の世に受け入れられ急速に発展する理由であった。

この三月三日の日付決定については、まず、わが国古来の春の禊祓に人形《ひとがた》(形代)で体を撫でさす、穢れを人形に託して水に流す行事が三月上己の日になったのは、雄略天皇(二十一代)が中国から移入された「曲水の宴」を催して以来のことである。それは「曲水の宴」が三月上己の日に催す式典で、盃を水の流れに浮かして穢れを祓うことと、わが国の古来からの形代を水に流すことに共通があることから、不揃いだった春の禊祓い日を中国にならって十二干支の上己の日に決めたものである。さらにこの上己の日を三日に改めたのは、一説に養老改修の令制に三月の節日を三《み》の日と定められたといわれ、この三日の節日が継承されてきたものとおもわれる。江戸時代となって雛祭りが三月三日に行う定めになったのは、この先例にならったものである。

さてこうして武家、町人の間に雛祭り行事が浸透してくると、これまでの貴族社会の〝雛遊び〟は享保時代に入ってから「雛祭り」と改められ、雛人形はさらに新しい形のものへ、さらに精巧なものへと、子供の対象物からすっかり離れた高価なものへと進展していった。

専門職が製作するようになった雛人形は、内裏雛を中央に男雛女雛の一対が飾られ、これまでの紙雛、這子、天児などは飾りの添えものになってしまった。その頃の雛人形は裂地で衣を整えた立雛で、男雛は烏帽子に小袖、女雛は小袖に帯という戦国時代の服装であった。やがて立雛は座雛となり、「室町雛」と称するものが現れ、男雛は衣冠装束、女雛は十二単で、天皇、皇后にならったものであったが、有識故実からみると正しいものではなかった。この雛の後に「寛永雛」、「享保雛」、「次郎左衛門雛」、「有識雛」、「古今雛」と一つ一つの特徴をここに述べられないが、次第に精巧な雛人形が出現してきた。なかでも、幕府の御用達の雛人形師を勤めるほどの技術をもつ次郎左衛門のつくる「次郎左衛門雛」は正しい有識故実に従った作品で、その人形の顔は丸く、引き目で鉤鼻、衣冠装束十二単の殿上人である。これに対し「享保雛」は顔は細く、目はつり気味で、衣裳は男雛が袍、女雛が五衣で衣裳の裾に綿を厚く入れた人形で、それを町雛といった。

　雛人形はつくる店それぞれの特徴をもつもので、毎年雛祭りが近づくと、雛市で新製品が披露され、それが次第に白熱してきて、人形もさながら生きているかのような大きな人形が出現し、より豪華になっていった。すると幕府はこのぜいたくな人形の進展に禁令を度々出すようになり、寛政二年の「御法度雛市改め」では、雛丈八寸を限度とする布令を出した。そこで違反した人形には、丈一尺二寸（三六センチ）あったものが数多く記録されている。この禁令を皮肉って、わずか三センチの雛人形をつくるものさえあったという。

　その頃の雛人形は、どのようにして飾って雛祭りをしたのだろうか。貞享五年（一六八八）刊の『日本歳時記』の雛遊びの絵は、座敷の傍に敷物（毛氈）、その上に内裏雛二対（座雛、立雛）が飾られ、その前に雛道具の絵櫃から雛御馳走が供えられている。下って元禄十年印本には同じようなところに立雛一対があり、いずれも昔の「ひいなあそび」の面影がある。さらに下って享保十七年（一七三二）刊の『女中風俗玉鏡』では台の上に飾られてあり、次第に雛人形は段の上に昇ってゆくのである。

『日本歳時記』より

元禄十年印本の図（『骨董集』より）

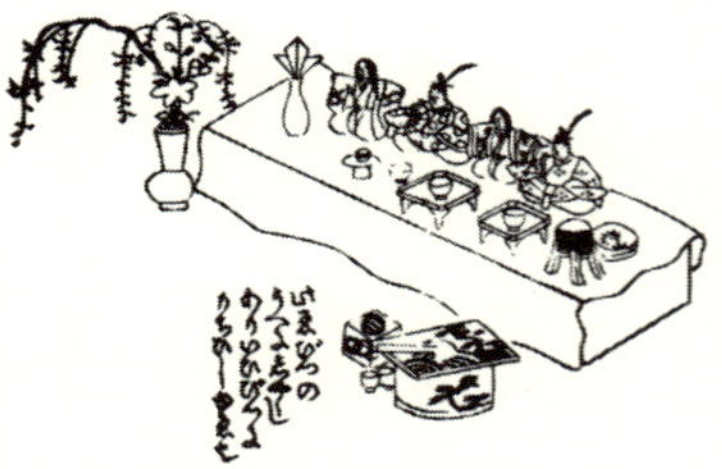

『女中風俗玉鏡』の図（『骨董集』より）

雛段が記録されるのは元禄以前頃からみられ、宝井其角の『五元集』（延享四年〔一七四七〕刊）の中に、「段の雛、清水坂を一目哉」とあり、そのあたりから段飾りが始まったものらしい。そして寛延頃には二段が一般化し、宝暦、明和の頃には三段となり、安永の頃には五段、江戸末期になると七、八段のものも現れた。このように段数が増えると雛人形も調度品も増えてゆき、さらに貴族の雛贈物を真似て「雛使い」が元禄から宝暦に流行した。

飾り方も初めは前掲のようなものであったが、江戸中期頃から、京坂では裂製の座雛の内裏雛一対は御厨子の中に入れられ、階下左右に紙雛、宮女、さらに下って随身、衛士と並び、桜、橘を飾り祓いものの這子、犬張子家具調度をおいた。江戸では上段の内裏雛一対の後方に金屏風を飾り下段に紙雛、犬張子、這子、五人囃、天神などが並び、調度類は武家嫁入道具などがあり、左右に雪洞《ぼんぼり》、桃の花などを飾った。さらに江戸末期には京風をとり入れて五人宮女が加り、これが引き継れて現代の雛飾りになった。

これまでの雛人形、雛祭りは主に富裕な家庭のもので、雛飾りも娘が嫁入り後の初節供に持参して飾るものであった。その意味では「雛贈り」が盛んだった江戸中期頃の幼なき子供らには縁遠いものであった。後にその風習も変り、女子生誕の初めての節供に雛が贈られるようになったが、子供たちにとっては大人の配慮で飾られた雛人形を前に、晴衣を着て親しい友だちを呼んで白酒をのみ、雛御馳走の数々を食べたが、雛人形には手を触れることが出来なかった。一方、江戸時代末頃になると庶民にも、高級な雛市の人形にかかわりのない土雛が安価に求めることができるようになり、雛売りの行商が季節になると回ってきた。天明の頃の古川柳の、

雛を呼びかへし涙をふいてやり

の句はこの様子を表している。雛人形は京坂、江戸の都市から離れて、土雛がいたるところでつくられるようになり、現在郷土玩具となっているのはその名残りである。

下町の雛遊び

二月（旧暦）に入り、日毎に暖さが増してくると、江戸の町には桃の花や早咲きの桜、そして山吹の花などを荷籠にさして、「花ィ、花ィ」と売り声が流れ、「チャキ、チャキ」と鋏の音が響く。人々はこの売声から雛節供がやってくることを感

じ入る。二月も十日頃になると、日本橋を挟んで白木屋と越後屋（現在の三越）の店頭で緋毛氈に雛人形が飾られる。そしてその先一、二丁の住還の西側に賑う十間店に、光月、久月、光玉などの雛人形屋が二月二十五日より仮店を出し始める。

どの店先でも雛人形求めて、客と売手のやりとりが盛んになる。こんな商いのやりとりの場景から、裏店の子供たちの間に「お雛様ごっこ」という遊びが流行った。

●お雛様ごっこ

裏店の子供たちが七、八人集まって、まず年長の子二人が店の主人と買手の客となって他の子たちを仕切る。大きい子も小さい子も、赤ん坊を背負って子守り中の子も、ごちゃごちゃと一列横隊に並び雛になる。その前で主人役が両手をすり合せながら客を呼ぶ。すると客が近づき、

客「雛一っちょお呉れ」　売手「どの雛見っけ」

客人は一人の子を指さして、

客「一寸見ちゃこの子、この雛おくれ」　売手「何んで飯《まま》喰はす」　客「魚《とと》で飯《まま》喰はす」　売手「小骨がつーく」　客「噛んで喰はしょ」　売手「水気《みずけ》がつーく」　客「乾して喰はしょ」　売手「天と虫たかる」　客「観音様のじゃ〳〵豆十買ッて喰はしょ」　売手「それは大毒《だいどく》虫の毒」　客「一匁」　売手「いいや否《い》や」　客「二ィ匁」　売手「いいや否や」

それより十匁まで同じように繰り返す。

ここに於いて客は片方の履物をその場に置き、片足にてちん〳〵もが〳〵（「チンチンモグモグ」の項参照）をなしながら少し行きかかるを見て、雛売は客を呼び止め「モシ〳〵昔の古金玉が落ちましたから、十文のかけらに負けて置きましょう」といい、売人の右手《ゆんで》と客の左手と指を組み合せ、その雛の頭上に掌を下にして七、八寸の所にかざし、雛をして飛び上らしむるなり。そのとき小指に触れればその児童前面地上に薪の図を描き、雛を蹲《うづく》ましめ、薪割《まきわり》の容姿をなさしめ、薬指なれば円形を画き、肥溜《こえだめ》に約する状をなさしめ、中指なれば三味線の図を画き、弾き居る態《たい》をなさしめ、又食指なれば扇の図を画きて踊子の風を演ぜしむるなり。かくの如くして一人ずつ買い残らず買い終れば、さらに売人《うりて》と客を定めて新たにこの遊びをくりかえすなり（『日本全国児童遊戯法』より引用）。

この「お雛様ごっこ」遊びが流行る頃は、まだ江戸では立雛や土人形ばかりで、内裏雛は雛節供には登場しておらず、もし内裏雛が揃って遊びに存在していたらこの遊びはどのよ

うに変ったことであろうか。

さて表長屋の商人の店では、奥の居間に初孫の祝いにと、二段飾りの雛人形前に初節供の祝いの品々が積まれ、縁者数人が集まり、（江戸、鎌倉河岸の）豊島屋の白酒を酌み交す。

初雛のあるじ盃しゃぶってる

まだ赤ん坊の口唇に蛤の貝殻（この時代には食器は蛤を用いた）に残る白酒を舐めさせ、幼な子をあやす川柳もあるくらい、女子の幸福を祝う賑わいであった。

『東都歳時記』（斉藤月岑著、天保十三年（一八四二））の江戸の雛祭りの略史をみると、年を追うごとに華美になってゆく様子が伺われる。

女子雛遊び、初期は毛氈などの上に紙雛を並べ、駕籠、屏風、銚子提、行器、絵櫃（蓬餅を入れた）を並べ、元禄頃（一六八八）より調度は華美になり、絵櫃はすたれ、明和（一七六四）頃より膳部が作られ、菱台は寛政頃（一七八九）頃より始められ、女の幸福は結婚を期待することから嫁入道具が調度にとり入れられた。雛段調度に従って増加したもので、寛延（一七四八）から二段に、明和（一七六四）頃から三段であったといわれる。内裏雛は江戸も末になってととのった。

雛飾りが二段となった寛延頃は、さして段飾りは話題となっていなかったが、明和の三段飾りになった時、変革が発生した。それまで人びとの衣類などは櫃《はこ》に入れ、それを積み重ねたものがいわゆる箪笥であった。ところが、現代の家具として伝承されるような、引き出し五段を備えた「小袖厨子《こそでたんす》」（『和漢三才図会』所載）という箪笥が出現した。この箪笥の引き出しを最下段から段を上に追うごとに少なく引き出し、そこに板を置き、布で覆うことによって、雛段ができたのである。この発案の出処は、狭い家に住む表、裏長屋住いの庶民の知恵であった。

『絵本西川東童』より

竹がえし

“竹がえし”の遊びは、現代ではすっかりみられなくなった。この遊びは「細螺弾《きさごはじ》き」や「細螺おしゃくい」などと同じく、暖かい日の差し込む家の廊下などで行うもので、ところによっては男の子ばかりで遊ぶこともあり、女の子ばかりのところもあり、さまざまである。

幅一センチ、長さ二〇センチの竹ベラを遊具とする手遊びで、この竹ベラは子供たちが、真竹などを割って削り、作ったものである。後に、都市では駄菓子屋などで、五色に彩られた竹ベラが五本一束で売られるようになった。

遊び方は、ゲームに参加するものが竹ベラを三本出資する。昔は総数六本が限度であったから、二人でゲームをしたことになるが、別に数が決められたものでなく、ところによると九本、十二本とすることもある。

まずジャンケンをして勝ったものが、一本の竹ベラを上から落して、竹ベラが表（表面の皮側）か裏になる。その出た面でこれから進めるゲームの自分の色と決めた。

●表か裏か

表とは竹ベラの皮の面をさすもので、青森方面では表を「紅」、裏を「白」とした。まず場にあるすべての竹ベラを握り、これを軽く上に投げて、床の上に手を伏せて落ちる竹ベラを受けとめる。竹ベラは表裏さまざまに手の甲にのるが、自分の望む色が「紅」なら、手を上下にゆすりながら表になるように一本ずつ床に落し、より多く自分の色を出した方が勝ちというゲームである。すべての竹ベラが自分の色になれば「一貫貸した」といい、連続してゲームを続けられる。

●バタラ

右手を床に伏せて、その手の甲の上に、すべての竹ベラの一方が床につくようにのせる。そのまま右手を静かに上にあげ、竹ベラが垂直に立ったとき、手の平をかえし、そのまま竹ベラを床に伏せる。このとき竹ベラが手の甲にのっていたときの反対の色（表→裏、裏→表）とならなければならない。このバタラという名は、竹ベラを伏せるときの音から名付けたものらしく（青森）、ところによっては「伏せ」というところもある。

●まえ

場にあるすべての竹べラを立てて、手前に倒れる前に、すかさず握る。

●たて

竹べラを小指を下にして握り、床に垂直に立て、握った手を離して、すばやく逆の握り方（親指を下に）に換える技遊びである。

●かえし

竹べラを小指を下に握って床に立て、竹べラの上下を入れ替えるように縦回転で投げ、中央部をふたたびすばやく握る。

●ねんじり

床の上に手を伏せて、その手の甲に竹べラをのせておき、これを親指を下に払いのけるようにして逆手で竹べラを握る。

●わけ

場にあるすべての竹べラを二等分して、左右の手をX状に交差させて握り、床の上に立てる。これを瞬間離してX状の手を解き、順手ですばやく握りなおす。

●きり

竹べラを指を上にして握り、それを空中に投げあげて落ちてくるところを上から握りとる。この握ったところで「ひときり」という。これを唄をうたいながら続けて行い、失敗せずに最後までできると、「一貫貸した」となり、その竹べラのうち一本を自分のものとすることができる。その唄は、

〽ひとたて　ふたたて　みいたて　よたて　いつやの
　むすこさん　なぜそんなに　やかましい　ここらで
　とんで　おさらい　なされて　みっつのよ（富山）

この他に竹べラの技遊びは、北彰介著『オモチャコ』（昭和四十七年刊）によると「投げ」などという技があり、一層難しくなる。また遊びも単なるひとつの技遊びでなく、先に紹介した技を連続して行い、竹がえしの唄もそのつど変るといった凝りようだった。

このように〝竹がえし〟の遊びは、数本の竹べラからさまざまな技遊びを生んだ。郷土の遊びを記述した諸書をみると、とくに東北地方ではこの遊びの極致に達したようにうかがわれる。

かつて〝竹がえし〟は全国で遊ばれた。小高吉三郎著『日本の遊戯』（昭和十八年〔一九四三〕刊）よると、「明治の年代まで遊ばれたが現代はない」といっているが、大正〜昭和の敗戦後しばらくは遊ばれていた。筆者の所蔵する彩色された竹べラは、大阪の松屋町で昭和四十六年頃に入手したもので、その頃にはすでに遊ばれておらず、店奥の棚に埃をかぶって

いた。またこの〝竹がえし〟という名も、現代では標準名となっているが、鳥取県では「十二竹」または「十二コ」と呼び、ところによっては「竹なんご」（埼玉県、群馬県）ともいう。「竹おじゃみ」などともいうが、東北では「サガキ」または「ジャガキ」、青森県などは「竹きり」、「竹おごし」などともいう。

さて、この〝竹がえし〟はいつ頃から遊ばれ始めたか、はっきりとした起源は不明である。ただ諸書を調べてみると、初めて文献に登場するのは、安永五年（一七七六）に没した国学者谷川士清《たにかわことすが》が著わした辞書『和訓栞《わくんのしおり》』に、

つくよといふは、小児の竹につきといふことをする。手の甲のうへにて竹のうらおもてになることあるに譬ふるなり、これをげへといふ　竹は六本なり

と記されている。それではなぜ〝竹がえし〟をげへと呼ぶのか。このげへについて、文政十三年（一八三〇）刊の『嬉遊笑覧《きゆうしょうらん》』に、

小児戯穴一といふ事をするにまつげをつくとて、次第を定むることあり、又いちあとの者をへといへり。又采もてするげんべといふ名もげへの転じたる語なるべし（…中略…）げへといふことは今の竹がへしなるべし、おもふにつきといふは竹がえしするに、手の甲に載せたる竹を、かへさむとする時、突くやうにするといふ歟、げへとはいかなる名義にあらん末考

とあり、ここに竹がえしの「きり返し」をげへという言葉としてみとめている。ここにいう「きり返し」とは、竹ベラ総数を握って空中に投げあげ、その手をすぐさま床の上に伏せて、落ちる竹ベラを手の甲で受けとめる。そして手の甲にのる表裏さまざまの竹ベラを、今度は返すように手をもちあげて反対に床の上に倒す。するとはじめ手の甲にのった表裏さまざまの竹ベラは、逆に返された竹ベラになるというゲームである。

この竹ベラを「きり返す」という言葉が江戸言葉では「けえす」ということになるから、「す」が欠落して「けえ」が「けへ」となり、「げへ」と転訛したのではないか。したがって「げへ」とは、この竹ベラ遊びの「きり返す」から出た名ではなかろうかと思う。

竹ベラで遊ぶ〝竹がえし〟は、江戸時代後半に生れ、明治、大正、そして昭和の戦前、戦中、戦後数年間に子供時代をすごした人々の想い出の遊びと、今ではなってしまった。

この遊びは、日本人の手の器用さや手早さを養ったものだけに、現代の子供らの遊びに復活を願う気持ちでいっぱいである。

細螺《きさご》弾き
（おはじき）

暖かい日ざしが恋しい季節になると、日向の縁側などに女の子ばかり集まって頭を寄せ合い、「いちじく、にんじん、さんしょ……」などと唄をうたいながら、小さなガラス面子を弾いて遊んでいるところを昔はよく見かけたものである。

おはじきは古くは大人の遊びで、初めは小石を弾く「石弾き」、それから細螺貝《きさごがい》を弾く、〝細螺弾き〟へと変り、江戸時代中期頃に子供たちの遊びとなった。この遊びが子供たちの間でしだいに流行してくると、キサゴでなくキシャゴと訛ってきて、いつまにかこの遊び名そのものを「キシャゴ」というようになった。そして近年になると細螺から瀬戸物やガラスの小さな面子となり、今度は遊びを「おはじき」と呼ぶようになった。

現在でも下町の駄菓子屋とか民芸品の店で色とりどりのガラスの「おはじき」が小さな網袋に入れて売られている。しかし実際にこの「おはじき」で遊んでいる子供の姿を見かけることは少なくなった。

遊び方は、古い〝細螺弾き〟もガラスでできた面子を弾く「おはじき」も、大筋では大差ないといってよいであろう。次に「おはじき」遊びの代表的な遊び方を述べよう。

まずそれぞれの子供たちは、懐《ふところ》や袂《たもと》から小さな布袋を取り出して、決められた数のおはじきを袋から出して、床（畳や机の上）に置き、それぞれが出し終わると、おはじきを一ケ所に集めておく。そして参加者全員でジャンケンをして、先攻順を決めてからゲームが始まる。

先攻一番と決まった子は、一ケ所に集めたおはじきを両手ですくいあげ、これを床の上に振り落す。まき散らされたおはじきをまず見回し、メグシャはないかと探す（メグシャとは、眼脂《めやに》が出てくっつくことから、おはじきが重なったり接触している状態をいう（東京）。仙台ではこれをネバというが、松脂のようにネバネバとくっつくからということである。いずれも昔の細螺弾きの頃からの言葉）。そして、重なったりくっついたりしたメグシャがあれば、接している二つのうちの一つをつまみ取り、あらためて上から床に落す。こうして床に散ったおはじきの状態をみて、近づきすぎず離れすぎずの弾きやすそうな隅のところから始める。まず、二つのおはじきの間に、線を描くように人差し指を通して（どの二つを狙うのかを宣言する意味。この場合、通した指がおはじきに触れると失敗。次の子と交替する）、それからこの二つのうちのどちらか一つを弾いて、もう片方に当てる。おはじきを弾くには、手を軽く握って床に伏せ、親指の先を人差し指で押え、親指をバネのようにして弾く（狙ったおはじきに当らなければ失敗、次の子と交替）。このときに「おはじきの唄」をうたう。たとえば十回成功して一つを取るルールならば、数え唄をうたう。

〽いちじく　にんじん　さんしょで　しいたけ
ごぼうで　むきぐり　なっぱで　やつがしら
くわいで　トマトで　チョンよ

この数え唄の弾き方は、先に説明したように二つのおはじきの間に指を通し、「いちじく」で弾き、次の「にんじん」で同じおはじきを再び弾く。こうして「くわいで、トマトで、チョンよ」まで十回弾き続けて、やっと弾いていたおはじき一個を取得する。そして再び最初と同じく「いちじく」から始め、失敗するまで続けられる。

この数え唄の遊びがさらに難しいゲームになると、「いちじく」で一回弾いておはじき一個を取り、「にんじん」の二回目は二回弾いて一個を取る。もちろん「さんしょ」で三回弾き、「しいたけ」で四回弾く。数が多くなっただけ、たくさん弾かないとおはじきを取ることができない。こうして十回まで続ける。途中で失敗すれば次の子の番になり、再び自分の番が来れば、初めからやりなおす。

次に昔からのおはじきに、「一ちょすい」というゲームがある。唄は、

〽一《いっ》ちょすい　二ちょすい　三ちょすいでとれた
おまわし　おまわし　ねェこの目（東京）

このゲームは二人ぐらいで遊ぶもので、多勢では面白くない。進め方は始めにお互いに十個ずつおはじきを出し合い、ジャンケンで先攻順を決める。勝った子は二十個のおはじきを上から落す。もちろんメグシャはやりなおす。そして隅からおはじきを弾き始めるが、二つのおはじきの間に人差指を通してから弾くことは先のゲームと全く同じである。

まず弾いておはじきに当て、それが他のおはじきに当らずできると、もう一度同じおはじきを当てて一個を取得することができる。この弾くときに「一ちょすい」とうたう。二度め弾くときは「二ちょすい」、三度めは「三ちょすい」で、成功すれば都合三個のおはじきを取ることができるが、失敗せず続けることはなかなか難しい。

こうして床の上のおはじきが二個だけになると、このときは三回続けて弾く。そして成功すれば一個取得するから、残

りは一個になってしまう。したがって最後には「おまわし、おまわし」と目をつぶってうたいながら、人差指で最後のおはじきの回りを二回まわす。そして「ねェこの目」で人差指と中指でおはじきをまたぐようにV字形に広げ、手前に引いて、残った最後のおはじきを取ることができる。これでお互いに出し合ったおはじきがなくなり、再びおはじきを数えながら出す。このときの数え唄は、

〽ちゅう　ちゅう　たこ　かい　な（東京）

で、唄にあわせて二つずつ、計十個出す。古い数え方では、

〽ちゅうじ　ちゅうじ　たこ　くわいが　十ちょう

とうたった。「重二《ちゅうじ》」は二の意味で、タコの足の数は八、これに二を加えて十ということであろう。余談だが、昔から各地にいろいろな物の数え方がある。たとえば、

〽はまぐりはむしのどく（山梨県）

〽やまとたけるのみこと（秋田県）

〽おてらのぼうずでとお（青森県）

〽やまぶしのほらのかい（山口県）

〽つう　みょう　たあ　けー　じゅう（長崎県）

おはじき遊びは以上のように、二つのおはじきの間に指を通しては弾き、それを繰り返すゲームであるが、散らされたおはじきが少なくなると、残ったおはじきが五〇センチも離れたりすることがある。そんな状況を苦ともせずに弾き当てるお姉さんが昔はよくいた。こういうお姉さん格になると、ただ弾くのでなく、次に狙うおはじきの側までゆくように考えて弾く。すなわち、先を読んで戦略的に弾くのである。

この遊びは熱中すると、日暮れにも気づかぬほど夢中になり、そのうち手もとのおはじきがなくなって、ようやく遊びを止めることもしばしばあった。それほど女の子たちの心を惹くおはじき遊びは、昔から各地方での遊び唄、遊び方があり、それぞれの地域の特色をもって遊ばれてきた。

おはじき遊びが古いといっても、いつ頃から遊ばれるようになったのか。先に述べたように〝細螺弾き〟を遡ると、もとは「石弾き」という遊びで、小石を集めて弾く遊びであった。そしてさらにこの「石弾き」の根源を遡ると、それは「弾碁《だんき》」または「タギ」と呼ぶ遊びがもとであることを知ることができる。

「弾碁」とはどんな遊びかというと、将棋や囲碁のように盤台を必要とするもので、盤の形は長方型で中央が高くなっていて（図参照）、左右十二の碁条の枠に白石十二個、黒石十二個を置く。遊び方は、はじめはどこの石からでも自由に指で弾くことができ、中央の山を越えて対面に並べてある石に当

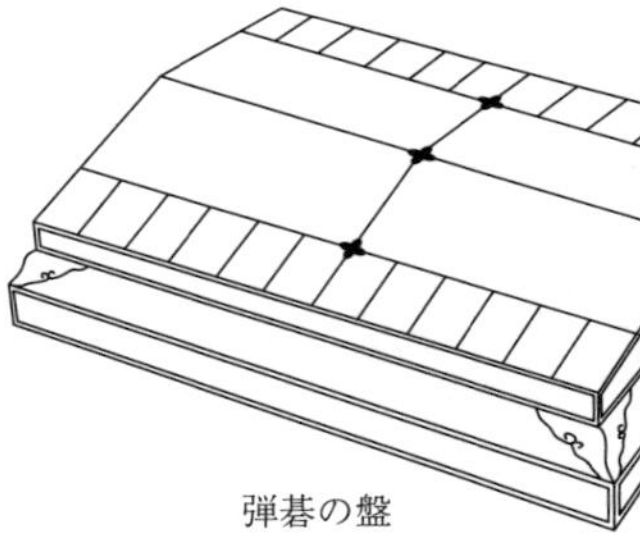

弾碁の盤

てる。当たればその石を取得することができる。もし打ち損じたり、狙った石以外の石に当てたなら先方の石となる。こうして打ったり打たれたりしているうち、どちらかの石がなくなって勝負が決まるというゲームである。

この「弾碁」という盤遊戯は、中国の古代魏の時代に創案されたといわれている。わが国には奈良朝時代に遣唐使、または唐僧の来日によって移入されたというが、詳らかでない。承平年間（九三一～九三八）成立の『倭名類聚抄《わみょうるいじゅうしょう》』には、

世説云弾碁今一名指石始レ自二魏宮一文帝於二此技一旦好矣

とあり、宮中から遊び始められ、同じ渡来の囲碁、双六と並んで台盤所に備えられていた。しかし弾碁は囲碁や双六のように盛んに遊ばれたこともなく忘れられた遊戯であったと伝えられる。

平安朝中期の『源氏物語』須磨の巻には、

碁、すごろくの盤、調度、弾碁の具など、田舎わざにしなして、念球の具、おこなひつとめ給ひけりと見えたり

とあり、また椎本の巻に、

所につけたる御しつらひなど、おかしうしなして、碁、双六、弾碁の盤どもなど取り出て、こころごころにすさび暮らし給ひつ

と殿上人が心すさびに遊ばれたことが書かれているが、あまり愛用されなかったらしい。

弾碁の遊びはこの『源氏物語』以外に書かれたものがなく、わずかに『和泉式部集』の歌に一首、弾碁にかかわるものがあるが、遊びそのものでない。さらに下って正中年代より元弘元年頃（一三二四～三一）成る兼好法師の『徒然草』の下には、

碁盤のすみに、石をたててはじくに、むかひなる石を守りて、弾はあたらず、我手もとをよく見て、ここなるひじりめをすぐにはじけばたてたる石かならずあたる。万のこと外にむきて求むべからず

とある。また十世紀頃に書かれた『宇都保物語』の祭使の条に、

中のおとゞに庚申し給ひて、男女、方わきて石はじきし給ふ

とある。先の『徒然草』では、碁盤を使って弾碁のような石弾きするようすが書かれ、『宇都保物語』では、男と女に分か

れて石弾きをして遊んだ。このように弾碁の遊戯用具を使用せず、石を弾く遊びのみが広がり、貴人たちの中国渡来の弾碁はすっかり忘れ去られていった。

弾碁や石弾きの遊びは、文献にもあるように、大人の遊びであった。だが時代が下るにしたがい、この遊びはいつしか子供のものに変っていった。

江戸時代に入ると、石を弾くものから貝殻を弾くものとなった。貞享元年（一六八四）刊の井原西鶴著『諸艶大鑑《しょえんおおかがみ》』（『好色二代男』とも）に、

藻屑の下のさされ貝の浦めづらかに、手づから玉拾ふ業して、まゝことのむかしを今にはじきといふなどして遊びぬ。

とあるので、この時代になると小石でなく貝を弾く遊びとなったことが立証される。そして小石が貝に変ることにより、遊び場も遊び方もさらに多様化してきたのである。

石弾きは小石を弾いて当てるゲームで、石の形や色などのゲーム遊びはなかったが、〝細螺弾き〟となると、貝の形や模様の特色で遊ぶことが加った。天保二年（一八三一）刊の『尾張童遊集』に「よらみ」という細螺遊びが記載されており、細螺の表面の模様がさまざまであることから、一つ一つに、しろ、しま、しぼり、おべに、などと名付けられた細螺の絵が載っている（図参照）。この細螺貝の遊び方はまだ不明確であるのでここでは差し控えるが、これは同じ『尾張童遊集』に記載されている、椿の実で遊ぶ「木の実ふりこ」の影響ではないかと思うふしもある。この遊びも椿の実のそれぞれの形により二十種類も名付けられているが、はたして名付けた実と遊びの中でどういう役割をもつのか不明である。「木の実ふりこ」のゲームは、実の形が重要である。実をふり落してその実が上向きになれば勝ちにつながることから、絶対に上向きにならない実やその反対の実もあるので問題となる。そんなことからゲーム前に「這入子《はいりこ》」「はいらぬ子」と区別するが、それぞれの実の形にそれなりの名付けがあるので、子供たちは名をきくだけで良し悪しを判断した。

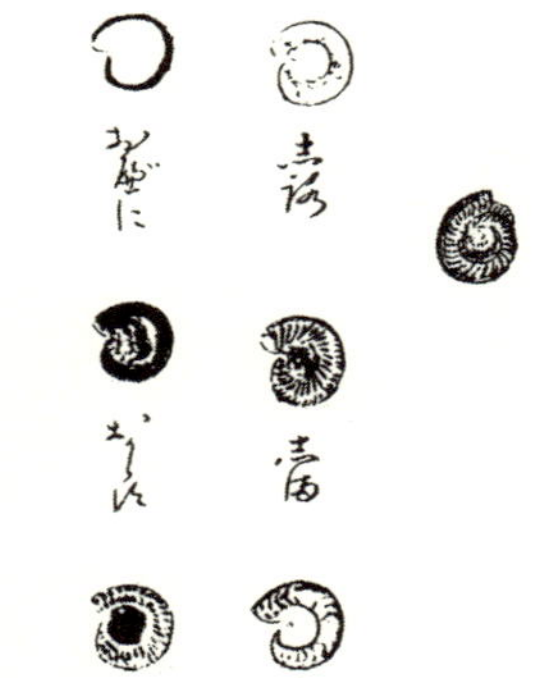
よらみ
『尾張童遊集』より

さて、「木の実ふりこ」のゲームは、「おはじき」と同様に、双方の子がお互いに納得した実五個ずつを出し合う。ジャン

ケンで先攻順を決めて、まず十個の実を両手で包むようにしてカラカラと振って床の上に落す。そして上向き（三角が上）の実を残して下向きを取り除き、再び振り落す。このようなことを交互に繰り返し、早く木の実がなくなった方が勝ちとなる。

また、寛政九年（一七九七）刊の『長崎歳時記』に、

猫貝を小児弄ぶことを云て、其法のせはじきと云は貝を握り、手の甲にうけ又手心にうけ、握り取、畳の上にちりたる餘り貝は一々はじき取て勝負を決す。十五握と云は各々貝十、二十を出し合せ順々目を塞ぎ面をそむけて、数十五をつかみ取るを勝とす。とんのみと云は各自目印ある貝一つづゝ出し合せそれを掌にてふり出し、餘り貝は俯せ、一貝仰ぐものを勝とす。

と細螺の遊びが書かれている。猫貝とは長崎の名付けで細螺のことである。また文中の「のせはじき」とは〝細螺弾き〟のことをいう。この他に互いに細螺を握り、「チッチチ」で双方細螺を握った手を出して、双方の手の中の細螺の合計数をいい当てる「なんこ」というゲームもあった。

このように〝細螺弾き〟は石弾きになかった遊びが加わり、江戸時代中期頃より子供の遊びとなり、いつしか〝細螺弾き〟の遊びを「きさご」さらに訛って「きしゃご」と呼ぶようになった。とくに女の子にこの遊びは好まれ伝承されてきた。

時代はさだかでないが（幕末から明治、大正、昭和十年前後頃までと思うが）、庶民の信仰をあつめる江ノ島、鎌倉のおみやげに、細螺を小さな網袋に入れて売っていた。その細螺は他の貝細工とともに有名な子供みやげで、天然のものと青赤緑紫などに染められたものがあった。細螺は誰もが手に入れられるものではなかった。とくに内陸部の子供らにとっては高嶺の花であったので、石弾きを相変らず遊んでいる子らと、身近な川や沼の淡水の貝で遊んだ子らがいた。たとえば、海のない長野県では、「スイガイ」といった。これは酢貝か郎君子という貝の蓋で、酢に浮べて遊ぶものかと思ったら、なんでも小さい貝はこう呼ぶのだそうである。広島、山口、島根では「ヤサラ」という貝で弾くのだそうで、九州でも阿蘇地方も同じ名である。津和野で「イラサ」という。「ナガラミ」は千葉県海上郡で、出雲地方はおはじきを「ナガスル」という。この他にまだあるが略することにする。

明治も文明開花が進み、明治三十六年（一九〇三）頃から国産のガラス工業が盛んになり、板ガラスやガラス食器などの製品が一般庶民の間にまで広まった。ガラス用品が出回れば、当然破損したガラスが増えるのは自然である。現代ではガラス屑《くず》は廃品回収などでは売れないが、昔は屑ガラスは目

方（重量）でいい値で売れた。このガラスの再利用で、とくに子供の遊具、ビー玉、ビーズ、ガラスの石けり面子などとともに、ガラスの「きしゃご」ができた。このガラスの「きしゃご」は、シャツのボタンより少し大きい面子の形をしたもので、色は青緑で透明である。このガラスの「きしゃご」は、駄菓子屋などで一個いくらとか五個でいくらとか、バラで売られた。

このガラスの「きしゃご」は、大正時代から昭和へ、そして現在でも売られているが、ガラスの「きしゃご」が登場した頃は、ガラスの光や深い水底のような色、そして小袋に入れて持ち歩くとかたい音がしたので、容易に子供たちの宝となった。そして〝細螺弾き〟よりもさらに遊びが熱狂し、この遊びの代名詞は再び脱皮して「きしゃご」から「おはじき」へと変り、呼ぶようになったのである。しかしこのガラスのおはじきを、あの子もこの子も、誰もが自分の物とすることは不可能であった。その証は次の代名詞にみられる。

セトツブ（岩手県紫波郡。この名は「おはじき」の代名詞で、おそらく瀬戸物の破片で作ったことからきた名であろう）

ビイドロ（長野県）

ビンドロ（宮城県刈田郡）

ギヤマン（福島県会津地方）

（これらの名は、新しく登場したガラスのおはじきが広がる前から子供たちが石でたたき作ったものからきたものであろう）

現代のガラスの「おはじき」は、手工業的に作られるのではなく、オートメーションで一定の規格に作られ、ガラスも上質で美しい。これは「おはじき」のみで使用されず、この頃では金魚鉢の水底に敷きつめるとか、鉢植えの土の上に飾るものに人気があるという。また売られているところは、駄菓子屋、民芸品店、生花屋などで、みな小さな網袋に入れられて、ビー玉と共に店先に並んでいる。

「おはじき」は、かつて大人が石を弾き楽しみ、細螺を弾いて子供のものとなり、さらにはガラス製となった。この頃では長い伝承の果てに失なわれつつあるのが残念でならない。

綾とり

〝綾とり〟とは江戸（東京）の名で、京坂（京都、大阪）では「糸とり」などといい、江戸時代の貞享、元禄（一六八四〜一七〇三）の頃から、主に女子の遊びとして盛んに遊ばれた。

遊びの糸は、長さ約一メートルぐらいの、糸というより極細い紐のようなものを輪に結び、これを左右の手首にひと巻きして糸を横に張るやり方と、両手それぞれの親指と小指に糸をひっかけて糸を張る方法がある。そして、手首に巻いた糸をつまんで引くと、引いた糸はX状になる。この状態にすると、遊び相手の子がこの手首と手首の間にできたX状糸に、左右から挟むように親指と人差指を入れ、それをX状の下にある二本の横糸の中に、下から上にすくいあげるようにして、手首にかかった糸を全部すくい取る。このようにして相手の糸を取っては形を作り、その形の糸から今度はこちらが取って形をつくる。こうして交互に取り合い続けて遊んだ。ところによるとこの遊びに唄が作られて、

〽文福茶がまに毛が生えて
　くず屋に売ったら逃げられた（東京）

とうたい、糸で「川」などを作った後に、六つの輪からなる「文福茶がま」（「鼓」ともいう）で、その輪を何人かで引っぱるように持ち、唄が終わったところで指を放す。一番最後まで糸が指にからんで残ったものが「火傷《やけど》した」ということになっておわる。

これは二人綾とりの一つの例である。

一人綾とりは、左右両手の指に糸をひっかけて張り、引っかけてははずし、はずしてはまた指を入れて糸を張り、さまざまな形を作る。説明すると、まず左右の小指と親指に糸をかけて横に張り、左右の指の間に張られた糸を左の中指で左の手の平に横に張る糸を下からすくい取る。次に左の手の横糸も同じく取る。このようにして一つの形を作ると、これから糸をはずしては再びすくい取り、繰り返す。糸は両手に交差して、めざすある形を作る動作をして、形ができあがると動作を止めて、「竹藪の一軒家」「鋏」「朝顔」「富士山」「ぱんぱん帚木」「琴」「梯子」「杯」「蟹」「納豆」などと作る。このようにして作る綾とりの数は全国にたくさんあり、近年その伝承の記録が報告されている。

〝綾とり〟の遊びは、一本の糸から指にかけたりはずしたりして物の形を作り、解いては一輪の糸となる。まさに無から有を生ずる創作遊びであり、魔術のようなもので、遊びのテクニックは文字を綴って説明できないものである。

この魔術のような糸遊びはいつ頃、どこで始まったのか、その起源は明らかでない。遊びの研究の先達、小高吉三郎の『日本の遊戯』（昭和十八年（一九四三）刊）によると、

古くから行はれている女児の遊であって（…中略…）平安時代から行なわれたのではないかと考へられる。

と述べられているが、確かな〝綾とり〟のことが記載されている文献は古代にもその片鱗すらない。近世になって〝綾とり〟の文献が現れるのは、井原西鶴の『好色一代男』（天和二年（一六八二）刊）に、

女郎は女良でかたより。更ゆくまで。糸取、手相撲して、折ふしは眠。きのどくなる夜の明るを待は。

とあり、続いて同じ西鶴の『諸艶大鑑《しょえんおおかがみ》』（『好色二代男』とも、貞享元年（一六八四））に、

書物見るもやさし。菊の一技に詠《なが》め人も。心ありげにおもはる。或は手相撲又はなんてよぶあり、火渡し糸どり。浄土双六。心に罪なくうかれあそぶ。

この西鶴の作品に登場する糸とりが、文献として初出であることは、断言してよいと思う。この〝綾とり〟遊びが、どのようにして遊び広まったのか知るすべがないが、『諸艶大鑑』刊行よりおよそ百年後の寛政二年（一七九〇）に、江戸の戯作者であり浮世絵師の山東京伝が著した『小紋雅話《こもんがわ》』に、「影兎」「指獅子」とあり、いずれも影絵のことだが、ここに「あや」と出てくるものがある。

呉物とるあやは児女の玩びなり、猫股、鼓の胴水などとていろ〳〵あり。

呉物とるとは、古代中国の呉の国より伝来した綾織物のあやにかかる枕詞で（機織からのもの）、嘉永六年（一八五三）刊の『守貞漫稿《もりさだまんこう》』には、

左の二女の所為を江戸にて「あやとり」京坂にては「糸取」と云戯也、図の如く手くひの如くひに繞ひ琴形、鼓形、目鑑形等二女各相譲りて為之の戯也、近年の小児稀に弄レ之を雖《いえ》ども不流行也、文化前等は専ら弄レ之せり也

とある。この著書が発刊される頃は、〝綾とり〟遊びはあまり流行していないようだが、これより二十数年前の『尾張童遊集』（天保二年（一八三一））には、「糸取 又ハタ取と云」とあり、この綾とりで形を作るもののレパートリーは、

其名、菱、鼓ノ胴、水、琴　鼓草《たんぽぽ》、船

などと記載されている。

以上の文献のなかでも、絵入りで綾とり遊びを紹介しているのは、『小紋雅話』、『守貞漫稿』、『尾張童遊集』で、二人綾とりが主である。

これまでの文献をみるに、突如、天和、貞享時代に現れ、後の文献が江戸、尾張とあるところから、京坂に遊び初めがあり、百年後に江戸で遊ばれたということである。とくに天和二年の『好色一代男』は「一日かして何程か物ぞ」（巻五）のところにあり、この遊びの場所は泉州、堺の高州の色街である。なぜこの地に綾とり遊びがあるのか、戯作であるにもかかわらず質《ただ》してみたくなるのである。

近年、綾とり遊びが急激に注目されはじめ、綾とりの遊び方の案内書が数多く出版された。この風潮は伝承遊戯の再認識という気運に誘われてのことだが、多くの人々は、綾とりが日本古来からの伝承遊戯と思い込んでいるため、諸外国にも綾とり遊びが存在するという報告と解説がなされると、綾とりの意外な国際性に驚くこととなった。だがこのことは、遊戯に関心ある識者には周知の事実で、すでに柳田國男の『国語の将来』の中で、

……独楽でも紙鳶《たこ》でも又綾取でも、今なお是を大人の真面目な行事として居る国もあるのだから、遠く捜せば昔の因縁は判って来るかも知れない……

『守貞漫稿』より

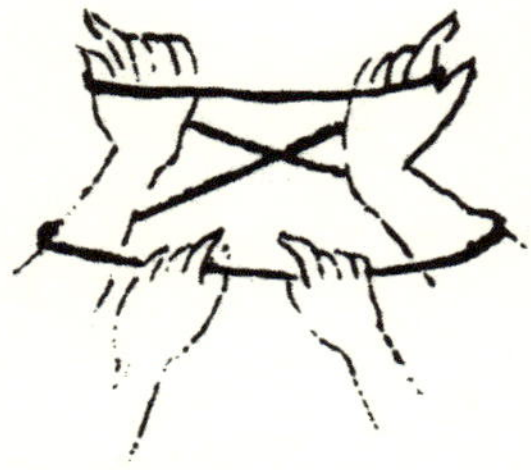

『尾張童遊集』より

『尾張童遊集』より

と示唆をしていることである。独楽も紙鳶もそもそもは外来のもので、綾とりも同様「今なお是を大人の真面目な行事として居る国」は、フレイザーの『金枝篇』（一八九〇）「天候の呪術的調節」の太陽呪術に、

イグルリクのエスキモーは、秋になって太陽が南へまわり、北極の空低く沈んで行くとき、それを糸の網目で捉えて消え行くのを防ぐために綾取り遊びをする。

ということである。

子供の遊びの中には、かつて大人たちの行った神事が歴史の変遷の過程で零落し、子供のものとなったものがあるが、この〝綾とり〟もかつては大人たちが真剣に取り組んでいたことである。この綾とりがエスキモー民族が創始したとは断言できないながらも、環太平洋の各地に、綾とりが伝承されている報告があることを思い併せると、そこに共通の民族文化の流れがあったのではないかと思わざるをえない。

環太平洋文化圏内の〝綾とり〟の分布の状況は、HPAFの人類学報告にもとづく青山美智子さんの作図によれば、エスキモー文化圏内に四ケ所、南アメリカに二ケ所、ポリネシア文化圏に四ケ所、この他にボルネオ、マレーなど三ケ地にあり、そのほとんどは太平洋文化圏内で、ヨーロッパには綾とりの事蹟はない。もちろん中国、朝鮮半島、その他太平洋岸にある国はその圏内をはみだすことはない。

かつて西鶴が著わした『好色一代男』の「糸取」（綾とり）が、泉州、堺に始まることを思うと、織田、豊臣時代に盛んに貿易をした堺の町衆に、ルソンその他の南国との交易で、船乗りあたりが綾とりをもたらしたものではないかと憶測をするが、果していかがなものであろうか。想像の域を出ないが、ありそうなことである。

かつては登校前に、友だちと待ち合せの間、毛糸で一人綾とり遊びをする子供を、いたるところで見かけることができた。また〝綾とり〟が流行ると、駄菓子屋や、子供相手の文房具屋には、五色の綾とり糸が束ねられ売られたが、ひと頃の流行に比べ、この頃では見かけることが少ない。しかし一方では、この文化人類学的に興味のある〝綾とり〟は、その重要性が多くの識者の関心を高め、研究者が続出するようになった。だが採集はまだまだ、全国制覇の採集にいたらないが、そのうち〝綾とり〟の総集編纂がなされるのではないかと思う。

細螺おしゃくい（細螺すくい）

日向ぼっこの「細螺弾き（おはじき遊び）」が、子供たちの間に流行《はや》りだすと、朝から大きい女の子たちはいつもの家の縁側に集まって「細螺弾き」をするのが日課のようになった。おかげで幼い子をほったらかしにして、子守りどころでなくなるので、幼い子らにも細螺を与えて貝殻で遊ぶことを教えた。それが〝細螺おしゃくい〟である。

〝細螺おしゃくい〟とは、正式には蛤《はまぐり》の貝殻で細螺をすくい取る遊びである。遊び方を説明すると、三、四人ぐらい集まって一人三個ぐらいずつ細螺を出す。もちろんジャンケンで順番を決める。先攻の子は集めた細螺を両手にすくい取り、これを床の上に振り落す。そして右手に蛤の貝殻を持って、床に散る細螺を一個ずつすくい取る。もし取り損ねたりすくうときに他の細螺に触れると、次の順番の子に貝殻が手渡される。そしてすくい取ったそれまでの細螺は自分の物になる。こうしてたくさん取った子が勝ちとなる単純な遊びである。この遊びにもただすくうだけでなく難しいものもある。たとえば、振り落すとなかには二つや三つの細螺が重なったり、接触しているものがある。これは「細螺弾き」と同じルールで、「おねぼ」、「ネバ」、「メグシャ」などといわれる状態である（「細螺弾き」の項参照）。〝細螺おしゃくい〟の場合は細螺を一個ずつ取るので難しい。すくうとき他の細螺が動くと失敗になるので、蛤の端をそっと細螺の底部にさし入れてすくうが、このときのルールで「がったりあり」と「がったりなし」という決りがある。それは、取り損なった段階で「がったりあり」では、それまで取った細螺全部を床に放出しなければならない。反対に「がったりなし」では、取り損ってもそれまで取った細螺を出さなくてもよい。

こうして次から次に順番が回るが、一人ですべて取ってしまうことはほとんどない。蛤ですくってもすぐこぼし落としたり、ほかの細螺に触れたりしてなかなかうまくゆかない。しかし姉たちに放り出されて、この〝細螺おしゃくい〟で遊んでいる様子は、こうしたルールもなく、ただ蛤で細螺をすくっては容れ物に入れるだけである。細螺だけでなく、じゅず玉などでも遊ぶことがあるが、単純な遊びで幼児専用といってもよいであろう。

このように、昔の子供たちは、自然物（木の実、草の実）を利用して遊びを創造した。たとえば、小豆を歯で二つに割り、それを集めて軽く振り落すと、上向き（割れた面が上）になった小豆は白く見える。上向きと下向きの組み合わせで点数を競うものである。

また楊の木を（鉛筆ぐらいの太さ）三センチぐらいに短く切り、これを十五個ぐらい作る。そして、この木の一部の皮を剝ぎとる。そしてそれを上から振り落し、剝ぎとった部分を表として、木の表裏で勝敗を争った。

自然の中では、遊ぶ心さえあれば、単純ではあっても賭けごとのような遊びは無限に広がるのである。

一《ひぃ》とつ二《ふぅ》たつ

「てんてっとん」に似た手合せ遊びで、手の合せ方と遊び唄にわずかに違いがあるといったところである。

現代では手の合せ方は自由で、唄に合せていろいろな手さばきをするので、固定したものではないが、〝一とつ二たつ〟の唄はこの方法が一番遊びやすいということで、「てんてっとん」と分けたものであろう（「てんてっとん」の項参照）。

遊び方は、まずはじめに二人が向い合って坐り、お互いに一回手をたたく、それから右の手のひらを相手の右の手のひらと合せて打つ、次にそれぞれが手をたたく、今度はお互いに左の手のひらを出して合せ打つ、再びそれぞれが手をたたく、次は最初に戻ってお互いの右の手のひらを合せて打ち、自分の手をたたく。要するにお互いが、右の手のひらを出しては自分の手をたたき、左の手のひらを出しては自分の手をたたき、そして次の唄に合せてくり返す。

〽一《ひぃ》とつ二《ふぅ》たつおんみんみ、大山ぶしょうの大がっさり
がっさりとてはよはよ下れ下《くだ》りがしや嫁の子、けし夜の
おんどりて、樹の下で啼く鳥は、ピューピュー鳥かうそ
鳥か、なにうそ貰って、一の木二の木三の木桜、五葉松《ごよまつ》
柳、柳の下で麦一本拾《ひろっ》て、枕元へおいたらば、鼠がひ
いて、チュー〳〵〳〵ヨ

「てんてっとん」で述べたことだが、この〝一とつ二たつ〟も同様に「拳遊戯」からの影響の下に発生したもようである。「てんてっとん」においては「拳遊戯」（チョンキナ拳・供せ供せなどの狐拳、藤八拳）の勝負の後に仕草（演技）をすることが、手合せ遊びの唄の行間に挿入されているが、この〝一とつ二たつ〟の唄はその拳遊戯の前奏唄としてうたわれたものの影響が濃い。拳遊戯（藤八拳）でうたわれた唄で有名なのは、

〽酒はけんのん隠居さん
首はひょこ〳〵みひょこひょこ
血はぬらぬらけんじでまゐりましょ
雨はざら〳〵ざんざらだ
小僧は番頭にしかられた
ところは浅草三筋町
御番へさァ来なせ

というものである。この唄は文化、文政時代の頃（一八〇四～四〇）の流行歌の一つで、藤八拳の勝負を始めるときに、三味線や太鼓の伴奏でうたわれ大層賑やかなものであったそうである。

なぜ「拳遊戯」の勝負にこの伴奏や唄がうたわれたかというと、本拳（「ジャンケン」の項参照）においては、イッコウ、リャン、サン、スウ、ゴウ……と一、二、三、四、五と十までの中国語の数呼称と指形で表現するために、掛声一切まかりならぬ規則で、このような唄や伴奏などとんでもないことであった。

ところが藤八拳が本拳に代って流行ると、本拳の勝負の表示である形態が一変し、三竦《すく》み（旦那、狐、鉄砲）の単純な形で表現し勝負するようになった。そしてこの勝負はかつて本拳で禁止された掛声とか他の声を発しても一向に差支えなくなった。だがいざ勝負になると、なかなかそうゆうわけにはゆかず、「イエッ」、「ヤットッ」ぐらいにとどまった。これでは面白くなく興味が薄れるところから自然に唄が発生した。そして掛声に代って唄は勝負を盛りあげることに役立ったのはいうまでもない。またこうした大人の藤八拳遊びでは『嬉遊笑覧《きゆうしょうらん》』（文政十三年刊）の「飲食」の部に、記載されているくらいであるから、当然のように酒席で行われる遊びで、三味線や太鼓の伴奏が加わることはもちろんである。かくし

て先揚の唄がうたわれたのである。

弘化三年（一八四六）に、江戸、河原崎座で上演された狂言『飾駒曽我道中双六』の中に拳の唄があるが（「ジャンケン」の項参照）、この唄の最後に「狐でさァきなせ」というのがある。狐拳とは一名藤八拳のことで「さァきなせ」で拳勝負に移ったことが明らかである。この芝居が大入り満員の盛況であったことは、芝居が面白いこともさることながら、この芝居に藤八拳が折り込まれていたからである。それほど藤八拳が市中で大流行をきわめていたことが知れる。またこの種の唄も他にいくつかあったことであろうと想像することができる。

こうした世相の過中に、四谷、内藤新宿の大宗寺（現存）の閻魔さまの眼玉が盗まれた事件があり、これは酒のうえのいたずらであったが、大変な話題となった。早速のことに町の絵草紙屋では、これを流行の拳唄に折り込み、店先にこれを吊り下げ売り出した。この絵草紙は盗人と坊主の二人が拳を戦わす絵に唄が書き添えてあった。

〽さても閻魔の眼を抜いて
腰がぬけたで魂っ気ぬけ
めを一つ二つ眼で盗みとり
五く悪で六で七し身の八じしるす
九らき身となり　十分のつみ

この唄をみると文句の中に一から十までの数が込められてある。これを「てんてっとん」〝一とつ二たつ〟に比べると、そのまま手合せ唄になりそうである。この種の手合せ唄は後世になってもいくつも散見することができる。そしてこうした手合せ遊びは、唄の最終にはジャンケンをする事が特色である。

ジャンケンは、拳遊戯が三竦みに変ってから生れたもので、狐拳から虫拳、そして石拳（ジャンケン）になったものであるから、手合せ遊びは、かつて大人が遊興の手慰さみに遊んだ藤八拳（狐拳）が子供の遊戯化した新しい遊びとなったものである。その例をみると、

〽鳥はどこえく、上総の山へ
上総山から谷底見れば
小さな子供が小石を拾って
紙に包んで紺屋へ投げて
紺屋の番頭さんが金かと思って
開けて見たらば小石でござる
あらまかしょ　あらまかしょ
借金名古屋の小助さん
蛇の目の傘が三本で
ちゅうちくらっぱが五本で

お胸をたたいて、じゃんけんぽん（埼玉）

〽青山土手から（手を打わせ）
按摩さんがぴいっぴっ（笛を吹くまね）
その後から八百屋さんがえっさえっさ（かつぐまね）
その後からお師匠さんがぺんぺん（三味線ひくまね）
その後からおしゃれがきゅつきゅつ（衣紋をぬく）
その後から巡査がえへんえへん（ひげひねる）
その後からお化けがにゅうるにゅる（お化けの手）
その後から子供がじゃんけんぽん（神奈川）

この他の唄にも唄の最後に、

〽ぱらりて、ぱっぱっぱ
すっぽんぽんのぽん

などといってジャンケンをして遊んだ。

子供たちの手合せ遊びは、近頃見かけることも少くなってきた。子供たちの遊び生活が少なくなったのか、それとも遊ぶ集団も場所もなく、伝承の場と時間がなくなったためではないか。

縁結び

この遊びは女の子の遊びで、それも年長のませた子が多く遊んだ。

女の子ばかりがよく集まるところに年長の子が寄ると、ひょんなことから〝縁結び〟ごっこが始まる。それは「だれかさんとだれかさんはまめり」などという、性に対するわからないながらの好奇心に、話の花が咲いたときである。

まず小縒《こより》にする紙と筆墨を持参してきて、話題になったなり近所の男の子数名の名を一枚一名ずつ書きこみ小縒を作る。つぎに女の子の名を同じように書いて小縒にして男女それぞれに束にする。男女に分けた束から一本ずつ引き抜き、この二本を一つ結びにする。そしてすっかり結び終えると大勢の子供たちを呼び集め（男の子は集まりたがらない）、この結びを解き開き組み合された男女の名を発表する。

その結果、思わぬ取合せに笑いがおこり、冷やかしの声が出たりするが、呼びあげられても仲良し同士だった場合は歓声があがる。また嫌いな男の子と結ばれた女の子はくやしがって再びやりなおすよう激しく抗議をする子もいた。

この〝縁結び〟を執行した年長の子は、出雲の神々よろしく、〝縁結び〟の配合を終えたかのように、神さまがお決めなさったことなのだからと取り合わない。それどころか組み合せた二人を種に話の花が咲き、しばし賑わいが続いた。

ただこれだけの遊びであるが、ときには〝縁結び〟で組み合わされた男女が無理やり縁台の上に立たされることもあった。この場合似合いのカップルだと、お互いが恥ずかしくて下を向いて赤い顔をして並ぶ。また男の子が幼なく女の子が三つも年上の姉さんだと、「蚤の夫婦」などと声が浴びせられることもあった。江戸時代の川柳集『柳多留《やなぎだる》』に「ゑんむすび、きれいな貌はまれにくる」と句があるのも、この遊びのさまを知ることができる。

こうした遊びを企てるのは、ませた年長の女子で、異性の意識が芽生える頃であるから、縁結びの小縒をつくりながら、手早く好きな男子の名を小縒にして自分の名の小縒を結びつけ、どさくさのなかで公表する子もあったが、被害者の男の子は照れて逃げ出すこともあった。また思わぬことから、あこがれの子と結ばれ、この吉兆を胸に淡い夢を抱き『たけくらべ』の信如とみどりのような初恋の芽生えがあった。

幼い頃の〝縁結び〟遊びは、一つのきっかけから幼な馴染の相思相愛の仲となり、やがては結ばれれば、為永春水《ためながしゅんすい》の『軒並娘八丈』（文化七年〔一八一〇〕刊）に、

宿世結びの行為くれに、お前と二人結ばれし……

とあるようになる。「宿世結び」とは中世の縁結びのことで、別名には「千草結び」というものである。

現代では「結ぶ」ということは、単なる日常生活と会話の行為に他ならないが、昔はもう一つの意味をもつものであった。それは結びを含めて、「くくる、縛る、たばねる、合せる、包む」などということが、霊力のある秘やかな呪いに用いられた。とくに「結び」は魂が飛び離れるのを止める魂結びとして大切なことであった。たとえば明治時代頃まで続いていた俗信に、「鼻結び糸」というものがある。これは新生児が生れて七日の間、赤子がくしゃみをするたびに、その数だけ糸に結び目を作ることである。これはくしゃみをすると、体から魂が飛びだすと信じられていた古代以来の習俗である。また吉田兼好『徒然草』の「にくきもの」のなかに、

はなひて誦文する

とあるのも、くしゃみを不吉とするもので、結び目を作らないまでも近年まで続いた俗信の名残りである。

古代人にとって結びが重要な意味をもっていたことは、『魔よけとまじない』（中村義雄著、昭和五十三年〔一九七八〕刊）に高崎正秀博士の文を引用し、

……あわ緒結びなどいふいろ〳〵神秘な法があったらしい。「儀式」によれば、鎮魂祭に御巫が宇気槽《うけふね》を伏せてその上に祭り、桙を以て槽を撞く、一度（一本には十度）終る度に、神祇伯が魂筥に収めた安芸木綿《あきゆふ》二枚を結んで鎮魂することが見え、『事本紀』には天璽《あまつしるし》の瑞宝《みずたから》十種を以て一二三四五六七八九十と唱えて、魂触《たまつ》りするとある。『年中行事秘抄』にも八首の鎮魂歌を歌って、次に一二三四五六七八九十と十度これを唱へて、度毎に中臣玉を結ぶと、この〈魂の緒〉に就いて述べられてゐる。

……

とある。そして玉結びは魂筥に納められ、もしこれが開けられれば死ぬとさえいわれたもので、魂の緒結びは生命の緒の意味さえもっていた。浦島太郎が龍宮から持ち帰った玉手筥はこの意味をもっていたものといわれる。

このように近世まで伝えられた結びの俗信の背景には、古代信仰の流れがあった。平安時代の『伊勢物語』には、

思ひあまりいでにし魂あるならむ
夜ぶかく見えば魂結びせよ（百十段）

玉の緒をあわ緒に縒りて結べれば
絶えてののちもあはむとぞ思ふ（二十五段）

とあり、また『狭衣物語』にも、

魂の通ふあたりにあらずとも
結びやまししたがへのつま

と、衣服の下前の褄《つま》を結ぶことをいたしたいもの、という意である。こうしたことから、人魂を思わぬときにみたとき、魂は見つぬしは誰とも知らねども
結びとどめつしたかひのつま

という呪文の歌を三度唱え、男は左の衣服の褄を結び、女は右の褄を結んで、三日経て解くという俗信も生れた。

このように魂を結びつける俗信は、他にもあるが、結ぶことの意味は実用の行為を越えた人の心のやすらぎの効用があったのである。

〝縁結び〟が子供の遊びとなったのは、南北朝時代に書かれた『異制庭訓往来《ていきんおうらい》』の遊戯の条に「宿世結び、宿世焼」とある。この頃にはすでにあったようだ。また『骨董集』には「宿世結びは今云縁結びなるへし」とあり、宿世焼とは佐義《さぎ》長《ちょう》の残火やいろり火で餅を焼いて、餅のふくれた形をみたて、子供たちが遊びたわむれたこととつけ加えられている。

かつて大人たちが真面目に願いをこめた「結び」の行為は、子供のたわむれの道具となると、それだけ願いの効用が薄く衰えたということになるが、この遊びが子供たちに流行る頃は、まだまだ効力があるものと信じられていた。しかしこの結びの願いは、表面行為から深く人々の心奥に広がり、秘かに願うものに変っていった。

現在ではこの〝縁結び〟遊びも、真面目に〝縁結び〟を願う若者もなくなったことはいうまでもない。だが神社の神樹や社の扉の格子には、〝縁結び〟変じて「おみくじ」の札が結ばれている。こうした結びの中に、あるいは〝縁結び〟の小縒が混入されているだろうか。おそらく皆無であろう。

現代は自己の心情を吐露するにはこだわりない男女の時代となったからであろう。

てんてっとん（手合せ遊び）

この遊びは女の子が好む遊びで、座敷や縁側などで、昔はよく遊ばれたものである。

遊び方は、

①二人の女の子が向き合って坐り、はじめに双方一回手をたたく。それからお互い右の手の平を上向き（受け方）に、反対に左の手の平は下向き（打ち方）にして、相手の手をたたく。

②音が軽く鳴ったら、ただちにその両手を肩ぐらいまで挙げて、相手の両手をたたく。

③その両手をもとにもどし、各自一回手をたたく。

④手をたたいたら①にもどるが、今度は手の出し方を左右逆に変えて、左の手の平を上向きに、右の手の平を下向きにして、相手の手をたたく。

以下②③④と続けながら次の唄をうたう。

〽てんてっとん、てとすとんと
　持ち込む色桜〳〵
助さん木間物売りやんすか
　わッちもこの頃しくじッて
紙屑ひろいになりました

（明治三十四年刊『日本の児童遊戯集』より）

と、始めはゆっくりとくり返し、しだいに速さを増すと、手の拍手も音が高くなり、唄もせわしく速くなる。

この遊びが二組、三組と一緒に座敷などで始まると、大変な賑わいとなり、その遊ぶさまは、かつて大人たちのあいだで盛んだった「拳戯」（藤八拳）競技のようである。

実際この手合せ遊びは、江戸時代から明治にかけて流行った「拳戯」に似ており、とくに左右の両手を交互に合せては手を打つことなど、拳遊戯を調べてみると明らかに影響をうけていることがわかる。なかでも「チョンキナ拳」によく似ているのである。

「チョンキナ拳」（狐拳）とは、身振り手振りしながら三味線と唄に合せて打つもので、

〽チョンキナ、チョンキナ、チョンチョンキナキナ、
　チョンガヨンヤサデ、チョチョンガヨイヤサ

という唄をうたいながら、次のような動作をするのである。

まず二人が向い合って坐り、「チョン」で双方一回手をたたく。次に「キナ」でお互い相手の左手を右手でたたく。そして次の「チョン」で各自一回手をたたいてから、再び「キナ」で今度はお互い相手の右手を左手でたたく。「チョンチョン」で双方二回手をたたき、「キナキナ」で相手の右手と自分の右手を、続けて相手の左手と自分の左手を合せ打つ。次の「チョン」で双方一回手をたたき、「ヨンヤサデ」というときに手を膝にもどし、両手の平を上向きにして、一回手をたたき、最後の「ヨイヤサ」で「狐拳」の三竦《すく》み（狐、旦那、猟師）のいずれかの手型を示して勝ち負けが決められる。

このチョンキナ拳は、最初ゆっくりと身振りに掛け声を交えて始まるが、しだいにリズムにのってくると佳境に入り、その早口と身振りは見事なものである。そして最後の三竦みで決着がつくと、とたんにあたりは静かになる。

幕末から明治にかけてこのチョンキナ拳は大流行し、子供たちに影響を与えた。この頃のようすを、浅草で育った渋谷青花は著書『浅草っ子』（毎日新聞）の中で（推定すると明治三十年代）、次のように述べている。

雨の日は、駄菓子屋が完全に子供のたまり場になる。すわり相撲をとる、チョンキナ（狐拳）をやる、五目並べをする、花札、双六をやる、そのにぎやかなことといっ

たらない。

チョンキナというのは、チョンキナ、チョンキナ、チョンキナ、チョンチョンがヨイヤサ、と向かいあった二人が、たがいのてのひらを右、左と交互にあわしたあとで、最後に両手で狐、猟師、だんなのどれかの形をこしらえて勝負を決める。

こうして勝負の決着がつくと、その度に負けた方は着ている衣類を一枚ずつぬいでゆく。そしてぬぐものがなく素裸になって勝負がついたというわけである。

このように、チョンキナ拳は男の子の遊びに影響を与えたが、残念ながら児童遊戯化せず、大人のチョンキナ遊びと変らぬものであった。ところが〝てんてっとん〟と呼ばれる手合せ遊びは、大人の拳戯を改作して、勝ち負けの競技でなく、唄をともなう手拍子遊びにしたものである。しかし唄の内容には改作に至らなかったのか、子供の遊び唄とは思えない唄詞が多い。

天保二年（一八三一）刊行の『尾張童遊集』に、

〽天の七夕おゆとしごうざる、としに一度はしのぶでごうざる、しのぶよふさはあめふり七日《ナアヌカ》、雨となみだとも
ヲろとも　テンツク〳〵、〳〵

という唄がある。また伝承された〝てんてっとん〟の手合せ唄に、「丸山土手から」という説経節のような長々しい唄がある。

〽セッセッセ
丸山土手から東を見ればネ、見ればネ
門の扉にお小夜さんと書いてネ、書いてネ
お小夜《さよ》さしますすみよの櫛をネ、櫛をネ
だァれにもらたとお小夜さんに聞けばネ、聞けばネ
このや源次郎《げんじろ》さんに、もらたと書いてネ、書いてネ
このやの源次郎さんは伊達者の男ネ、男ネ
男見そめてお小夜がほれてネ、ほれてネ
ほれて間もなく身持ちになってネ、なってネ
身持ちいく月　七月八月《ななつきやつき》ネ、八月ネ
八月ぐらいじゃ産んでもよかろネ、よかろネ
どこへ産《う》もうと源次郎さんに聞けばネ、聞けばネ
となり村にて長屋《ながや》を借《か》りてネ、借りてネ
石の枕に木の葉のふとんネ、ふとんネ
石はころがり出る木の葉はもめるネ、もめるネ
どうしましょう、こうしましょ
ここのよで　一貫しょ

この唄は、明治、大正になって「青山土手から」という唄に変形し、同時にこの類唄が各地に生れた。しかし唄詞が変

れど唄の旋律そのものは変らず現代にまで引き継がれてきたのである。また遊び方も旋律とともに変らぬものと最初思ったが、はたしてどうか、各地に伝わる手合せ遊びを調べてみると、その多くは唄詞と共に唄詞の意味を遊びながら身振り手振りで合いの間に入れたり、ところによっては唄の終りにジャンケンとなり、遊び終る手合せもある。

たとえば「東を見れば」で手をかざして見る仕草をしたり、「門の扉にお小夜さん書いてネ」で毛筆で書く仕草を合いの間に入れる。さらにこの仕草を演じることが面白くなると、「高い山から」という江戸流行唄《はやり》のドンドン節が変形した手合せ唄の「竹やぶ小やぶ」などがある。この唄は次のようなもので、

〽竹やぶ　小やぶで
　あんまさんが　ピッピッ
あんまさんのあとから
　とうふ屋さんが　プッ　プッ
とうふ屋さんのあとから
　おまわりさんが　エヘン　オホン（…以下略…）

この唄の詞をみるだけで、手合せの遊びも一段と面白くなるが、筆者の体験では、座敷におすわりして手合せ遊びをするよりも、どちらかというと、戸外に出て「どうどうめぐり」のようにうたいながら列をつくり、あんまさんや、とうふ屋さんの真似をして歩くのがチンドン屋のように面白く、子供らにとって大変人気のある遊びであった。

このように手合せ遊びは、始めの頃は座敷に坐って大人の拳戯のように遊んでいたが、物真似の面白さから戸外に出て遊ぶものにもなった。考えてみれば、さまざまな拳戯（唐拳、藤八拳、虎拳、来い来い拳、供せ供せ）から生れた手合せ遊びは、身振り手振りの仕草さが競技の最中《さなか》に入るものがあるのも当然である。藤八拳などでは勝負がつくと、勝った者は負けた者に対して「おいでなさい」とか、「来い来い来い」と三度手招きをする。すると負けた者は「ヘイヘイ」とこれに応じながら三度頭を下げておじぎをして、両手を膝の上に重ねてかしこまったように前に進み出る。また「供せ供せ」のように、勝負に勝った者は「供せ供せ」といい、負けた方は「何をもってお供しよ」というと、勝った者は負けた者に「盃を持って供せ」

『尾張童遊集』より

とか、「犬になって供せ」などといろいろな命令をくだすのである。たとえば犬になればワンワンと吠えながら四ツん這いになって座敷を一廻《ひとまわ》って、しかるのちに「もしもし旦那さま、どうぞ一拳参りましょう」と犬の恰好でお願いする。勝って旦那になった者が「許す」と一声いえば、再び藤八拳の勝負がはじまるということである。

このように仕草（演技）がともなう拳遊戯の影響を受けて生れた「手合せ遊び」の中でも、初期の「丸山土手から」の流れを汲む類唄にはこの種のものがかなり多い。たとえば栃木の手合せ遊びに、

〽丸山土手から東を見ればネ、見ればネ（見る仕草）、門の扉にお小夜さんと書いたかネ、書いたかネ（書く仕草）、お小夜さしたる蒔絵の櫛はネ、櫛はネ（髪をすく仕草）、だれにもらったか源次郎男にもらったかネ、もらったかネ（貰う仕草）、源次郎男は伊達衆じゃないかネ、ないかネ（色男ぶりの仕草）、伊達衆抱いてねんねこできたかネ、できたかネ（妊娠して大きなお腹を撫でる仕草）、できた間もなくねんねこおぶったかネ、おぶったかネ（赤子を背におぶう仕草）、おぶった間もなくねんねこをふみつぶし、ふみつぶし（足で踏みつぶす仕草）、ふみつぶした間もなく涙がボーロボロ、ボーロボロ（泣く仕草）、涙ボロボロお小夜さんは泣いたかネ、泣いたかネ（さらに泣きわめく仕草）、泣いたお小夜さんはどうしましょう、こうしましょう（考える仕草）、まずまずここらで一貫しょ

というのがあるが、最後の「ここらで一貫しょ」あたりがはっきりしておらず、この遊びに体験がある筆者も記憶が薄い。この他に「青山土手から」の指で形をつくるとか、「竹やぶ小やぶ」、さらには「うちのこんぺッさん」のように立って手合せをして仕草をするものなど多彩である。

以上のように「手合せ遊び」は、変遷の過程でしだいに遊びが広がってゆくが、当時（明治中期頃）盛んであった男の子のチョンキナ拳遊びは、賭博を目的としたもので、駄菓子屋の縁台などで遊ばれ、ときには身ぐるみ剥れて裸にされて寒さにふるえるほどのものであった（『浅草っ子』）。こうした男の子の遊びに比べ、女の子の「手合せ遊び」は賭博性は皆無で、しかもお手玉や毬つき遊びと同様の手技と唄の面白さにあったことが、後々に伝承発展したものである。

男の子のチョンキナ拳は、やがて衰微してゆくが、さしもの勢いで流行《はや》ったその本家の拳遊戯も、明治末年にはすっかり衰えてしまった。だが女の子の〝てんてっとん（手合せ遊び）〟は、現代に至っても遊ばれている。とくに小学唱歌の「茶摘」の唄での「手合せ遊び」は多くの人に愛好されている。

〽夏も近づく八十八夜
野にも山にも若葉が茂る
あれに見えるは茶摘みじゃないか
あかねだすきに菅の笠

骨牌（かるた）

「うんすんかるた」が、ポルトガルから日本に渡ってきたのは天文年間（一五三二〜五四）で、このころは種ケ島に鉄砲が伝来し、ザビエルが鹿児島に上陸した時代であった。

（注：この「うんすんかるた」の「うん」とはポルトガル語で「一」、「すん」は最高という意味だそうだ。またこの「うんすんかるた」から諺のような言葉が伝えられる。それは勝負事の争いで、それまで勝ち誇って大声出して得意になっていたものが、しだいに負けこんで、「うんともすんともいわなくなった」とはここから生れたらしい。）

天正時代（一五七三〜九二）になって、それまで一部の人たちのものであった「うんすんかるた」から案出され、〝かるた〟が生れた。これが国産第一号の〝かるた〟で、これまでの「うんすんかるた」より板数も増え、日本的な図柄が加えられた。この最初の〝かるた〟に彩色された図柄に「天正金入極上仕入」もあり、この書き込みから「天正かるた」と呼ぶようになった。

天正時代と云えば織田信長・豊臣秀吉の時代、多くの武将が「乾坤一擲」が日常であった。こんな時代に〝かるた〟の手慰みに興じたのかもしれない。慶長二年（一五九七）三月、土佐の藩主（長曽我部元親）掟書に、

一、伝奕カルタ勝負令㆓御停止㆒候其外無作法㆓禁制㆒事

とかるたによる伝奕の禁止令が出されるほど賭博が盛んであった。

歌貝（貝合せ、貝覆い）

日本独自の遊びで、平安朝時代では貴族の間で盛んに遊ばれた。この遊びは蛤の貝殻を二つに合けて別々にしたものをいくつか広げ、再び元通り合せ取るゲーム。または、二つに分けた蛤の一方に和歌の上句に和歌の上句を書き、もう一方に下句を書き入れ、これをいくつかの貝殻の中から選び合せ取るゲーム。

（注：一つの蛤を二ツに開き離し、バラバラにしたもの数ケの蛤の中から選び出すことは至難である。ということは蛤は絶対に他の蛤とは合ないものである。トランプの神経衰弱の遊びに似ている）

貝合せ、貝覆いの二つを合せて、歌貝というものができて、貝殻に和歌を書き込めていたが、貝を合せることよりも、和歌を嗜める方が重くなり、貝の代りに将棋の駒形厚紙に和歌を書き入れたものになった。そして、これが後の百人一首となった。

花札（花合せ）

一名「花合せ」ともいう。「うんすんかるた」の流れから「大正かるた」を経て生れたもので、日本独自のかるた遊びである。札はそれぞれの四季の花の絵札で、札数は一ケ月四枚、十二ケ月で計四十八枚で構成される。この遊びは点取りゲームで、点数の多い方が勝ちである。ゲームの特徴は役札の組合せによって点数が異なり、全国に様々なルールがある（ここでは割愛する）。ほとんどの花札のルールは簡単で、誰でも楽しく遊べるので、庶民に急速に広まった。民間賭博でもよく用いられていた。

いろはかるた（以呂波加留多）

「いろはかるた」は、子どもを対象に作られたかるた遊びで、いろは四十七枚に「京」の字が加えられて、字札四十八枚と絵札四十八枚、計九十六枚で構成される。

このいろはかるたは、天明の頃（一七八一〜八八）京都で作

	上方いろはかるた	大阪・中京いろはかるた	江戸いろはかるた
イ	一寸先は闇	一を聞いて十を知る	犬も歩けば棒にあたる
ロ	論語読みの論語知らず	六十の三つ子	論より証拠
ハ	針の穴から天を覗く	花より団子	花より団子
ニ	二階から目薬	憎まれっ子神直し	憎まれっ子世にはばかる
ホ	仏の顔も三度	惚れたが因果	骨折り損のくたびれ儲け
ヘ	下手の長談義	下手の長談義	屁をひって尻つぼめる
ト	豆腐にかすがい	遠い一家より近い隣	年寄りの冷水
チ	地獄の沙汰も金次第	地獄の沙汰も金次第	塵も積れば山となる
リ	輪言汗の如し	輪言汗の如し	律義者の子沢山
ヌ	糠に釘	盗人の昼寝	盗人の昼寝
ル	類をもって集まる	類をもって集まる	るりもはりも照らせば光る
ヲ	鬼も十八	鬼の女房に鬼神	老いては子に従う
ワ	笑う門には福来たる	若い時は二度ない	われ鍋にとじ蓋
カ	蛙の面に水	陰裏の豆もはじけ時	かったいのかさうらみ
ヨ	夜目遠目笠のうち	よこ鎚で庭掃く	よしのずいから天井のぞく
タ	立板に水	大食上戸餅食らい	旅は道づれ
レ	連木で腹を切る	連木で腹を切る	れう薬口ににがし
ソ	袖振りあうも他生の縁	袖振りあうも他生の縁	総領の甚六
ツ	月夜に釜をぬく	爪に火をともす	月夜に釜をぬく
ネ	猫に小判	寝耳に水	念には念をいれ
ナ	なす時の閻魔顔	習わぬ経は読めぬ	泣きっつらに蜂
ラ	来年のことをいえば鬼が笑う	楽して楽しらず	楽あれば苦あり
ム	昔とった杵柄	無芸大食	無理が通れば道理ひっこむ
ウ	氏より育ち	牛を馬にする	嘘から出たまこと
ヰ	鰯の頭も信心から	炒豆に花が咲く	芋の煮えたも御存じない
ノ	鑿といえば槌	野良の節句働き	のど元をすぎれば熱さを忘れる
オ	負うた子に教えられ浅瀬を渡る	陰陽師身の上知らず	鬼に金棒
ク	臭いものには蠅がたかる	果報は寝て待て	臭いものには蓋
ヤ	闇夜に鉄砲	闇夜に鉄砲	安物買いの銭失い
マ	蒔かぬ種ははえぬ	待てば甘露の日和あり	負けるが勝ち
ケ	下駄に焼味噌	下戸の建てた蔵はない	芸は身を助ける
フ	武士は食わねど高楊枝	武士は食わねど高楊枝	文はやりたし書く手は持たず
コ	これにこりよ道才坊	志は松の葉	子は三界の首枷
エ	縁の下の力持ち	閻魔の色事	えてに凧をあげ
テ	寺から里へ	天道人殺さず	亭主の好きな赤烏帽子
ア	足下から鳥が立つ	阿呆につける薬がない	頭かくしと尻かくさず
サ	竿の先に鈴	さわらぬ神にたたりなし	三べん廻って煙草にしょ
キ	義理と褌かかねばならぬ	義理と褌	聞いて極楽見て地獄
ユ	幽霊の浜風	油断大敵	油断大敵
メ	盲の垣覗き	目の上のこぶ	目の上のたんこぶ
ミ	身は身で通る	箕売りが古箕	身から出た錆
シ	吝ん坊の柿のさね	尻食え観音	知らぬが仏
ヱ	縁と月日	縁の下の力持ち	縁は異なもの
ヒ	瓢箪から駒	貧相な重ね食	貧乏暇なし
モ	餅は餅屋	桃栗三年柿八年	門前の小僧習わぬ経を読む
セ	聖は道によりて賢し	背戸の馬も相口	背に腹はかえられぬ
ス	雀百まで踊り忘れぬ	墨に染まれば黒くなる	粋は身を食う
京	京に田舎あり	（なし）	京の夢大坂の夢

（森田誠吾氏「東西いろはかるた考・犬棒かるたと猫判かるた」（昭和49年）より作表）

られ、歌かるたの変種といわれた。それは歌の代りに上方の諺《ことわざ》や譬《たとえ》で構成された字札と、絵札の滑稽さが子どもを引きつけた。

正月、子どもたちが座敷などに集まって、双六やかるた、福笑い（「お亀の顔つけ」の項参照）などで賑やかに遊びすごすのが、晴れの日の楽しい夜であった。なかでもかるた遊びは双六や福笑いと違って遊びの種類がいろいろあるところから、とくに人気があった。代表的なかるたは百人一首の歌かるたである。

子どもたちといっても、歌かるたで遊ぶのは年長の子で、「いろはかるたなんて！」と蔑《さげす》んで、「めくり」とか「坊主めくり」といった遊びに夢中になった。

百人一首

●めくり

「めくり」とは百人一首の絵札ばかりを集めて伏せ、畳の上に積み重ね、下句の札は絵札の周辺に散らす。次にジャンケンで勝った者から順番に伏せた絵札を一枚ずつめくる。めくった絵札が散らした下句の札と合えばそれを取得できる。反対に合わなければ、山積札の周辺に捨てておく。こうして次から次へと順番にめくり、一番多く合せ取った子が勝ちとなる。

●坊主めくり

これは前の「めくり」と同じように順番に積み重ねた絵札をめくり合せ取るが、台付（天皇の絵）が出たならば、まわりに散らした札の内十枚を取り、台なしの男の絵が出たならばそのままわりに捨てておく。女の人の絵が出たならば、まわりに散らした札全部取ることが出来る。その反対に坊主が出たならば、これまで取った札を全部放出しなければならない。こうして積み重ねた札が終れば、各自の手持ちの札をかぞえて一番数多く取ったものが勝ちとなる。

このゲームは地方によってルールが異なり、坊主が出ると「坊主丸儲け」といって、普通とは逆に出ている札を全部取ることができるというルールもある。

●お伏せ

この遊びは、少しむずかしくなるが、年少の子が遊びから抜けて年長の子ばかりになると、よく遊んだゲームである。まず下句の札を各人に配り、自分の札を覚えておいてから裏にして自分の前に伏せておく。読み手が上句を読み始めて、自分の札の句が読みあげられればすぐに取る。この場合間違って取ると、正しく取った者から伏札一枚を渡される。自分の札が早くなくなった者が勝ちとなる。

この反対（数多く取ったものが勝ち）となるゲームが、いわゆる百人一首の競技かるた取りである。

この他の遊びとしては、「組分け」「源平」などといった組んで競技をするものがあるが、子供たちはあまり遊ばない。それは何よりもむずかしい百人一首の歌を覚えないとゲームにならないからである。「組分け」には役札のルールもあり、更にむずかしくなる。

源氏合せ

〝源氏合せ〟は正月の夜などに、絵双六やかるた遊びと同様に遊ばれるもので、ゲームの内容は絵双六とかるたを結合したような遊びである。

遊び方は、源氏合せの絵紙（『源氏物語』五十四帖の絵を区分けして画かれた双六の絵のようなもの）を畳の上にひろげ、別に用意されたかるたのような小短冊五十四枚を取り揃える。短冊にはそれぞれに「桐壺《きりつぼ》」「帚木《ははきぎ》」「空蝉《うつせみ》」といった名が書きこめられている。この短冊を一つにまとめて、トランプのようによくきる。そして遊びに加わる者に短冊を配布し終ったら、「桐壺」の短冊をもったものから、絵紙の「桐壺」のところに短冊をおく（これは規則になっている）。また「帚木」の短冊は一番最後でないと使用できないことになっている。進行は「桐壺」をもっていたものから順送りに短冊に書かれた名にしたがって絵においてゆき、早く持ち短冊がなくなったものが勝ちとなる遊びである。

この絵双六とかるたの結合ゲームは、子供に愛好された期間は短く、年代は不詳だが、やがて「源氏絵合せ」に変化した。それは『源氏物語』のうちの名場面を選んで十二帖ぐらいに減らしたものである。

「源氏絵合せ」遊びは、物語の各絵が小短冊三枚に切り離したものになっており、それをまとめてカードのようによくきり、参加するものに配る（一人五枚）。それから畳の上（場）に五枚散らしおき、残りの短冊は積み重ねたまま中心に伏せておく。各自手もとの短冊を見て、三枚揃いそうな物語絵を狙う。ジャンケンで先攻順が決められ、それから順ぐりにはじまる。まず場の物語絵を見て、手もとのものと同じ物語絵だと思ったら、その上に手もとから出した短冊をおき、中心に積み重ねた短冊の一番上の一枚をめくる。そのめくった絵が場の短冊の絵のどれかに合っていればその上におき、なければ場へ捨てておく。手もとの短冊の絵が場の短冊の絵にない場合は、場にどれか一枚を捨てておく。このようにして繰り返しゲームを進めると、絵が三枚揃って源氏物語の名場面が出来上り、そして早く手もとの短冊がなくなれば勝ちとなる。

〝源氏合せ〟（正確には源氏かるた絵合せ）は江戸の末（嘉永年間）に各種かるたが流行った頃生れたといわれる。一説には天保の頃（一八三〇〜四三）とされるが、あまりにも流行の期間が短く、この遊びを記録する事蹟が極めて少ない。そのために遊びの全貌を把むことは容易でないが、ただこの遊びが「貝覆い」「貝合せ」から派生した遊びであることは確かなことで、いわゆる「合せかるた遊び」の一種であることに相違ない。

伊勢貞丈著『二見の浦』（江戸中期）の「貝おほひ、貝あわせの名目の事」に、

いにしへ歌合、詩合、花合、根合、絵合、扇合、鳥合、中合、香合、たきもの合、いひしは各其物を二種出し合って其のまさり、おとりを競う貝合と云ふべし

とあるところからも、「貝覆い」が絵と絵、歌の上句と下句を合せる遊戯が主であることがわかる。

源氏絵合せが、こうした遊びから独自に絵と文字を合せる子供遊びとして登場したのは他の理由があった。この頃は、子供の教育「実語教」が盛んであるところから、源氏絵と文字を結びつけ、教育的成果を狙った試みではなかろうか。しかし実際は教育の価値を意識するに至らず、この後に出現した「いろは歌留多」の方が庶民的「実語教」にふさわしいために、〝源氏合せ〟は衰微を早めたのではないかと思う。

〝源氏合せ〟が改めて浮上したのは、明治時代になってからのことである。

一枚の絵を三等分に切り分け、これを再び一枚の絵につぎ合せるゲームは、たしかに子供遊びとして面白いが、題材が源氏物語では堅苦しく、馴染むことなく流行するに至らなかった。そのせいかどうか、源氏物語絵合せは明治に入って一変して「家族合せ」、または「動物合せ」「物の絵合せ」と称して引き継がれた。

この「家族合せ」が出現したのは、明治も中期以降で、紙製の小短冊の札一枚一枚に、家族の主人、妻、息子、娘、下女などの絵が描かれ、五人一組構成の家族の札を集めるゲームである。札は十家族五十枚からなり、それぞれの家族の職業は、総理大臣・国野《クニノ》 礎《イシズエ》、軍人・黒木桃太郎、学者・鼻高、医師・藪井竹庵、金満家・金野《カネノ》成吉《ナリヨシ》、巡査《おまわり》・民尾《タミノ》守《マモル》、金貸し・慾野《ヨクノ》 深《フカシ》などといった庶民でない人物ばかりで、揶揄《やゆ》がこめられている。

この「家族合せ」の遊びは、まず五十枚の札をとりまとめてきり、そして各自に五枚ずつ配る。そしてそれぞれが手もとの札を見て、合せる家族を決める。ゲームの始まりは総理大臣の札を持ったものから順ぐりに、合せたい家族の札を持っていそうなものにむかって、「〇〇ちゃん、総理大臣の奥さま下さい」という。求められたものは手もとにあれば、その札を出さなければならないが、ない場合はそのままで次の番のものに移ってしまい、次に回ってくるまで待たねばならない。こうして順番が来れば希望の札を他者に求め、しだいに家族を揃えてゆき、家族全員の札が揃って「上り」となる。早く揃えたものが勝ちとなるのである。

この遊びは「いろはかるた」「百人一首」「絵双六」などとともに、戦前から戦後十数年、正月になると盛んに遊ばれた「家族合せ」だが、その人気もしだいに薄れ、やがて消滅してしまった。代って絵合せは動物シリーズ、テレビの怪物合せなどが、昭和三十年代のメンコ遊びのブームにのって現れたが、こうした座敷遊びはテレビマンガブームに押されて消えてしまった。

この頃では、子供のカード遊びはもっぱらトランプで、昔「源氏合せ」や「家族合せ」があったことすら記憶する人もなく、遊戯書などからも洩れることが多い。

折羽《おりは》

〝折羽〟は「下端」とも書き、昔の子供が大人の遊具、双六盤を用いて遊ぶことである。

それは子供たちが将棋盤や碁盤を持ち出して、「盗み将棋」や「弾き碁」の遊びをするようなもので、この〝折羽〟の遊びに使用する双六の遊具は、すでに江戸時代末に姿を消してしまったものだけに、まず双六盤の説明から始めなくてはならない。

双六は江戸時代の百科事典の『和漢三才図会』（寺島良安著、正徳二年（一七一二）頃刊）によると、

双六《すごろく》乃出二天笠一、涅槃経名二波羅塞戯一者是也、
然則始二於胡国一者佳也

とあり、印度の「波羅塞戯」が中国に伝えられたものである。そしてその中国から日本への移入は、享保十九年（一七三四）刊の『本朝世事談綺』によると、

梁武帝天監年中日本に渡す、本朝二十六代、武烈帝に当る

とあり、確かな記録はないが、その頃にはすでに朝鮮から渡来してきた人々によってもたらされ、貴族のあいだで遊ばれていた。

双六は伝来後、かつて麻雀が流行ったように熱狂的に迎えられ、『天武記』によると、天武十四年（六八五）に天皇が大安殿に親王や貴族を集めて博戯の会を催したと記されている。博戯とは博打《ばくち》のことであるから、双六は賭事《かけごと》の用具であった。

このように双六の遊び（博戯）に熱中するあまり政りごとが渋滞し『持統天皇紀』によれば、即位して三年十二月内辰に「禁断双六」と初めて双六の禁令が出され、いかに賭事として双六に打ち興じたかがうかがえる。

その後もたびたび禁令が出されたが、双六は止むことがなく続けられた。それだけこの双六遊びは人々を魅きつけたものらしく、文学作品にも双六の記載例が大変多い。その作品名をあげると『万葉集』『平治物語』『蜻蛉日記』『源氏物語』『枕草子』『栄華物語』などがあり、下って鎌倉時代の武家の日誌とみられる『吾妻鏡』などにも見い出せる。

双六はもとは握槊といわれたが、一説には、双六と名付けられたのは、盤上に並べる駒が一列に六と六にあるところか

ら、という。また、二つの賽子《さいころ》を筒に入れて盤の上に振り出し、二つの賽子の出目の数でゲームが進められるもので、とくに二つの出目が六と六と出れば重六と呼ばれ、この重六が出れば必ず勝つというので六が二つ、すなわち双六と名付けられたともいうが、確かな事は不明である。

次にこの双六はどのような道具で遊ばれたのか。将棋や碁のように盤上でゲームをするので、一名、盤双六といわれた。この盤は分厚い木製のもので、四季を表す四寸の厚さ、八方を表わす八寸の広さ、十二ケ月に見立てた一尺二寸の長さで表面を十二に線引きした。そして天、地、人にかたどって、横を三段に分け、陰陽の二儀になぞらえて内外に陣となし、一月（一ケ月の数）を司って黒、白三十の石、日月に擬して二個の骰（賽子）がある。この骰には陰陽にかたどり、一、三、五の奇数を陽、二、四、六の偶数を陰として、天（一）、地（六）、東（五）、西（二）、南（三）、北（四）と天地に擬えたもので、表裏の数を合せれば、いずれも七となる。須弥の三三天を表して、筒の竹を三寸三分にしたものである（図1参照）。

双六のゲームの進め方は、盤を中に両人対座して、図のように駒を並べる（図2参照）。ゲームを始める前に両人は先攻順を決めるため、賽子一つをころがし、その出目の多い方からはじめる。先攻は筒の中に賽子を二つ入れて振り盤上にころがす。そしてその二つの賽子の出目の数によって区画された線を左から右へと駒を進め、右の端で行きつまれば、別側の右端に出て左へ進み、自分の駒をことごとく五つ星の左へ入れる。黒石が先か白石が先か、そのいずれかで勝負が決まる。

しかしこの双六は後の「絵双六」のように単純なゲームではない。なにしろ長い歴史の末に出来上ったゲームであるから、二つの賽子の出目の組合せには約束ごとの駒の進め方があり、なかなか複雑である。その例の一部を『日本の遊戯』（小高吉三郎著、昭和十八年（一九四三）刊）より転載してみよう。

二つの骰子が三一と出れば、味方の石の一つを一と進め、他の一つを三と進める。一と三とを加へて四と進め

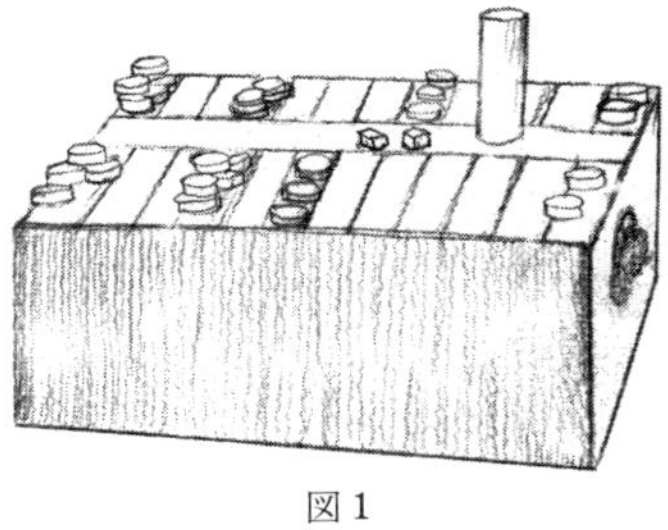

図1

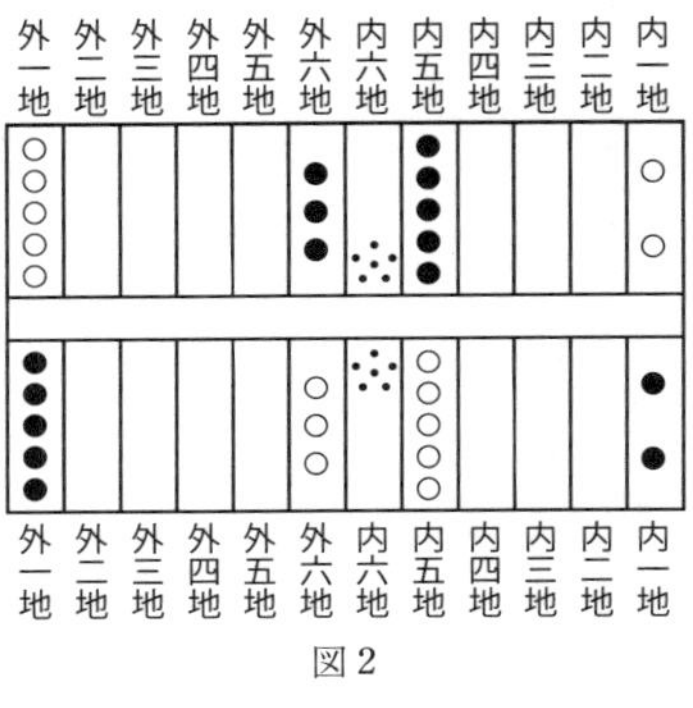

図2

る訳であるが、これを二と二とに勝手に分けて、進ますことは出来ない。けれども二つ並べる石でも、三つ並べる石でも、いづれを動かしてもそれは随意とされてゐる。三一の場合、二つの石の一つを一つ進め、他の一つを三つ進ませても差支ない。

　石の運行に方って、味方の石が一箇所に落合ふ場合があるが、かういう時は、何箇重っても差支ないが、そこに敵の石が二箇以上ある場合は、入ることが出来ない。この敵味方の石が二箇並ぶのを一荷といひ、一つあるのを端石といってゐる。そして味方の石が端石であった時は、敵の石が入込んでくるのを切るといって、その石を盤上から取除ける。取除かれた石は、次に振った骰子の目によって、白ならば石立の図の下側の左の端、黒ならば図の上側の左の端から、その目の数だけのところに置く。けれどもその数の目のあるところに敵の石が二つ以上あれば、置くことは出来ない、次の振出しを待つことになってゐる。かうして切られた石が盤上に出すことの出来ない間は、味方の石を進ませることが出来ないし、敵の石のため前進不可能の場合は、敵に何回でも続けて振らせることにない。(原文のまま)

以上のように二つの賽子の出目数のルールがあり、しかもその数の組合せ一つ一つに符号が附されてある。たとえば三と一を三一《さんちん》、五と三を五三《ぐさん》、四と四を朱四《しゅし》、五と五を重五《でっく》、など多数の符帳名がある。こうした双六の遊びの例は『万葉集』十六に長忌寸意吉磨の詠んだ双六の頭に、

一二《ひとふた》之《の》目《め》耳《のみに》不有《あらず》五六三四《いつむつみつよつ》佐《さ》
倍有双六乃佐叡

という歌があるほど、古くからの遊戯であり、賭博の道具であった。またこうした遊び興ずる風俗絵は、鎌倉時代の絵巻物『長谷雄草紙』の中に、紀長谷雄が朱雀門で鬼と双六の勝負をする場面が有名である。このような勢いにのった例でなく、室町時代の『東北院職人歌合』では、双六の博打の賭けで負けたわびしい姿が描かれている。

　当時双六賭博がいかに盛んであったか、度々の禁令にもかかわらず連綿として受け継がれてきた。江戸時代に入ると、この双六賭博の禁令は厳しく取り締まられて、双六はしだいに衰えてきた反面、双六の遊具はますます工芸の粋を尽した高級品が作られ、大名の嫁入道具の中に双六盤はかならず納められていたほどである。

　さて本題の〝折羽〟の遊びであるが、一四八一年以前に成立した『尺素往来《せきそおうらい》』に記された遊戯名に、囲碁、将棋、双六、下貽、揚弓等とあるが、この頃〝折羽〟遊びが創案されたと

いう説がある。

貞享三年（一六八六）に鹿野武左衛門が書いた『鹿の巻筆』の「ばんどうや才介のこと」に、

　さい介ものぼりつめておりばがなかった

とあり、下って安永三年（一七七四）刊の『柳多留』にも、

　おりばをば　やめてくりやと産婦いひ

とあり、このようすから一般の子供にも遊ばれていたようである。さらに下って天保年間（一八三〇〜四三）の柳亭種彦は『柳亭記』の中で、

　廃たれし遊び双六なり、予おさなき頃双六をうつ者百人に一人なり、されど下《お》り端《は》を知らざる童はなかりしが、

　近年はそれも廃れたり

とある。しかし柳亭種彦がいうように、この遊びが急速になくなったわけでない。おそらく明治の初めの頃まで遊ばれていたのではなかろうか。

『東北院職人歌合』より

さて〝折羽〟の遊びには二、三のゲームがあるが、もっとも簡単なのは、双六の石または碁石の白黒、双方より十二個ずつ出し合う。それから一個の賽子を転がして賽子の出目の多い方からゲームを始める。まず竹の筒（節を底にした真竹で作った高さ十二センチのもの）に二個の賽子を入れて振り出し、その出目の数を取り合い、多く取った方が勝ちというゲームである。このゲームは幼な子の遊びで、双六や碁の石でなくとも賽子さえあればドングリでも遊べるゲームである。

これより少し難しく、ルールに則って進めるゲームがある。双方、盤上に二列に一から六まで並べる。賽子一つを振って出目の多い方から始める。まず竹筒に賽子二個を入れてこれを振り、たとえば一と五の出目なら、手前の列から一の石と五の石を取る。同数（重）の出目なら、出目数を取ってなおもう一度振り出し、石を取る。また最初に振ったとき一と三が出た場合は、手前の並べた石を全部取ることが出来る。三と四が出た場合は、手前の石の三と四の石を取り、なお相手方の並べた石の列から三と四の石を取ることが出来る。こうして出目にしたがって手前の石からまず取り去り、しかるのち相手方の石を取り、盤上に石がなくなってゲームが終る。そして数多くの石を取ったものが勝ちとなる。

この他に室町時代（明徳）より江戸初期の頃に流行った「追い回し」という〝折羽〟の遊びがある。詳細には不明な点が

あるが、これは黒白六個ずつ並べ、振った賽子の出目の数を順繰りに進めて、出目が多く先に進んだ石を追い越せば、これを「切る」といって取り去り先に進む。切られた方は負けじと進んで、切った相手の石を追い越しこれを切る。追いつ追われつ、出発点の中央印のところにたどりつく。もちろん先に着いたものが勝ちである。

　また、双六から発生してのち、碁石で遊ばれるようになった「継子立《ままこだて》」というゲームがある。この遊びは意外に古く『徒然草』第百三十七段に、

　ままこだてといふものを双六の石にて作りて、立てならべたるほどに、取られむこと、いづれの石とも知らねども、数へあてて一つ取りぬれば……

と記されており、すでに鎌倉時代に遊ばれていた。

「継子立」とは一種の数学遊戯で、俗に「継子算」ともいう。まず白黒の十五個の石を輪状に並べるのだが、一つの基点から数えて十に当る石を取り除いてゆき、継子（白）、あるいは実子（黒）のどちらかすべてが除かれるように並べるのである。これはわが国で最初に書かれた算術書『塵劫記《じんこうき》』（吉田光由著、寛永四年〔一六二七〕）に池の周囲に子供たちを並べた図があり、この遊びが想像される。のちにこの継子立て遊びは双六の石から碁石の遊びとなり、石の数も三十個となる。その円形の並べ方は、黒二、白一、黒三、白五、黒二、白二、黒四、白一、黒一、白三、黒一、白二、黒二、白一と並べ、十個目ごとに取り除いてゆくと、白なら白ばかり見事に取り除くことができる。

　双六の賭博は、室町、安土桃山を経て江戸時代になると、御禁制の法度が頻繁に出されさらに厳しくなった。賭博行為はしだいに潜行して、ついには双六盤を放り出し、賽子のみ転がして乾坤一擲、出目の長（奇数）半（偶数）賭博となった。

　以上〝折羽〟の遊びの概略を述べたが、こうした遊びは現在では消失し、博物館に展示される豪華な双六盤や、物の本にわずかに記されるばかりで、大人の双六盤を持ち出して遊ぶ子らの姿は想像し難い。歌舞伎の『先代萩』（伽羅先代萩《めいぼくせんだいはぎ》）の場面で千松と鶴千代が双六盤で遊ぶところがあったように記憶しているが、たしかあの遊具は〝折羽〟であったのではないかと思う。

十六むさし

〝十六むさし〟の遊びは、現代ではすっかり忘れ去られたゲームとなってしまった。かつては江戸時代半ば頃から明治、大正にかけて、子供たちの間で盛んに遊ばれたものである。

遊び方は、木版刷りの〝十六むさし〟の絵図を座敷などに広げ、それを中心に二人の子供が相対して坐る。まずジャンケンをして、勝てば「親」となり負ければ「子」になる。そして子になったものは絵図と共にある小さな丸型の駒十六個を図面の縁にある黒丸印の上に置く、親は中央に大きな丸型の駒を置く。

先攻は親で罫線一桁進めるが、ときには子が先に進める場合もある。親は一桁の筋を進み、子と子の間を狙って進む、そして子と子の間に親が入れば、両側になった子は親に取られてしまう。子は親が入って来ないように駒を一桁ずつ進めたり退いたり動かし、しだいに親の行動を抑制し追いつめる。親は子の防戦にあい、進むことが不可能になり後退し、ついには三角形の牛部屋《ぎゅうべや》（または雪隠《せっちん》）に押し込められ、動けなくなるとこの親不孝の子が勝ちになる。ところがこのように親を雪隠詰めにするのは簡単でない。親はあちこち暴れては子を奪い取ることから「八方ばらいの武蔵坊」などという名もあるくらいである。子が暴れ親を押えこむには、なかなかの術策を必要とした。こうして盤上に操り広げられる親の暴力に敗れ、残った駒が五個以下になると親の勝ちとなる。

〝十六むさし〟は、始め「八道行成《やさすかり》」と呼ばれるゲームで、その発生は承平年間（九三一～九三八）成立の『倭名類聚抄《わみょうるいじゅうしょう》』によると「西域から伝えられた」としている。この「八道」は八すじ（筋）の略で八つの道の条の意味をもつ索道ともいう。即ち道（条）に従って駒が行くという包囲ゲームである（増川宏一著『盤上遊戯』参照）。

この「八道行成」の原型はインドのダカン地方のモゴル・ブータンにある包囲ゲームで、十六の駒と牛部屋も上下二つある。また中国にある「十六人の追手と将軍」という包囲ゲームも牛部屋は逆さであるが備えている。この二つのゲームは四角盤の包囲ゲームで、わが国の「八道行成」との関連を暗示しているが、どのようにしてわが国に伝来したのか明確でない（図1）。おそらく東南アジアより中国南岸、朝鮮南岸を経てわが国に伝ったのではないかと増川宏一氏も述べている。

わが国の〝十六むさし〟の遊びはいつ頃から行なわれたか、文献によると『倭名類聚抄』に「八道行成夜佐須賀利《やさすかり》」とあり、平安朝時代には、すでに遊びの事跡がある。この「夜佐須賀《やさすか》利《り》」とは、江戸時代の百科事典『和漢三才図会』によると、

　八道行成《やさすがりむさし》　和名夜佐須加利、今云無佐之

とあり、この遊びの内容を解説、「八道行成」も「むさし」も同一のものであると説かれている。また安永年間から明治にかけて刊行された国語辞書『和訓栞《わくんのしおり》』（谷川士清著）にも、

　やさすは八指の義、かりはうちの義、今のむさしの類にて、むさしもさすといへる也

と述べられている。「八道行成」といわれた時代と「むさし」という時代の差異はあるが、同一のゲーム遊びであることが推定される。この点について天明四年（一七八四）刊の『安齋随筆』は、

　今も武州埼玉辺にては、十六サスカリといふ。江戸にては十六ムサシと云ひ、十六は子馬の数十六あり、親馬を除いていふ也、ムサシは馬サシなり、マとムと音相通ずヤサスカリといふは、ヤスカリなるべし、ヤスはヤスシの略語にて、八の道スジなり。スガリは子馬を以て親馬に追る也。スガルは縋字にて縄を付て離れざるをスガルといふ。相州鎌倉のあたりにてはニッサといふ心か、十六ムサシを牛追ニッサと云ふ。

と説明している。また柳亭種彦《りゅうていたねひこ》の『足薪翁記《そくしんおうき》』（文政年間（一八一八～二九）刊）には、

　予按に、十六むさしは、やさすがりの類なるべけれど、やさすがりはいつか絶て十六むさしは別におこりしもののやうに思はる。是は証とすべき事を見いでざれば、予説のかなるず是といふにはあらず、推あてに思ふに、や

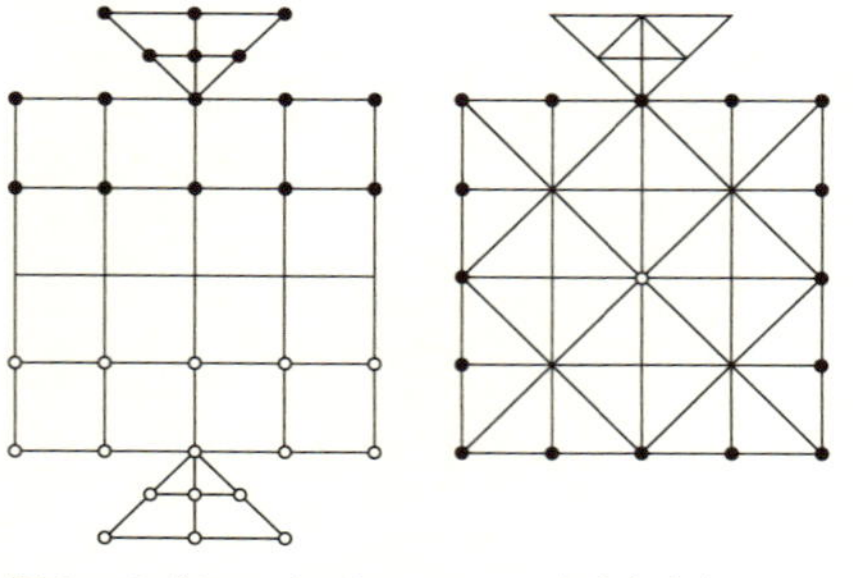

図1　モゴル・ブータン　　十六むさし

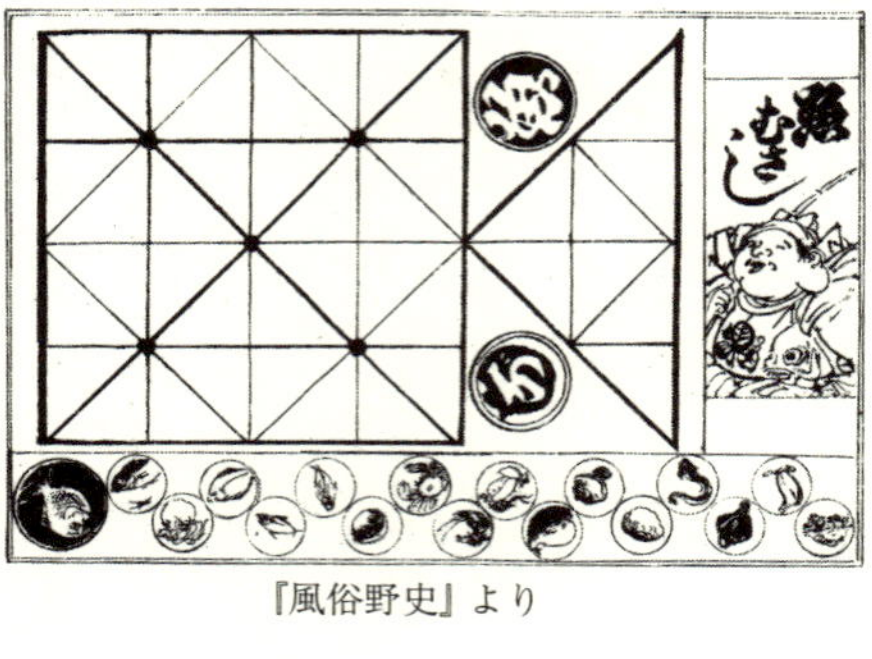

『風俗野史』より

さすがりといふ物は、親子なれどいふ物はなく、八方へ碁石の切ざるやうにいづるを、相手よりはそれを切らんと制しいづれにもあれ、つながりて盤のはしへ納るを勝とするものか。

と述べている。この説によると、ある時期まで「やさすがり」と称したものが中絶して後、空白の年月を経て再生したものであろう。これは「やさすがり」の時代は、大人の賭博遊戯で、しかも遊具のないゲームだけに衰微が甚だしいものと思うが、再生のきっかけは子供の地面遊びからのもので、子供らしい十六の駒を進める〝十六むさし〟となったのであろう。

では〝十六むさし〟または「むさし」とはいつ頃から呼ばれたものであろうか。室町時代の玄恵法師が著した『遊学往来』に、

七双六、一二五双六…十六目石

とあり、天文二年（一五三三）刊の『千句集』（荒木田守武）に、

きれきれになりぬる事のあはれにて
むさしをさすとみゆるなりけり

とあるところから、江戸時代以前にも「むさし」の名が見えている。江戸に入ると寛永十五年（一六三八）刊の『鷹筑波集』に、

善悪に二道かけてつよき人させるむさしを手詰にぞする

などとあり、俳句や狂歌に〝十六むさし〟を詠ったものが多い。下って貞享になると、井原西鶴の『西鶴諸国ばなし』（貞享二年（一六八五）刊）に、

元和元年中に大雪ふって、箱根山の玉笹うつみて往来の絶て、十日計も通なし。為に鳥さへ通はぬ峯に、庵をむすび短齊坊といふ木食ありしが、仏棚も世を夢のごとく暮して、百余歳になりぬ、常に十六むさしを慰みにささけるに、有時奥山に年かさねたる法師のきたって、むさしの相手になってあそびける。

とある。この頃はまだまだ大人の手遊びの余命があったのかもしれないが、以後しだいに児戯化の傾向をたどることになる。その流れのなかで最も児戯化に拍車をかけたのが、十六むさしの木版刷りである。前掲の『足薪翁記』に、

元文（一七三六）～寛保（一七四一）の頃印行なしたる、絵本船弁慶といふざれ絵のさうしの末に、十六むさしの図あり、親のいふ物に弁慶を画き、子は魚尽しなり、その側へ細字にて――是までありきたりし十六むさしは、子を石なごにてすれば、目印なして慰みすくなし、子供たちのつれづれ、しばし一興ならんことを思ひ、よって十六むさしのはじまり、たてよこのたすきのけい引は御存じ、子は右に図するところ切ぬき、弁慶にかたんとう

ろくづの計事、弁慶も我ままをたのしみ、ねぐひはならぬぞ〳〵——といふ事あれば寛保の頃までは今の如く絵ざうし屋にて売りたることはなきなるべし（このころのむさしけい引き今とかはらじ、牛べやなし）。

とあり、これまでの碁盤のような図を地面に書き、小石または碁石を用いて遊んだものであるが、やがて草紙の付録としてでなく、木版の一枚刷りとなり錦絵として売り出されるようになった。したがってこの遊びが路上から座敷へと移り、婦女子の遊びとなったことはいうまでもない。

以来〝十六むさし〟の図は錦絵の一つとして売り出され広がった。『絵本船弁慶』が発刊されてから三十年後、安永四年（一七七五）刊の『物類称呼』（越谷吾山著）には、

十六むさし、京、江戸共に十六むさしと云、中国にてむさしと云、上野下野辺にて十六さすがりと云、陸奥にて弁慶むさしと云、信濃にてさすがりと云。

と〝十六むさし〟の地方名があげられている。

ところが同書の十六むさしの隣接の前文に「八道《むさし》」という遊びが誌されてある。「八道」とは「八道行成《やすかり》」のやすで、〝十六むさし〟の語源になるもので、単に「むさし」ともなれば〝十六むさし〟と混同することもあり、次にその「八道」を記載することにした。

「八道《むさし》」　わらべの地上に大路小路の形を書て銭を投てあらそひをなすたはふれ也

京の小児、むさしと云。大坂にて、ろくと云。泉州及尾張上野陸奥にて、六道《ろくどう》と云。相模又は上総にて、江戸と云。江戸の町〻にたとへて云。信濃にて、八小路《やこうじ》といふ。越後にて、六道路といふ。奥の津軽に、をえど〵云。江戸にて、きずと云。江戸田舎にて、十六といふ。

八道（『街廼噂』より）

この遊びは〝十六むさし〟と同様に、地面に図を描き、その図面に向って投銭して争う賭博で、包囲ゲームの〝十六むさし〟とは異なるものである。これは『倭名類聚抄』に記載のある「意銭《ぜにうち》」「攤銭」とあるもので、後の穴一、ビー玉、メンコ遊びとなるものである。

このように〝十六むさし〟は各地方でさまざまな呼び名で遊ばれ、その広がりも錦絵となってさらに知られるようになった。そして江戸時代から明治、大正時代へと引き継がれたが、しだいに衰えた。遊戯史の先達『日本の遊戯』（昭和十八年〔一九四三〕刊）の著者、小高吉三郎氏は「明治の中葉まで行

はれた遊戯だが今は余り見受けられない」と述べている。また『日本遊戯史』（昭和八年〔一九三三〕刊）の著者、酒井欣氏も「明治年間まではほとんど全国的に遊事されていたが、その後逐次遊戯的勢力を失墜し今日では〝十六むさし〟の名を知る者も稀有に属し……」と述べている。しかし筆者の体験では昭和十年（一九二二）の頃、桜花の散る校庭の片隅で、地面に図を描き、小石を並べて友だちと遊んだ記憶がある。こうして地面での十六むさしの遊びは、私の体験ばかりでなく他に二、三の古老に〝十六むさし〟の雪隠詰めの石指しを聞いたこともある。長野県諏訪地方の『語り継ぎ神宮寺の民俗』報告の第二編子供の頃の記録に〝十六むさし〟の記載がある（『日本民俗誌集成』第九巻）。

十六むさし（『絵本たとへ草』より）

次にその報告文と遊び図を抜き書きしてみよう。

「段十、十六武蔵、八武蔵」

だんじゅうは図式が簡単で白黒三個ずつの石を争い勝負が簡単だったので、固い地面や平石の上に蠟石で図式を書き大小の小石を三個宛拾ってきてやることもあった。主に小学校でも五、六年生以上の生徒の遊びであったが、女の子もやることがあった。

昔は神宮寺の明神様への参詣道路筋の家では大抵表側に縁側が出ていたから、ここへ座り込んで紙に書いた段十や十六武蔵、八武蔵をやった。なお十六武蔵、八武蔵は図式が段十よりやや複雑になり石の数も多く、親一つと十六と八つの子石と闘うので段十よりやや高級ゲームである。

〝十六むさし〟は逐次子供の遊びの世界に受け継がれる過程で、神宮寺報告のように、勝ち負けの結着が早くつくよう簡略化されて、「八むさし」、「六むさし」、「段十」と変化して（図2）、昭和十年前後に、子供の遊び世界から消えてしまった。

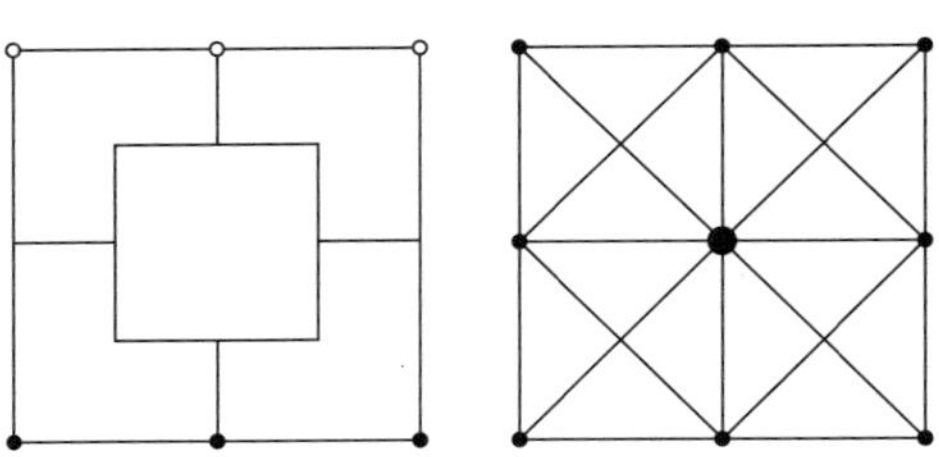

図2　段十　　八むさし

釣り狐

雨降り続きで外にも出られない子供たちが、座敷に集まって遊ぶものは、挟み将棋、盗み将棋と初めは静かな遊びであった。やがて遊びにあきてくると腕相撲や坐《すわ》り相撲などになり、どったん、ばったんと騒しくなり親に叱られた。こんなときによく遊ばれるのがこの〝釣り狐〟であった。

この遊びは狐が餌を取ろうとして、人間が仕掛けた罠にかかるというもので、猟師が二人に狐が一人、それから細紐の罠を必要とした。ゆるめの一ツ結びで輪をつくり、猟師になる二人の子が紐の両端を持って、輪を床上二十センチぐらいのところに吊り下げる。

このゆるい中途の結びは、左右の紐を引けば輪は小さく結ばれるようになっている。そして輪の先の畳の上に饅頭か煎餅を置き、これを狐の餌にする。狐になる子がこの畳の上の餌を取るには、張られた紐の輪の中に手を入れないといけない約束になっている。

準備ができると、狐になる子は狐の真似をして手首を曲げて踊るような恰好をしたり、四ツん這いになって右に左に動き回り、ときどき紐輪に近づき手で触れたり、輪を覗くようにしては首を引っこめ「こんこん」と鳴く。細紐を持つ両端の子は、その都度紐を引こうと構えるが、狐役の子は輪から飛びのき、再び四ツん這いに右往左往する。二人の紐を持つ子はこのとき、

〽こんこんちきや　こんこちきや
　信田《しのだ》の森の狐をうかしょ
うかしょおかしょ　狐をうかしょ
　サァ取っちやい見ィしやいな

とうたうと、狐がこの後に、

〽こんこんきちや　こんちきや

と輪に近づいてきて、この輪に手をのばして餌を取ろうとするが、なかなか輪の中に手を入れない。二人の子は狐をせきたてるように、

〽サァ取っちや　見ィしやいな
　サァ取っちや　見ィしやいな

とうたいはやす、狐はいよいよ浮かれて輪の中に手を入れたかと思うと、その手を引いてしまった。とたんに二人の子は

急に紐を引っ張るが、狐の手は結びの中にはなく、空縛りで小さな玉結びがあるばかりである。狐は再び輪から離れて、

〽こんこんちきや　こんちきや

とうたいながら蹴んだり跳ねたりして笑う。

こうして二度三度とやっているうちに、紐を引く子供もなかなか紐が引けなくなり、とまどっているときに、狐はヒョイと手をのばして饅頭を取って口に喰えて逃げる。紐を持つ子はしまったと思うがもう遅い。

〝釣り狐〟遊びは、誰でもうまく餌となる饅頭を取ることができるかというと、そうはいかない。餌を把んだまま手首が細紐に、いやというほど締められてしまうことが多い。

この遊びは一見、ハンカチ引きとか手拭引きという、片方の手のひらを上に向け、親指を立て、人差指との間に手拭をかけて、これを相手の者が一瞬の間に手拭を引く遊びに似ている。しかし手拭引きは相対であるから、引く者と引かれる者の神経の張りつめた寸分の隙を読みとり瞬間に決まるが、この〝釣り狐〟は、紐を両端で引くので、ぴったりと呼吸が合わないとなかなか成功しない。二人の機敏さが要求される。二人のうち一人の子だけが機敏に引いても、引き結ぶ時間は遅れる。二人が瞬間的に一致して引くと結ぶ速度が早い。また狐役はその盲点をつき、からかいながら二人の神経の張りを乱し、その乱れに乗じることがある。

〝釣り狐〟の遊びは、江戸時代後期、始めは酒宴の余興として大人の間に始まったものらしく、天明八年（一七八八）刊の『女郎買之糠味噌汁』（赤蜻蛉）に、

これからきつねつりにしよふ

サァつろな〳〵きつねをつろな

こん〳〵ちきこん、ア、つった〳〵

というところがある。これは目隠しの鬼（「目隠し」の項参照）のような遊びらしく、詳かでないが、唄はよく似ている。

〝釣り狐〟は江戸から明治、大正と伝承され遊ばれたが、大正時代末にはすっかり衰えて遊ばれなくなった。現代の子供たちが時折遊ぶハンカチ引きも、この〝釣り狐〟に通ずる遊びだが、遊びとしては唄にはやされ、演技のともなう〝釣り狐〟の方がだんぜん面白い。

墨転がし

〝墨転がし〟の遊びは、昔、寺子屋の子供たちが師匠の目を盗んで遊んだもので、とくに手習い師匠が寸隙の間に出かけた折などに遊ばれた。読み書きの机の上で勉学の諸道具を遊びに使うとは、不心得者として叱られることは当然なことで、ましてや墨を転がしての勝負ごっこは、賭博として固く禁じられていたからである。こうしたことは現代でも変りはない子供ごころだが、いっときの隙に遊ぶということが、スリル百倍であることは、昔の子供も現代の子供も同じである。

さてこの遊びには二つの遊び方がある。その一つは、硯箱、筆巻すだれ、水差し、文鎮など机の上にある物を並べる。並べ方もただ並べるというのでなく、硯箱の蓋を谷とし、硯を横にして立てて山などと称し、各所にそれぞれの道具を蛇行の難関に並べる。

この〝墨転がし〟は、二人で遊ぶので初めに順決めを行う。まず墨の端を人差し指で強く押して転がし、表（大きな文字がある面）が出た子が先にゲームを始める。

墨の端を人差し指で道具立てに向って押して転がし、規定の上にのせたり、または墨を引き飛ばして道具立てを飛び越えたり、各所各道具の難関を突破して先に全コースを通過したものが勝ちとなる。これを「一上り」という。もちろん失敗すれば、その場で次の子の順番になる。ゲームは失敗がなければそのまま続ける。ルールによっては三回まで挑戦できるものもあるが、双六のように一回ずつの挑戦で進めるのが一般的であった。

もう一つは、〝墨転がし〟の一騎打ちで、墨の上に墨をのせれば勝ちというルールである。このゲームは机の両端から始める。墨の端を人差指で強く押しつけ、そのまま力を抜かずにのせる墨に向って転がす。この場合余り強く引くとはね上ってしまうから、押さえる指先の力と引く力のコントロールができれば、転がってゆく墨を意志どおり自由にすることができる。そして相手の墨の側まで一回で転がし、二度目で墨の上にのせる。もし失敗して二回でのせることができなければ、相手は一回で墨をのせることができる。上手な子になると一回で机の端から相手側墨のそばまで転がすことができる。子供たちは転がりやすい墨が必要なことから、墨をすりへらし、勝負に勝つような形にしたものをいつも持参する子もいた。

この〝墨転がし〟は、明治時代に入ってしばし続いたが、寺子屋がなくなり義務教育になると、江戸時代の筆記用具の筆、硯、墨は、しだいに石筆、鉛筆へと変った。〝墨転がし〟の遊びもいつのまにか衰えて、机上で遊ぶ子の姿は失せていった。

ところがこの遊びは思いがけないところに復活する。それは家庭などにもある宣伝用などの小箱マッチが墨代りとなって登場したのである。戦後間もない頃に、若い大人たちがバーのカウンターで、水割を賭けて遊ぶことが流行った。さして長く続いた遊びではなかったが、墨でやったようにマッチ箱の端を指で押え、引いて相手のマッチ箱の上に一重ね、二重ねとする方法や、水にぬれた指先でカウンターの上に書いた円の中に、ジャンプさせて入れるゲームであった。この頃はこのマッチ箱遊びもあまり見かけなくなった。

道中双六

「絵双六」は江戸時代の中頃から、福笑い、紋合せ、宝引など共に、正月の座敷遊びとして盛んに遊ばれるようになった。なかでも子供に人気があったのは〝道中双六〟である。

〝道中双六〟とは、大判の紙に東海道五十三次の各宿駅名と名所古墳が刷られ、振り出しは「江戸・日本橋」（東京）で、賽子を転がし、その出目の数だけ宿駅を進み、「京」（京都）に至って上りとなるゲームである。子供たちは次々に道中絵巻がくりひろげられるので、好奇心をそそられ、ゲームをしていても楽しさいっぱいであった。

遊び方は、二、三人の子供が集まって、「絵双六（道中双六）」の紙を座敷にひろげ、それぞれの子供が厚紙の小さな名札を「お江戸日本橋」の振り出しに並べる。そして順番を決めるために、各自が賽子を転がし、出目の多い者からゲームを始める。振り出し始めは、まず賽子を絵紙の上で転がし、出目が「一」なら一つ宿駅を進み、「三」なら三つ先の宿駅へと進む。そしてすすんだところに名札を置く。こうして順に賽子を振り、一番早く上りの「京」にたどりついた者が勝ちとなるのである。

ところがこれでは芸がなく面白さがない。双六は各所に障害や幸運なる特典を設定し、面白く改良されていった。官位を登りつめて出世する双六にも、道中旅する双六にも、さまざまな障害が設けられた。双六は人生そのものなのである。

ところどころの宿駅に「飛び印《しるし》」があり、ここに振った賽子の出目数がぴったりと納まると、幸運ならさらに前方の、しかも三つ先の宿駅に飛ぶことができる特典がある。またこの逆に「戻《もど》り印《しるし》」である宿駅に止まると、振り出しの江戸寄りの宿駅に逆戻りとなる。もちろん飛んでも戻りでも各宿駅には進退の数字の大小が付いているから、駒の遅速でしだいに差ができる。こうした双六を一名「飛び双六」といっている。そしてさらに加えて「一回休み」という印も付けられた。

いずれにしても、賽子の出目の数の大小で順調に「京」にのぼれる幸運はほとんどない。実際の旅の道中にしても、いろいろな災害に遇って行ったり来たりする苦労がつきもので、この現実を双六のゲームにとり入れたものである。

子供たちは、こうした〝道中双六〟を始めると、しだいに炬燵から這い出て、体が冷えきっても夢中になり、賽子を振っては歓声をあげたり、溜息をついたり、正月の座敷は賑やかにいつまでも続いたものである。

「雙六」と「双六」、文字は異っても同じ呼び名であるが、この二つはゲームの内容も遊具もまるっきりちがうものである。「雙六」は木で作った箱状の盤台の上に枡目がきざまれ、駒の数も並べる位置も一定している。そして振る賽子は二つで、これを筒に入れて転がし、盤上の駒を進める。昔、貴族たちが遊んだ高級な盤上のゲームである（「折羽」の項参照）。

ところが「絵双六」は、大きな紙に字や絵が刷られ、この紙の上で賽子一つが掌から振られ、その賽子の表面の目の数だけ刷られた図形の字や絵の上をたどって駒を進め、中心の㊤（上り）に向って、誰が早くたどりつくか、という単純なゲームである。

こんなに差異あるゲームがどうして共に「スゴロク」と呼ばれるのか、どうも深い意味があるわけがなく、他の盤遊戯（将棋、囲碁）にくらべて、この二つのゲームは賽子という小道具を使用することから、これを一括して「スゴロク（雙六、双六）」とみなされ呼ばれたのではなかろうか。

この「絵双六」の発生は、中国の明の時代に書かれた『五雑俎』（謝肇淛著、一六一九）に、唐の時代に官名を覚えやすいように、順に記したのがその起こりといわれる。またこの書には「官位双六」ばかりでなく、「諸仏の順位双六」も記されてある。わが国ではこれを受けて『名物六帖』（伊藤長胤著、享保十一年（一七二六））に、双六の起こりについて「彩迸《さいほう》図」「陞官《しょうかん》図」と書いて「かんすごろく」と読ませている。『嬉遊笑覧』（喜多村信節著　文政十三年（一八三〇））に、この「官位双六」について、

　官職を子供たちに覚えさせるためのもので、さいころ面には数字でなく、祚、品、位、階、等、級、の字が彫られている

とあり、名目の「かんすごろく」は、紙面に刷られた下級官位から最上級の官位までの螺状図を、賽子を振っては、その賽の出目の字で中心にある官位に登ってゆく。そして最後の高官位で「上り」となるわけである。その「官位双六」は身分制度のせいか、遊ぶものにとって身近なものではなく、人気がなかった。「官位双六」は、のちに「幕府役人双六」とか「古今の大将双六」と変ったが、この階級を逆る双六は他の双六にくらべると種類も少なく発展しなかった。

　ところが同じ名目の「仏法双六」は、中国の迸仏図を源として作られたもので、柳亭種彦著『還魂紙料《すきがえし》』（文政九年（一八二六））によると、

　名目双六は、天台の名目を蒐めしものにて（…中略…）今も印行物ありて仏法双六という。之は初学の僧に、天台の名目を覚えさせん為に作る物にて（…以下略…）

とあり、この「仏法双六」は貞享、元禄年間（一六八四～一七〇三）に、一般に知られたといわれるが、天台の宗門の内では弘安の頃（一二七八～八八）まで遡るという文献がある。それは末学の僧を罵ることばに、「名目双六も知らずや」というところがあり、早くから中国の「迸仏図」などをとり入れていたのではないかと思う。

　「仏法双六」は、紙面に十列十段に区画が線引きされ、各区に仏教用語がびっしりと書きこめられた、文字ばかりの双六であった。これは「官位双六」も同じで、一見大きな紙一枚の辞書のようなもので、それは仏法諸仏の名目を教えるためのものであったからである。のちに最上段に諸仏五尊の図像が刷られ、やがて各段にも仏画が加えられた。そして下方に設けた振り出し口（「南閻浮州」）に各駒を並べた。

　賽子は、南、無、分、身、諸、仏、と各面に一字ずつきざまれたもので、これを振り転がして、その出目の文字に従って駒を進めた。こうして、しだいに上段に向って進行し「上り」

となる。このゲームの変っているのは落し穴があり、これを「永沈《ようちん》」といって地獄に堕ちたとして、失格になるルールもあり、一口には「飛び双六」のようなところがあった。

このようにわが国の双六の始めは「仏法」に始まり、「官位」双六と大阪の紙に刷られた文字ばかりの双六であったが、紙が容易に使用できる江戸時代になると、刷絵、版画の技術が急激に広まり、双六にも絵が加えられて文字通りの「絵双六」になった。字が読めなくてもやさしく遊べる双六になると、その教育的効果はすばらしく、「絵双六」は飛躍的な発展をとげることになる。そのきっかけは延宝の頃（一六七〇年代）の江戸三吟に、

風青く楊枝百本けづるらむ　桃青
野郎揃ひの紋のうつりが　信章
双六の菩薩も爰に伊達姿　信徳

これをみると、「仏法双六」の変化が見られる。すなわち「仏法双六」の菩薩が伊達姿（野郎歌舞伎）に変ったということで「野郎揃ひの紋のうつりが」とは野郎歌舞伎役者の紋所を双六の紙面に刷り、ゲームの主題としたのであろう。

座敷遊戯とはいっても、これまで大人も子供も「仏法双六」や「官位双六」のしかめつらい堅いものは苦手であった。そんなところに当時、若衆歌舞伎の禁止（一六五二）のあとを受ける野郎歌舞伎の出現は、現代でいう人気スターやアイドル歌手の登場ということであろう。そしてその人気のバロメーターは役者の順位を決め、それを双六化したものと考えられる。もちろん賽子も六面に数字がきざまれた。またこうした人気役者の双六は、後々役者の「顔見世双六」や、人形劇の「おでこ双六」、「新吉原双六」など続出した。こうした「野郎歌舞伎双六」などの出現は、その時代の遊芸や娯楽の話題をこれより後の双六の題材に反映させることとなった。

「仏法双六」、「官位双六」が崩れると、歌舞伎のみならず多岐にわたって双六の題材が登場してきた。とくに〝道中双六〟は、泰平の世が続くと諸国との交流が盛んなり、双六の紙盤に宿駅などの風光の明媚さや人情が画かれ、〝道中双六〟は子供ならずとも旅への好奇心をそそられるものである。なかでも江戸と京を結ぶ「東海道中双六」はこれらの圧巻であろう。

双六の木版刷りは黒摺りといって、仏画のように筋彫で刷られたものであったが、後に紅摺りのもの、錦絵のものと色彩が重ねられていった。刷り技術が向上するにつけ、双六の画面はますます華やかになった、それは浮世絵版画の発達と

一致した進歩を示している。とくにこの双六が豪華になったのは、歌麿の美人画や写楽の役者絵の評判と共にあり、その評判は江戸市中のみならず、地方に参勤交代する武士の江戸土産として広まった。

火廻し

〝火廻し〟という遊びは、「ひ」のつく物の名をいって火のついた紙片や燃えさしの小枝を順番に手渡し、廻していくうちに、しだいに火が持つ手に追って熱くなり、ついに手放してしまう。この手放した者は罰を受けるという遊びである。

この遊びで面白いのは、「ひ」のつく物の名がなかなか思い起すことができず、やっとの思いで「ひ」のつく名をいうと、他の者から「それはさっき○○ちゃんがいったから駄目！」といわれる。だが手に持った火は手もとに燃え移りしだいに熱くなる。そしてやっとの思いでいうことができると、すぐさま隣の者に燃えさしを渡す。渡された者も熱いので慌てる。慌てればなかなか「ひ」のつく名は出てこない。そうこうするうち、ついに「熱い！」といって手離してしまう。

燃えさしを落したものは、参加した全員からシッペ（竹箆）を一回ずつ打たれる。

〝火廻し〟遊びは燃えさしの火を持ち廻りすることから、居炉裏の囲りでやることが多く、小人数だと火鉢の囲りでやることもある。なにしろ火を扱うだけに火傷や衣類を焦がすこともあるので、親たちは止めなさいと叱ったものである。

この火廻し遊びは古くから行なわれ、記録によると、『堀河院百首』（康和年間〔一〇九九～一一〇四〕刊）に、

みどり子の遊ぶすさみにまはす火の
　むなさき世をばありとたのまし

という歌がある。すでにこの時代に、子供遊びとして存在しているという証である。だがこの後、どのようにして承け継がれてきたのか文献もなく不明であるが、これより五〇〇年後の寛永年間（一六三〇年代）の『寛永発句帳』に、

竹の子の火まはしするかとふ蛍　重成

とあり、また万治年間（一六五八）に刊行された『百物語』には、

日待の夜、色々の興ありて後、火まはしをはじめてひの
頭につけて、ひたものいひまはしける

と記されているので、子供のみならず、大人も退屈しのぎに遊んだもののようである。

文政年間（一八一八～二九）刊の『一話一言』（蜀山人著）という書に集録された『ふくろの記』（作者不明）という書に、

童子曰、友達に火廻しの名人あり、火廻しといふは冬の夜、埋火の本なとに寄合、さみしき慰みに紙燭に火をつけ、頭に火といふ唱の物の名などいひて、紙燭を添て次へまはせば、次もまた送り〳〵て、いひつまり、紙燭の火きへたるを負けとす。かの者終に負る事なし、久しく此里にて火廻しの博士となりて、ひろき居れり、是はひのよみの頭に付たる器財、雑芸などの文字を拾ひ集めて一巻の書物となし、常によみ覚えけるよし

とあり、この遊びが「ひ」の字を用いることが慣習になったころで、名人というか、巧者たらんと欲する者は「ひ」のつく物の名を暗記する努力がなされていたものらしい。

しかし〝火廻し〟が初めからこのような「ひ」の頭名をいったものでなく、古くは和歌の上句五文字をいい廻しをする遊びが平安時代にあった。これが数百年の空白の後、火を廻すことから『ふくろの記』時代には、「ひ」の頭名を廻す遊びとなったのであろう。

現代でもこれに似たもので（火を廻すことはないが）、かつてテレビの一つのゲームとして、スターたちを集めて「あ」のつく物とか、「い」のつく物など、いい次ぎをして遊ぶものがあった。なかには〝火廻し〟ではなく、人形に仕掛けた花火

が破裂するものや、ベルの鳴る目覚まし時計を持ち廻るゲームもある。また尻取り廻しや、物の名でも限定された物（食べ物、台所にある物、赤い色の物など）の名をいい廻すゲームなども登場するが、これらは子供の遊びでなく、若者たちの賑やかなゲーム遊びに終ってしまう。

　筆者はかつて山奥の一軒家で、降り続く雨にとざされ、二晩も身動きできず、なすこともなく雨の止むのを待ちわびたことがあるが、このとき数人で囲炉裏を囲み火廻し遊びをしたことがある。なぜか（昔のことは知らないが）このとき「ひ」つく生活用具の名をあげて、次から次へと廻すうち、いつしかその物の置かれた父母の住む家が想い出され、幼かった筆者の胸は、急に母恋し思いにかられた覚えがある。

　〝火廻し〟の遊びは火を廻さずとも、現代でも子供たちと遊べるもので、物の名を多く知っていることは、それだけ多面的に社会を捉えた認識の証といえよう。

お茶坊主

〝お茶坊主〟とは、室町から江戸時代にかけての武家の職名で、城中におけるお茶の給仕、茶道などを司る職掌をいうのである。またの名を「茶坊主」とか、「すきや坊主」、「茶屋坊主」ともいうが、武家でありながら仏に仕える坊主といわれるのも剃髪した頭であったからである。かの有名な歌舞伎の『天保六花撰』の河内山宗俊はおすきや坊主であることは、知らぬ者がないほどの人物である。

　子供の遊び〝お茶坊主〟は、この茶坊主を真似た人あてゲームのことである。それは座敷に多勢の子が輪になって坐る中に、目隠しをした子が茶托を持って、その輪の一人の前に手さぐりで茶托をさし出し、この子の名をいい当てる遊びである。

　遊びの始めは、多勢の子が座敷に集まり、ジャンケンや「ずいずいずっころばし」を行ない、茶坊主（鬼）を決める。茶坊主が決まると別にもう一人の介添えの子が選ばれて、茶坊主を隣の部屋に連れて行き、手拭で目隠しをする。その間に他の子供たちは座敷の真中に車座に坐り、目隠しの茶坊主を待つ。用意ができると、目隠しをされた茶坊主が介添えの導きで輪の真中に坐る。そして介添えが手渡した茶托を持って、茶坊主はこれぞと思う子の前にさし出し、その手を膝の上において名前をいう。もしこれが的中すると、当てられた子が今度は茶坊主（鬼）になる。また茶坊主が子供の名をいい当てられなければ再び茶托を手に持ち、しばらく考えて別な子の前に出しその子の名をいう。このようにしてくり返しするうちにいい当てる。

ところがこれでは面白くないから、鬼に対してもっと意地悪な遊び方がある。まず茶坊主になった鬼を座敷の真中に坐らせ、まわりの多勢の子が輪になって坐る。茶坊主になった者は輪になった者をぐるりと見渡し、誰だれはあそこに、誰だれはここにと頭に入れて、それから手拭で目隠しをされる。すると輪になった子供たちは、密かに坐り位置を入れ替わる。鬼はそれとは知らず、目隠しされる前に覚えた子供たちの姿が頭にあるから、茶托を介添えのものから渡されると、真直ぐにその子の前に出し「〇〇ちゃん」と名ざす。だがすでに場所替えしているから間違いといわれて目隠しをはずしてみると別人になっていて驚く。当たらなければ再び目隠しをし、輪なった子も再び場所替えをする。しかし茶坊主もなんとか当てたいと、場所替え移動を察知していい当てるようになる。

もう一つの遊び方は（これは大部この遊びになれてから行なうのだが）、茶坊主が目隠しされて茶托を手にしてから、介添えのものが（ここではこれを旦那と呼ぶ）、「〇〇ちゃんにお茶をさしあげて」というと、茶坊主はまわりの子の坐る動作やいじわるしようとする忍び笑いを聞いて、「〇〇ちゃんはあそこだな」と予想し、旦那から渡された茶托をその子にさし出し、思ったとおりに当てるようになる。その当てられた子は茶坊主（鬼）になることは前の遊びと同じである。

このように座敷の遊びが続けられるが、この遊びでは三度続けて当てられない子には、罰を与えたこともある。たとえば遊びが終った後の片づけや掃除をするか、輪の外側を四ツん這いになり、ぐるぐる三べん回ってワン！と犬の真似をさせられる。これが大人たちの酒宴の座興なら、お酒をたて続けに三杯呑みほす……などである。

この遊びはお屋敷の大部屋とか、お寺の本堂、または村の集所（集会所）などで行なわれることが多い。これは祝ごとなどのある物日に行うことが多く、普段はお茶坊主の遊びは行なわれない。
現在ではこの〝お茶坊主〟遊びは子供らに伝承されておらず、郊外の新興団地の集会所などでの子供遊びにも見受けられない。

福引き

〝福引き〟とは文字どおり福（景品）を引き当てることである。そもそも正月の御供餅を二人で引き当てることが〝福引き〟の名の起こりであるといわれているが（『豊後風土記』）、ここにいう〝福引き〟は「宝引《ほっぴき》」という賭博性のある遊戯から生れたものである。この絵でも子供数人が紐を手にしていることからも、まさしく「宝引」そのものである。

この「宝引」とは数本の細紐の端に景品を結びつけ、それを束ねて（これを胴ふぐりという）、もう一端の数本の細紐を子供たちに示す。景品をつけた紐が途中で束ねられているために、どの紐がどの景品につながっているのかわからない。束ねた者は細紐を平らに広げ、それぞれの紐を紐と同数の子供に示してとらせる。そして一人ずつこれを引くと、それに結ばれた景品が動いて福の景品が当るか、はずれてつまらないものがかかるか、はっきりとするわけである。

さて、こうした〝福引き〟はいつ頃から始まったのか、その行跡をたどると古く『続日本紀』（延暦十六年〔七九七〕奏上）正月の条に、

仁、義、礼、智、信の五短籍（短冊）に書いてこれを引かせ、その文字いかんで品物を賜った

という記録が記されてある。この事蹟が〝福引き〟の始りではないかと諸書に見受けられる。下って後小松天皇の御代（応永年間、一三九五〜一四二八）の釈義堂の『日工集』に、

剪紙繋二各帯端一、両々相曳出、先性海興二日野相当一

とあり、これは所謂『帯引者也』とあるから「帯引」という〝福引き〟に似たものであろう。この文献では、束ねた帯の端を引くと、いずれかの帯に結ばれた紙片に景品名が表示され手いて、当落が明瞭になるから射倖心をそそり、賭けとなるのである。

しかし、〝福引き〟は始めは賭け事ではなかった。いつ頃からこの遊戯が始まったのか不明だが、室町時代後期には関西の上流家庭の正月遊戯として、すでに遊ばれていたといわれている。

ところがこの上流家庭遊戯であった〝福引き〟が、寛永時代（一六二四〜四三）に江戸に伝来すると、福引変じて宝引と呼ばれる辻賭博となってしまった。この頃この賭事がいかに盛んであったか、ときの幕府は、

ほう引、双六その他諸勝負禁止のこと

と御法度令を出し、しかもその筆頭に宝引があげられているくらいである。しかしすべての福引が宝引という賭博に変ったわけでなく、家庭の正月遊戯としてお年玉の意味をもって江戸の人々に迎えられた一面もあるのである。

福引・宝引はそれを行う場所によって呼び名を変え、明暦（一六五五〜五七）、延宝（一六七三〜八〇）の頃になると、御法度にかかわらず盛んに行なわれるようになった。

明暦二年（一六五六）刊の『俳諧世話焼草』に、

只ほうびきにかつはしるしも
おさあいやいと遊びつつ笑ふらん

また延宝八年（一六八〇）刊の『洛陽集』に、

引きし松しめつるつる野べのどうふぐり　友静
いざ子供駒引銭につなゆりかけ　一得

などとあるように宝引が俳諧に登場し、その有様がしのばれる。下って宝暦頃になると宝引は最盛期に達したものらしく、

宝引をせねば蚊が食う

という言葉が巷に広がり、正月に宝引をしないと、夏になって蚊に食われるという俗説が生れた。また宝引を「蚊の呪い」ともいったそうである。

宝暦十三年（一七六三）刊の『風流志道軒伝』（風来山人＝平賀源内）に、

正月といへば童までが宝引穴一の類をする事と心得て、親々も宝引せねば蚊が喰ふとやら……埒もなき理を付けて……

とあるくらいである。また、かの『嬉遊笑覧』（文政十三年〔一八三〇〕刊、喜多村信節著）には、

宝暦年間の画双六に宝引とありて、画に橙子をかけり。昔より胴ふくりに用ひしことと見ゆ。又射覆《ふくひき》とありて画に屏風の内よりつなを多く打かけたり。かく同じ物を二つ出せるは今も種々の物を多くつな毎に付て取らするを福引と云是なり

と記し、

明和のはじめの狂詩に、早来四逵飴宝引《さございよつつじのあめのほうびき》物申年始御祝儀という句あり。寛政の初めまでも辻宝引はありき。サァござい〳〵といってこどもを集めるゆえ、これをございといえり。当たる者には菓子、翫物をとらすなり

と、宝引が街辻において子供を集め、子供の射倖心をそそるような商いが随所に現れるようになった。その反面これまで遊廓の余興や、家庭の正月遊戯の〝福引き〟はこの時代にはすっかり姿を消してしまった。

どこの街辻でも「さあ、ござい」の声が高らかに響き、子供らは馳せ着け足の踏むところもないくらい路上に群り、通行人は難渋したので「宝引無用」という貼紙があちこちに見られたといわれる。

この頃から宝引は、「サァござい〳〵」と子供らを集めることから、「ござい」と略して呼ばれるようになった。もちろんこうした宝引はイカサマが多く、投じた銭の数倍になる景品はなかなか引き当てることができず、その多くは三分の一ぐらいの景品ばかりであった。

宝引が盛んになると、やがて宝引の変種が生れた。「三から」という金銭を賭けるものである。これは一本の細紐先に分銅という銭を結びつけ、加えて五本の空紐を束ね、参加者から何文かの出資金を集め、出資者がそれぞれに紐を引く。分銅に当れば出資金の四割をもらうことができた。

「三から」は子供でも年長の子が賭ける宝引であるが、この他に「すぼ引き」とか「小僧」という難しい宝引があった。

宝引は延宝、宝暦、明和とたびたび幕府の御法度があったが、この時代をピークにしだいに下降線をたどり、明治に入って消え去ったかのようであるが、昭和の中頃まで縁日や祭りなどで、密かに宝引の小さな屋台が、賑やかな通りの裏に店を張ることがあった。

筆者の体験では、かんたんカメラ（ボックスカメラ）がわずか三銭で引き当てられると、宝引のおじさんの口上《たくばい》売に乗せられてやった。もちろん祭りの小遣銭の大半は失なってしまったことはいうまでもない。実に巧妙なカラクリに引っかかった。

またこの頃、〝福引き〟と称する商店の歳末大売り出しがあった。この商法は衰えず続けられていて、数十年前まで引換え券がクジ機を回すのではなく、いかにも昔風の宝引であった。それは等級が紙の一端に書かれ、これを束ねて引くものである。当たれば桐簞笥、鏡台、蒲団などが貰えるので、心がせいて指がふるえた記憶がある。

現在も昔も変らず宝引、福引に類したものが多いのは、駄菓子屋の商品である。べっこう飴、金花糖などのクジ物は、幅二センチ、長さ十二センチの紙を厚さ五ミリぐらいに束ねたものに当りクジが挿入され、これをさらに束にして天井から下げられていて、これを一枚引いて当りはずれが決る。またもっとも宝引的なものは、大小さまざまな飴が凧糸につけられてあり、この凧糸を束ねたものを引き当てるものがある。これを引くときは駄菓子屋のオバサンがかならず束ねを持って引かせた。そうしないと、オバサンの目をかすめてそっと大きな飴をつまんで引き、糸が動いてわかるからこの糸に印をつけておいて、見事に大飴を手に入れるような不正をはたらく子供がいるからである。

この他に紙こより、紙片引きなどさまざまな福引の形式があったが、どれをみても江戸時代の雑賭博の方式である。現在なおこうしたクジは主に食玩（食べられるおもちゃ。転じて現在はおもちゃ付きの菓子のことをいう）といわれるものの多くが駄菓子屋の売物である。しかし昔と異なるのは、昔はクジにはずれると半額以下の食物に変り果てたが、戦後のクジ物の景品の当りはずれの差は少なく、現代の子供に対する大人の配慮がうかがえる。

振りかえってみると、商店街の〝福引き〟つき大売り出し、駄菓子屋のクジもの、祭りの屋台のクジものなどなど、どれをみても江戸時代からの賭け事の歴史のあることを今さらのように想起する。

髪引き

山村の老婆から、子供の頃こんな遊びをしたと聞いたことがあった。

「寒い冬の日、家に居ても藁仕事の邪魔になると親にいわれるので、どの家の子も小さい子をつれたりおぶんして、風のない日だまりに集まってはいろいろな遊びをしたものです。そんな遊びのなかで、バカバカしい遊びだったが、〝髪引き〟というのをよくやりました。」と、老婆はこの遊びを説明してくれた。

「まずジャンケンをして負けた子は莚の上にうつ伏せになります。するとその子の髪の毛を子供たちが順ぐりに摘んでは引く、髪の毛を引かれた子はそのつど「痛い！」と叫びながらも髪を引いた子の名をいう。もし当たれば当てられた子は交替してうつ伏し、当たらなければいつまでも髪は引っぱられ続く、という他愛のない遊びです。」

老婆の話は昔々の貧しき頃の、子供の物憂い遊びであった。

現在この遊びの事例の記録もなく、忘れ去られた遊びである。それにしても、この遊びがどうして生れたのか、時代の背景を探ったが、ひと頃筆者は歌舞伎十八番の内の「毛抜き」に関係があるのではないかと思った。それは「毛抜き」と〝髪引き〟とが似ていることに加えて、芝居では姫の錦の前の夜な夜な黒髪がしだいに逆立つさまと、子供が上から髪の毛を引くことが、似通っていたということである。しかし歌舞伎の「毛抜き」とはお家に仇する家老の陰謀で、姫の黒髪にひそかに鉄粉をかけ、忍者が天井裏から大きな磁石で髪の毛をつりあげていたという。その発覚は条寺弾正が妖怪退治に派遣《はけん》されて待つこと久しい。手もとの鉄製の毛抜き道具が急に立ちあがり、宙に舞うことから天井にエレキをあやつる忍者がひそむことを知り、これを斬り陰謀をあばくということである。

「毛抜き」とはあくまで道具であって、手で髪の毛を引くことではなかった。ただ、しいて類似点をさがそうとすれば、髪の毛が逆《さか》立つことから、〝髪引き〟の遊びのヒントがあったのではないかといえば、いえることである。果たしてどうか、筆者の思い過しかもしれない。

本当は日向ぼっこをしながら、頭髪のシラミ退治がヒントとなり、遊びになったものではないかとも思う。そうでないかぎり、髪の毛を摘《つま》んだり引っぱったりしないものであろう。また突然髪の毛を摘んで引くだけで、それが誰の手であるか、当てることは難しいものである。

毎日のように髪の毛を撫でている可愛いい幼な子の髪の毛を引くときには、それなりの思いやりの手加減をしたりする。そんな優しいお姉さんもいれば、男の子のような手荒いお転婆娘などもいて、髪を引くその指の力の感じ、匂いと第六感でうつ伏せる子供の心には、意外と犯人が写るものである。

鼬ごっこ

新聞記事などに「いたちごっこ」などという文章表現をつかうことがある。たとえば一方が法をたてに境界線に杭を打ち、入るべからずの立札をたてれば、もう一方が不法な処置であるからといって、その杭を抜き去り、昔からの土地だからといって権利を主張する。すると再び杭を打ちこみ、やがてまたこれを抜き去る。このように同じ事を幾度も繰り返す、埒のあかないことを「いたちごっこ」という。

〝鼬ごっこ〟とはもちろん子供の遊び名であるが、ではそれはどんな遊びか、あらためて記述すると次のようなものである。

まずひとりの子が左の手の甲を出すと、もうひとりがその手の甲の皮膚を右手指で抓《つま》む、するとその抓んだ手の甲を別の子がその上から抓む。このようにして三、四人が順に抓み抓んだ手が上へ上へと連なると、一番下の子は手の抓みを抜いて、一番上の子の手の甲を抓む。このように交互に抓みながら続けると、しだいに背の高さ以上になりとどかなくなる。この次点で遊びの動作は停止するが、これをくり返し行うことが〝鼬ごっこ〟という単純な遊びである。

ところがこの単純な遊びは意外に古い歴史を持っているものであった。

この遊びは近年では〝鼬ごっこ〟といわれるが、もともとは「鼬」ではなく「鼠」であった。それは鼠の生態を遊びにとり入れたことから始まる。その文献は、承平年間（九三一〜九三八）成立の『倭名類聚抄』に、「鼹鼶《イタチゴッコ》、和名豆良称古」、玉篇に「水鼠相二衛尾一而行」とあり、野鼠（私考：これは現在、ヤマネという天然記念物ではないかと思う）が尾をくわえる行動からツラネコと読ませている。また中国の書籍の『草木子』には、

至正乙未年中、江淮間鼠擁集如レ山、
尾尾度二相渡二銜江一、過二江東一来、
湖広群鼠数十万、渡二洞庭湖一、
望二四一川面一去、夜行二昼状一、
路皆成レ蹊、不レ依二人行正道一、
皆遵二道側一其羸弱者走不レ及多道斃。

と、野鼠が群をなし、隊をなして谿谷や湖を渡る様子がわかる。このような野鼠の行動は、幕末の士、根岸肥前の守（根岸鎮衛）の雑録『耳袋』（文化一一年〔一八一四〕刊）に、

紀州黒打村と云処は、加田と向合て島のやうなる処なり、此の黒打より加田の海辺二日ほど真黒になりて、わたるものあり、能々見れば黒打の鼠、加田へわたりけるにぞ有りける。其夜中津波にて黒打一村浪の為に流されけるとぞ

と記載してあり、これは先に進む鼠の尾を後の鼠がくわえ、くわえた鼠の尾をその後の鼠がくわえて海を渡るのである。このことは『嬉遊笑覧』の禽獣部（文政十三年〔一八三〇〕刊）にも、

名儀は渡り行く小鼠といふなるべし、色黒き小鼠にて菜園などの土を穿きて居るものなり、七ツ八ツ計つゞ尾を含み連り行、遠き処にもゆくとなむ、肥前にて七節鼠を呼ぶ

とある。

以上が〝鼬ごっこ〟もとの名、「鼠ごっこ」遊びのヒントとなった鼠の生態に関する文献である。このような鼠の生態を真似て、子供たちが創造した遊びであろう。

ではなぜ「鼠ごっこ」が〝鼬ごっこ〟に変ったのであろうか。『日本の遊戯』の著者小高吉三節氏は「なんの意味もない」というが、筆者はなんらかの子供の名付け変更の時期あったの

ではないかと思う。

まず鼠が前の鼠の尾をくわえて連なり、水面を渡るとは、天変地異が起る事前の出来事であるから、その生態を目撃する率は極めて少ないもので、多くは伝説化してしまったものである。また単に「鼠が連なる」というだけでは命名の根拠が薄い。どちらかというと〝鼬ごっこ〟の名付けは、「鼠ごっこ」命名地域とは別のところで新しく命名されたものではないかと思う。

「鼬ごっこ」命名のきっかけは、手の甲を抓ったその手腕の形が鼬のときおりみせる仕草によく似ているからなのではないか。この頃では鼬も少なくなり見ることもなくなったが、昔は稲穂が稔る秋の農道を歩むと、突然前方行手に鼬が出てきて、人間に気付くと、しばらく(といってもわずかな時間だが)立ち停り、前脚の一方をかざしてこちらを眺める仕草をする。その前脚のかざす形が、子供たちが手の甲を抓む手にそっくりである。名付けのもとはこんなところから発想されたのではなかろうか。

ずいずいずっころばし

〽ずいずいずっころばし　ごみみそずい
茶壺におわれて　とっぴんしゃん
ぬけたら　どんどこしょ
俵の鼠が米喰って　ちゅう
お父っあんが呼んでも
おっ母さんが呼んでも　行きっこなあし
井戸のまわりで　お茶碗欠いたのだあれ

この〝ずいずいずっころばし〟の唄は、子供たちの遊び始めの鬼決めの唄で、江戸の末から明治にかけて遊ばれた。

遊び方は、まず初めに鬼を決めなくてはならないので、遊びのリーダーが集まった子供たちに向かって、「一極《いちきわめ》しよう」と声をかけると、おおかたは虫拳で鬼決めするが、余裕がある時などは、「ずっころばししよう」となる。すると子供たちそれぞれが、壺型に握った拳《こぶし》を出して輪になる。リーダーは人指し指で拳の壺穴の部分をつっ突きながらこの唄をうたう。そして唄の最後の「お茶碗欠いたのだあれ」に当たった拳の子は除外され、それを数回くり返して残った子が鬼になった。

　この時代の子供遊びの鬼決め唄は、この他に「ひとどうつき」とか「一人二人三めの子」、または「いっちくたっちく」などといった唄があるが（『日本全国児童遊戯法』明治三十四年刊）、この他に早く鬼を決める「虫拳」（石拳《ジャンケン》の前身）というものがあった。式亭三馬の『浮世風呂』（文化六〜十年〔一八〇九〜一三〕刊）「午後の光景」に、

　あら程、虫拳をして、一極をしたじやァねへかナ。

というところがある。「一極」とは順番を決めることである。

（注：「虫拳」は、蛇《ヘビ》、蛙《カエル》、蛞蝓《ナメクジ》〔三竦《すく》み〕、「石拳」は、紙、鋏、石〔パー、チョキ、グー〕）

　〝ずいずいずっころばし〟は、もと江戸の末より明治の始めにかけて流行ったものが、その後ラジオやテレビで放送されてより広まった。それはリズミカルな歌詞の面白さと、握り拳を突っつく指遊びの動作にあった。そしてさらに歌詞の「茶壺におわれて」の一節から江戸時代の「御茶壺道中」を想像され歌ったものであるという尾ひれがついた。

　歌意は毎年四月、京都、宇治の茶司が幕府に新茶を献上する行列「御茶壺道中」の様子を歌ったもので、歌意が不明で不思議さに満ている。

「お茶壺様がお通りというので、街道で遊んでいた子どもたちは慌てふためき、物陰や家の中に逃げ込み、雨戸をぴしゃんと閉め隠れた。一行が通り過ぎたら、また遊ぼう。俵の米を盗み喰いしていたネズミが驚いてチューと鳴いて逃げた。お父っさんもお母っさんが呼んだって返事はしない。井戸の後ろに隠れてお茶碗割ったのはだーれ！」を呪文のようにうたいつつ、自らの遊びを遊ぶ。うたうことで自己に没入する、そのための遊びなのだ。

（佐々木幸綱『現代詩手帖』一九七四年八月号）

という記事があり、語意よりも音に酔う子供心を読んでいる。

　こうした曖昧模糊とした子供の遊び歌を大人の眼から「わらべ唄〝ずいずいずっころばし〟はエロ唄だった」と昂然といい放った人がいる。それは作詞家で『近代日本歌謡史』という大著を著した西沢爽氏で、その著『雑学艶学』（一九七九年刊）の中で述べている。数々の資料をもとに解説され、この説を堂々と日本歌謡学会で居並ぶ歌謡学者たち前で披露したそうである。いかに自信に満ちていたか、理解出来る。

　如何せん単純に説明出来ないので、次にその例を著書から

抜粋し、二、三例を述べる。
〝ずいずいずっころばし〟とは「ついついけっころばし」で「蹴っころばし」とは、夜鷹《よたか》の異名であるという（夜鷹とは路上の売春婦）。また、「とっぴんしゃん」とは「どっと騒ぐ」の意。「井戸のまわりで」の井戸とはお尻の居所のことでお尻のあたりということ。「お茶碗欠いたのだーれ」のお茶碗とは少女の無毛の性器をさしたもの、などなど。江戸時代の時世の裏社会での隠語から生れた歌で、歌の言葉のリズム感そのまま童戯化されたものであろうとのことである。この項の最後に著者は、「この歌は子どもの世界から発生した歌でなく、江戸の私娼窟の岡場所あたりの戯《ざ》れ唄だったのが、子供たちへ伝播したために元の歌詞が転訛し、意味不明の歌になってしまったのではと考えるが……」と述べている。

わらべ唄は、詞の意味よりも歌のもつリズム感の面白さが、子供に好感をもたれるようで、江戸の先祖の幼な心も現代の子らも共通であろうと思う。表向きの教育的な歌よりも、訳のわからぬ巷の裏から伝わる歌や、大人が顔を赤らめる歌をうたい、または変え歌をうたって騒ぐやんちゃなガキ共を想い浮べる。

近年発刊された『日本春歌考』（添田知道著、一九六六年）や、『子ども替え歌傑作集』（鳥越信著、一九九八年）を参照すると、さらに納得することが大きい。

白眼《にらめ》っ競《くら》（にらめっこ）

子供たちが向き合っておすわりして、

〽達磨さん　達磨さん
にらめっこしましょう
笑ったら　負けよ
アップップ　プ

この唄をうたってアップップと息を殺して睨み合う。つね日頃、おしゃべりをしたり、笑ったり、ときには泣いたりする幼な友だち同士だが、あらたまってお互に瞬きもせず睨み合うことはめったにないから、ちょっとおかしい。おかしくなるともうたまらなく、笑いが腹の底からこみあげてきて、胸にまでやってくるからどうにもならない。だからおかしさをこらえるために、白眼になったり寄目になったりして目技を続けるが、器用な子になると、小鼻をひくひく動かし口をひん曲げて、何とかごまかす。そして相手を笑わせようとあらゆる技巧をこらし努力する。その結果どちらかがこらえきれず、プーッと吹出してしまい、ついに勝負がついた。

この〝にらめっこ〟には、次のような取り決めをしてから遊ぶこともある。ひとつは表情をさまざまに変える勝負、もうひとつは手真似身振りを加えての勝負である。普通の〝にらめっこ〟は表情だけを変えるものが多い。また負けたときにお仕置きされるが、「笑うと負けよ」というのは女の子に多く、男の子の場合は「笑うとゲンコ」（ゲンコはゲンコツのこと）といって笑い負けた者の頭をポカリとなぐる。ときには笑った数だけマッチ棒を出し、五番勝負をする。そして互いのマッチ棒の差引いた数だけ、勝ったものが負けたものにシッペをする。シッペとは禅寺の座禅を組む最中に導師が肩を叩く「竹篦《しっぺい》」から転訛したもので、人差指と中指を揃えて、相手の手首を打つものである。

こうした〝にらめっこ〟の遊びは、子供たちが手持ち無沙汰の時の遊びで、長時間遊ぶものでない。

このような〝にらめっこ〟遊びにも、意外に長い歴史がある。しかし現代のように鼻を動かしたり口を曲げたりはせず、もっぱら昔の〝にらめっこ〟は目と目を合せて勝負するものであった。そのせいかどうか、室町時代以前は目と目で戦うために「目比べ」といっていた。『平家物語』（承久～仁治年間）

「清盛夢に髑髏を見るの條に」に、浄海入道清盛が福原で毎夜悪夢にうなされるなかに、

此かうべどもは面に目一づつぞ候ける。入道もまけじと是等をにらみ給ふ。たとへば人の目くらべをする様、たがひにまたたきもせずに、はたとにらまへとぞ候ける。（…中略…）ハ問の所にはゞかるほどのされかうべあり、これも目一つありけるがまた入道と目くらべし　是もにらみまけて失けり……

とあり、夢の中の出来事とはいえ、清盛の膏汗が流れるようなにらめっこであった。また『太平記』（応安年間（一三六八～七五））にも、

かやうに目くらべして、鎌倉に集り居てかなふまじ……

などと、「目比べ」はただの睨み合いで、どちらかが先に笑うどころか、眼力に恐れをなして退散するほどのことであった。さらに花園天皇（一三〇八～一七）御記の『思いの侭の記』にも、躯の部分の力競べの一つに「目競《めくらべ》」があり、虎関禅師の『異制庭訓往来』（南北朝時代に成立）にも同様の「目比べ」がある。

こうした「目比べ」といったものが、いつ頃から〝白眼《にらめ》っ競《くら》〟と変ったのか不明であるが、宝暦四年（一七五四）刊『魂胆物勘定』（石島政植著）に、

お互ひの備え斉《せい》々として、にらみくらするようなる、よろしかる程に……

とあり、いつしか「目比べ」という呼び名は失せてしまった。「にらめっこ」は「睨《にら》み競《くら》」、または〝白眼っ競〟などからきており、関東では「○○っこ」とか「○○っくら」と呼ぶ遊び名が多くある。これに対し関西の言葉は現在「にらみごく」であるが、「睨み競」から「にらみっこ」、「にらみこくら」、「にらみごく」に転じたものである。

このように〝にらめっこ〟は睨み競うという遊びになったわけであるが、本来は原始的な闘争の睨み合いであり、動物的な睨み（三竦みの蛇が蛙を睨むなど）など、「ここと睨んだら絶対逃がさない」と睨み見据えてかからなければならないものであった。相撲の仕切りの睨み合いも同じである。

戦後、睨むというほどでないが、行きずりに眼線《めせん》が合致したことから、やくざ者に「眼《がん》をつけやがったな！」と、理由もないのに乱暴される（因縁《いんねん》をつけられる）のも、目比べの睨み合いに発したものである（眼《がん》をつけるとか眼線《めせん》という語は、一つの流行語ともなった）。

軍師拳
（狐拳の一種）

"軍師拳"とは大勢の者が二手に分れて組をつくり、その組から選ばれた軍師の作戦によって拳戯を競う遊びである。この拳遊びは幕末頃から流行した、主に大人の遊びで、天保十二年（一八四二）刊の『縁結娯色の糸』（松亭金水著）に、

おォ夫れ〳〵加勢と申せば、
ア、軍師拳を致さうぢやァないか……

とあるくらい盛んであった。

この"軍師拳"は団体で行う拳遊戯ゲームの一つで、唄や三味線ではやしながら狐拳を行うものであったが、いつしか子供の間にまで広がり、明治時代に入ってもなお衰えなく遊ばれた。この拳遊戯の様子を、浅草生れの童話作家渋沢青花は回想の著書『浅草っ子』（昭和四十一年刊）の中で、

チョンキナ、チョンチョン、キナ、キナ、チョチョンがヨイヤサ！と、向かいあった二人がたがいのてのひらを、右左と交互にあわしたあとで、最後に両手で、狐、猟師、旦那などどれかの形にこしらえ、勝負を決める。そして負けたほうがその度ごとに、着ている衣類を一枚づつぬいでゆき、素っ裸になると勝負がつくというわけである。小さな子供が着物をはがれて、寒い冬など、ぶるぶるふるえているさまは、今の子供に見られない珍風景だった……

と記している。これは明治三十年代初め頃、吉原遊廓近くの子供が駄菓子屋の店先で遊んでいる情景で、いかにこの遊びに熱中していたか、現代では考えられないことである。

この狐拳は「チョンキナ拳」といって、狐拳のゲームの一つで"軍師拳"によく使用された。

狐拳は三竦《すくみ》の旦那（庄屋）、猟師、狐をもって構成される。旦那は猟師に勝つことができるが、狐に化されて負ける。猟師は鉄砲を持ち狐に勝つが旦那に負ける。狐は猟師に負けるが旦那に勝つというルールである。これは現代風の

左から「狐」「猟師」「旦那（庄屋）」『尾張童遊集』より

グー・チョキ・パーのジャンケンと同じである。旦那は両手を膝の上にのせ、猟師は鉄砲を撃つ真似をし、そして狐は狐の耳のように頭の両側に両手を立てて表わす。

勝負の仕方は、まず二人が相対して坐り、一、二、三で双方同時に、

一、「チョン」自分の手を打つ。

二、「キナ」相手の左手と自分の右手を合せる。

三、「チョン」自分の手を打つ。

四、「キナ」相手の右手と自分の左手を合せる。

五、「チョン、チョン」二回自分の手を打つ。

六、「キナ、キナ」相手の右の手と自分の右手を合せ、続けて相手の左手と自分の左手を合せる。

七、「チョンガ」自分の手を打つ。

八、「ヨンヤサ」相手も自分も両方の手を仰向けにする。

九、「チョンガ」自分の手を二回打つ。

ここまでが前哨戦で、相撲でいえば仕切りで、ここからが勝負である。

十、「ヨイヤサ」勝負の手の形を示す。

もし同じ手の形をお互いに出したなら「アイナ」といって、再び「ヨイヤサ!」と次の手の形を出して決める。

「チョンキナ拳」は本格的な狐拳ではなく勝負が早く、ジャンケンのようなもので簡単であるが、スピードがないと面白くない。

さて〝軍師拳〟であるが、この拳遊びには本格的な狐拳よりもチョンキナ拳が多い。大勢の人たち、誰でもできるということが〝軍師拳〟の特徴である。

まず、大勢の人たちを二つに分けて軍団をつくり、軍師が選ばれる。そして軍師は随時自分の軍団から選手を出場させ、軍団の勝利を得るために作戦を練る。二つの軍団から出場した選手は中央で相対して、チョンキナ拳で勝負するが、この際、軍師は選手に密かに作戦をあたえる。たとえば「〇〇さんはかならず旦那から打って出るから」とか、「狐を出せ」とか、または「旦那でくるから旦那でアイナをしてすぐ猟師をさそうように出せば、狐を出すから」、などと耳もとでささやく。

こうして二つの軍団がトーナメント戦をして星取表をつくるとか、勝抜戦をするが、なんといっても勝抜戦の方が軍師の活躍があって面白い。

以上のように〝軍師拳〟は単純で誰にでもできる拳遊戯ということから、子供たちに人気がでるのも当然なことである。しかし本格的にやるならば、作戦のかけひきと手技を要求されるために狐拳を用いることが望ましく、やはり大人たちの

遊戯であろう。

ではこうした拳遊戯はどこから発生したのであろうか。ジャンケン（石拳）などもこの拳遊戯から派生したものであるだけに、子供の遊びの起源としてきわめて重要な意味があり、このチョンキナ拳を遡ってその源を探ってみよう。

チョンキナ拳は狐拳の一種で、先に述べたとおりであるが、この狐拳に似たものに「庄屋拳」、または「藤八拳」などと呼ばれるものがある。いずれも三竦みを基にする競技であるが、もとはといえば、言葉と手指の形が異なる「唐拳」（長崎拳、崎陽拳）から生れたものである。もちろん唐の文字がつくのは中国から移入された遊戯だからである。この拳戯は周の時代に創案され、以後しだいに盛んになった。晋の時代の「竹林の七賢人」も酒宴に拳戯斗をしたといわれる。

わが国に拳戯が伝来したのは奈良時代頃で、遣唐生によってもたらされたとあるところから、唐拳と名付けられたものではなかろうか。文政十三年（一八三〇）の『拳独稽古《けんひとりげいこ》』には、

唐に拇戦といい、酒令という、五雑俎に猜板とみえたるも、うたがふらくはこのことにや……

と記されてあり、この拳戯の名もいろいろあるようである。

この拳戯は移入された当時、一向に評判とはならなかったが、江戸時代になってどういうものか流行り出し、盛んになった。その火の手は、長崎の出島の中国人居留地丸山遊廓で、酒宴の際に盛んに遊女たちに遊ばれていた。この流行が出島以外の日本人の間に広まり、やがて京坂に伝播されたのである。それは宝永八年（一七一一）に竹本座で上演された近松門左衛門の『冥土飛脚《めいどのひきゃく》』の遊女梅川が忠兵衛を待ちこがれる場面で、二階の遊女たちが拳を打つ様子があることからも知られる。

この京坂の流行はやがて江戸に伝えられることになる。初め（享保時代）は拳の名人車応がのりこんで普及につとめたが、なぜか受け入れられなかった。ところが、

柳拳の戯れは、大尽舞にあらねども、かの吉原に名も高き、卍楼の玉菊（遊女）風流に錦をもって手に粧ふ。これ拳錦《けんまわし》の権興《はじめ》なり。さて中興の名人は車応といへる崎《なが》陽《さき》の人、江戸に来りておしひろむ、二十余年のいまにいたって流行、四里八方にゆきわたり、石うつ童より鳩つかむ叟《おきな》まで、あるは八里半の薩摩拳、また杖つく握り手にも、指の工夫のかはりに心をつくす……

（『拳独稽古』山崎桜斎著、文政十三年（一八三〇））

とあり、俄然流行るようになった当時の様子が知られる。また、『吉原細見虎ガ文』という拳の図解入書や、『江戸名物鑑』などという書が刊行されたのもこの時代である。

こうした長崎からの唐拳は、享保時代から流行り出し、文化、文政の時代に入ると、今まで唐拳の支流であった藤八拳が唐拳をしのぐほどに台頭してきた。藤八拳とは三竦《すく》みを基本とするもので、唐拳のように指形で示す双方の数をいい当てるのでなく、三つの手指形の勝ち負けの相を備えて三つ巴に戦うのである。

この藤八拳の流行はこれまで以上に盛んになり、やがてさまざまな拳遊戯が生れた。かつて隆盛をきわめた唐拳は次第に衰えをみせて人々から忘れ去られていったが、完全に消滅したのでなく、藤八拳はじめ派生してきたどの拳遊戯にも、唐拳の掛け声、数の呼び方、指の形は引き継がれ、後に生れた子供の拳遊戯、「虫拳」、そしてそれより生れた「石拳《ジャンケン》」にもその片鱗がうかがえる。

唐拳（本拳）

唐拳は中国から伝来のものであるだけに、双方の掛け声の数呼名は中国語交りである。一をイイまたはイッコー、二をリャンまたはルウ、三をサン、四をスウ、五をゴウまたはゴウサイ、六をリウ、七をチュイ、八をパア、九をカイ、十をトウライ、無（〇）をライまたはムウという。そして指形は図の通りである。

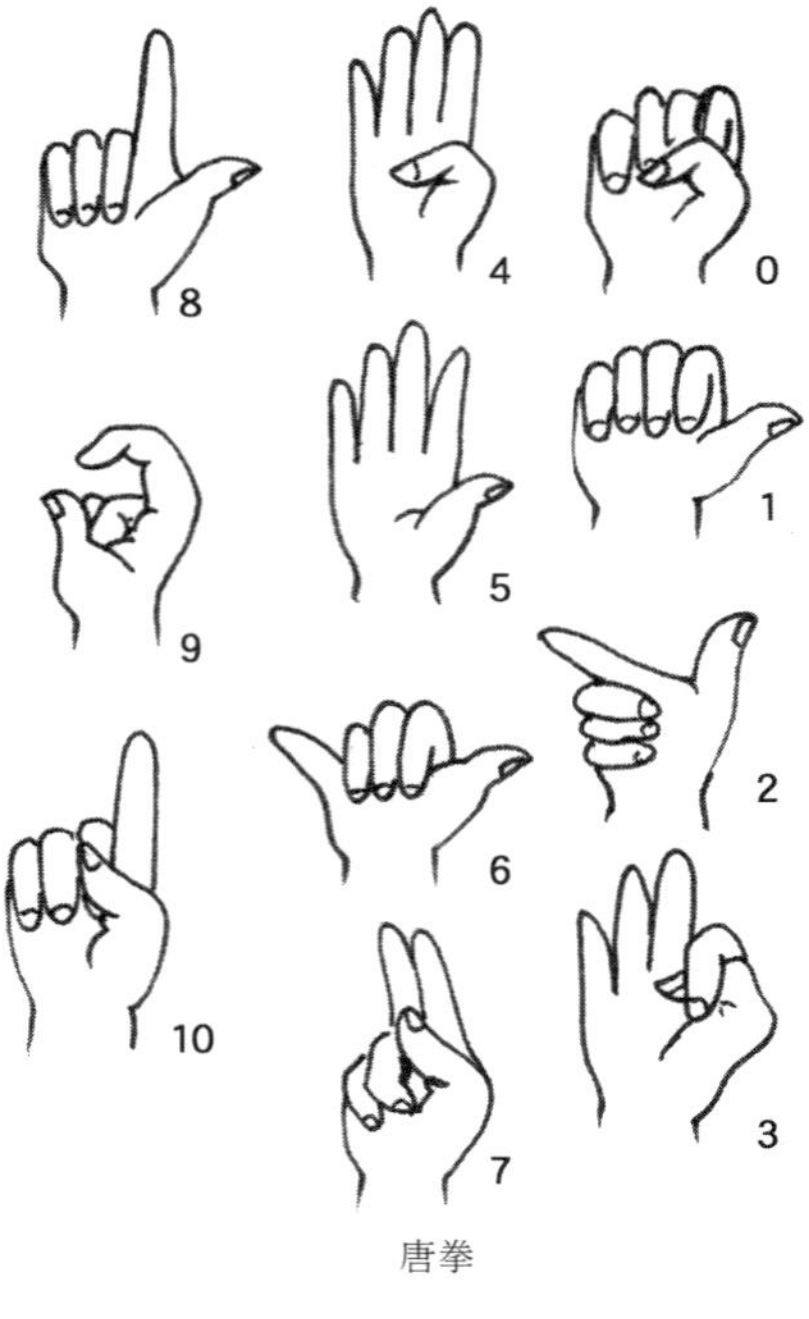

唐拳

打ち方は甲乙二人相対座して、右手で手勢（指形）を示す準備をし、左手をあげて勝数をかぞえる指折の用意をする。ルールは双方同時に指形を示し、攻め手側が数を声に出す。甲乙双方の合計をいい当てた方が勝ちで、例えば、攻め手の甲が「二」の指形を出しながら「サン（三）」という。この場合乙が「一」と出すと、双方合せて「三」となるので甲の勝ち。次は乙が「三」の指形を出して「ゴウ（五）」といい、甲が「二」を出していれば乙の勝ちである。この勝負を交互に行う。こうして勝数を左手で指折りながら十本をもって勝敗を決する。

唐拳は十一種の右手の指形と掛声で勝敗を決める難しい

拳である。そしてもっぱら酒席で行うために負ければ大きな杯で酒を呑まされる。山東京伝著の『近世奇跡考』（文化元年〔一八〇四〕刊）にも、

　酒を好む者、拳相撲といふことをして、もっぱらはやりけるが……

と拳遊戯が大流行した享保年中の頃の様子を記している。また文化十～十一年（一八一三～一四）刊の式亭三馬の『浮世床』には市井の拳を打つ場面があり、いかに流行ったかを知る。

藤八拳（狐拳、庄屋拳）

　この拳は拳の中でももっとも難しいとされている。藤八とは吉原の幇間藤八があみだしたとも、または岡村藤八という薬売りの売り声の「藤八、五文、奇妙」から生れたともいわれるもので、その起源はさだかでない。この拳戯は前述のチョンキナ拳の大本をなすもので、通称「狐拳」といわれるものである。

　打ち方は三竦みの手勢（指形）でチョンキナ拳とまったく同じである。ただ勝負が一回でつくものでなく、三連勝しなければ勝つことはできない。二回まで勝っても三回目に負けると、再び初めから勝たねばならないのである。また拳の勝負もはたの目には安易にできそうだが、いざやってみるとなかなか難しいものである。

　この藤八拳は幕末には完全に唐拳を圧し、明治時代には花柳界を中心に熱狂的に遊ばれた。この影響は子供の世界にまで広がり、前述のチョンキナ拳、軍師拳のように子供たちに狐拳（藤八拳）が遊ばれた。しかし大正、昭和と時代が移るにしたがい、狐拳は急速に衰微して、現在では東京浅草の片隅に、かつて華やかに隆盛を誇った狐拳が、わずかに残るにすぎない。

　それに反し、子供用として狐拳から派生した虫拳、さらに虫拳が改良されて石拳《ジャンケン》となった拳は日本のどこにいっても通用する拳となり、今やジャンケンは日本人の遊びの常識の拳となった（「じゃん拳」の項参照）。

　このほかに拳遊戯は、何箇拳、うんとこ拳、片拳、虎拳、盲人拳、太平拳、源平拳、箸拳、こいこい拳、供せ〳〵拳などがあるが、そのほとんどが（箸拳を除く）三竦拳である。

　また、拳相撲という、拳のトーナメントにより実力の順位を決定するものもあった。座敷に小さな土俵を作り、この土俵を挟んで坐り、行司の長い口上により始まり、呼出し掛け声で勝負するものであった。

お亀の顔つけ（福笑い）

〝お亀の顔つけ〟とは、目、鼻、口、眉などが描かれていないのっぺりとしたお亀の顔絵が一枚の紙に刷られ、その絵の隅に顔の各部位が寄せ集め刷られている。いわゆる「福笑い」という紙玩具である。これは昔から正月が近づくと、駄菓子屋などで凧、独楽などとともに店先に出る正月玩具で、子供たちはこれを買い求め、絵紙の隅に刷られた目、鼻、口、眉などを鋏で切り抜いて小箱に入れておく。

この遊びはかるた、トランプなどの遊びにあきてくると、小人数でもできるので、「おかめごっこしよう！」と誰かがいえば、炬燵から飛び出し、早速遊び始めることができる。

遊びの始めは、お亀の顔の部位（目、鼻、口、眉）を渡す子と、配列する子の二人を決める。まず配列する子は絵紙の前に坐り、手拭などで目隠しをする。準備ができると、渡す子は配列する子に「ハイッ右の眉」「ハイッ左の目」などといって渡す。配列する子はおかめの顔を想像しながらのっぺりした絵紙の上に各部位をおいてゆく。ところがちゃんとおいたつもりなのに、右と左の眉は揃わず、鼻、口もまた曲っている。まわりにいる子たちはその顔のおかしさに大笑い。配列を終った子も手拭をとって大笑い。〝お亀の顔つけ〟の呼び名が「福笑い」と変ったのもうなずける。

この〝お亀の顔つけ〟遊びは江戸中期頃、錦絵が出来てからにわかに遊ばれたものと想像されるが、この事蹟を記したものは管見には及ばない。ただこの遊びの原型らしきものに「闇細工《やみさいく》」というものがある。これは子供の遊びというより、大人の酒宴で遊ばれるものらしく遊びのルールが厳しい。

この「闇細工」は七本の紙こよりをそれぞれの形につくり（顔の輪郭、眉、目、鼻、口）、手拭で目隠しした配列する者に、形をいいながら紙こよりを次から次へと渡す。配列する者は、右手で受けとり、そして右手で床上に配列する。左手は絶対使ってはならない。また一度床上に紙こよりを置いたら、「アッ間違った」などと位置を変えることは固く禁じら

『尾張童遊集』より

れている。こうして配列の出来上りいかんによって、お笑いの輪を盛りあげた。

現在の「福笑い」からみると「闇細工」は、即製紙こよりを作って遊ぶことから粗末な顔である。あらかじめ顔の輪郭と髪を添えた絵紙を作ることによって、このお笑いをよりいっそう高め、紙こよりを作らずして遊びを簡単なものにした。ここに〝お亀の顔つけ〟が登場したのである。

「お亀」は、別名「お多福」、「おふく」などと呼ばれ、太神楽の滑稽な身振りや軽口で見物を笑わせる役で広く人に知られ、笑いの表徴である。「闇細工」の顔にすることから〝お亀の顔つけ〟になり、そしていつしかお亀は福の神などに変身し、ひと頃はヒョットコとコンビが組まれ、里神楽に登場したが、単独では「お多福」「おふく」そして「オタヤン」などと愛称され、招福のスターになった。当然〝お亀の顔つけ〟遊びの呼び名も「福笑い」という名になり、おめでたい正月遊びに登場するようになった。

「福笑い」は他の紙玩具（十六ムサシ、家族合せ、着せ替え人形、メンコなど）とともに明治以来印刷機の近代化によって、子供たちがたやすく求められる価格となった。この紙玩具の生産地は名古屋が中心で、販売店は子供たちの大好きな駄菓子屋であった。この紙玩具は、途中、戦争で駄菓子屋の店先から姿を消すことがあったが、戦後しばらくして再登場した。「福笑い」も他の紙玩具同様復活し、一時は「お亀の福笑い」ではなく、マンガやテレビの人気者の顔絵のものも出たが、昭和四十年代後半にはすっかり姿を消した。しかし「お亀の福笑い」は依然として売られ（ビニールの袋に入れられ、売価も百円以上だが）、相変らず正月になると店先に出現している。だが子供の正月遊びでは、かつてのような人気を得ることがなく、だんだんと消えてゆくのではないかと思われる。

『風俗野史』より

折方《おりかた》（折紙）

街の七夕行事が盛んに行なわれた昔は、前日の朝から店商いそっちのけで、大人たちが七夕飾りを作るためにおおわらわであった。七、八メートルの葉付きの孟宗竹を求め、切紙の投網《とうあみ》やキラキラ飾りのついた吹流しを作り、家によっては前々から作り始めた張り子の算盤《そろばん》や大福帳、西瓜、鼓《つづみ》、太鼓などを笹竹に吊りさげた。

こうした行事を準備する大人たちの中にあって子供たちは、早朝から習字が上達するようにと朝早く起きて、畑の里芋の葉にたまる露をとってきて墨をすった。そして短冊に願いごとを書いて笹竹に結びつけ、さらには折紙で大きな鶴やひげの奴さん、三宝など知っているかぎりの折紙を作って、糸に吊し結んだものである。

このように七夕の前日は、親たちも子供たちも、家の座敷で紙を切っては折り、貼りつけては飾りつけ、再び書く。一日を慌しく過すと、座敷は足場もないほどの散らかしようであった。そしてそれぞれが自分の作ったものを笹竹につけた。出来あがった笹竹は早速店の軒下に立てられると、向いの店でも隣の店でも次から次へと出来あがったらしく、あちこちで拍手が湧くようにあたりにひびいた。いつのまにかあたりも暗くなり、出来あがった七夕飾りが店先の灯りに映えて、その華やかな七夕飾りがトンネルのようになり、商店街は見ちがえるばかりであった。

〝折紙〟が七夕の飾りとして吊るされるようになったのは、平安朝の昔から上流婦女子の手芸が巧みになるよう祈る里祭りの「乞巧奠《きっこうでん》」という行事の影響もあるが、何よりも庶民の子供たちが七夕に参加するようになったことであった。江戸時代中期頃の都市社会からのようである。それだけ街の子供の間には、さまざまに紙をもて遊ぶことが出来る生活であったということである。このことは折紙遊びを容易に流行らせ、七夕の飾りに折紙を結びつけたものと推し量る。

七夕の折紙飾りは以来、都市から農村へと広まり、これまで里祭りの飾りつけに茅で作った迎い馬に代って折紙が飾られるようになった。

さらに折紙の普及に力を加えたものは、明治の末から大正時代にかけて、幼稚園や小学校低学年の教材の一つとして折紙が取り入れられたことである。そして全国の子供たちに広がり、この教育的な折紙の影響でどこの七夕飾りにも切り紙や折紙が飾られるようになり、今日に及んだものである。

このように〝折紙〟の遊びは紙の発達がもたらしたもので、その歴史も古く、遡ると二世紀頃中国で発明された紙が、わが国では推古天皇の十八年（六一〇）、高麗の僧、曇徴が来朝し、紙墨を作ったのが国産の紙の始めであるといわれる。ついで宝元元年（七〇二）、文武天皇が図書寮に造紙手四人をおき、紙戸五十戸をもうけて紙を作りさらに発展させた。

紙の使い始めは、身の穢れを祓う神信仰の儀式を象徴するものとして尊重されたものであった。たとえば紋切の紙の基礎折、または幣や垂紙などであるが、なかでも身の穢れを託す形代《かたしろ》（人形）は、一枚の紙を折りたたみ人形《ひとがた》にされたもので、これが〝折紙〟の始めとされている。この人形は後に雛祭りの紙雛の切込折となったが、こうした神事に紙は使用され、後々まで神の儀式に紙の役割が不変のまま受け継がれているわけである。

また紙は写経その他の需要から生産が増大するに従い、政治、芸道の諸事に用いられ、しだいに生活必需品となったが、武家時代（鎌倉の頃）になると、鳥の子紙、美濃紙などが登場し、紙で物を包み進物とする風習が急速に発展した。そしてその進物の包み方に、内容を重視する仕きたりが生れた。その仕きたりとは、武家では伊勢流の儀式折紙をもっぱらとし、一般には小笠原流の儀式折紙が取り入れられた。

儀式折紙とは現代でも進物に熨斗《のし》をつけるとか、婚礼には雌蝶雄蝶の折紙を付帯した物を使用することである。こうした〝折紙〟の他に奉書を横に二つ折りとしたものに、贈り進物に目録を添えた。いわゆる結婚の結納の目録はその表れである。他には縦に九ツ半、七ツ半などに折る目録もあり、これらはみな紙を折ることにより、その意を表わしたものである。現代でいう「折紙付」という言葉は、美術品とくに刀などの鑑定結果を書きつけたもので、保証付ということである。これは昔、公文が折紙の書式であることから「折紙付」と、その確かさを誇る言葉となった。また同じ折紙付きでも『柳多留』（明和二年〔一七六五〕～天保十一年〔一八四〇〕刊）にある、

折紙が娘につくと疵《きず》になり

という川柳のように、これまた別の意味にも使用されるようになる。

以上のように折紙という名称は、ここにいう遊戯としての〝折紙〟とは異なり、儀式・公文書の類いであるが、遊戯としての〝折紙〟は、これら儀式公文の折り方から由来するも

のであることはいうまでもない。

平安朝時代に二条天皇（一一五八）より高倉天皇（一一八〇）に仕えた歌人、藤原清輔という人の歌集に、

青き筋ある紙にて、かへるのかたを作りて書つけてやりける……

という文がある。この青き筋のある紙とはこの頃の香包みらしい。これは五枚または七枚の紙を用いて、表には美しい模様が記されたもので、おそらくこの紙で蛙を折り、書き記したものを贈ったらしい。しかしこれを遊戯としてのものと解することは難しいが、進物に添えた目録に現代でいう蛙の折紙を付したものであろう。

遊戯としての〝折紙〟の発生は、時代がずっと下って、一説には室町時代頃から遊ばれたようであると、折紙研究家の間での意見であるが、今もってその起源は不詳であるとされる。確実な遊戯として〝折紙〟の文献は、天和二年（一六八二）刊の伊原西鶴の『好色一代男』の行《くだり》に、

或時、おり居《すえ》をあそばし、比翼の鳥のかたちは是でと給はりける……

とあるのが文献の初出で、この頃は遊戯としての〝折紙〟を「折居《おりすえ》」「折り形」などと呼び、前述の儀式・公文書の折紙と分けた名称であった。この時代以降、元禄時代（一六九〇年代）の宝井棋角の句に、

鶴折て日こそ多きに大晦日

とあり、また同時代の『俳諧三疋猿』の著者中川春林の句に、

折形の舟ながさばやかきつばた

とあるように遊戯としての〝折紙〟は盛んに遊ばれていたようである。

この頃の折紙の種類に代表されるものは、折鶴、ふうせん、奴さんと袴、あやめ、三宝、だまし舟であったといわれる。こうした折紙はとくに婦女子の間に広まり、切紙の雛形の着物を作る遊びをふくめて、女子の裁縫その他の予備教育的な形で継承されてきた。そして時代が降るごとに、紙を弄ぶ階層が広がるにつれて折紙遊びは増えてゆき、宝暦の頃（一七五〇）には庶民の婦女子の間にも広く遊ばれるようになった。

このように折紙が流行ることは、その背景にいかに紙が潤沢であったかという証である。かつて遊戯としての〝折紙〟が発生したといわれる室町時代には、紙はまだ貴重なものであったが、江戸時代も中期以降になると、紙の種類は七十五種以上にも及ぶものが生産されていたといわれる。いかに紙が都市社会の需要に応じて生産されていたか、その文

化水準の高さがうかがえる。こうした多種類の紙の中には手芸のための紙が作られているのは当然なことであろう。とくに文化、文政（一八〇四～二九）の時代から幕末にかけて、折紙、切紙、姉様人形、千代紙細工などの手芸遊びが流行した。そしてこれらの流行の担い手は、紙を比較的自由に求めることのできた都市の婦女子であったことはいうまでもない。またこのような紙手芸遊びの背景があったからこそ、七夕の飾りに折紙が吊るされ、切紙細工や紙の雛形着物が吊るされるのも当然なことであった。

さて嘉永六年（一八五三）刊の『守貞漫稿』（喜多川守貞著）には姉様人形の髷の作り方が述べられているが、〝折紙〟の折方としての指南書、寛政九年（一七九七）刊の魯縞庵義道著『秘傳千羽鶴折形』は、あまりにも有名な折紙古典書である。これは木版刷り一枚の紙で一羽から九十七羽まで四十九種の折鶴のつなぎが紹介されている。全作品を折りあげると、実に鶴の数五百八十七羽となるものである。続いて刊行年は不明であるが、近年発見された『新撰人物 折形手本忠臣蔵』という書がある。これの版末には『千羽鶴折形』の広告があることから、一八〇〇年頃（享和年代頃）のものと推察されている。これは二枚の大きな木版刷りから成るもので、一枚には忠臣蔵の場面のイラストがあり、他の一枚には登場人物二十五体の折方が示されている。

こうした折紙の実用指南の刷りものが出回っていたことは、それだけ折紙遊びに婦女子が大いに関心を寄せていたということである。文政十三年（一八三〇）刊の『嬉遊笑覧』（喜多村信節著）にも、

此のごろ、浅草に折紙たたみて種々の物を作り、人物鳥獣何にても人の望みに任せて造る者あり

とあることからも、その様子を知ることができる。次の資料も最近発見されたもので、弘化二年（一八四五）に刊行された『何我等草《かやらぐさ》』という書がある。これは二百三十三巻からなる百科辞典的な忘備録を残した足立一之という人が著わしたもので、この中に折形、熨斗《のし》、包み方などの五十一点に、ついての折り方と解説がある。折形については人物、鳥、獣、虫花などが紹介されている。この折形に用いる紙は四角、五角、六角から屋形のものまで、自由気侭に用いるが、全体には大変難解なものが多いという（折紙研究家、吉沢章氏の著書による）。

折紙遊びは、一部階層から発生し、しだいに近世都市社会の一般婦女子に広がり、その折られた折紙の種類は二百種に及ぶということである。この折り方は伝承折紙として現代にも承け継がれている。

明治維新を経て明治も半ばになると、「変り絵折紙」が流行った。これは在来の折紙とは異なり、はめ絵風に絵柄が色刷りされて、これを折り替えて開くと別の絵が現れるというものである。絵柄の種類は折鶴八変化、獅子舞、変化福助というものがあり、これを子供たちは勝負遊びに使用した。

明治も末から大正にかけて、折紙は家庭の遊びから情操教育を目的に、幼稚園や小学校教育の工作課目に編入され、そして折紙は学校教育の一つとして全国津々浦々にまで広がり、その成果は学校教育から離れて、七夕の飾りとして登場してきたのである。

現在、日本人であるなら、折紙の一つや二つは知らぬ者がないくらい国民的な紙遊戯となり、このさまざまな折りの技巧は世界の各国にある折紙とは格段の差があり、諸外国に紹介されるその手法とアイディアは世界一と評価されている。また一方では「創作折紙」が興隆し、単なる平面的な幾何学的なものから、図形と立体的な造型美を表現するようになり、単なる手なぐさめ的なものを脱して、室内装飾の領域まで進出するようになった。それと同時に、現代の折紙運動の先駆者たちは、ここ数年様々な啓蒙書を刊行し、さらに歴史的にこの〝折紙〟を探究し、一ジャンルの確立に努力中である。

しかし一般的にこの〝折紙〟遊びは低年化しつつある。かつて飾りつけに大人も子供も色紙を求め、折り、切り、貼ったりした家族総出の七夕の前日をおくることがなくなった。現代では七夕は観光の呼び物となり、一般ではわずかで、幼稚園の子が小笹に折紙を飾るだけとなったことは残念である。

そうめん

この遊びは、日向の縁側や座敷などで遊ぶもので、どちらかというと年上の女の子が幼い子を相手に遊ばせるもの、といってもよいであろう。

まず二人の子が向き合って坐り、年上の子が幼い子の右腕をとり、腕の内側を上向きにして自分の膝の上におく。次に年上の子は右手人差指と中指を二本そろえて、幼な子の腕の中ほどあたりから手首まで、筋を手前に引くように撫でおろしながら、

ソーメン、ニューメン、ヒヤソーメン

と唱えながら、上から下へと幾度もくり返す。すると幼な子は、くすぐったくなって笑い出してしまう。ただこれだけの遊びでありながら、結構楽しいのは直接肌に触れあう遊びであるからであろう。

〝そうめん〟とは「素麺」のことで、江戸時代に好まれた食べもので、とくに夏に茹であげたものを冷して汁で食べる冷そうめんは、最上の食べ方であった（現代でも夏の中元の贈物にそうめんは上位を占めるといわれる）。また、醤油汁や味噌仕立汁でそうめんを煮て食べる方法があり、これを煮麺《にうめん》という。遊びのニューメンとはここからきた名であるといわれる。一説には汁で煮るからでなく、素麺は作るときに油を使用するので、この油気と塩分を煮ることで抜いて食べたので煮麺、入麺《にゅうめん》といったという。

素麺《そうめん》は中国の「宋」の時代に急速に発展して盛んに食されたという。この麺食がわが国にもたらされたのは、わが国の禅宗の創始者、栄西禅師（臨済宗）、道元禅師（曹洞宗）の二人が、宋の国より持ち帰り広めたといわれる。とくに道元禅師（鎌倉時代）は著書『永平清規《えいへいしんぎ》』の中の「赴粥飯法《ふしゅくはんぽう》」に食事の規則や作法を綴り、麺食について述べており、また栄西禅師も抹茶の普及と共に、建仁寺開山の後、いち早く素麺製造に着手したとされる。

この素麺は初めから「そうめん」ではなく、もとは綱や紐のように延ばすから「索麺《さくめん》」といった。中国の元（一二八九〜一三五二）時代の初めに刊行された『居家必用事類全集』に索麺の製造方法が出ているが、

小麦粉に水と油と塩を入れて捏《こね》まぜて細く長く延ばし紐

　の如くして竿に吊るして乾燥させる

と書いてあるを見ると、現代の素麺作りと基本は変りないという。もちろんこの他に油を使用せず延ばすことが書かれてあるから、これこそ現代のうどんの元祖ではないかと思われる。

　この麺食は挽き臼の発展と小麦栽培の普及にともない、のちにソバ食が加わって江戸時代中頃には急速に広まった。こんな世情もあって、当時の子供たちの間に、この〝そうめん〟遊びが発生したのではないかと思う。

　単純な〝そうめん〟遊びは、これで終るのではなく、後には次のような遊びに発展した。「ソーメン、ニューメン、ヒヤソーメン」とやったあとに加えて「陳《ちん》皮《ぴ》陳《ちん》皮《ぴ》」(注、漢方薬名「陳皮」とは蜜柑の皮を干したもの）といいながら、「コチョコチョ」と指先で引掻きながら、さらに「大根おろし、大根おろし」といって、握りこぶしを大根に見立てて、腕に圧しつけて上下にこするようにくり返す。「ソーメン、ソーメン」で柔らかに撫でさすり、次はガリガリ、ゴシゴシとやるからなおさら面白くなってくる。

　この腕をさする遊びは後には、「一本橋」とか「お寺のつね子さん」などという遊びに発展していったものであろう。

●一本橋

一本ばしコーチョコチョ
二本ばしコーチョコチョ
三本ばしコーチョコチョ
たたいて、つねって　すべって　このとおり

　この遊びは腕の内側を指で撫でおろしてから「コーチョコチョ」で軽く指三本で引掻く。これを三度してから、「たたいて、つねって、すべって……」とやるのである。

●お寺のつね子さん

お寺のつね子さんが、階段のぼって、コーチョコチョ
お寺の鐘が、ゴーン、ゴーン

　この遊びは、腕の内側の上を、人差指と中指で歩くように手首から登ってゆく、そしてから「コーチョコチョ」とくすぐるように指先で軽く引掻く、そして握りこぶしで軽く頭を「ゴーン、ゴーン」とたたくのである。

　この腕をとらえての遊びは、いろいろに変化し、広まってゆく。

　この頃では、この遊びも少なくなったときくが、幼な子の遊ばせ遊びとして残したいものである。

陰画（影絵）

風雨が吹き荒れる日、まだガラス戸が普及されなかった昔は、どこの家でも雨戸は朝から閉めっきりで、家の中は終日灯《あかり》がつけ放しであった。こうした雨天の日には、子供たちは外に出て遊ぶこともできず、暗い廊下や明るい座敷を出入りして遊ぶことが多かった。

障子に映る影の面白さを発見したのもこんな時で、初めは灯りに小さな手をかざしては障子に投映する影やその動きに興じていたが、やがて年長の兄や姉が遊びに加わると、本格的な〝影絵〟遊びが始まった。

「なんだ影絵か……。これなんだかわかる?」

兄ちゃんは両手を合せて影を映し、子供たちが「いぬ！」というと、小指を動かしてワンワンといった。次に兄ちゃんは片手をニューと出し、中指と薬指を折り曲げて親指につけて残った指をピンとはった。子供たちはアッと叫んで、「きつねだ！」というとコンコンと兄ちゃんは鳴いてみせた。それから兄ちゃんは知っているかぎりの影絵を次から次へと見せて子供たちをびっくりさせた。それは魔法使いの指のようだった。

かつての子供たちは、このようにして〝影絵〟遊びをしたが、近頃では障子が少なく、電灯も蛍光灯になってしまい、影の映りがわるい。そして家の外にも外灯が多くなり、暗闇もなくなった。〝影絵〟遊びの道具立ての条件がなくなることは、即ちこの遊びが衰えることである。

〝影絵〟遊びの始りは、影を映す障子が住いに出現してからのことである。このスクリーンとなる条件がそろわぬ限り、ここにいう〝影絵〟遊びは生れなかったであろう。

しかし、子供たちは障子出現以前から影に関心がなかったわけでない。太陽や月の光りが落とす物影や、夕陽を浴びて地上に長く落とす人影、そして夜の焚火にゆらぐ影の面白さを子供たちはすでに昔から気付いていたのである。それは各地方に伝承される「影踏み」「影鬼」の遊びなどから推測される（「陰踏」の項参照）。

〝影絵〟遊びのきっかけは、障子が建具として普及し、さらに灯火の材料と器具の発展が日常生活に身近となった江戸時代になってからである。

ではどのようにして障子が出現したのだろうか。そもそも障子とは、衝立、屏風、襖など、他目《よそめ》を障《さえ》えぎるものの総称であった。この中で明《あか》り障子と呼ぶ絹本仕立の衝立が、板遣《やり》戸《ど》や日除けの蔀《しとみ》などに組入れられ、これが腰高障子と呼ばれるようになったのが室町時代である。そして慶長五、六年頃から雨戸が発案されて、いっそう腰高障子の使用が促進され、建てられた住いの随所に障子が設けられ、明るい住居が増えてきたのである。

このように腰高障子が普及されると、どこの住いも明るくなり、しかも他目と風などをさえぎる効用から住み心地を一段と快適にした。と、同時に影絵のスクリーンの条件がととのったわけである。たとえば、秋の夕暮れに照り映える障子には、梢にけたたましく鳴く百舌の姿が映り、ときには吊りさがる蓑虫《みのむし》が風にゆらぐ姿のシルエットが、白い障子に映ることもあった。こうした映像は、一幅の水墨画を見るかのごとく、昔の人々は新鮮な驚きさえ感じたであろう。

この単純な動く映像を大人も子供も見逃さなかった。ここに影を映すたわむれが生れたのである。さらに大人たちは映す物体を工夫して、一つの芸事に発展させたのも容易に推察される。

延宝八年（一六八〇）刊の『洛陽集』に、

春の夜や、影人形の初芝居

という句がある。この影人形は月の光で映すもので、この句の影絵のようすは、時代が少し降るが、嘉永年間（一八四八～五四）に刊行されたといわれる『於路加於比《おろかおい》』（柳亭種秀（笠亭仙果）著）の挿絵に見ることができる。

このように自然の光で写す影絵人形は、大人の宴の余興として演じられたが、天体気象に左右される制約があった。ここに人工の光を利用する工夫が生れたのである。

人工の光（灯火）は、この影絵が生れる頃は荏胡麻油から菜種油に移った頃である。そしてもう一つの灯り蠟燭も、それまでの輸入品（明国）から国産品となり久しい。だがこの筒便な灯火材はまだまだ高価なもので、江戸時代になっても神社や仏閣、貴族、武家など特権階級専用灯であった。したがって一般庶民は菜種油、一部であるが綿実油などを使用していた。

油を点《とも》す器具（灯台）であるが、初めは台座の上に立てた細い角棒の先端に油皿をのせた高灯台であったものが、約半分の高さ（四〇センチ）に変った。そしてそれまで先端に位置した油皿は、側面に突き出した腕木の上にのせられた。これが千利休が愛用したといわれる短檠《たんか》という灯台である（安土、桃山の頃）。

灯台が身近になれば、燃焼する油の強い光は目を射るために、油皿を紙で囲み、光を間接照明にした。これは一名「夜学灯」といわれた。後に出現する行灯《あんどん》の始まりである。

行灯という名の起りは、禅寺の携行灯の名であった。この携行灯から木枠に紙を張って風をさえぎり、しかも持運びに便利なものが生れたのである。これを茶人たちは「露路行灯」と呼び、もっぱら屋外用に使った。後には屋内用に吊るされ、さらには床の上に置かれて「置行灯《おきあんどん》」となった（元禄時代の頃）。

以上のように影絵を映す諸条件が揃い、太陽や月の光に関係なく映像が作られれば、その趣向もさまざまである。

宝永四年（一七〇七）刊『昼夜用心記』には、

宵は浄留利三味線に睡りを覚し、公平《きんぴら》もつゞけ聞けば退屈し、あちらにも出羽播磨《はりま》ぶし、こなたには加賀橡角太夫ぶし、説教は小栗判官林清節に涙をこぼし、襖一番へだてて物真似歌舞伎芝居の立役者若女形の聞色、顔を見ねば直にそれなり。一間には腕おし、枕引、ここには宝引、かしこには影人形の手づま、住吉の茶釜思ひ〳〵の慰

とあり、灯火の光をかりて酒席の座興に影絵が流行るさまを描いている。また少し遡るが、元禄六年（一六九三）刊、井原西鶴の『西鶴置土産』にも、

時に亭主がいずれも呼び立て、ひとりひとり見るまでもなし、好々に埒の明く事がござると、納戸の口をみせけるに、よろづの張り紙有、まづ今宵の十日戎《えびす》、日待山ぶしのお札、やみ目の薬、はしら暦、その次に地芝居

……

と貼紙のことを述べて、さらに串重の面白い技芸など一つ書きたし、次に、

松風琴之丞十七、影人形よくつかひ申候。此の外口から水を吹き出し、壁に文字を移し申候、品玉監の谷長次まさり候

とある。西鶴は『諸芸双六』にもこの影絵が記述されていることから、延宝以降、元禄、宝永あたりが最も流行の時期といえよう。ではどのように座興として影絵が行われたか。そ

『於路加於比』より

のようすは前掲の『於路加於比』にある。

余が故友寿貞尼は女にして禁欲の一酒徒なり。酔後興に乗じて、誰に学びたるか鳥さしの影絵を能つかふ。三角の紙を手の甲に貼て図の如し。

語りや歌で手影絵を映した模様である。また酒の席では、ときには障子をはずして座敷の床に立て、身影絵の余興を演じた（身影絵とは人間の体にさまざまな生活用具をつけて動物などのシルエットを写すものである）。

この座興の座敷手妻絵（影絵）は、やがてこれを専業とする者が輩出した。そして酒席の座敷から街の寄席へと進出するようになった。影絵を専門とする芸人ともなれば、より多くの観客に見せねばならず、ここにスクーリンの変革が起きた。障子に代って舞台に白布を継合せた大布地を吊るし、灯台も数多くの蠟燭が立つ燭台になった。そして光にかざす物体の工夫と操作工夫が考案され、義太夫の語りに音曲が入り、一つの芸事として昇華したのである。このからくり影絵について、斉藤月岑著『武江年表』（天正十八年〔一五九〇〕～明治十四年〔一八七三〕までの出来事を記録）には、

蔭絵の戯、昔は黒き紙を切抜き、竹串を四ツに割り矢羽の如くさし、行灯に写して玉藻の前の姿を九尾の狐に替らし、酒天童子を鬼に潜らするの類にて……

『風俗野史』より

と仕掛けを切抜紙の後にかくし、これを回転して頭と手が同時に変化する。しかもこの人形を右向きからくるりと串を回して左向きにして、物語りに合せて会話や動作を変化させてドラマが進行した。これが影絵芝居人形で中国やジャワ影人形芝居と共通のものである。

わが国ではこの影絵人形芝居を舞台芸術として完成させたのは、明治十年頃、阿波の人形遣いの吉田春之助という人である。この影人形は洋紙のパラフィンや、セルロイドを人形の衣裳の部分などに使用し、完全に光をさえぎる材料と光をとおす材料、そして色彩が投映されるという画期的なもので

あった。上演された出しものは、「岩見重太節狒々《しし》退治」とか「番町皿屋敷」などが代表作でこの他にも多数あったと伝えられる。また黒い紙に人形を切り抜いて竹串に刺して演じる影人形は『武江年表』にもあるとおり江戸後期から明治にかけて登場していたが、この串人形の形式と「立てばこん」という芝居の場面を紙面に描き、これを背景に切り抜きの人物を前面に立てて立体的に鑑賞する紙玩具を合体したものが生れた。この小さな切抜人形は串に刺し神社の祭礼などで興行された。これは暗闇を必要とせず昼に興行したもので影人形ではなくなったが、そのヒントは影絵の人形からのものである。もちろん観客は子供たちで、メリケン粉の布袋を継ぎ合せた幕の中で上演したものであったが、木戸銭も割高で、いつのまにか人気が落ちて消えていった。

　大正から昭和の初め頃には、この串人形に模した一銭玩具が駄菓子屋で売られていたものである。そしてこの頃、串人形を捨てたかつての興行師たちが再び子供たちの前に現れた。それは串人形の代りに、平板であるが、「立てばんこ」の場面を描き、数枚の場合転換をつなぎ絵物語りをした。これが紙芝居の始りである。しかも安く、一本の飴までサービスされたので子供たちから大人気を博した。

陰画（影絵）

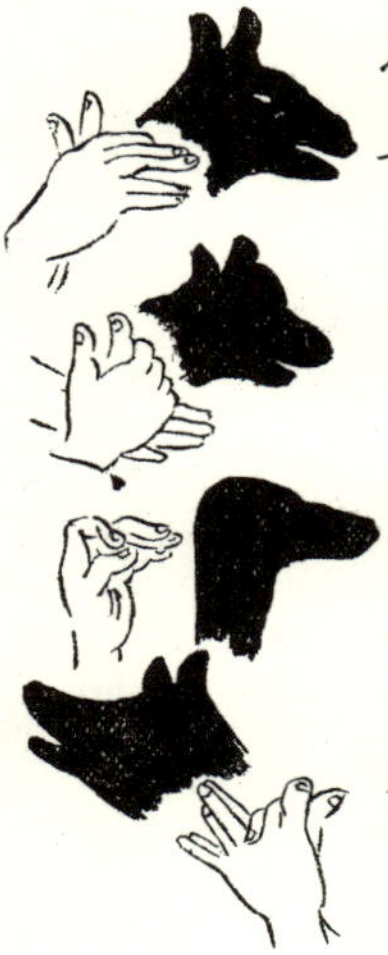

『日本の遊戯』より

　子供たちの影絵遊びは、手を組み合せての「犬」や「狐」など簡単なものが現代まで伝承された。そしてこの手を組み合せて影で絵を表現することから、単独で指を組み合せるだけの遊びに発達したのが「手芸《てげい》」である。（「手芸」の項参照）

　この子供の影絵については年代不詳だが『手影絵図』という江戸時代の写本が紹介されている。

> 去迚《さりとて》はかなき玩具などは、既に形のなりたる一の物なれば、心を用ひるに足らざる故に、やがて厭くものなり、さればこれによく適ふは、此の手影絵の図にて、かゝることとも導くときは、其の手にして物の形を写し出づることのたやすき如くに、まこと賢き子をつくり出づるも、また難かるまじきわざなれかし、云々

とあり、江戸時代にこの影絵の教育効果を述べている。

　現代の子供たちは、テレビでの影絵劇は知っているが、自分たちの手で作る影絵遊びというものを知らない。また日常

生活周辺にも影絵遊びを誘発する条件が少なくなり、この遊びもしだいに衰えてゆくようである。しかし影絵は子供から離れたが、昔カラクリ人形であったものが、影芝居から幻灯、そして映画、テレビというように、光による映像技術の芸術はあくことをしらぬほど現代社会に多彩に活きている。

特筆するに、影絵を近代に発展させ、数々の名作を発表する藤城清治氏の作品は安易に模倣できぬ精巧さで、影絵芸術最高峰の仕事である。しかも作品の大小にかかわらず、切り抜く刃物は一枚の安全カミソリだけという驚異の技術である。

だが子供たちの想像の育成を思うと、手影絵の遊びはどんな映像技術よりも大切なものであると確信する。

百物語

真夏のむし暑い晩、寝つかれない子供たちは家の外の縁台に集まり、軍人将棋や花火などをして、涼しくなるのを待つように夜遊びをした。また近所の子も、人の集まりやすい家に寄ってきて大勢になることがしばしばあった。それでも幼い子たちは「早く寝なさい」と親が迎えに来て連れていったが、年長の子供たちは夜更まで遊んでいることがよくあった。幼い子が親に連れ去られると、急にあたりが静かになり、誰いうともなく〝百物語〟をやろうということになるのが常であったである。

〝百物語〟とは、数人が集まって怪談話百題を競ってすることである。まず灯明の蠟燭百本を灯し、一話終るごとに一本ずつ蠟燭の火を消してゆき、最後の一本が消えると真暗闇になり、「幽霊が突然出た！」などといいあう、スリルのある夜遊びである。

子供たちは、大人たちのようにはゆかないが、集まった子供の数だけ神棚の蠟燭を家から持ってきて火を灯し、初めは集まったなかで一番年少の子がどこからか聞いてきた怪談話を語ることになる。そしてその子が語り終ると、早速蠟燭の火は一本消され、次の子にタッチされる。こうして次から次へと順に語られ、蠟燭もしだいに少なくなり、あたりが暗くなる。年少の子の話は、年寄りや親に脅かされた話が多くて他愛なく、それまでニヤニヤしながら「うん、うん」と頷いていた年長の子は「なァんだ、つんまらねえ！」といいながら蠟燭の灯を消した。こうして各自が持ちよった怪談話がくり返され、蠟燭が一本になると闇に子供たちの顔ばかりが浮かぶように見えた。年少の子は少しずつ年上の子の側に寄ってゆき、肩をふるわせ口唇をキッと結び緊張していた。それはこれから語る年長の子の怖い話のせいである。

年長の子の声は低く、物語の前説が語られると、いよいよ恐怖の核心に迫っていった。

……どうもおかしい！　この夜更に髪の毛を乱した若い女が、しかも裸足でヒタヒタとじめじめした荒屋《あばらや》の裏手の道を歩いてゆく。不思議に思った男はその女の後をつけていった。すると人家のない草深い細道に入っていく。これでは見失なってしまうと、慌ててつけてゆくと、なんと女は荒れ果てた墓場に入っていった。オヤッひょっとしたら首つりでもするのかな……と思って物陰からそっと覗くと、なんと女は真新しい墓標を引き抜き、盛り土を掻っぱぐように掘ると、ギギギーと音がした。そしてなにやらを引き摑むとこれにガブリと嚙みついた。やがて鼠の鳴声のようなチューチューという音がかすかに聞こえた。長い髪の女が顔をあげると、月の光りに照らされた青白い顔は血だらけであった。これをみた男は背筋がゾーとして足が動かなくなった。

その時である！　女は男の方をふりむき、「みたのね！」とニヤリと笑った。

年長の子は残った一本の蠟燭の斜め上に顔を出し、ニヤリと笑ったからたまらない。年少の子は大きい子にしがみつき、ガタガタふるえだし、歯をガチガチと鳴らし、なかには怖くなってワァーと泣き出す子もいた。

蠟燭は静かに消された。あたりが真暗となり静かになると、子供たちは闇の中から女の人が今にも現れるのではないかと、内心びくびくしていると、とたんに「出た！」と年長の子が叫ぶと、慌てて一目散に家をめざして逃げる子も数人いた。年長の子はゲラゲラ笑って「ウソだよ！」とあわてて打消した。

この怪談話は、昔はよく語られたもので、人間の肝をたべると肺病（肺結核）が直るという話からである。

こうして〝百物語〟は一夏に度々するものでもないが、昔は男の子ばかりで、物語を聞いた後、話に登場する墓場の中にある三昧堂まで一人でゆく「肝だめし」という度胸をためす遊びをよくやった。

〝百物語〟をやった翌日、どの子も話に登場したお化けや幽霊が頭から離れず、年少の子などは後々まで影響した。たとえば、便所に入るとお尻を冷たい手で撫でられるとか、便壺の汚物の中から手がニューと出るのではないかと不安であった。怖くてたまらないから、できるだけ昼間便所に行っておくとか、それでも夜便所に行きたくなったときは、懐中電灯を持って便所に行き、

ウンコサン、ウンコサン
ドウカ、ヒルマに来てください

と呪いまでやった。この年少の子が恐怖におののくと、親たちは、「まったくしゃーねえガキ共だ。怪談話などすっから、子どもはいじけちまう」などと非難した。

この〝百物語〟の真夏の怪談話は、もとは大人たちの酒の余興に始ったものらしく、天明五年（一七八五）刊『徳和歌後万載集』（大田南畝〔蜀山人〕編）に、

化物の話はたった一筋の
灯心さへもけしからぬ雨　（出諏訪耳彦）

とあるところから、昔は盛んに遊んだようすが知れる。子供たちは大人の怪談話を、つかれぬ真夏の夜遊びとして遊んだ。この頃では、怪談話もやや科学的になって面白味がなくなった。

耳っとう

〽ないしょ　ないしょ　ないしょのはなしは
あのねのね　にこにこ　にっこり　ね！　母さん

幼い子供たちがこの童謡をうたいながらお遊戯をするとき、口に手を添えて耳もとによせる内緒話の仕草は可愛らしい。なんとこの〝耳っとう〟という遊びは、同じ内緒話の仕草にことよせて、なにやらひそひそとわからぬことをささやき、相手がわからぬというと、突然大きな声を出して「耳っとう」と叫んで驚かす悪遊びである。

子供たちがこんな悪遊びをしているところを親たちにみつかると、いつも叱られた。ましてや赤んぼうにこんないたずらをすると、赤んぼうが驚いてひきつけを起したり、または鼓膜《こまく》が破れるなどと、目玉がとびだすほど母親に叱られたものである。

ところが、こんないたずら遊びをする子供たち同士は馴れたもので、「いい話を教える」といって、友だちが耳もとに口をよせてくると、この段階で〝耳っとう〟を警戒した友だちは心得たもので、自分の耳の穴に指をさしこんで、「なあに……早くお教えてよ！」といって大きな声の〝耳っとう〟を防ぐ構えをする。

この遊びは江戸から明治頃までの子供たちがよく遊んだが、現代ではほとんどみなくなった。

〝耳っとう〟とは大きな声で耳を疼《い》ためる「耳疼《みみっとう》」なのか、それとも剣術の稽古《けいこ》で大きな掛声の「えい！やっとう」の「とう」なのか不明であったが、どうやら調べてみると、これは「耳遠《みみっとう》」であるらしい。いわゆる罵《ののし》り言葉の「難聴」という意味で、『客衆一華表《きゃくしゅいちのとりい》』（関東米著、寛政年間〔一七八九〜一八〇〇〕刊）に、

……しやれなはんなよ　みみッとう……

というくだりがある。また、『虚実情夜桜《うそまことなさけのよざくら》』（梅松亭庭鶯著、天明八年〔一七八八〕刊）に、

……居ねむる禿は新造の耳っとうにきもをつぶし、すかねへよ、知ったかようにかけ廻る……

とある。この二つの文献からも、罵る言葉の「耳っとう」であり、居眠りをしている者の耳もとで「耳っとう」と叫んだ

ようである。また内密の話だといって、耳もとに口をよせてムニャムニャと意味もないことを低い声ではなし、相手をこまらせてから、突然大きな声で「耳っとう」と叫ぶ。罵られた方は大変不快な思いがする。

現代では〝耳っとう〟という言葉は消えてしまったが、子供ごころの悪遊びはいまなお遊ばれるのか、時折り子供集団遊びの中で、耳もとに口をよせて、「ワッ！」といって驚かす遊びをみることがあるがこれも同じ遊びである。

上り目下り目

この遊びは顔あそびの一種で、二人の子供が向きあって坐り、それぞれが左右の目尻のところに人差指を当てて、

〽上り目、下り目、
　ぐるっとまわしてねェこの目

とうたいながら、目尻を上にあげたり下にさげたりしてぐるぐるまわし、その指を鼻筋によせて面白い顔にして終わる。ときには指を上にあげて目尻をつきあげ「猫の目！」といって、「ニャーン」と鳴き真似をした。ところによると「ぐるっとまわってねこの目、たぬきの目もひとつまわっておちょぼの目」（愛知県）といったり、また島根県などでは「トンボの目」というから、目尻をぐるぐるまわしながら大きな目を開いたのであろう。

この〝上り目下り目〟遊びはいつ頃から始めたのかさだかではないが、江戸時代後半に遊ばれ始めたものらしく、僅か

ではあるが諸書に現れてくる。江戸後期の音韻学者、大田全斎（一七五九〜一八二九）編『俚言集覧』に、

あがり目、さがり目　ぐるぐる環《たまき》の猫の目

とある。また寛政十一年（一七九九）正徳鹿馬輔著『猫謝羅子』の序に、

あがり目の肝積客もくれば、さがりめの野暮客もくる、
ぐると廻って猫茶の世界を……

子供の遊びが、こうした書物に登場するからには、この遊びが子供の間で盛んに遊ばれていた様子がわかる。この後、文化三年（一八〇六）式亭三馬著の『小野𥶡譃字尽《おののばかむらうそじつくし》』「人相小鑑」に、

〽あァがりめ、さァがりめ
ぐるりとまわって、ねへこの目

とあるをみると、子供たちに遊ばれたものが、大人の世界に影響を与えていたことがわかる。この文献でほぼ現代にうたわれている〝上り目下り目〟の唄詞が固っていることが知れる。またこの時代の尾張方面（名古屋）では、

〽あァがりめ、さがり目
くるりとまわってさるの目

というところもある。この他、現代まで残っている各地の〝上り目下り目〟の唄は、最後の唄ことばが「猫」「狐」「猿」「蜻蛉」などと違いはあるが、一様に遊びが固定しているのは、単純な遊びであるだけに、付加する類唄が少ないのだろう。その中の一つ、

〽あがり目、おこり目、あがり目をしたら、
おこりたくなった。さがり目は笑い目
さがり目をしたら、笑いたくなった。
ねこの目はねこの目、ねこの目をしたら
ねずみが見えた
（尾崎昭夫著『日本のわらべ唄』）

と山梨県でうたわれたこの唄は傑作であろう。これは先に述べた「猫の目」のうたい終わりで「ニャーン」と鳴く真似をしたのと共通なものがある。この遊びは、その意味で幼児への遊ばせ唄で、子守をする年上の子が、幼児にいろいろな仕草をしながらうたう唄であることが、この短い仕草遊びを今日まで伝えてきたものと思う。この顔遊びの〝上り目下り目〟は、遊び終ると、

〽ダマルさん　ダルマさん
にらめっこしましょう　アップップ

の「にらめっこ」遊びや、「てんぐのめん」などという顔遊びに移行していって続けられ、さらに手遊びの「そうめん」になったりもした。

手《て》芸《げい》

“手芸”とは指遊び・手遊びのことで、子供たちが手もとに遊び道具がないときなど、肩を寄せあって遊ぶもので、とくに学校の休み時間、校舎の隅で遊ぶことが多い。

低学年の子供たちの手遊びに代表される遊びは、両手の指の腹を順ぐりに合せながら唄をうたう「子供と子供」、または開いた手の指を小指から折り曲げながら唄をうたう「小僧寝てろ」、それから、両の手の平を上にして指を組んで閉じて問う「兵隊さん寝てるか起きてるか」など一人で指遊びをする類唄は多い。また二人で遊ぶ「お寺の花子さん」「そうめん」、三、四人で遊ぶ「ずいずいずっころばし」「いたちごっこ」などとその種類は多い。

ところが高学年になると、唄をともなう手遊びが少なく、指と指を複雑に組み合せる遊びが多くなる。たとえば指を複雑に組んで三本指先を集めて、これをお風呂に見立て、ここに友だちの指一本を入れてしめつける。

湯加減は熱いか（三本指をきつくしめる）

ぬるいか……（しめつけをゆるめる）

と遊ぶものである。また同じ方法を変形して「火事だ！」の遊びで、荷物を背負って逃げる恰好に指を組んで遊ぶ指遊び。それから指をさまざまに組んで形をつくる「ガマカエル」「オニ」「犬」「狐」などである。

子供たちは、小さな手指を器用に曲げ、組み、大人には指が硬くてできないようなことを柔軟に折り曲げてつくりあげる。これは子供の指の器用さを発揚し、好ましい遊びである。

さてこうした指遊びは何処から生れたのであろうか、考えられることは三つある。その一つはただ単に子供たちが、手持無沙汰に指を弄び、その過程で形を創造することに始まったのではないかということ（手遊びに多い）。もう一つには、影絵遊びでの手指の組合せ方で形をつくることから発生したもの。さらにもう一つは大人社会でのお寺の仏像や演芸などの手指の形の面白さから生れたのではないかというものである。このきっかけは、祖父母につれられて寺参りで見た、拱《こまね》くような状態からの仏像の印象である。とくに仏の指の形の不思議さに誘発された模倣からの遊びではないかということである。

　以上三つの中の一つめは子供たちの遊びから必然的に自然発生した結果であるが、二つめは伝承された手影絵の手指を組んで形をつくる組み合せの面白さから生れたのではなかろうか（「陰画」の項参照）。この遊びの展開はあり得ることのように考えられる。三つめの仏像と演芸手指からについては、まず仏像の指形はさまざまな形を示しており、これは仏の印相のことで、仏の内面にある法徳、または本誓を手と指の形で示すものである。釈迦如来の「施無畏《せむい》」をはじめ、「興願印」「輪法印」「智拳印」「法界定印」と指の組み方で表現している。こうした仏像や路傍の石仏、石塔に刻まれる仏像の指形、さらには町や村々を行脚する山伏の祈禱の際に「印」を結ぶ印象などは、子供の興味をそそり、これを真似することがよくあった。また演芸などの影響は、立川文庫の映画化の「児雷也」「猿飛佐助」などの忍術をする際に指を組んで念じる姿、これは山伏の「智拳印」の印相と重なり、チャンバラごっこでよくやることとである。

　このように指を組む遊びは、子供は印相の意味を知らずして、指を組む面白さに、遊びに好んで用いた。

　文献からこの〝手芸〟をみるが、意外に少ない。『嬉遊笑覧』（喜多村信節著、文政十三年〔一八三〇〕刊）の「児戯」には記載はなく、『守貞漫稿』（喜多川守貞著、嘉永六年〔一八五三〕刊）においては「第二十五編、遊戯」の冒頭に『異制庭訓往来』（虎関師錬著、南北朝時代に成立）「遊戯の条」を引用し、子供の遊びを記している。指遊戯に関しては「指引」に、

　是も二人相対し各一指を曲に引合の戯ならん……

とあり、もう一つは「指抓」とあり、これは「今此戯無レ之」とあるのみで、他はない。ただ『嬉遊笑覧』「児戯」に手にて豆をつくる事というところに、

　……六大夫どの、おかた御み舞にざぜん豆をもちておこしある……六太夫殿の御内儀のこれを持てお参り候といふて指にてものを作りお目にかくる……


とある。どのようにして、ざぜん豆を指でつくったのかわからぬが、握った指の間から親指を挟み出したのであろうかと思う。このような指一本の記号のような意味は各指にあり、また「指切りげんまん」なども同様のことである。

　次に江戸ではないが、天保年間に名古屋で刊行された『尾張童遊集』（小寺玉晁著、一八三一年）に指遊びが絵と文によって記されてあり、遊びの題名は「手にする業」である。ここにはまず指の組合せ十態を次の唄に添え、唄に合せて指形をするものである。

へ扇にかなめ、からかさにろくろ、しつたん一寸うて
四ツの穴さそよ、じんがらめやじんがらめ
じんがら〳〵じんからめとかいた

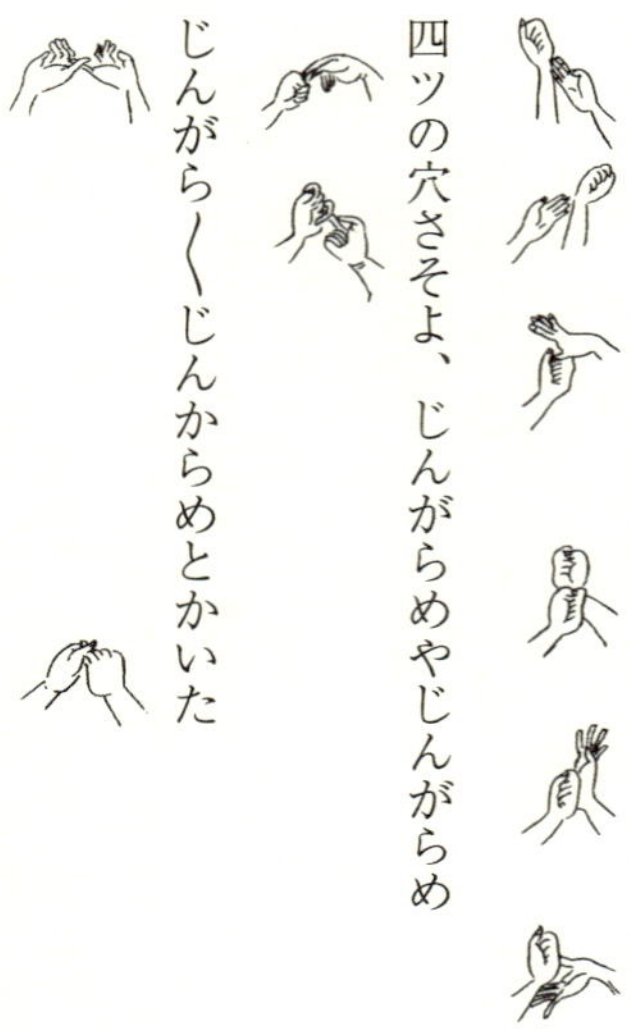

と、しだいに言葉を早め、手違いなく指を変化させてゆく遊びである。なおこの唄に「しったん」とあるのは「しったら」のことではなかろうか。大田全斎編『俚言集覧』に尾張地方で幼児に手を打つ遊びを教える時の言葉であるところから、幼児の手遊びからのものであろう。次に「あの山越えて」という指遊びがあり、さらに指の組合せで形をつくる遊びがある。それは「狐の窓」（「お山のお山のおこんさん」の項参照）「手前獅子」「向獅子」「犬」などであるが（図参照）、「狐の窓」はともかく、他の三点は影絵遊びにあるもので、影絵からのものではなかろうか。『尾張童遊集』には、このように記載されているが、これは尾張地方（名古屋）のみならず、江戸の子供たちにも遊ばれていたに違いない。

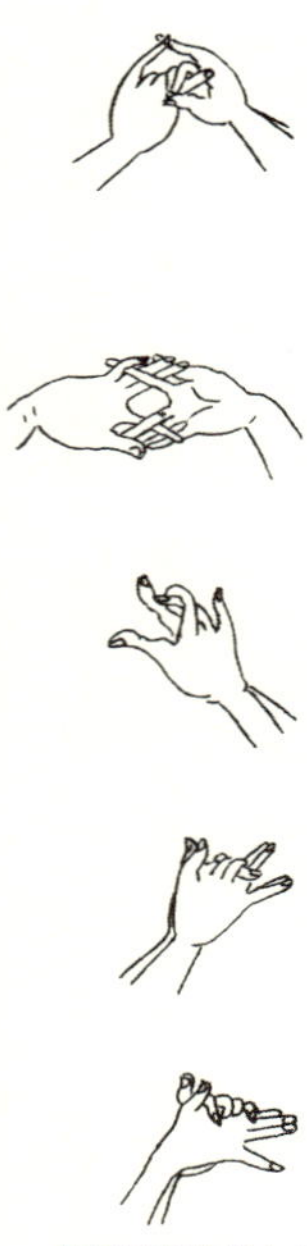

『尾張童遊集』より

明治時代に入って三十四年刊『日本全国児童遊戯法』（大田才次郎編）に「手芸《てげい》」という名で、江戸以来の指遊びが集録された。この「手芸」の項の冒頭に、「手芸とは指もて種々の形を模する戯れにて、この種類尠少なからず」とあり、さらに、「そのうちの三、四種を左に略記せん」とある。手芸の種類は数多くあったようである。記載の遊びは「眼鏡」「離れ蟹」「くっつき蟹」「段々湯」「座敷湯」「カニから天王虎ヤー〳〵」「水車」、また『尾張童遊集』と同じように唄をともなうなら「茶ツボ」などがある。遊びの説明はないが、「三番舌出し」「口鉄砲」「口花火」「栄螺のツボ焼」「鼻毛抜」「獅子」などの遊び名が列挙され、「枚挙に遑あらざれば略す」と書き添えてあるくらい多種多様な遊びがあったことが知れる。

このように指遊び手遊びは、明治の年代に入って急成長したかのようであるが、その下地は江戸時代に、すでに遊ばれていたものの延長にあったものであろう。それに採集記録が容易になったからであろう。明治二十七年刊の『あずま流行

時代子どもうた』（岡本昆石著）にも、小指から順に折り曲げてうたう「小僧寝てろ」とか、両手の同じ指を合せながらうたう「子どものけんか」などの指遊びが収録されており、また各地方にも類唄とその遊びが広まって、現代に至るも伝承されている。しかし指遊びでも唄のともなわない、形をつくるのみの指遊びは、筆者の採集範囲では非常に少ない。これは他の遊びと同様に（男の子供の遊びに多いことだが）唄詞のない技遊びは、記録することも難しく、また伝承も遊びの状態がなければ、時の移り変りと共に消え去ってゆくものである。前述引用の『日本全国児童遊戯法』の遊びの中にも、遊びの題名ばかりで、どのようなものか不明のものがある。

　このように消失されてゆくなかで、生命の長い指遊びは、影絵と共通の「犬」、「狐」であろう。そしてさらには「水車」、「お風呂」などである。

　現代の子供はかつての子供らに比べ、指の器用さが極度に落ちこみ、指遊びを教えても手技の呑みこみがわるい。これは指遊びに限ったことでないが、憂うべきことである。

祖父《おおじ》祖母《おおば》の噺《はなし》

昔でも現代でも、たくさん話を知っている子はいつも子供たちの間では人気者であった。そうした子供の話は、毎日の家庭生活の中で、大人との対話や家庭環境の影響で得られる地域社会にまつわる伝説や歴史話にその源があった。とくに祖父母が語る話はもっとも身近であることから、子供たちは祖父母に話をせがんで語ってもらった。

　雪の降る静かな一日だったり、または終日雨音に暮れる梅《つ》雨《ゆ》期《どき》など、外に出て遊ぶことができない子供たちは退屈で退屈でたまらない。そんなときに、祖父母と過す囲炉裏端や縁側で、「むかしむかし、ずうっと昔」などと話が始まると、子供たちは話の虜となり、祖父母の膝《ひざ》元に寄ってくる。そんな時、いつも不思議な出来事や、お腹をよじるような一口噺をした。そんな中に子供たちの身の毛もよだつ怪談話もあった。何度聞いてもその度に恐くなったものである。こうした話を聞いて育った子はいつしか話の泉を持つようになり、とくに夏の「百物語」（「百物語」の項参照）はネタに不自由しないほどであった。筆者も恐い話がよく出る「肝だめし」は大得意であった。とくに「青頭巾の話」（雨月物語の一つ）は大大得意で人気があった。この話は青頭巾を含めて寺にまつわる七ツの不思議伝説である。話は古寺の北方にある山城が兵火に落ちて、敗残の若侍が寺に落ち延び、後を追ってその奥方が寺を訪ねてきた。そして夫の事を訪ねるが寺に断られ、水を求めて井戸で釣べに手をかけ井戸の中をみると、夫の馬の顔が写っており、夫の死を知った。奥方は寺の雪隠（便所）に入り、そのまま姿を現さなかった。それ以来雪隠は再び開かず、不思議の一つ「開かずの雪隠」といわれるようになった。この後は子供向けのつけ足しの話である。

ある日、寺の小僧がその雪隠にこじ開けて入って尻をまくると、下の便壺から冷たい風が吹き揚げてきて、真白い女の手がのびてきて、小僧のお尻をペロリと撫でた。小僧はたまげて、「ギャー」と一声あげてのびてしまった。以来この雪隠は「開かずの雪隠」といわれ、五寸釘で固く開かぬよう閉じられたという話である。

この話を聞いた子供たちは、夜のトイレが恐くて行くのを嫌がった。

祖父祖母の噺はその土地の語り継がれる話が主で、この話が子供どうしで再話すると、尾ひれがついてさらに面白くなった。

こうした話の歴史をみると『異制庭訓往来』（虎関師錬著、南北朝時代に成立）の「遊戯」の条に、

振鞫、石子　礫打　竹馬馳　編木摺、文字結び　文字書、
書占、何曽、宿世焼　宿世結び　祖父祖母之物語　目比、
頚引膝挾、指引、腕推、指抓……

などに挙げられている。〝祖父祖母の噺〟は昔からの伝承であることが知れる。

謎掛《なぞか》け（なぞなぞ）

子供の〝謎掛け〟遊びは、見立て謎掛けであるから、単純なものだけにすぐわかってしまうものが多い。それでも新しい謎掛けを大人や年長の子に教えられると、もう黙ってはいられず、友だちをつかまえては得意になって「なぞなぞしようよ！」といってもちかける。もちかけられた子もこれを受けて立とうとするから、ここになぞなぞ問答の場が成りたって遊び興ずることになる。

遊びはまず、なぞなぞ問答の形式から始まる。

なぞなぞなァーに　菜切庖丁薙刀《なりきりほうちょうなぎなた》

と問いかけると、受けた方はすかさず、

その先なァーに

と答える。すると、

納戸の掛金、はずすが大事！

（納戸《なんど》の掛金とは、なぞを解くことで、掛金をはずす動作にかけたもの）

こうして初めてなぞの問いかけが始まる。

……なァーに

ということになる。

〝謎掛け〟例題

○朝起きて人のまわりをまわるものなァーに　（帯）

○兄弟三人首をかしげなァーに　（五得）

○寒けりゃ寒いほどあつくなるものなァーに　（氷）

○白い着物をきて赤帽子かぶって

涙を落しているものなァーに　（蠟燭）

○下は大火事上は大水なァーに　（風呂）

○蛙の虫を食う魚はなァーに　（鮭）

このようにして謎掛けを解くことができると、鬼の首でも取ったかのように大喜びする。なかなか解けないとバカにされるのではないかと思っていらいらする。かけ方は、わからないようにわざと唱えごとのように、リズミカルに節《フシ》をつけて問題を出すから、それに引っかかって相手が解くことができないと、面白がってじらす。またこの反対に即答されるとがっかりするものである。こうして〝謎掛け〟遊びはかけたりかけられたりするうち、なぞの種がなくなって、自然に遊びがおしまいになる。

昔の子供は、なぞなぞの言葉遊びをするにも前述のような形式から始めた。この形式は江戸時代中期頃の赤本（児童物出版）などにすでに掲載されている文句で、近年までなぞなぞ遊びの形式として承け継がれていた。子供向けのものではないが、式亭三馬の『素人狂言紋切型』（文政十一年）などに、

謎々なァに、菜切疱丁長刀《なぎなた》、
その先きあなァに、後架のかけがねはずすが大事

とあることからも知れる。これは昔話をするときに「むかしむかしあるところに」という語り始めの前口上があるのと同じである。近年収集された地方のなぞなぞにも、次のようなものがある。

○「なぞなぞなァーに」「菜切疱丁」「それについてなァーに」「おす馬のおけつ」（山梨県）

○「なぞなぞなァーに」「なんきぼっちゃ薙刀」「またなぞなァーに」「股にはほごれ（ふぐり）」（神奈川県）

○「なぞなぞなァーに」「なんどのかけがね外すが大事」「その奥はなァーに」「嫁さんの針箱さがすが大事」（美作）

などとほかにも多くあるが、以上のようなものである。

こうしてなぞを解くことが出来ないと、普通は「上げる」といって降参するが、山梨県などでは「上げ申す」というところがある。また栃木県芳賀郡では「上げ聞きましょう」などと、なぞなぞ冒頭の形式同様あらたまった口調でいうところがある。このように子供のなぞなぞには儀礼的な応酬が交わされているが、この〝謎掛け〟の口承には、かつて大人が真面目になぞなぞを交わした名残りがあるように思えてならない。ではわが国の〝謎掛け〟はどのようにして伝えられたのであろうか、次にその変遷をたどってみよう。

なぞとは「何ぞ」（何曽）と問いかけることであるが、これが名詞となったのは鎌倉時代以後で、室町時代になると、「謎立」という名称が使われるようになった。なぞまたは、なぞなぞはすでに平安時代に「なぞなぞ物語」と名称のある文献が現れて、和歌などと密接に結びついて発展した歌物語的なものであった。この点、スフィンクスの謎や、諸外国の伝説物語の謎のように、謎を解きえない者は捕り殺されるといったものとは自ずから異なり、日本民族独自の口承的要素の濃いものである。「なぞなぞ物語」とは、なぞをかけたり解いたりする遊びをさしていうことで、それは三十一文字の和歌に詠みこんだなぞを贈答し解き合うとか、歌合形式の「なぞなぞ合せ」という集団ゲームであった。これは歌の中に単語の仮文字を一字入れ替え、または一部を消したり、上下を入れ替えて語彙を導き出すものである。これは中国から入ってきた漢字のツクリやヘンを組合せ、字画の増減入れ替

えなどで答えを導く「字謎」という謎解きの影響を受けて出来たもので、「字謎」に対し、「仮名謎」としたものである。こうしたなぞの遊びは、殿上人や連歌師、僧侶などが作り、他人の作を解きパズル的要素の濃い「考えなぞ」というはなはだ難しいものであった。そのためにこの形式のなぞは、どうしてもこしらえものの臭みが鼻につき、耳で聞いてもその問いの意味も解しにくく、記憶しにくいため、口誦になじめなかった。そのためにこの種のなぞはいつも紙と筆を必要とする文字遊戯に傾き、字を知る階級の独占物になってしまった感がある。

　中世のなぞは内容的にも難解であり、形式的には問と答えというものから成る二段のなぞであった。近世に入って（元禄の頃）、この二段から三段形式のなぞが行われるようになった。これは現代でも寄席やテレビなどで噺家が即興で演ずる「〇〇と掛けて、〇〇と解く、その心は」という形である。これは掛ける（一段）ことと、解く（二段）ことの対象物をおき、その心（三段）で、しゃれによる落ちをつける技巧的ななぞである。

　近世以後このなぞは、中世のなぞが難解で沈滞していったのに比べ、生活感の溢れる歌謡や諺、しゃれなどが、この三段なぞ形式に従って発想され庶民におおいに歓迎された。さらにこの三段なぞが独壇場となったのは、かつてのなぞが紙と筆を持たねばならぬ特権的な問答だったのに対し、なぞが一つの芸能と化して大衆の面前に出現したことである。その先棒を担いだのが謎解坊春雪という座頭であった。この人は浅草などの人の多く集まるところで、観客に出題を乞い、これに掛けて解き、そして心は……と即興で掛け合い、客と芸人の交流の面白さのために興行は大当りをとったという。そしてこのなぞ問答は、ただちに板行され、江戸市中に売りさばかれた。この空前のなぞブームは、文化十年から翌年春のわずかな期間であり、熱病はさめて終息した。その理由は彼の新作は一応機智で滑稽味があったが、決して新味があるものでなく、そのマンネリ化によるものであった。この三段なぞを手練手管でもっとも効果的に表現したが、なぞの根底にある文芸の浅さを露呈した、といわれている。

　この三段なぞの流行は下火となりながらもこの後も続き、明治時代まで種々の世相の出来事や役者の人気、政治上の発言などをテーマにしながら社会を諷刺し、新聞などがこれを欠かさず掲載したが、しだいに衰えた。

　以上が文献にもとづく〝謎掛け〟の歴史のアウトラインだが、これらの歴史に登場するなぞはすべて作者が判明している。それらの多くは歌人・連歌師、俳諧師、戯作者などが筆をとったものである。
しかしこれとは別に、もう一つのなぞがあることを忘れてはならない。それは庶民たちが幼い頃からなれ親しんだ、民間に伝承されてきたなぞの流れである。このなぞには江戸時代の三段形式のなぞは少なく、その主なものは口承による二段なぞである。これは事物を見立てる描写型や比喩的ななぞが圧倒的に多く、大人のしゃれや、ひねりにひねったものはきわめて少ない。しかも韻律的にもすぐれたなぞが多い。だがなぞの口承者が子供であるがゆえに、しだいにクイズ的内容が少なくなり、わらべ唄的、唱え言的なものとなって、近年においては子供のものとなった。そしてその単調さのために、生活環境の変化とともに、かつての描写型、比喩型のなぞは通用せず、やがては子供自身からも忘れ去られてしまった。

現代の子供の言葉には、洗練されたものが乏しく、かつてのなぞなぞは、わらべ唄と同様に、文献の上にのみ存在するにとどまるようである。

（『なぞの研究』鈴木棠三著によるところが多い）

将棋遊び

『風俗野史』より

将棋は世界の国々にあるゲームで、それぞれの国によって形や名称、ゲームの方法が異なる。日本にはわが国独特の将棋が存在するが、この世界に広がった将棋の原典は、三〇〇〇年も昔、古代インドで発明されて世界に分布したものといわれ、現在、将棋の発生地として定説となっている。

古代インドの将棋は「チャトル・アンガ」といって、チャトルはすなわち「四」であり、アンガは「員」であるといわれる。チャトル・アンガは軍隊の「四員」で、象、馬、車、歩卒で全軍を意味した。中国においては、「三軍の将」（馬、車、歩卒）という言葉があるが、インドでは、これに「象」が加わって「四軍」となる訳である。将棋はこの「四軍」が基礎となり、王と副将ともいうべき統率者で構成されている。

このチャトル・アンガは、六世紀頃ペルシャを経てアラビアに渡り、続いてヨーロッパ、イスパニア、東方のトルコに渡り、今日西洋将棋といわれる「チェス」が出来上がったのである。一方、インドから東方に伝播した将棋は、中国大陸に入って、「象戯」または「将騎」となり、朝鮮を経て日本に渡来した。

いつ頃日本に入って来たのか不明であるが、最初に歴史に記録されたのは藤原頼長が保延二年（一一三六）から久寿二年（一一五五）の間に書いた日記『台記』に、

九月、頼長が藤原師仲と朝廷において将棋を行なった

とある。また、続いて『明月記』（藤原定家、治承四年〔一一八〇〕から嘉禎元年〔一二三五〕までの日記）のなかに、

建久十年（一一九九）五月十日、依レ番為レ上二格子一参上ス、
殿下出御セラル、御前ニオイテ将棊ヲ指スコト三盤ナリ

とある。この頃（平安時代の末）貴族社会においては、すでに将棋が行なわれていたようである。

将棋は中世紀頃は、中国の「象戯」そのままの形で遊ばれたが、のちに、次第に改良が加えられてさまざまな将棋が生まれた。小将棋、和将棋、天竺将棋、大将棋、中将棋、大々将棋、摩《ま》訶《かつ》太《た》将棋、泰将棋、広将棋、七国将棋などとその種類は多かった。江戸時代に朝鮮から将軍家治に献上された七国将棋は、三間《サンゲン》四方（九坪）の棋盤に多数の駒を動かす大仕掛のもので、現在の盤のように縦横の九筋でないものもあった。

しかし数多くの将棋が難解な方式や不便さのために大衆化せず、次第に滅んでしまって、名称だけが残っても内容はわからないものが多い。

現在の将棋はこのうちの「小将棋」で、初代宗桂によって確立されたもので、他のものは自然に消滅してしまった。

「象戯」が「将棋」となり、長い歴史の変遷の過程の中で「銀象」が「銀将」と部分的に変化して次第に日本化していった。この間、実に二百数十年。そして何よりも特筆すべきことは、相手から取得した駒を持駒として再び使用することが出来るという世界に比類のない独特な方法を生んでいることである。

将棋が子供の手に届くまで

初めは上流社会のものであった将棋は、朝廷から本因坊算砂に御朱印が与えられてのち、豊臣秀吉がおおいに奨励したのでがぜん嗜む人がふえていった。

この算砂は、碁、将棋、いずれも二道の名人であったが、慶長十年頃、将棋所創設と同時に弟子の大橋宗桂に譲り、この時より碁、将棋の家元は二つに分かれた。

将棋は武家の間で嗜む人々が次第にふえ、その対局の作法と厳格さはおおいに歓迎された。将棋は兵制をもって創案さ

れたものだから、兵法の一端とし、対局中の「待った」は、卑劣な行為であるとされた。

将軍家治の頃（一七六二）に、

上は公侯より、下は漁樵に至るまで之を弄びしなり

（幸田露伴著『将棋雑話』より）

と将棋の普及は一般化し、将軍家斉の頃（一七八七）には、戯作者、式亭三馬、滝沢馬琴などの活躍した時代で、なかでも三馬の『浮世風呂』『百馬鹿』などには、将棋に傾注する庶民の姿が描かれ、いかに遊ばれたかを知ることが出来る。

武家に好まれた厳格な将棋は、庶民の弄ぶものになって、格式は次第に崩れ、いわゆる「待った将棋」の縁台将棋、番小屋将棋、床屋将棋となった。将棋を指しながらの駄洒落は、戯作のみならず、当時の川柳集『柳多留』にも多数の将棋の句が納められている。安永九年刊行された『はつのぼり』には、

将棋をさしいるに、勝らしい方へ助言せしものあり、負いろの男、腹をたて、その者の横面をしたたかくらはしければ、この男いっさんに宿へ帰る。あとにてみんなみんな口を揃へ、あの人は武家方の浪人といふ噂さ、おほかた意趣がへしがあらうがと心配のところへ、鎧兜にて押かけ来りければ、無礼したる男、縁よりとんで下り、ただいまは不調法の段ひらにひらに御免下されど、大地に手をつきわびけるに、イヤイヤこれはもうぶたれてもよい、身仕度でござる……

とある。将棋遊びの風俗が手にとるように、面白く記されている。

明治に入ってもなお、庶民の将棋普及はとどまらず、人力車の客待ち将棋、宿直部屋の将棋、夏の夕涼み、縁台将棋など、庶民の娯楽にはなくてはならぬものとなった。坪内逍遙著『小説神髄』の中でも、将棋の棊子に見倣して人の心を説いている。また、幸田露伴著の『将棋雑話』など、文人や庶民に愛好される将棋について述べている。しかし、明治も三十年代頃になると、将棋を軽んずる眼ざしが出て来た。平出鏗二郎著『東京風俗志』下の巻に、

中流以上に囲碁の行はるゝが如く、下流には将棋多く翫ばる。将棋は簡にして変化多きものなれども、店者、職人などが閑を偸んでこれを翫び、車夫が客待の席にさへ、これを行へば自ら卑下せらるなりと……

と将棋は下層社会だけの娯楽とされたようである。

さて、子供の〝将棋遊び〟であるが、庶民の娯楽となった時から、子供にとって将棋は関心事であった。日頃の雷親父が、あらぬ戯れ言を言ったり、負けて不機嫌になる変化を見ると、将棋というものが不思議でならない。江戸の川柳にこんなの

がある。

　将棋盤差上げて居てこれ乳母よ

幼い乳児でさえ触ってみたい衝動にかられるほどだから、まして四、五歳の子になるとなんとかして、将棋で遊んでみたい心にかられるのは無理もないことである。

叱られるのを覚悟で、親父の留守を狙って取り出して遊び始める。さいわい雨の一日は、親父は業者の寄合いで出かけたために、そっと母の目をかすめて、同い年の子と廊下などで打ち広げる。最初は大人の対局の真似をして、駒を並べてみたものの、もちろんゲームの仕方もわかるはずはなく、黄色い声を張り上げて「オーテ」「キナスッタナ！」と親たちの口真似をして、ごっこ遊びをするうち、キシャゴ遊びのように弾いたり、一つ一つを重ね積み、「谷中の五重の塔なり！」などと積木遊びにまで変化して行く。そのうち、駒を投げ合い、「キャーキャー」「ワァーワァー」喧嘩になり、お互いに泣き出してしまう。

ここまでは幼児に多いが、十歳前後の子供たちになると、いっぱしに勝負が出来るようになる子も現われる。しかし一般の子供で本格的な勝将棋を指せるものは少なく、駒を使って他のゲーム遊びをすることがすべてと言ってよい。この子供たちの間で遊ばれる駒遊びは、「盗み将棋」「弾き将棋」「挾み将棋」「振り将棋」である。

以上の〝将棋遊び〟を子供たちは「将棋」と言い、本格的な将棋を「本将棋」と言って区別していた。本将棋の「本」は本当、本物の「本」で、ウソの反対語から付けたものである。

他の遊戯からの子供将棋

駒を山積みにして、音をたてずに一駒ずつ駒を手許に引く「盗み将棋（積み将棋）」は、人差し指をカギのようにして、駒を取る（盗る）から名付けられたに違いない。むろん、子供が命名したものである（大人でもあの人は、「これ」の気があると陰でひそひそ話をする時、人差指をカギにして見せる）。

この盗み将棋は江戸時代から遊ばれ、この遊びは外で遊ぶ「石崩し」「石積み」などの遊び方からのもので、将棋では、駒を石に見立てて採り入れたものである。

「振り将棋」「回り将棋」は四個の駒を掌の上に乗せ、棋盤の上から振り落として、落ちた駒のさまざまな形によって数を決める。これは双六の賽子《サイコロ》

『風俗野史』より

の変形で、これによって数字を出し、出世双六のように、その数だけ棋盤の枠を進み、一周する度に駒の格が上がるのはその変形に他ならない。振り落とした形の数を金銭に見たて、相手からその数の分だけ駒を請求する遊びが「振り将棋」で、これは算数の練習のようなもので、手許の持駒が少なくなると、「いくら借金しよう」などと言って紙に書き、「あとは付けにしてよ！」と威勢のいい声を出す様子は、大人の世界を真似る面白さがある。

「弾き将棋」は弾棊《ダンキ》という中世時代の高級な遊びの影響があるといわれるが（たしかに似てはいるが）、あながちそうとばかりはいえない。実際は子供が手近なむくろじの実で遊ぶ「穴一」や「きしゃご」などの古くからある遊びの方法から考え出したものであろう。

「挟み将棋」は両陣営から攻め入って、味方駒二個で敵方駒を挟み打ち取るゲームで、「十六むさし」のルール（親石が子石のあいだに入って子をとる）の逆であるが、「穴一」や他のゲームにある「挟み取り」「打落とし」「打重ね」「打入れ」などの適用に他ならない。

「飛び将棋」はニョイニョイとかニョンニョンと一名呼ばれるが、他の遊戯の影響がなく、一説には中国にこの遊びの原典があるといわれるが、よくわからない（くわしくは後述）。

以上のように〝将棋遊び〟は、子供たちが他の遊びの方法を小さな棋盤の上に再現し、展開することが多いので、雨の日など外遊びの出来ない日には、自然とこの〝将棋遊び〟に熱中した。

この〝将棋遊び〟は早くから生まれていて、式亭三馬が『浮世風呂』を書いてから二十数年後に著わされた『嬉遊笑覧』（喜多村信節著、文政十三年（一八三〇）刊）に細やかに書きとめられている。もちろんなかには大人にも遊ばれたものもあろうが、はっきり「児戯」と記され、挟み将棋など二、三のものが記されている。

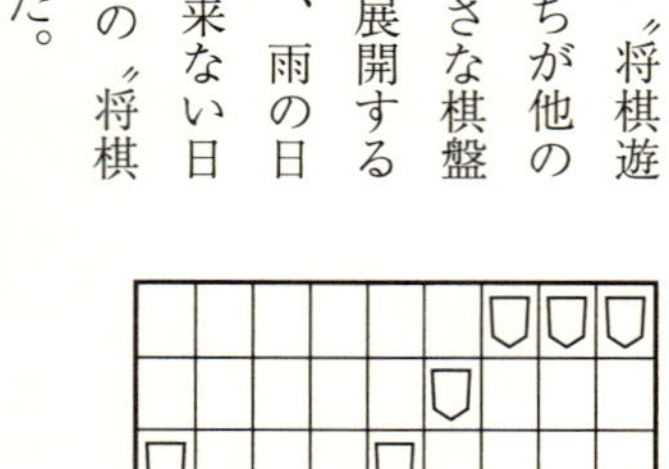
挟み将棋

将棋遊びいろいろ

●挟み将棋

棋盤両端の陣地に駒を二列に並べて、交互に一枠ずつ進行させて、相手の駒を味方駒二個で挟み、敵駒を獲取する遊びである。使う駒は一方が「歩」ばかりを、もう一方は役駒を並べる。敵駒が戦闘不能になるまで戦うもので、挟み方は、縦に前後を挟んでも、両サイドを挟んでもよい。駒の進め方は一回一枠、縦横自在であるが斜めには進めない。数駒並んでいる敵駒ならば一度に取ることも出来る。ただし列の中間に空枠がある場合は不可能である。防戦方法は陣営に乱れを作らぬこと。空枠を作るとすぐ攻撃されて、敵駒を差し入れられ、橋頭堡を確保されてしまう。もし双方とも同じように攻撃して対決し、戦列に乱れなく、前進不可能の場合、その陣地の踏駒の数で勝負を決める。この挾み将棋の遊びに似たものが中国にあったと見え、『嬉遊笑覧』に「『弾碁経』に記載あり」と次の文がある。参考までに記す。

夾食者二人、黄黒各十七棊、横列㆓手前第四道上㆒、甲乙送推㆓一棋㆒夾㆑一為㆓食棋㆒、不得食㆑十両不㆑得㆓過食㆒

●弾き将棋

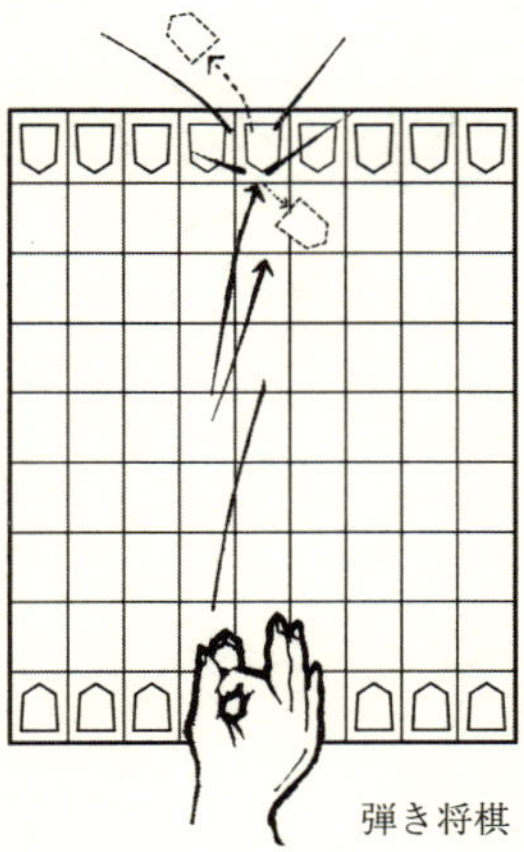

弾き将棋

片方の棋盤の陣地には「歩」を横隊に並べ、もう一方には種々の役駒を端に並べて、中盤に代表駒を出し、敵陣目がけて指で弾く。敵の駒を棋盤から落とし、弾いた味方駒が落ちない場合、落とした敵駒を取得できる。敵駒味方駒共々棋盤の下に落ちた場合は敵に取られる。その場合、落とされた敵駒は元の位置にもどる事が出来る。早く駒が棋盤の上からなくなったほうが負けである。

この駒を弾くゲームは、『嬉遊笑覧』に「弾棊」の影響があるといわれている。弾棊は、またダキともいわれるが、中国から渡来のもので、平安朝時代には上流社会にて遊ばれ、中《ナカ》高《ダカ》の棊盤の上で、碁石を弾くゲームである。碁石の取得方法、勝負のあり方は同じであるが、こんな高級なものから、伝えられた遊びとは思われない。どちらかというと、石弾き遊びから、細螺《キシャゴ》遊びになり、小形泥面子、現代ではガラス製のおはじきの変化した遊び「おはじき」の変形したものであろうと思う。しかし女の子の遊びというより、男の子的な遊びの要素が強く、弾き方の力のセーブが必要である。

●盗み将棋

『嬉遊笑覧』に、

こまを残らず箱に入、盤上に打ちふせ、箱を除け、よき駒取たるは勝なり、幾人にても次第を定め、その駒の音せぬようにとるなり

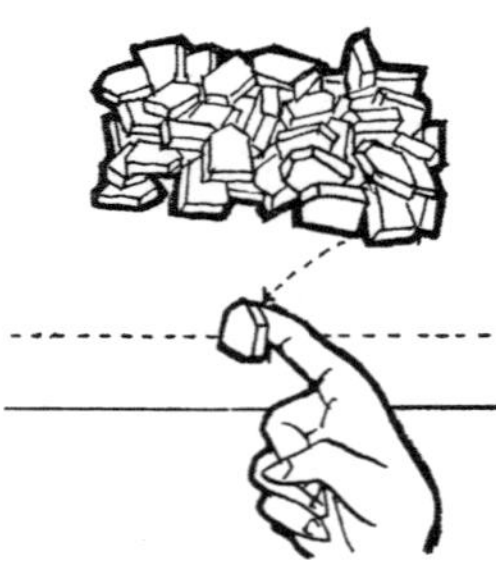

盗み将棋

と、このゲームを記載している。この箱とは将棋駒を入れる箱である。先にこの盗み将棋を述べたが、ゲーム方法の状況から推して命名されたものと思う。別名「積み将棋」ともいう。この遊びは子供たちがもっとも愛好する〝将棋遊び〟のひとつで、まず盗み将棋をしてから、その取得した駒を元手に、他の将棋遊びに移るのである。

将棋で遊ぼうと子供仲間で話が決まると、箱に入った将棋を棋盤の真中に伏せる。この箱の伏せ方は、賽子博打を打つ様子とそっくりで、衆目の中で気合を入れて伏せる。二、三度ゆすって、静かに箱を持ち上げる。将棋駒は盤の中央に山積みされ、次は先攻順をジャンケンで決めてから始める。子供はどこが取りやすいか、あれこれ観察をし、ひそかに狙いをつける。ゲームの規則は、

指一本（人差指）で取ること。

音無しで駒を引き取ること。

決められたラインまで運んで初めて成功とみなすこと。

もしこの約束に違反して、崩したとき音が出たり、指二本でつまんだりしたら、即座に手を引き、ゲーム権は次の者となる。次の者はやすやすと駒を得ることが出来る。駒は手前の決められたラインまで一本指で、静かに静かに運んで来て、ラインを越してから初めて自分の駒となり取得出来る。この間、子供たちは息をつめるようにして、耳をすまし、じっと見ている。駒を引く者も息をつめるようにして、ラインを越すと、大きな溜息が出る。すべての駒が取られると、それぞれが取った駒の点数をかぞえ、点の多いほうが勝ちとなり、引続き次のゲームの時の先攻順となる。たとえば、駒数が少なくとも、役駒ばかり取れば優位になる。駒の点数は地方によってそれぞれの価値を決めるが、ここに一例を記す。

王　一〇〇　金　八〇　銀　六〇　角、飛車　五〇

桂馬　三〇　香車　二〇　歩　一〇

以上の点数を合計して金銭に見立てて、「いくらかせいだ」などとガヤガヤさわぐこともある。この盗み将棋の一番のいじわるは、最初箱を伏せる前に大物駒を底に入れ、歩などをその上に入れて打伏せる。箱を二、三度ゆするのは、それが崩れないようにして、そっと箱を上げると、値の高い大物駒は山の上にあり、下手をすると音をたてて崩れる。危険をさける先攻の者は、ちょっと触って順番を次の者にゆずり、またそれを最初から承知で、わざとジャンケンに負け、誰か崩せばいいなと待っている。

●振り将棋

盗み将棋のあと、各々が取得した駒は、その者の財産である。振り将棋に入る場合は、その財産の中から「金駒」は約束にしたがって供出される（軍人将棋なら工兵を供出する）。先攻の者は掌に金駒を四個乗せて、棋盤の真中に振り落とす。その振り落とされた駒の状態で点数が決められる。この振り方にはいろいろなルールがあり、一度に振り落とさないといけない。そっとパラパラ落とすことは禁止されている。急に掌を返してみたり、四個の駒を掌の上に立てて並べ、それぞれが全部立つように狙ったり、様々な工夫をして高得点を目指す。図に駒の形と点数を表示したが、振り落とした四個の駒の合計を、次の順番の者に請求して駒を戴く（その際には「盗み将棋」同様の駒の点数を用いる）。次の順番の者は同じように駒を振り、その点数の合計をさらに次の者に請求する。ただし、振り落とした駒と駒が重なってしまうと「ベシャ」といい、得点を請求できずに反対にその合計額を支払うことになる。振った駒が棋盤より落下した場合も同様に支払わなければならない。

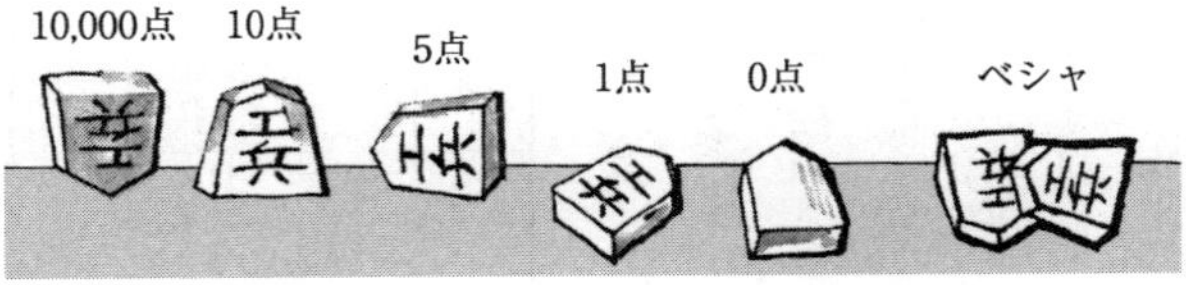

●回り将棋（出世将棋）

振り将棋と同じく金駒や工兵だけ箱の中から取り出し、振り駒とする。二～四人で行うゲームで、盤の四隅にそれぞれの基点を定めて「歩」駒を置く。軍人将棋なら「少尉」を置く。盤の真中に振り将棋と同じく、駒を振り、出た駒の点数を合計して、枠一つを一《イチ》として進む。駒が外周を一周して自分の基点まで到達すれば階級が上がり、歩から香車、軍人将棋なら少尉から中尉となる。

周回を重ねるごとに出世して、王将になり（軍人将棋では大将から軍旗になって）上がりとなる。最後をお礼回りといって二度回りとするルールもある。また、振り落として駒と駒が重なると、これも「ベシャ」といって前進出来ず、駒の点数だけ後退する。また、駒が丁度四角《よすみ》で止まると「ピン1」という特典があり、次の角《かど》まで飛ぶことが出来る。反対に「ベシャ」で後退して丁度四角で止まると、より後の角に「ピン1」をすることになる。もっと厳しいのは、上階級の駒が下級の駒の上を通過すると、駒を殺すといって、

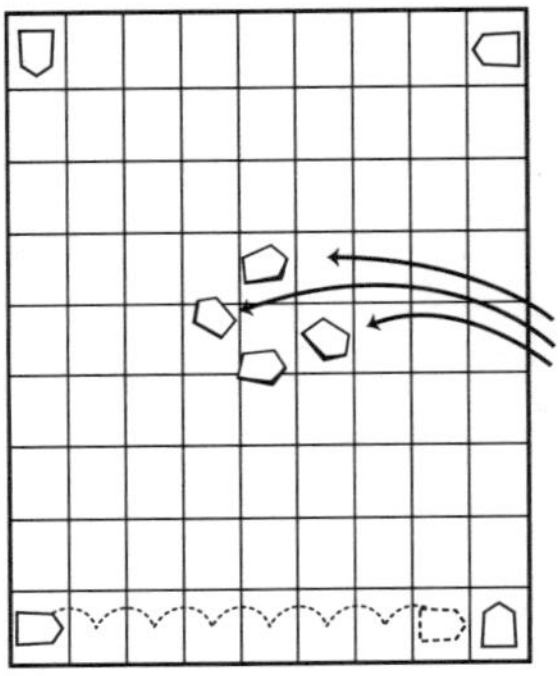
回り将棋

下級の駒は一回休みになる。ただし、階級におかまいなく他の駒が後から頭を越すと生き返り、元のように順番に駒を振り落とすことが出来る。

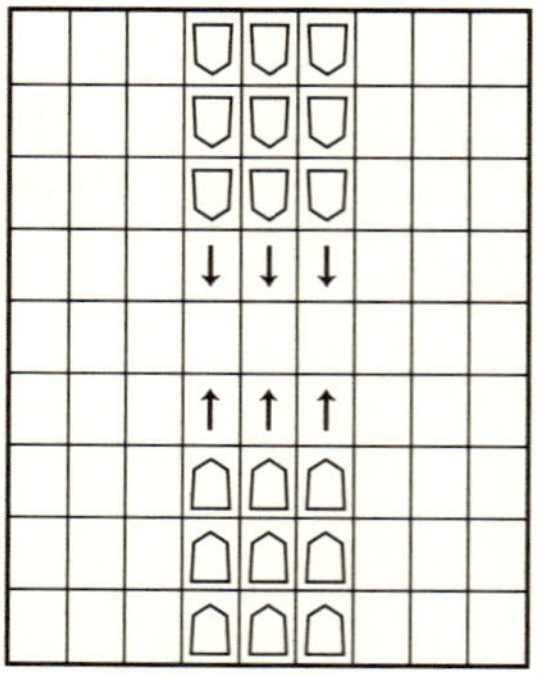

飛び将棋

●飛び将棋

飛び将棋とは、敵駒の上を飛び越えて、敵の陣地に味方駒を勢揃いさせるゲームである。早く揃い終わったほうが勝ちとなるものであり、このゲームの方法は、ダイヤゲームやクロスゲーム、チェスなどにも似たものである。

まず棋盤の上に駒を両陣に分けて、図のように三列三段に、一方の陣地には「歩」だけ並べ、もう一方には役駒だけそれぞれ九駒並べる。両者交互に一枠ずつ進めるが、この三列の枠以外に駒を進めることは禁じられている。自分駒を進めて敵の駒に当たると、敵駒を飛び越えて敵の後方の空枠に納まる。空枠がなければ飛び越えることは出来ない。前後左右の退進は三列の枠内であれば自由である。

先にこの飛び将棋を、一名「ニョイニョイ」とか、「ニョンニョン」と呼ばれると述べたが、この語源は不詳である。『嬉遊笑覧』に記載されている文献『篗絨輪』の中に、

わこの抱守り袴きた馬蹴あふ時、

首でによんによを碁いし鶏

という句があると紹介されている。この遊びは当初、白黒の碁石で遊ばれたものらしい。また、中国の書物『資暇録』にもこれと同じ遊びがあったようで、その名を「蹙融《シュクユウ》」というもので、黄帝時代に創意された「蹙鞠《シュクシュウ》」の戯から生まれ出たといわれる。他にこの遊びについて文献があるが、同意のものばかりなので省く。

●将棋倒し

新聞やテレビの報道で「乗客は将棋倒しに……云々」と表現されるのは、この将棋倒し遊びを比喩したものである。棋盤やテーブルの上に、駒を少しずつ間隔をおいて並べ立て、端にある駒を弾くと、次から次へと倒れてゆくという、爽快感を味わう遊びである。現代では西洋の「ドミノ」を用いた「ドミノ倒し」と言った方が一般的かもしれない

『太平記』千釼城軍の条に、

此時城の内より切岸のうへに横たへ置たる大木、十ばかり切って落しかけたりける間、象棋たふしをする如く、よせ手四五百人、押にうたれて死にけり……

と書かれているのを見ると、古い時代から遊ばれたものであろう。この遊びは、どうも賑やかに子供同士で遊ばれるものではなく、さびしい一人遊びである。元気だった子供が、食あたりや怪我で寝込んでしまって、やっと起き上がれる頃、一人で振り将棋の駒落としや、盗み将棋を病床で遊ぶものである。何をやっても面白くなく、外に出られないさびしさは、一つ一つ駒を拾っては立て、並べては倒す遊びになってくる。

この将棋倒しで忘れられない想い出は、私の幼い頃、雨宿りに兄と二人して飛び込んだところが、カフェーの軒のひさしであった。破れた色ガラスから中をうかがうと、真白に化粧した女給さんが、客待ち顔にカウンターの上に将棋駒を並べては、白魚のような指で弾いていた。雨がひとしきり激しくなると、女の人は白い顔を私のほうに向けて、ニヤリと笑った。

その顔は、今もって忘れられないものである。

穴一（ビー玉）

『絵本常盤謎』より

子供の遊びを収集し始めた頃、ある友人が浅草、山谷のドヤ街で「十円投げ」という賭け事があると教えてくれた。調べて見ると、三、四メートル先に十円玉を投げ、その十円に他の者が十円を投げつけ、当たればその十円を取得出来る遊びである。

その後、同じように新宿のビル街の一角で、若者たちがコンクリートの階段を使って十円投げをしているところを目撃した。一人が階段に向かって十円を投げると、銭は転げて一定の段に止まる。その十円に向かって他の者が十円を投げ、同じ段におさまれば十円を取得出来るもので、当たらなかったり、おさまることが出来なければ、勝負がつくまで交互に投げ打ち合うゲームであった。

この山谷と新宿のゲームは、子供たちの遊びではないが、青年たちが銭を賭具とした賭博で、これから述べる〝穴一〟

遊びの悪例の一つであり、ここ数年来見ることもなかった銭打ち賭博の残形である。

この銭打ちに似たゲームで、ビー玉遊びがある。このビー玉（ラムネ）遊びは明治以来、多くの男の子たちに愛好されたもので、日暮れても家に帰ることすら忘れるほど面白いゲームで、現在でも五十代ぐらいの人々ならば、幼かった頃を懐古すると、このビー玉遊びを思い出すものである。

このような銭を投げ打つ賭博遊戯と、子供たちがガラス玉（ビー玉、ラムネ）を転がして遊ぶゲームは、どちらも同類のもので、古くは、このような遊びは〝穴一〟と呼ばれていたものであった。

〝穴一〟本来の遊びは始めから銭を投げ打つ賭博遊戯ではなく、子供たちの間で遊ぶビー玉遊びのほうが本筋の流れを受けついだものである。

ビー玉は「木の実」を投げ打つゲームが変化したものであった。しかしゲームの性質上、賭けの要素が賭具の価値におかれるために（木の実は食べられるということ）、昔から勝負のいざこざが多く、親たちのひんしゅくをかう遊びであった。

木の実が銭におきかえられた歴史は古く、早くも平安時代に「意銭《ゼニウチ》」の記録があり、江戸時代に入ってこの遊びは、全盛をきわめるほど遊ばれるようになった。

このように銭に転化された〝穴一〟の賭博行為の当事者は、いずれも大人か、無邪気な子供というより年長の子に多かった。それがために自然の恵みのおもちゃである子供たちの「木の実技げ」は、この賭遊戯に走る要素があることから、昔から害毒があるかのように取沙汰され、遊戯史の中に博打化されたものとして記されてきた。

現在、子供の生活や遊びの歴史には、この〝穴一〟を明細に記録しているものがなく、わずかに、遊びの事跡を述べているものがあるに過ぎない。それにもかかわらず、子供の世界では、この〝穴一〟が「ビー玉遊び」となり、連綿として現代に至るまで伝承された陰には、子供たちのあくなき競技心をそそる魅力となるものが存在したものであろう。

穴一とは

中国に「投胡」という胡桃を投げる遊びがあるが、日本でも子供たちの間に伝承された「むくろ打ち」「銀杏打ち」など数々の木の実を投げる遊びがあった。しかし、この〝穴一〟というのは、物の名でなくゲームの方法を呼んだもので、木の実を投げた遊びなのか、銭を投げて遊んだものをさして名づけたものか、判然としない。

この遊びが〝穴一〟と命名されたのは江戸時代初期の頃で、

幕府の賭博禁令の立札や、記録に残る〝穴一〟が銭を賭けて行なう遊びになってからのことで、銭の賭事の意味が深い。

〝穴一〟は一名「穴市」あるいは「穴打ち」といわれており、諸説はさまざまであるが、江戸時代に刊行された山崎美成著『博戯犀照』によると、〝穴一〟の語源は「穴印地」から転訛されたものであろうと述べられている。その他の説は、単に、穴にむかって投げるための踏み切り線を横に引くから、穴と一でその名があるといわれており、また、『嬉遊笑覧』などには、〝穴一〟は采（賽ころ）の一ツ目の穴にたとえて〝穴一〟という名の起源があると述べられている。だが、先の「穴印地」のほうがまだ当を得ているようである。その点『守貞漫稿』所載の「穴一《あないち》」には、〝穴一〟を「穴打ち」の訛りなりとあり、この説がこの時代の〝穴一〟の世評からおして一番正確なところであろう。なぜなら、子供遊びの〝穴一〟と名づけられるものに銭、または銭形の土面子を打つ遊びが多く、ゲームの内容から、賭博行為にほかならないからである。ここで「一、市」より「打」という語が先んずることは、古来から賭博の記録には、たびたび出てくる言葉で、『徒然草』に、

　賽をとれば攤打たん事思ふ……

と勝負をすることを「打つ」とされている。攤とは、賽ころの双六賭博名で、この他にも樗蒲《チョボ》を俗に「樗蒲打ち」と呼び、その他にも「カリウチ」「キンゴ打ち」と賽ころを転がすゲームには、いずれにも「打ち」の語があり、賭博行為の意味を表わしている。

「博弈《バクエキ》」という語があるが、「博」は賽ころを転がす双六で、「弈」は囲碁である。この二つのゲームは勝負事の遊戯であることはいうまでもないが、物を賭けることがもっぱらとなり、「博弈《バクエキ》」の語はのちに「博弈《バクチ》」（博を打つ）の意を含んで読まれるようになった。なかでも「博」を打つ賽ころ勝負は、囲碁よりも盛んに遊ばれ後世の今日まで賭け事といえば、すべてが「博を打つ」以外に考えられないものとなってしまった（現代はこれに麻雀が入るが）。

『古今著聞集』記載の天武天皇の事績（六八五年）に「有博戯」とあり、また、『令義解』「貞水式目」などにも「博戯」という語があり、いずれも双六、樗蒲などの賭博に関する記録に見出されるもので、歴史に現われた賭け事の意をもつ「博」語の最初で、早くから貴族の間で遊ばれたものであった。

〝穴一〟もこの例にならえば、穴を中心に銭を投げ打つ賭けであることから「穴打つ」で、それが転訛して〝穴一〟となったものであろう。

さて以上のように名称の要因は、「穴打ち」の転訛であると結論されるが、これは江戸時代の、江戸、京、大坂など、

都市社会における〝穴一〟の形態をさしたものである。

〝穴一〟が、銭賭博の〝穴一〟と呼称される以前の〝穴一〟は、単なるゲーム名で、この他にもゲーム名が呼称となったものは多く（くわしくは後述）、なかには、木の実の名を冠したものも数種あった。

銭に縁のない子供や、地方の農、山、漁村の子供たちは木の実を拾っては、集め、秋日和の日溜りで遊んだものであろう。こんな状況を想い浮かべると、私は最初に否定的であった穴を掘って一の字を書くから、〝穴一〟であろうという説も、子供たちの考えそうなことで、うなずけるが、どちらも賭けの要素と誘発があることから、「穴打ち」ではなかろうかと考えを結びたい。

穴一の歴史

どんな時代でも子供たちのいない時代はないのだが、いつの時代でも子供たちのことが忘れられており、まして子供の生活である遊びの世界は忘却の彼方にあることが多く、かろうじて民話や童唄に過去の子供生活の一端をしのばせるにすぎない。

〝穴一〟遊びは歌も言葉もないもので、（他の競技ゲームのように）唄や民話に織り込まれることもなく、この遊びの伝承はもっぱら体技がまず基本であることから、伝える競技の集団がなければ失われてゆく率はなお早い。

〝穴一〟のもとの姿であった木の実技げの競技も、こうしたことから忘れ去られたものが多く、その事跡をさぐることは至難に近い。そのためにわずかな史的資料と民俗の中に残存する伝承遊びから推してゆかねばならないが、この遊びから銭の賭事でなく、木の実遊びがもとで発展したことは疑うべき余地もない事実で、伝承された遊戯の数々の例を見ても、はかり知れることである。

木の実を弄ぶ遊びは古く、歴史を遡れば人間の歴史と共に存在した、といっても過言ではないほど最も原始的なもので、果実採集を専らとする婦女子の生活とともにあったとする考え方が最も妥当である。

子供の遊びは、現代でもそうだが親の生活の模倣が多く、古代の子供たちも親の労働の模倣から遊び競技が生まれたものと推論する。狩猟や漁撈の捕獲方法（投擽、投槍、投擲などの）、打ち当てる、打ちこみ、投げ打つ技法が当然のように投げの要素の模倣遊戯を生み出し、いわゆる「ごっこ遊び」が小石や棒を投げる狩猟遊びとなった。男の子のこうした激しい遊びに対し、女の子は見物衆になったり、ときには獲物の動物にされることもあったが、母親の生活模倣が彼女たちの遊びを支えるものが多く、小鳥や獣の子を抱き、木の実などを集めては遊んだことであろう。母親はこうした子供遊びを見守りながら、狩猟に出た男たちの留守を、野獣の出没に怯えながら、農耕や木の実採集に一日を過ごしたものであろう。

木の実の遊びはまず住居の土間から始まった。

採集された木の実は、土間の隅に集積されて、やがて来る越冬のために砂地貯蔵の準備をし、秋の実りの日常生活は木の実に埋もれるほどの暮らしであった。母親は幼児を見ながら木の実の選別と砂地埋納のため働き、大きい子には食用に供する木の実の皮剝ぎの労働があった。こうした秋の労働が続くうち、やがて冬の寒さが襲い長い越冬の日々が始まる。外に出られぬ子供たちは、毎日何をして暮らしたであろうか、幼な児は狼の骨を「オシャブリ」として魔除けのおもちゃとしたり、鳥の爪なども並べて面白がったであろう。成長期の子供たちはたえず空腹をうったえ、母親が食事の仕度にかかると、子供たちは争って木の実の皮剝ぎを手伝った。木の実をむいては器に投げ入れ、または弾き合い、次第に遊びが面白くなり、母親は大切な食物と叱ったが、転がる木の実の遊びは、つきなく、男の子は投げ技が巧みなものだから、離れた個所から投げ入れ、三つに二つの確率を自慢し合った。晴れた雪の日は男の子たちは、外に出て兎を追い、家に入っては木の実技げの技を競った。

やがてながい越冬の日も、雪解けの水のせせらぎの音が高くなるに従い、日増しに暖かさをとりもどし、男親たちは、獲物を狙って山野を駆けめぐり、春の芽生えは子供たちを、うきうきさせ、いっせいに外に出て遊ぶ日が多くなって来た。子供たちは、手に手に冬越しの芋や栗の実をもち、生で嚙りながら、集落の子供が群れ遊ぶところに集まり、越冬以前の子供の世界が再び巡り来たった喜びで一杯であった。こんな時期に、枝木などを千切っては投げることや冬の間に腕を磨いた小石や木の実技げの技を披露するようになる。相手の懐の栗を合法的に取り上げるゲームも生まれたであろうし、そのためにより空腹をしのぐ子もあったであろう。

以上は私の想像する古代の子供たちの生活であるが、なにも古代に限らずとも、近年まで山間の底辺に住む人たちの記憶には、ついこの間の出来ごとのような遊びに思えるものである。

木の実技げは、稔りの季節が到来すると、たれかれの別もなく自然にそのゲームを競う遊びが始められ、また、季節が終われば消え去ってゆくものである。この周期遊びの技術が、歌を伴うことがなくても、子供から子供へと、単に季節遊びとして伝承されてきた。こうした平穏な木の実投げ遊びも、原始的な集落から次第に発展し、共同社会が生長すると、木の実技げのゲームは、子供の遊びとは考えられない賭博行為を生むに至ってくる。

次に述べる銭を投げる賭博行為は、この純朴な子供遊びを大人たちが取りあげて利用したものとなり、これを一名銭打ちといった。

最初の銭打ち

初めての銭打ちの記録は、承平年間（九三一〜九三八）成立の源　順《ミナモトノシタゴウ》撰『倭名類聚抄』の中に、

意銭《ゼニウチ》攤字附　後漢書注云意銭世間云世邇宇知

とあり、明らかに銭打ちであるが、はたしてこれが〝穴一〟のゲーム方法で銭を打ったのか、はっきりとしていない。手許にある風俗や遊戯の資料をひもといても、穴一と同類、もしくは『和漢三才図会』に記載される「銭撃と同一ではなかろうか」の大意で、たしかである証しはない。もっとも、このわずかな資料をもとにこの時代の銭打ちの様子をさぐることとは困難なもので、加えて至難なことは、この前後の「意銭」「攤銭」などと記載される資料などからもゲームを知ることは不可能で、ただ銭を打ち合う意味を受け取るに過ぎない。

この突然の銭打ち（意銭）の記載は、『和名抄』の編者源順が、皇女のために作成した『漢和字書』であることから、中国の『後漢書』その他の書籍に掲載せる「意銭」が単に編入されたのか、または、「世間云世邇宇知」と附記されることからこの時代には実際に行なわれたのであろうか、不明な点がある。もし行なったとすれば、貴族の間でのみ遊ばれたもので、一般庶民のものでないことは、銭を自由に弄ぶことから見ても、貴族階級であることは明らかなことである。

なお、この『和名抄』が作成された承平年間を大きく展望すると、この時代までの賭博と銭の変遷から、源順が字書に意銭を掲載し、皇女に贈っても不思議でない時代の必然性を伺い知ることができる。

賭博が文献にはじめて現われるのは、天武天皇十四年（六八五）に天皇みずから主催して、賭博を大安殿で行なったことが『日本書紀』にある。

この翌年、持統天皇は即位してから三年後（六八九）に賭博を禁じて「禁断双六」の令を出し、文武天皇（六九七）は賭博禁止ばかりか、博を打ったものに体刑を加える刑法まで出した。

しかし、賭博の行為は止むことなく、孝謙天皇、天平勝宝六年（七五四）には、官人、百姓とも双六賭博にうつつをぬか

し、法をおそれずひそかに博を打つため、京のみならず諸国七道にまで禁令を出している。

もちろん「意銭」が記載された承平年間には、賭博が盛んであったことは疑うべきもないが、この頃の賭博を『古今著聞集』では、

承平七年正月十一日は右大臣家の饗に中務卿宮おはしましたりける中務卿と右大臣と囲碁の事ありけり、碁手は銭にてぞありける、昔はかやうのはれの儀にも懸物にいでけるこそ……

と賭けるものは銭であったことが記されている。この賭け碁を「碁手」といい、のちには賭けるものを「射分《イリワケ》の銭」ともいった。

この時代は、平将門が律令国家に対して叛乱をおこして関東の王者たらんとした時であり、また、京の町には盗賊が徒党を組んで出没した乱れた世であった。次第に国家の体制が崩れつつあり、銭の問題にしても、わが国で初めて鋳造された銭は「和同開珎《ワドウカイチン》」（七〇八年）であるが、その後歴代にわたり銭の改鋳造をくり返し、銭貨の質も国家の財政の浮沈を物語るように、度々の悪銭はついに銅銭でありながら鉛が九〇％以上も含まれるものまで造られるに至った（九〇七年）。この皇朝十二銭と呼ばれる銭は、一般庶民の間には余り普及せず、貴族、官吏、地方豪族の間に流通を見たようである。「意銭」が『和名抄』に記載されてのち二、三十年後には、ついに銭の鋳造は取りやめられ、うやむやのうちに姿を消してしまった。

これよりわが国の銭貨の鋳造は六〇〇年の空白を作ることになる。

以上のように「意銭」と記載され、あたかも子供たちが遊ぶ〝穴一〟と同一にされがちであるが、木の実で遊ぶ庶民の子供たちのゲームではなく、また、子供の親といえども銭を打つことはおろか、銭を所持することもできなかった世の中ではなかったであろうか。

江戸時代の穴一

木の実の〝穴一〟は、投げた木の実が地上に置かれる木の実に当たれば、その木の実は当てたものの所有となるが、この当てることが、穴に投げ入れることに変化して、〝穴一〟と呼ばれるゲーム名を生んだ。

この限りにおいて、所得した木の実を相互の代償としない条件のもとには、賭博行為などは生まれないが、〝穴一〟は、賭具自体が（なんらかの）価値をもつものを使用することからおのずと賭博化しやすく所得欲をかきたてる危険性をはら

んでいた。

それにしても、まだ木の実だけなら子供の競技心と所得欲から、ゲーム遊戯の面白さを満喫し大人たちのひんしゅくをかう、とかくの小言も出まいが、競技というものは際限がないもので、このような状態には決して満足せず、競技者相互の間で定める共通のルールや、互いに認める共通の価値ある物品を賭けることになる。賭事の誘惑は、必然的に子供の欲望と競技心を一層高ぶらせる結果を生んだ。

子供たちが銭貨を賭ける〝穴一〟に走るのも、以上のことから当然の成行きとなるが、この裏には単に競技の醍醐味に酔いしれる結果のことからとばかりはいえない。子供をこのような賭博遊びに至らしめた外的条件を考慮に入れずして銭と〝穴一〟ゲームを評価することはできないことである。

応仁の大乱の後、「麻のごとく乱れた」ながい戦国時代の乱世を、信長、秀吉と糸目を正す天下者が現われて、混沌の世も次第に治まり、家康に至って完全に天下を掌握した。

しかしあまりにもながい乱世は、不安な世相が引き続き、力と力の暴威と明日をも知れぬ殺伐な日々は人心を荒廃させた。下剋上の思想は命を賭ける大賭博的要素をもち、「乾坤一擲」という行為をよぎなくされたが、戦の合間には、生命に代わって陣中賭博が開かれ、「二者択一」の賽賭博が急速に一般に普及した（『塵塚物語』）。かつての平安の昔の、貴族の雅びな、碁、双六の賭事は、この時代になると、面倒な仕組も道具のぜいたくさも必要としない単純で短時間で決まる賽一個で勝負をすることが愛用された。チョボ一、丁半はこの時代に生まれたものである。この短時における二者択一の危険な賭けの形式は、日常が日常であるだけに平然として盛んに行なわれた。

また、賭ける金銭も、銭貨鋳造が絶えて六十年余久しいが、この間、明、宋、の伝来の銭貨とそれにかつての、皇朝十二銭と私鋳銭が入り乱れた銭の流通から、庶民の末端にまで銭は行きわたり、賭事に銭を使用することを通常当然とする感覚を身につけていた。

このような殺伐たる危険な気風は、家康が江戸に城を構えてこのかた、幕藩体制の基礎を築き上げるのに絶えずこれを弾圧し、布令をくり返し、その気風の転換を謀った。慶長二年（一五九七）家康は早くも賭博禁令を出している。この頃は秀吉は朝鮮に兵を送り野望をとげんとしていたが、家康は着々と関東の地固めを進め、同七年には、

ばくち、ほう引、双六、このほか賭勝負禁制の事。

と布令を出して世を改めようとした。

しかし賭博行為は止むどころか、賽ころ賭博に加え、ポルトガルから輸入したカルタが日本化して天正かるた（うんすんかるた）となり京都の上流社会から一般化し、その普及率は早かった。また、この他にもさまざまな賭博用具が生まれふえて行った。たとえば六角の面をもつ双六に代わるお花独楽などもその一例だが、大道では、宝引などが上方より流行《はや》り出し、のちには富くじなどという公営賭博まで現われるほどに至った。

賭博者の中には、当然これを職業とするものが現われ、早くも室町末期にはいかさま賽ころ師まで発生し専門職として存在した（『七十一番職人歌会』）。賭博が盛んになれば、それを職業とする腕達者な者が賭場を開くようになり、職業として成立するためには不正な手段で勝負をしてもうける、俗にいういかさま賭博が盛んになった。また、それを擁護するために暴力が用いられた。のちの関東一円の大親分が随所に存在し、なかには公儀の役目と賭博の二足草鞋をはく者もいたことはどなたも浪花節や講談でおなじみの人物である。

賭博が盛んになる要因は、戦国時代は先に述べた通りであるが、家康が幕藩確立後も、なお江戸市中の経済は不安定で庶民の心情を賭博に追いやるような動きが水下を流れるように潜在していた。江戸開府以来、経済の実権は門閥商人や上方からの投機的な商人の手に握られ、新開地江戸での活躍はもってこいの状況であった。賭事のような投機的商法は庶民の生活を不安におしやり、生産労働に対する収入も不安定であったために江戸の人間の宵越しの金を持たぬ浪費ぐせを生み、江戸っ子気質ができ上がった。不夜城の盛り場や諸所に賭博が夜毎に開かれても不思議ではない。これに拍車をかけるように、物価の安定を欠く貨幣の改鋳が行なわれた。

慶長時代より幕府は根強く永楽銭対策から始まる良貨政策を一貫して歴代の施政と堅持してきたが、元禄八年（一六九五）、幕府は財政窮乏には抗しがたく、ついに大量の出目を働く金銀の改鋳を行なった。続いて十三年、銭貨の改鋳は悪銭《ビタセン》を作り、これを俗に勘定奉行荻原重秀の名をつけて「荻原銭」といった。

一度に堰を破って流れ出た貨幣の悪銭の例は、財政の窮乏の度に（天災、綱吉のような将軍家の浪費など）くり返すことになり、改鋳の度に金銀の質の低下、銭貨に至ってはひどいもので、文政の頃の銭などは、鉄の溶解で出る上澄で銭を作り、そのために破損が多く油の中に浸して保存するほどであった。この悪銭の流れに抗して新井白石のような、金銀の純度を保つための政策がなされたが、一時の効はあっても、政策を保持することはできなかった。

以上のように江戸の経済は物心ともに不安定な上に、幕府の度々の不合理な命令の圧力のもとに生活が続けられた。京、大坂においても江戸ほどでなくとも、これに準ずる状態であったことは確かである。

さて、子供述びである〝穴一〟も、このような世相の中に遊ばれれば当然影響のきざしが現われるものである。まして子供の競技心を煽る銭貨は「金さえあれば何事もなる事ぞかし」という西鶴の永代蔵ではないが、食べたいものも銭を持てば求められることから賭事遊びが流行り出すことは必然な成り行きであった。

寛永八年（一六三一）～寛文十二年（一六七二）に活躍した俳人、山岡元隣著『宝倉』花見の条に、

幕のこかげには雙六のどうどうとふりならし、ぢやうさいとこのみ、穴一のあなかしましき声たてて、われ一とののしり

と〝穴一〟を記したものがあるが、おそらく、この〝穴一〟の名が記載文としては初めてかもしれない。この〝穴一〟は銭を賭具としたのか、木の実で遊んだのか、この限りにおいてはわからないが、騒がしい声を立てて言い争うている勝負の様子から、あるいは銭を賭けていたのではないだろうか。この後、銭を賭けて〝穴一〟らしき勝負を行なう者がふえたらしく、明暦元年（一六五五）京都町触には、

博弈母頼一切之諸勝負、又は辻小路に於て銭勝負等、堅令レ禁ニ之殊一に宿仕輩者別而可レ処ニ重科一者也

とあり、これは江戸市中ではないが、博弈禁令の中に銭打勝負を特に明記した御法度命令が出たことは、この賭遊戯が目立って増えて来たことを物語るものである。

元禄十二年（一六九九）に刊行された、江島屋其磧の『賢女心粧』にも、

をのこのすなる石取、穴一など組合はざる悪遊び云々

と、この遊びの悪さを大人たちがひんしゅくしていたことからも遊びの様子が知れる。

また、この翌年には先に述べた、幕府が初めて銭貨の改鋳を行なった年で、京都で鋳造された寛永通宝（荻原銭）で鉛分が多い粗悪な銭が発行された。銭の評判はすこぶる悪く、幕府はこの銭の撤布に大変な気のつかいようだったが、財政の窮状を救うためにはいかんともしがたく、金、銀、銭の改鋳は一時的には急場をしのいだ形となった。

しかし、将軍綱吉の浪費に続く、宝永期は相次ぐ天災に幕府財政は再び窮地に陥り改鋳をかさね、銀貨の改悪鋳などはわずか五年間に四回も引き続き行なったというひどさである。

元禄の貨幣改鋳以前から物価は年々上昇しつつあったが、貨幣改悪以後当然の結果インフレーションは急昇して、一般庶民の生活を圧迫した。一方上方商人に代表される経済の繁栄は、この機に巨大な富を築くものも現われた。

銭があっても、価値の低い銭は量を多くして初めて通用が認められる結果、悪銭一個の低廉さに対する軽視は、現代の一円硬貨に対する考えと同じようなものであったであろう。

銭打ちの賭遊びもこんな状態から、子供や年長の子に流行るのは当然といってよい。

正徳二年（一七一二）頃、元禄十三年の初めての銭の改鋳より十二年目に刊行された寺島良安著『和漢三才図会』に、銭打ちと〝穴一〟の競技状況が明細に記されるようになっているところを見ると、かなり激しく遊ばれたものらしく、大人たちの目に余る状態であった。

按意銭俗云穴撃之類乎。銭撃之和名叶レ之。但銭攤之訓レ叶。今僮児多弄レ之。二人或三人銭出合互更撃レ之、横引二筋於地一撤レ銭、一銭有レ掌此名玉以レ之撃二敵所レ指銭一。中則為レ勝如、誤中二他銭一則此名倍留為レ負。初撒時誤出二筋外一則此名札太留為レ負。

種地掘レ穴可レ容レ銭、而覘レ穴擲レ銭、入レ穴者為二自得一取レ之。穴外銭任二敵請一撃レ之、中則為レ勝、其余如二上法一。

以上の二つの銭の賭事は、一つは古来からの銭打ち（意銭）で、撒銭をしてのちの一定の場所よりの指定の銭を打つ方法で、他の一つは、穴一遊戯である。遊びが激しく流行ると、定められた賭事の形式も次第に変形方法を編み出し、さまざまな投げ銭方法が生まれた。

これよりのちの野口文龍著『長崎歳時記』によると変形された投銭方法が記載されている。正月二日の条に、

此日は市中家並に暁起し、店先きに簾を垂れ家内賑ふ。男女小児の戯は破魔弓、雙六、猫具、毛毬、はご板、紙打なり。下賤の輩は、スホ引、ヨセ、ケシ、カンキリ、カハラ、筋打などして楽しむものあれど、右は博弈に似たるとて親々堅くこれを禁ずるものなり。

このヨセからはじまり筋打ちまでの遊びは、いずれも投銭の方式で、先の『和漢三才図会』にないもので、より複雑化したものや、単純になったものもあるが、これを総じて、〝穴一〟と私は呼ぶことにしている。

『和漢三才図会』より

「総称」穴一の古典ゲーム

●ヨセ

ヨセとは、一本の枝木を土にさし、数歩離れて一線を横に引き踏み切り線とする。そこから枝木に向かって玉を投げるのである。枝木に一番近い玉から勝ち順が決まるゲームである。

●ケシ

ケシは、地面に径五〇センチぐらいの巴巻きの図を描き、ヨセと同じく横線を引き、そこから玉を投げ入れて図の中心に近いものから順を決める。

ヨセ、ケシとも勝ち順を中心に一番近いものから決めるが、このような単純な遊びに子供たちが満足したとは考えられず、玉が玉に当たった場合は、数倍の玉が取れるとか、一、二位が玉を取ることが出来、他の玉は取られるか、そのまま手元に玉が返るとかあったのではないかと思う。

●カンキリ

カンキリとは穴一の別名であるが、ただ異なるのは穴と横の一本の線が接近しているものである。

どうしてカンキリなのか明らかでない。滋賀県高島郡などに「カンナゲ」「カンカベ」「カンコベ」という名の穴一に似たゲームがあるが、いずれも「カン」という名がある。カンは穴のことや円周を環と呼んだのか、また玉が当たるとカンと鳴るからカンと呼ばれたのかわからない。

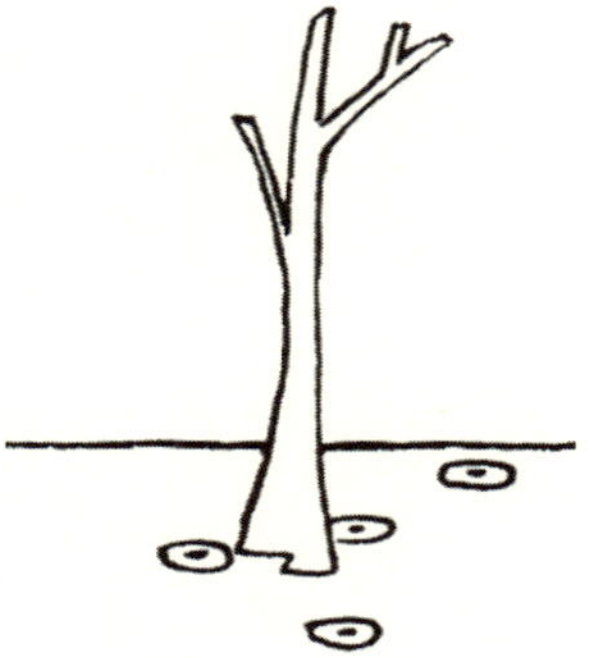

ヨセ

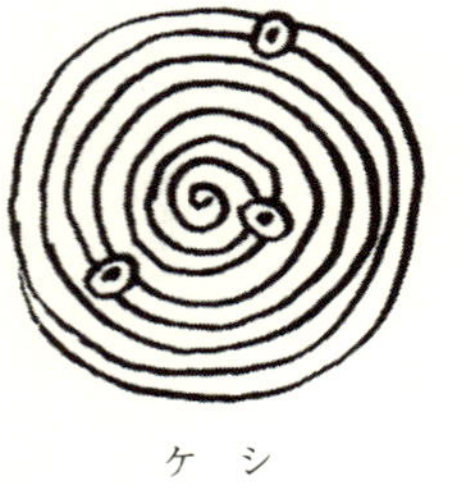

ケシ

このゲームは、穴の前にある横線に投げた玉が乗れば勝ちである。線を越えて行った玉を「見切れる」ということから穴（カン）に見切れることを「カンキリ」と言ったのではないか。順位決定ゲームで、横に線を引くことを「見切り」と子供たちが呼ぶことからも考えられることである。

●穴一

この穴一は総称としてのものではなく、『和漢三才図会』に説明された穴一そのものである。穴一は地面に直径一二センチほどの穴を掘り、二メートルぐらいの適宜な間隔のとこ

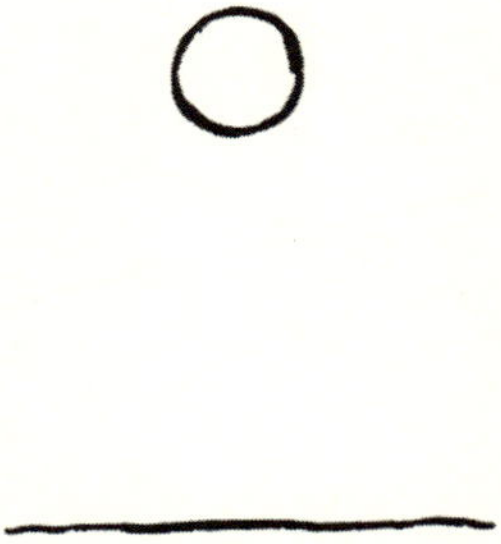

穴　一

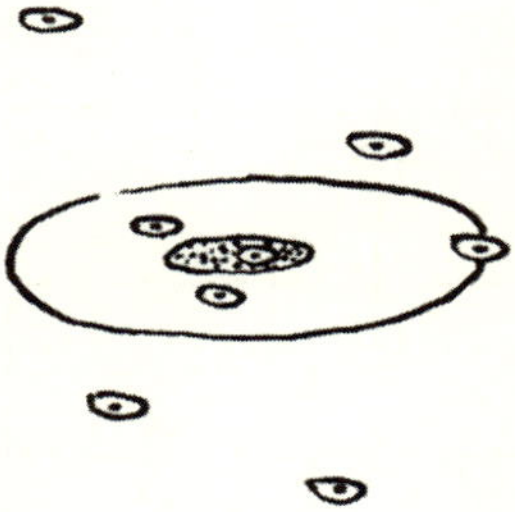

カワラ

ろに横線を引き踏み切り線とする。ここから穴をめがけて玉を投げ入れる。投げる物を（銭、石、メンコ、木の実、貝）玉という。投げた玉が他の玉に当たるのを「ヘル」といい、穴の輪の外に出た玉を江戸では「タレル」「ナガレル」「サセン（左遷）」などという。現代、会社の重要なポストを追われて、さして必要と見られない地方に転任された人を「左遷」されたということは、このことから作られた言葉ではないだろうか。また、穴に落ちない玉を勝者が戴く時、「落し前を戴く」という言葉も、やくざの世界に通用する言葉で、この穴一ゲームから生まれた言葉であるといわれる。

●カワラ

カワラは「カラバ」ともいうが、「穴ポン」が通り名であるらしい。「穴ポン」のポンは、穴を掘ることを「凡」といい、銭の入るぐらいの穴を掘り、その周りの輪の線を描いて勝負するものである。

玉を投げて穴か、輪の中に入ればよいが、線外に出てしまうと「ナガレル」玉で、穴に入った者に取られる。穴に入らずとも輪に入った者は、再び別な持玉をもって輪の中の銭をめがけて打つことが出来るが、この場合親株からどの玉を撃つことと指定される。その代わり脇からでも投げ易くして投げることも可能である。もし当たらぬ玉はすべて穴に入った者に没収される。親株が銭を打つ場合は、数枚の銭をとり打つことが出来る。この打つ銭を「バッソウ」といい、銭を二、三枚重ねて飴をのりのようにして張り合せ、をとりをつけて投げる。このをとりとは何か明細に知ることが出来ない。このゲームは単数から複数へと変化したゲームである。

●トボ

地面に「ちい」と呼ぶ図を描く。それは十の字で（古代建築の屋根にある千木の千をちいと呼んだのか）その交差する点に、枝木か何か標となる木を立て、七、八メートルの離れたところから、この標柱をめがけて銭を投げつけ、「ヨセ」「ケシ」などと同じく標木に一番近いものが勝ちとなる。

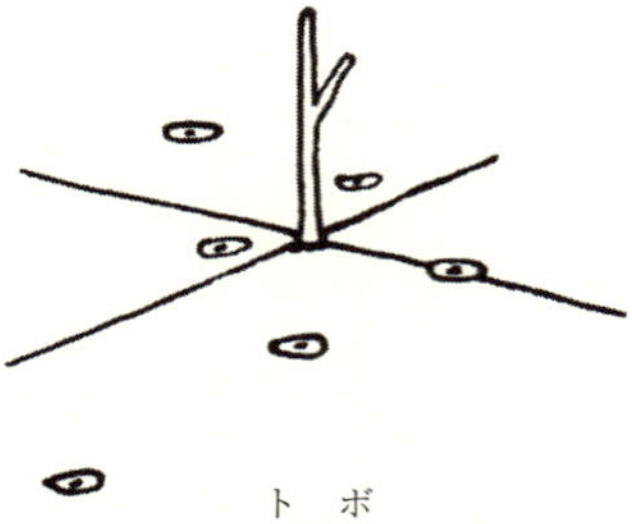

トボ

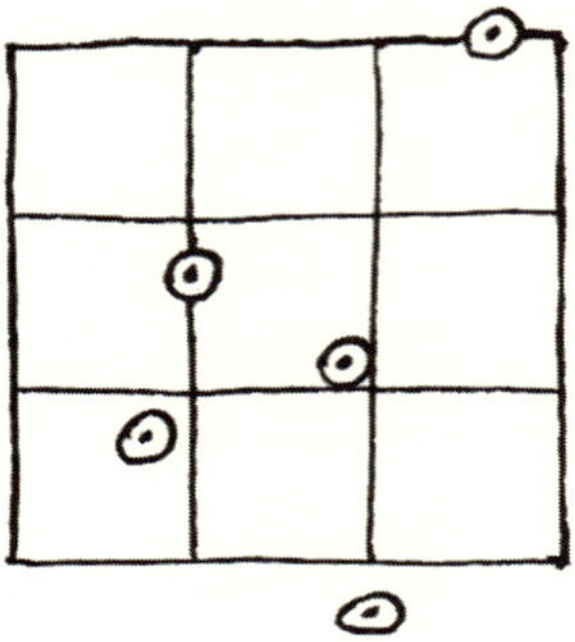

縛

●縛

地面に線を描く。図は正方形のもので、一辺が三〇センチ四方の線枠である。その線枠の中に縦と横に線を引き、四、五メートル離れたところから、銭をこの線枠に向かって投げる。線の上に銭が乗らず、うまく線と線との間に納まれば、玉は生きている。逆に線の上に乗れば死に玉、同じく枠外の玉も。この生きている玉に次の者が投げて、玉の上に玉が乗ったならすべての他の玉を取ることが出来る。大当たりである。このゲームは「きず」「六度」などというゲームを単純にしたものである。

　以上が大体の江戸時代の穴一ゲームである。この他に「筋打ち」（六度、きず、六道）、「字か無か」、「摺鉢転がし」、「字返り」、「てんぎ打ち」（手木）、「むく打ち」、「かぼれ」などというゲームがあるが、これは銭形を必要とするゲームの内容が濃く、のちにメンコ遊びに発展する関係が深いために項をあらためて「メンコ」遊びで述べることにする（「メンコ」の項参照）。

穴一遊びから「メンコ」が生まれる

　銭打ちのゲーム方法が多種類に増えたことは、それだけにこの賭遊銭が盛んであったという証しでもある。この総称される〝穴一〟の遊びは、江戸はもちろんのこと、京、大坂と都市の下層社会の子供たちの間に次第に広まり、男の子の遊びにはなくてはならないものとなった。

川柳集『柳多留』（明和二年〔一七六五〕〜天保十一年〔一八四〇〕）には、こうした子供たちの遊びの様子を記した川柳がいくつか収められている。

　穴一を引立て行にいしぞめ

　遊びたい盛りの丁稚小僧が、使いの帰途、〝穴一〟遊びにちょっかい手出しして、帰るに帰れぬはめになり、にいしぞめ（丹石染、柿色）の着物をきた番頭に見つかり、叱られながら引っ立てられて行くところである。

　穴一の助言しに行いしゃの供

　医者の薬箱をもってお供する小僧が、寸《チョン》の間に抜け出し穴一遊びに飛んで行くところか、また急病で医者を呼びに行き、道案内の途中で、〝穴一〟遊びに飛んで行くところか、〝穴一〟に夢中になって居ても立っても心配でならん様子が手にとるようにわかる。

酢をくれな御用穴一して居るよ

酢を届けるはずの丁稚小僧が、〝穴一〟に夢中になって遊んでしまい、得意先の家では待てどくらせど酢が届かない。仕方がないので子供を使いに出して酢を取りに店に行く、その時子供は、「○○どんは穴一して届るよ!」とつげ口をする。番頭はカンカンに怒って、遊びの現場に行って引っ立てて行ったであろう。

御用らがこぞると爪の骨を書き

酒屋の小僧や、染物屋の小僧などが、使いの行き帰り顔を見合せることから知りあいになり、こっそり番太郎小屋で駄菓子を買っておごり合い、つかの間の楽しみを重ねるうちに、〝穴一〟遊びをするようになる。この爪の骨を書きとは、〝穴一〟ゲームの「筋打ち」で、またの名を「きず」ともいうもので、丁度爪の骨のように図を書いてから銭を投げるのである(「めんこ」の項参照)。

以上『柳多留』に収められた〝穴一〟遊びのうちの代表的な句を取り上げたが、いずれもこの遊びが男の子の心を捕えて夢中にしてしまう様子をうたったものである。遊ぶ子供の年齢は概して幼い者はおらず、やはり勝負の技を得意とする十歳前後の子に多い。また、銭を使用する年恰好からもこのくらいにならないと、自由に所持することもなかったものであろう。

〝穴一〟の遊びは川柳句にもあるように、子供たちの遊びの世界では、この時代(明和)になると定着し習俗化しつつあった。子供の唄に、

〽三ツとや皆さん子供衆は楽遊びく
穴一、こまどり、羽子をつく

とこの頃の遊び名をおり込んだ手鞠唄があり、無邪気に女の子などがうたい遊んでいた。

こうした遊びに対し、世の親たちは苦々しく「穴一など組合はざる悪遊び」(『賢女心粧』)とか、「親々堅くこれを禁ずるものなり」(『長崎歳時記』)と言われながらも、この遊びに代わる健全なものを子供に与えることができなかった。子供の教育についても(寺小屋風の私塾があっても)、義務的なものはなく余裕のないものは教育をうける状態ではなかった。

良識ある大人のひんしゅくはあっても、大人の手のさしのべられる子供の世界ではなく、子供の遊びの世界は自由闊達で、地域の大人たちのてなぐさみの影響はたちどころに子供の遊びの世界にひびき、善悪わきまえずして受売りの遊びが

流行った。たとえば、色街で、「唐拳」が流行ると番太郎小屋（のちの駄菓子屋）の店先で「ごっこ」をやり、寒中に負けた者が裸にされてぶるぶるふるえていた姿は巷に見られた。現代の子供がテレビの影響で「モーレツごっこ」をやり、女の子のスカートをまくるようなものである。

銭を賭けるゲーム遊びも、〝穴一〟にかぎらず数々の大人の賭博行為を真似ることは日常茶飯で、常に生活のまわりに賭博を垣間見ることの影響は大きかった。そしてこの賭博行為がもっとも盛んに遊びに影響を与えると、目に余る悪戯と、幕府は文化三年の御法度令のように（図参照）市中に禁令を張りめぐらした。この記載せる賭博遊戯は大体において子供遊びのものが多く、当時いかに遊びが盛んであったか、その様相を物語るものである。

銭を投げる賭け事の遊びは、禁令や、親の干渉がきびしく規制すると、子供というものは、口答えに銭でなければいいんじゃないかと、木の実を集めたり、他の品物を銭の代用として遊びはじめる。いつの時代の子供でも親に反抗するのは同じである。

こんな状態のなかに、銭に代わる物として登場して来たのが「泥面子」であった。

泥面子は、最初「面模《メンガタ》」（享保時代）という大坂あたりで流行った素焼の凹面に粘土を押しこめて作る泥面と、土ひねり人形師が作る小さい面（芥面）などが始まりであるが、どちらも銭に匹敵する価値のある子供たちの玩具であった。銭の代用としてこの泥面子は、投げ具合や大きさも良く、子供たちの競技心を煽るものであった。こうした状況を見てとったであろう小商人が、銭の大きさと形を真似て出来たのが、紋尽し、紋付といわれる泥面子である（「めんこ」の項参照）。文政二十二年刊の『嬉遊笑覧』に、

近頃は瓦にて作れる小き面がた、又は紋尽しなどを用ゆ、めんてう、紋付など云へり……云々

とあり、銭形の泥面子に歌舞伎役者の紋を形押しして売り出された。

銭の賭け遊びである穴一は、銭でない土製の芥面となっても、銭の円形《カタチ》には変りなかった。時代は下って嘉永年間に刊行された、『守貞漫稿』によると、

今世は銭を用びず子《ムクロジ》、或ばぜゞがいを以ってす

と記されており、銭を用いず、とこの時代となっても特記せねばならぬことは、反面銭の賭けに裏では使用されていた

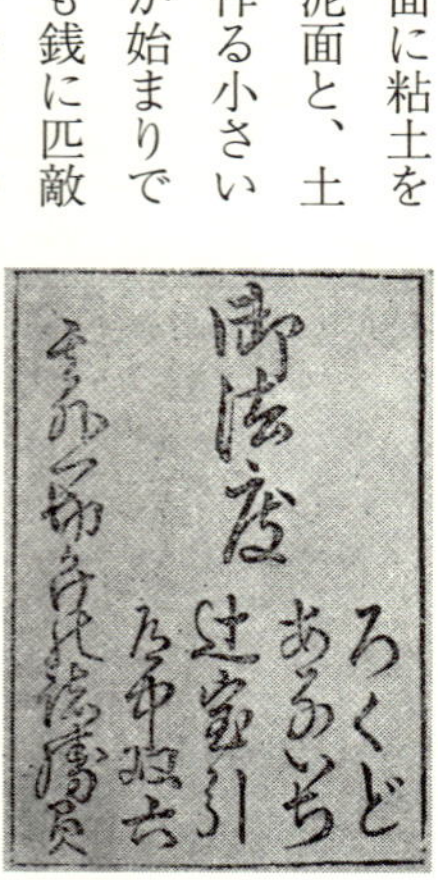

文化3年の御法度令

のではないだろうか。ここに出ているぜぜがいとはきしゃご貝のことで、銭を幼児語でゼゼと呼ぶことからきたもので、螺子《きしゃご》を銭貝《ぜぜがい》とするところに、穴一の遊具が銭であることの遺風があるものと思う。また、『守貞漫稿』には、〝穴一〟ゲームの変貌を二つ記しているが、この方式は現代のビー玉遊びにも引きつがれているゲームである。

壁或は塀の下に亘り二三寸の半円形を地に穿ち三四尺前に一糸を引きここに立て薬子及びぜゞ貝を投げ入れ穴中に納むを勝とし若一二粒にても穴外に出るものは別の薬子銭貝を以て打当えて勝とし打過るを負とする……云々

とある。これまでのゲームの種類の中には、前方に壁や塀などを使用したものはなかったが、この時代になって壁や塀を必要とするゲームが生まれた。それは広場や道路での見通しのよいところでは、大人や役人にとがめられるために遊ばれなくなったのではないだろうか。このゲームの説明の続きに、

戯びなれども右の　子ぜぜがいとも賭物とする故に官禁あり

というくらいであるから、公に遊ばれず、狭い路地裏などが主に遊び場所となり、生まれ育ったゲームであろうと推察される。このゲームの名が「かぼいれ」と言われ、後に「カベコロ」「銀行」となるゲームの基礎になったものである。

もう一つのゲームは、

今世の児童のあないちと云は地上に横に糸を引く二糸の間三四尺也下糸の下に立て上糸の上につぶ及びぜゞ貝を投散し同物一粒を以て当るを勝ちとす……

とあるが、このゲームは「きず」「六度」などのゲームを簡略化したというより、『和漢三才図会』にも記載せる「意銭」方法で、投げ当てることのみを主体とする競技であった。さて、こうした都市に発展した〝穴一〟は、当然長い歴史の過程には、地方にその影響を与えぬことはなく、木の実投げとともにどのような形で〝穴一〟が存続したであろうか。

各地に残る銭と木の実の穴一

●ツブウチ（和歌山、田辺市附近）・ツブウチ（広島、海岸の村々）・ムクロ打ち（長崎、鷹島）

「ツブ」「ムクロ」は、木槵子《むくろじ》の実のことであって、羽子板の羽子の黒い玉は木槵子の実で、皮をむかれたものである。『守貞漫稿』に、

京坂にて皮のあるものを〝むくろじ〟と云、皮を去黒粒のみを〝つぶ〟と云、江戸にては皮の有無とも〝むくのみ〟と云……

とあり、同じ物である。この遊びは単純なもので、地上にあ

る相手方の「ツブ」を離れた地点から投げ打ち、当ててとったり、ころがして当てて取るゲームである。

●マチアネワ（佐渡、松ヶ崎）

この遊びは、前のツブウチと同じく、単に打ち当てるゲームであるが、異なることは、正月の休み日に銭をもって打ち遊ぶという賭事である。平らな石で狙い打ちするもので、当たればその銭を取得することが出来る。この石を「デク」という。

●コバウチ（静岡、西部）

地面に十字の図を描き、これに向かって銭を投げつけ、他の人の銭に重なるをもって勝ちとなる。十字を描くことは「トボ」のゲームに似ているが、打ちつけた銭が地面におく銭に重なるをもってすれば、「きず」や「六度」に似たもので、この場合、十字線にかぶさった銭は無効になる。この「コバ」とは物の縁のことで、銭の端をさしたものであろう。

●アナイチ（九州、土佐、越後）

各地にこのアナイチと呼ばれるゲームが伝承されているが、その内容はさまざまである。九州方面では、前述の「穴一」と同じであるが、土佐のアナイチは紙に穴をあけ、地面にひろげておき、投げた玉が全部入った者が勝ちである。越後の刈羽郡などのアナイチは、女児の遊びで、穴に入ったものだけ投げ終わってから取戻すことができ、続けて玉を投げ、次第に玉が少なくなるに従い、近くによって投げることがゆるされているそうである。

●カネコウチ（八戸市）・バイコ（石見の鹿足郡）

前述のアナイチとこの二つのゲームは、皆、金銭を賭けて遊ぶことの多い穴一である。「カネコウチ」は、東北では「ゼニコウチ」ともいうそうである。銭《カネ》を投げ打つことから「ゼニ打ち」ともいう。これは、おそらく銭を一定額に決め、それぞれの参加者から株として徴収して、穴の中に置き、攻撃順位をジャンケンで決めてから投げ打つことであろう。

穴にうまく銭が入れば元金に近い銭を取戻すことができるが、入らない場合は、投げた銭も元銭も戴けない。次から次へと失敗を重ねた者の銭が、穴の中には次第に溜ることになる。このゲームで割得なのは、最後の番になった者で、ジャンケンの勝残りである。勝ち負けの決定したものは、この最後の者の一挙手一投足を見つめて、心の中ではどうか穴に入らぬことを願って銭を投げた穴のほうを一瞬見る。うまく入ると一斉にどよめきが起こる。

この最後の者を「ガリ」または「グッバ」と呼んだそうで、多分屑から出た言葉の後始末の意であろうといわれる。〝バ〟というのは「揚銭」（テラ銭）のことらしく、場に喰われるからバクチだという俗説もある。「バイコ」は、おそらく倍になるという意で名づけられたものだろうか、石見では、穴一が「バイコ」と呼ばれており、賭事の意が深い。もちろん金銭を賭けて争うもので、勝てば元金が倍にもなる望みをもって始まる。これはどのゲームでも穴一の場合と同じであるが、「バイコ」は「カネコウチ」の〝ガリ〟、〝グッバ〟という特典がない代わり、投げて入れれば、入れた銭の倍額が戴ける仕組になっているようである。

ゲームの方法は「カネコウチ」と同じく、各自一定の金額を株として出資する。出資金は穴の中に撒き散らし、先攻順をジャンケンで決めてからゲームにとりかかる。一枚投げ入れて入れば、二枚の銭を戴く、二枚投げ入れた者は四枚となり、逆に外れれば、その投げた数の銭は穴の中に納められる。なかには七、八枚の穴あき銭を束ねたり、飴で張りつけて投げ入れるが、うまくゆくことばかりではなく大損をすることもある。

ゲームの巧者は、穴の中に銭がかさなっておかれるために、まともに穴に投げるとはね返るおそれがあり、出来るだけ穴の端を狙って投げ、バウンドを避けることが巧みであった。ゲームは、穴の銭が空になって終わる。

この「バイコ」に投げる銭を、石見では「テツ」と呼び、古くは江戸などで「バッソウ」とも呼ばれたものと類似している。このテツは、手なれた、手加減、の意味をもち、手木、テンギ、テキ、テツと言葉の変遷を経たものである。よく「そのテツは喰わない」とか、「そのテツは踏まんぞ！」という言葉にも用いられ、車の轍ではないらしい。

●デチカ（長崎、鷹島）
この地方では、ムクロジ打ちなどを穴一と呼ぶが、いざ銭を賭けるとなると「デチカ」という呼び名に変化する。ゲーム方法はムクロ打ちと同じである。

●カベコロ（香川、新潟、大分、神戸、滋賀）
カベコロは、壁や塀に玉を打ち当てて、はね返った玉が転がって行くのを、狙い撃ちしたり、転がって穴に入れるのを目的としたり、転がりながら他の玉に打ち当てるようにすることなど、さまざまな目的がある。

この壁や塀を必要とするゲームは、『守貞漫稿』所載の「かぼいれ」ゲームの発展かと思う。現代でもこの種のゲームには「銀行」などと命名されたビー玉遊びがある。

香川県の穴一というゲームは、木銭という丸メンコのような木の円板が用いられ、これを壁に向かって投げ打ち、はね返って転がる状態に銭を打ち当てるゲームである。

新潟県でも銭の代わりに銀杏などを投げるところもあり、神戸の穴一も投げてはね返る玉石や瓦などを使用したともいう。

大分県の臼杵町の正月近びに、ムクトリというゲームがある。これは木槵子の玉で遊ぶ穴一であるが、「カベコロ」のゲームに入るものである。それは順番に壁に打ち当て、はね返ってくる玉に、自分の玉を投げ打ち当てて取る方法で、投げる玉を「親玉」といって、ビー玉などを用いたという話であるが、後にこのゲームは女の子の遊びとなったそうである。

滋賀県高島郡にある「カンコベ」、「カンナゲ」「カンカベ」と呼ばれる穴一ゲームがあるが、これは、やはり壁に打ち当てはね返る玉を自分玉で打ち当てて取る方法で、以前は銭をもって遊んだということであるが、のちに木槵子の実が使用されたようだ。また、打ち当ててはね返る途中、転がる玉を手で受けとめて、玉を取るルールもあると聞いたが、面白くない遊びと思う。

●トウモイチ（三浦三崎）・テンギ打ち（土佐）

「トウモイチ」は、三浦三崎で栄螺を「ツボカイ」といい、その貝の蓋を「トウモイチ」といって、穴一の銭の代用として使用された。「テンギ打ち」は、銭より数倍大きい丸い鉄板で、径三寸厚さ五分ぐらいの物を銭の上に投げかけるゲームで、「穴ポン」のバッソウのような役割のあるものではないだろうか、詳細なことはわからない。

明治から現代へ

幕末から明治へと、〝穴一〟の遊びは江戸、京坂を中心に、土製の銭形（泥面子、紋打面）、ゼゼ貝（きしゃご貝）などが銭の代用として愛用されたが、内実は銭打ちを主体とする発展の仕方をしてきた。

銭の賭事としての意識は薄らぐことがなく、陰では銭に換品されることもままあった。この傾向は明治に入ってもなお引きつがれ遊ばれてきたが、この心理をついて、小物玩具業者は、銭に贋せた鉛製の一文銭「穴一銭」を売り出した。泥で作った銭形の面子よりも、本物の銭に近い「穴一銭」は子供たちに評判が良く、何よりもずっしりとした冷たい金属の感触は充分に銭の気分を味わわせた。

この「穴一銭」は別名「福つくし」といって、図柄に七福神が鋳込められ、大きさは、径六センチ、重さ一五〇グラムの円形で実物の二倍のもので主に遊ばれるゲームは「筋打ち」「六度」その他二、三の方法で、投げ打つ銭と銭を打ち重ねる勝負が多かった。

しかしこの「穴一銭」の流行は短く、巷の子供たちの間に行きわたる頃には、今まで練物（泥製）であったガラガラ煎餅の種玩具も同じ鉛製に変化したために大いに子供たちの人気を呼んでいた。今までの練物にない細かな図柄や、ミニ化したさまざまな形の玩具が、単にゲーム玉の「穴一銭」より興味をひいたことは、その普及を押えたことになった。ただ難点は種玩具を求めるために、包装の煎餅まで買わなければならず、また、当て物的な状態であったために、やがてその要求に答える種玩具だけのものが出回り、形も平板な「穴一銭」より半分のものが売り出された。これが「鉛メンコ」の出現である。今まで銭形を源とした面子は、形にとらわれることなく、武者姿、歌舞伎役者、軍人、力士と細やかに線彫りされたものとなった。遊び方も、投げ打つ〝穴一〟本来の方法も、鉛となるとその材質に合せたゲームが生まれ、一まとめに数十枚を掌にのせて投げるものとなった。これを「トーケン」という。さらに、変化した遊びとなり、足元の地面の上に鉛メンコをおき、上から手持ちの面子を叩きつけ、地面の面子を裏返す遊びが生まれた（面返し）。この遊びの出現により、在来からの〝穴一〟遊びから離脱して面子特有の遊びの源となって発展することになる（「めんこ」の項参照）。

このように京坂、江戸と都市社会に発展した〝穴一〟遊びは、銭に代わる泥面子と商品化された遊具を使用し、のちに板メンコ、紙メンコが現われて、わんぱく子供遊びの首位をしめる面子遊びとなった。

しかし、木の実を手あそぶ〝穴一〟遊びは決して失われたわけではなかった。近代の都市と異なってこの時代の都市では、団栗《ドングリ》や木槵子、その他の木の実も容易に手にすることが可能で、穴一遊びは木の実の落ちる季節になると時折遊ばれていた。明治二十年代には〝穴一〟遊びと面子遊びとがはっきりと区別されたことからも知られる。

一方、地方都市はどうであったであろうか。経済の流通が明治時代となっても、現代のような交流に至るものでなく、ましてこれらの遊具が行きわたるものではなかった（東京を例にとると、千葉、茨城、埼玉、神奈川のごく一部に、現在、泥面子が発見されるが）。大部分の地方都市や農村には、鉛メンコが姿を現わすことは皆無に等しいものであった。多くの子供たちが、銭をもって玩具を自ら求める状態の時代でなく、逆に商品化された玩具を「ワルサモノ」とか「ワレコトモン」などという呼名があるくらいであった（東北）。自然の景物である木の実を使用し、「つぶ打ち」「むく打ち」などと呼ぶ〝穴一〟遊びは、呼名こそそれぞれの土地により違うが、伝承された遊戯として子供たちに愛用されていた。だが時代の移りは次第に速度を早め、明治も三十年代に入る頃になると、板メンコなどから急速に、地方に伝播され、マスプロ化した紙メンコの印刷技術は大量の製品を生み、紙メンコ遊びは次第に全国に行きわたった。

木の実から、泥玉、鉛包泥玉、ラムネ玉、ビー玉

木の実の〝穴一〟遊びは、主に「胡桃」「銀杏」「木槵子」がもっぱらであるが、なかでも「木槵子」は多く使用された。銭を使用することと違って木の実には、それほどの価値感はないが、まず食用になることが第一の価値で、第二には採集と加工の手間であった。

「木槵子」の価値は、食用にこそならないが、皮をむく加工と実の形が球形であるので、ゲームの技が発揮される所以であった。そのために「木槵子」の〝穴一〟遊びは、次第に白熱化し、子供たちは日の暮れるのも忘れるほど熱中した。

木槵子の実の加工を単に皮をむくだけでなく、いかにしたらうまく当てることが出来るか、子供たちが工夫を重ねて加工に熱中するようになるのは他の遊具と同じく必然のなりゆきであった。その一つにこんなのがあった。

まず数多くの実の中から粒が大きく円球のものを選び、皮をむき黒い粒を出す。その実の一端に穴を開けて中のものを小さな釘の頭状のもので掘り出す。これは時間のかかる仕事である。充分に掘り出すと、その穴の中に鉛をつめて押し込めながら穴の中に鉛をかたくつめる。さらに熱した火箸棒でその穴の個所を押しあてると、はみ出した鉛は溶けて、中の鉛が外に出なくなる。実の重さは投げるに手頃なものになる。これを磨いて「テツ」としたそうである。これは博徒がイカサマ賽コロを加工するようなもので、ここぞという勝負に使用して常にはしまっておいた。その他の加工に輪切りにして両端の中心を削り、小石をつめて飯粒で張り合せたものや、実の外側を粘土で包み墨汁で塗ったりしたものがあったそうであるが、いずれも子供たちの工夫であった。

このような木槵子の実の加工をする子供たちの心情を見たのであろうか、小商人玩具業者が、粘土を丸めて焼き、彩色を施し売り出した。

また、この泥玉にはこんな話もある。明治の初期には諸藩の城郭が倒壊され、武器庫なども もちろんこのような運命にさらされ解体した。この建物の隅に、瀬戸焼の玉や粘土の焼

玉が永年放置されたままあったものが、城の解体と同時に小商人の手に渡り、駄菓子屋の店先に子供の弄び物として並べられたのではないかということである。

粘土の焼玉や瀬戸焼の玉は、天正時代の鉄砲の弾丸で、演習用のものだった。場合によっては、これを実戦に使用したらしく、長篠城の城門の扉に瀬戸焼玉が突きささったという話も伝えられている。果たしてこの時代の玉が数百年後まで保存されたか、疑問であるが、ありそうな話として受けとれる。

この演習用の玉は、実弾の鉄玉や鉛玉より小ぶりに出来ており、木槵子の実の代わりに使用されてもわからぬくらい、適当な大きさである。この粘土焼玉は、ある一時期だが大阪、東京方面でも売られたと聞く。こうして加工された玉が店先などで売られるようになると、〝穴一〟遊びが急速に復活して子供たちの間に広まり、それまでの面子遊びの手を止めて、粘土焼玉をころがす遊びに走ってしまった。この後ビー玉が生まれたのも、この遊びが冷えきらぬうち間髪を入れず作られたもので、第二の加工玉として子供たちの手に送りこまれた。

粘土焼玉の示唆から、ビー玉が生まれ、戦前まで全国のビー玉の製造地として大阪は栄えた。

ビー玉の生まれるまで

ガラス玉の歴史は古く、遠く古墳時代の埋葬品の中に見出すことができる。『延喜式』の中にも出雲の玉作りが「富岐《フキ》玉」というガラス玉を貢進したことが記されており、近年、この製造跡が発見されて実証された。

ガラス玉は玻璃、瑠璃としてこの時代には高貴な方の服飾品や信仰の用具として使用され、その後、仏像彫刻と関連してわずかながら承けつがれて来た。

十六世紀の頃、南蛮船の渡来と共に、ガラス製品やその製法が新たに伝えられて、長崎、大坂、江戸にガラス職人が生まれ、製品を作っていたが量が少なく、庶民のものではなかった。ガラス玉は貴重なものとして、大名や富豪の婦女子の髪飾りに多く用いられ、愛用された。

明治に入って、ガラス製品が次第に一般庶民の手に入るようになったが、その先駆的な役割を果したのが、「壜」の製造であった。なかでも文明開化の飲物であったレモネード(ラムネ)は、人気があり、これを詰めるための特殊な構造の壜を必要とした。

このラムネ水を入れる壜は、他の壜と違って、壜の中にガラス玉が入っており、ラムネ水を入れるとガラス玉を押し上げる発泡力を利用して壜を密閉する仕組に作られた。

これを飲むときは、まずガラス玉を上から棒状の物で突き落とすと、急に液体が発泡して壜口からあふれる。このさわやかな飲料をいつでも必要なときに味わうことが出来るために、当時では驚異の飲物であった。また、この方法で飲料水を保存する壜詰は、世界でも類のないものではなかろうか。

子供たちは、ラムネ水のさわやかな味もさることながら、壜を傾けることに鳴る、ガラス玉の動きに好奇の目を輝かしたが、壜の破損以外にガラス玉を手にすることは不可能であった。ラムネ壜は現在でもそうだが、飲んだあとの空壜は返却することが原則で、中身より壜のほうが高価なものであった。

ラムネ壜の後に、東京で酒を壜詰にする製法が出来、続いてミカン水、冷やし飴などという壜詰のものまで出来たが、多量の壜詰やガラス製品（ランプの火屋、その他）が出回るにつれ、割れて屑になるガラスも多かった。紙や鉄屑と同じくガラス屑は回収され、工場で溶かして再製品の壜なども出来たが、汚れたガラス屑の再製品はむずかしく、放置される運命にあった。

この頃、泥焼玉の〝穴一〟遊びが次第に下火になりつつあるので、小物玩具業者は泥焼玉に代わる品物を物色するうち、ラムネ壜の玉が子供に人気があるところからなんとか量産に踏み切ろうとしたが、コスト高の問題で手をこまねいていた。さいわい、この屑ガラスの出現でガラス玉の生産が可能になったことから、業界は早速作業にとりかかった。

子供たちは、ラムネ壜のガラス玉を手に入れることが出来て、好奇心は満たされ、その人気は上々であった。大きな子供はもちろん、軒下で遊ぶ幼児まで、しっかりとこのガラス玉を握り、敷居の溝などを転がす遊びを巷にみかけるようになった。もちろん大きな子供たちの〝穴一〟遊びは以前にも増して賑わった。

いつしか、子供たちの間に、ラムネ壜のガラス玉だから「ラムネ玉」という愛称が生まれ、遊びが日毎に盛んになるにつれ、泥焼玉や木槵子その他の木の実も追い払われて、ラムネ玉は子供の遊びの世界を占有した。

時代は明治も中頃、これらのラムネ玉が大阪の小物玩具業者によって作られてから、次第に名古屋、東京とラムネ玉は広がり市中に出回るようになって来た。日清戦役の頃には、『浅草っ子』の著者渋沢青花氏も述べられているように、ラムネ玉といって遊んだそうであるが、いつしかビー玉と東京では呼ぶようになった。ビー玉はポルトガル語のビードロが転化し、このガラス玉を呼ぶようになったのである。

ラムネ壜とラムネ玉（ビー玉）は創製以来大阪で独占的に

製造され、全国に送られたが、最近、ラムネ業者に聞くところによると、製品コストの関係で大阪では作らず、もっぱら名古屋でラムネ壜は作られているといわれる。またビー玉も東京の下町などで作られるようになった。

現在、この懐かしいラムネ飲料水は、ビー玉と共に下町の駄菓子屋の店先にあり、子供たちを迎えている。

遊び方――ビー玉の持ち方

玉の持ち方は、それぞれの地方によって異なるが、多くの地方で共通の玉の持ち方は、図に示したような種類そある。もちろん一種類の持ち方ばかりでなく、それぞれのゲームに有効な持ち方から攻撃しやすい方法をとるものである。

木の実などを玉として使用する場合は、②③が使用される例が多いが、ビー玉でも、ゲームの内容により使用される。遠方の玉に接近するため、③を使用し、一、二メートル近くなって②の方法で弾く。①④は接近戦で「丸」「星ビー」の枠線近くなって使用するものである。④は中指を玉の着地点におき、図のように指をのばしてより接近し弾き当てるものである。

①は着地点に足の爪先をつけ、手をのばして打ち込む玉の持ち方である。この持ち方は人差指と親指で玉を強くしめつけるようにしながら引くと、玉が飛び出し、正確に相手の玉を弾くことが出来る。

この方法は、木の実の時代には余り使用されなかったのではないかと思う。それはビー玉のように正確な球形でないと正しく弾かないようである。土地によっては①と④の方法でしか遊ばないところがある。そのために子供たちは、親指の爪を短く切り取り、爪をヤスリで削る子もいた。

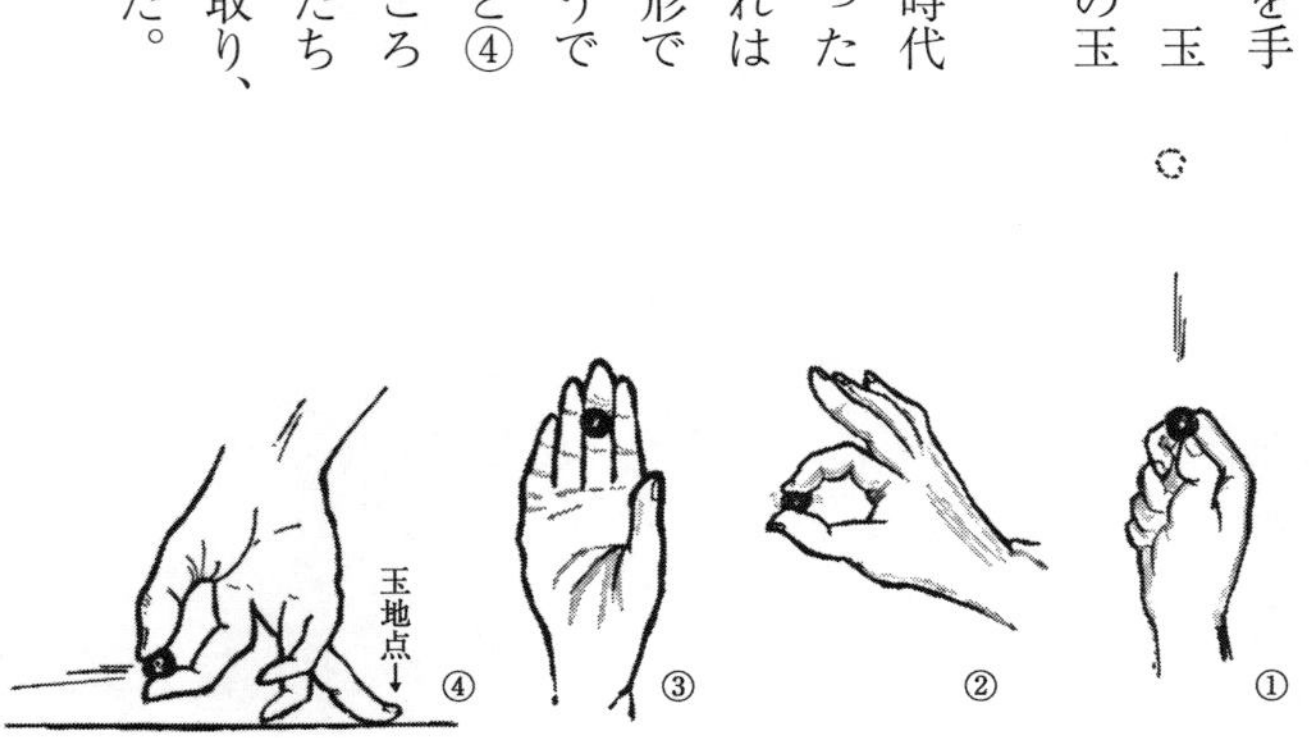

ビー玉のゲーム

●目玉《メダマ》

（一）目玉、または目玉落とし、見落としというゲームで、足の爪先を左右斜めに開いて、その中間に玉を置き、目のところにまで打ち落とす玉をよせて狙いをさだめて玉を落下させる。うまくパチンと当たれば玉を取得出来る。当たらなければ攻撃権を失い、今度は当てられる受身の玉となる。二人で遊ぶゲームで、双方とも当たらなければ交互に何度もくり返す、年少の子供たちに多く遊ばれるものである。

（二）玉を持つ手を前方にのばし、目と持ち玉と地上におく玉が一直線になるようにして、静かに手前に腕を引いて、そのままの形で地上の玉をめがけて投げつける。飛んだ玉は、その落下地点が地上の玉にあり、パチンと当たる。当たれば当てた玉を取る。この投げ方は腕を体で押すように前方にもって行くことが必要で、腕先だけでは命中率は少ない。

（三）これは前方の地上にある玉を狙って、玉を転がして当てる方法で、これも最初、うまく玉を当てられるように祈りをこめて腕をのばし、目と持ち玉と地上の玉を一直線に結び、「ナムケンケンコーリコーリ」などと呪文をとなえながら腕を手前に引き、玉をにらんで「エイッ！」と投げつける。パチンと当たると、効能があったとばかり、効《キ》いた効《キ》いたと囃しながら相手の玉を取る。

（二）（三）とも玉が当たらず通過すると、その玉は転がったままで、今度は当てられなかった玉の持主がその玉の地点に立って攻撃に移る。すると、当てられるほうは、「どうか神様当たらないように……」と相手の攻撃の集中力を排除しようと、笑わせるようなことを言って囃すと、攻撃するほうも「いやだ！」「投げられないじゃないか」とぶつぶつ言う。

●尺とり

（一）（二）（三）のように相手の玉に、玉を当てないで、玉の至近点まで玉を投げよせ、親指と薬指をひろげて、相手玉と自分玉をこの指のひろげた長さで接ければ、相手の玉を取る方法がある。よく玉と玉がひらきすぎ、親指のさきを玉にかすかにつけて、薬指を左手でのばし押しつけて、つくかつかぬかすれすれで、問題がおきて、周りの友だちを指をのばしたまま呼んで判定をたのむこともある。もし接触していないと攻撃権は代わり、相手に簡単に玉を取られてしまう。この尺とりのゲームが流行ると、子供たちは二本の指の爪をのばしはじめる。

尺とり

以上の「目玉」の三種と「尺とり」、玉の持ち方で説明がしてある四図の「玉弾き」などが、次に述べるゲームの攻撃基本であることが多い。

●ポリ

ゲーム名としては新しいが、内容は穴一と同じで、ただ穴

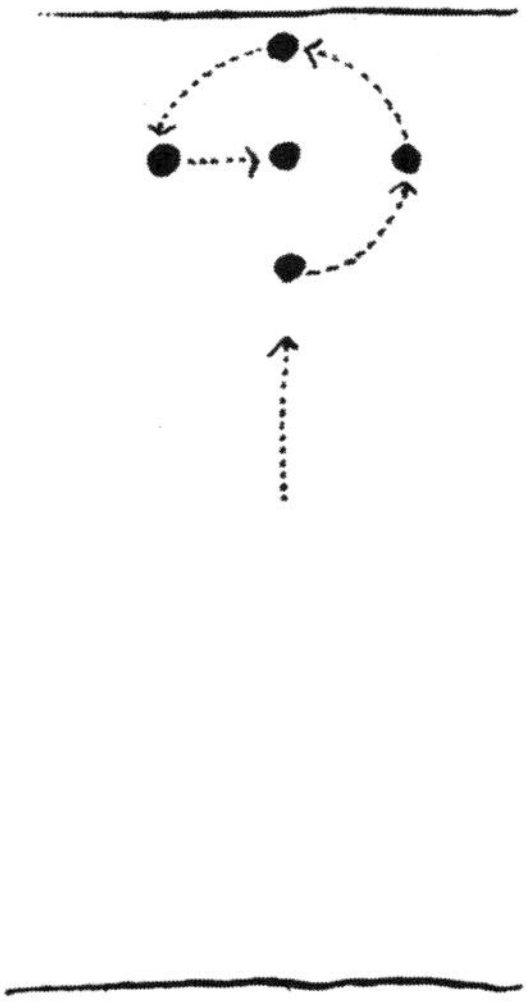

ポリ

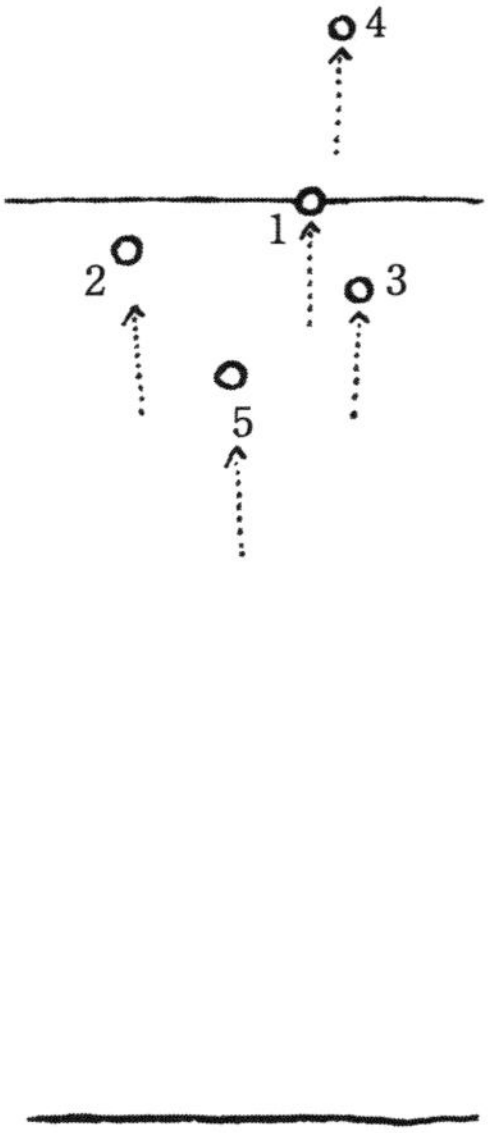

順番ゲーム

が連続することである。この「ポリ」とは、ポリスボックスのことで、戦後米軍基地のMPを連想したのか、巡査のボックスを見立ててのことか、一ツの穴ボックスから、次のボックスへと順次穴回りをする。穴に入らなければ、幾度となくくり返し続ける。勝負というより、早く最終ボックスまで回るゲームである。図は小さく書かれているが、穴と穴の間は二・五メートルはあり、穴の大きさ径一二センチぐらいである。

もう一つのゲームは、穴の大きさ、回る順序も同じであるが、最初玉一個ずつ出し合い、最終穴に投資する。ジャンケン、または順番ゲームをして順位を決定する。一つの穴の攻撃権利は三度で、三度投げて入らない場合は、各々投資した玉の株権利を失い、攻撃することが出来ない。調子よく各穴を回って最終穴に入れば、穴の中の株玉三個戴ける。二位は二個で二位が入ればゲームは終わる。このゲームは五ツの穴は五人と、人数によって穴が増えることもある。

●順番ゲーム

これは筋打ちの一種である。三、四メートル先に横線一本を引き、各自一個ずつ玉をもってこの線に向かって投げる。一番横線に近いものから順位を決める。線の上に乗ったものや、少しでも線にかかれば一位となる。線の外に突き出たものは「ペケ」といって、最終順になる。この順位決定戦は、次に「星ビー」をやろうと衆議一決すれば、まずこのゲームをしてのち、ゲームに入る。ジャンケンのようなものである。

●マル

足もとの線から前方丸図まで三メートルある。最初各自二個ずつ玉を丸図の中に出資する。順番に丸に向かって攻撃を

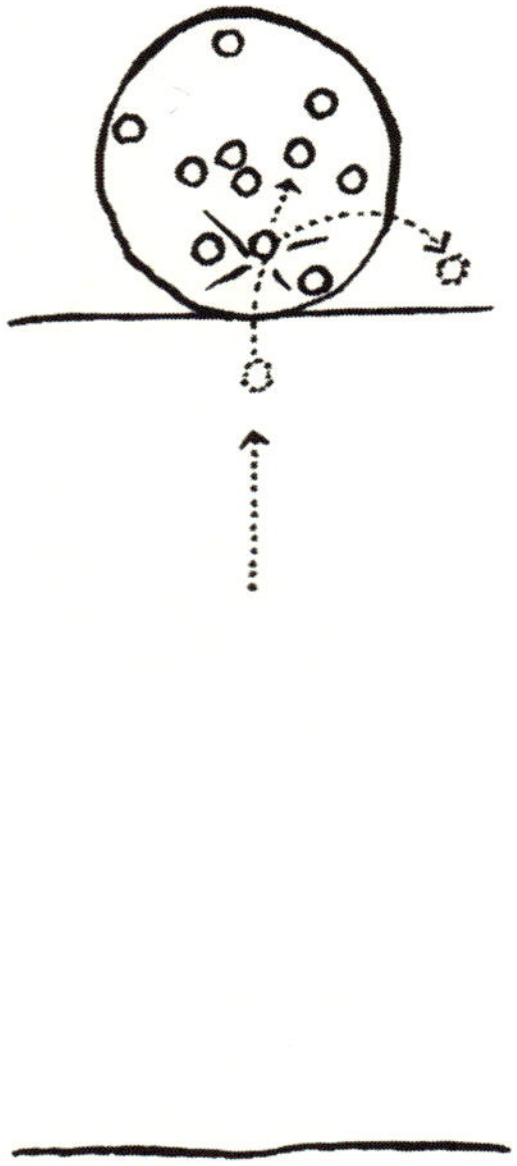

マル

開始する。

玉を投げつけるように強く転がし、図の中の玉に打ち当てる。当たると図の中の玉は外に飛び出し、攻撃した自分玉も線外に出れば弾き出した玉は取ることが出来る。打ち当てた時連鎖的に玉が線外に二個も、三個も飛び出し、なおも自分玉が外に出れば万歳であるが、もし自分玉が図の中で止まり、当てた玉が線外に出ると、線外に出た玉はそのまま、攻撃した玉もそのままで攻撃権がなくなる。うまい者になると、続けて三度も四度も攻撃してゆく。

先攻の者が攻撃権を失って、線外に出た玉がそのまま近距離に弾き返ると、次の攻撃者はまずこの玉を狙う。これを「エサ」といって有利な条件が揃うわけである。それはこの線外玉を当て、弾かれた自分玉の地点から、図の中の玉を狙って行く方法で、最も至近なところであるため、有利な攻撃がくり返し行なわれて、玉を多量に取ることが可能であるからだ。

この図で、このようなゲーム方法でなく、単純なものもある。図に向かって投げ当てるだけで、当てた玉を線外に出せば、玉を取ることの出来るもので、自分玉（攻撃者）の行方には全く関係がない。攻撃権を失うのは、当たっても当たらなくても線外に玉が出なければ、次の攻撃順となる。この場合手持の玉を親玉といって、特大の玉を一個共通攻撃玉とする約束がある。年少の子供向きである。

●銀行（カベコロ）

木槵子の実でゲームをする場合は、実を打ち当ではね返る実を狙って自分の実を打ち当てることであるが、ビー玉の場合はそのような方法をとったものはない。この一名「銀行」というゲームは、打ち当ててはね返る玉が穴に入るように狙うのである。穴は銀行の金庫で預金を意味するものらしい。

まず最初は、一人で五個続けて打ち込む。打ち終わった結果が、たとえば穴に入った玉が一個、線外に出たのが二個、線内が二個となれば、線外の玉は預金玉となって、ゲーム参加人員の共有のものとなる。線内の玉はそのままで、据え置かれ同じく共有のものとなる。穴に入った一個のみ再び自分の玉として取ることになる。すなわち「払い戻し」である。

次に二度目の打ち込みの者となる。打ちつけ方は同じだが、二度目から特典がある。打ち当てはね返り、転がる途中で線内の玉に当たるとその玉をその場で取ることができる。これを「即時払い」という。

このゲームの順番は、ジャンケンで負けたものが先攻者となり勝率が悪い。各自行ちこみが終わると再び順番はもどって、攻撃が新たに始まるが、線内、穴の玉はそのままである。

この玉を打ち当てる方法は、いろいろに子供たちは工夫するもので、石塀や壁と地面すれすれのところを狙って玉を打ち当てると、投げ込む角度ではね返る玉の行き先が決まる。もう一つは玉を上のほうから斜めに石の隅に激しく叩きつけて、そのはね返る速度で線内の外れ玉を続けて二ツ三ツ当てる方法もあった。この方法はいずれも熟練した技をもたずして行なうことはできない。はじめから「即時払い」を狙って穴に入れることは考えないやり方である。そのかわり玉に当たらずに外れて行くことも多い。もし外れたら無駄（ペケ）になる。

穴一

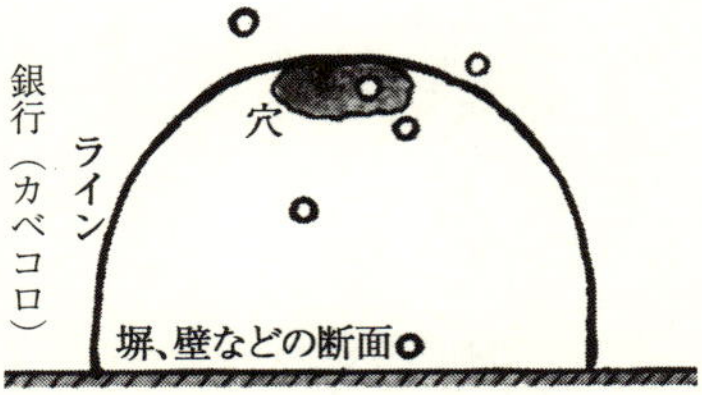

●星ビー
このゲームは、丸ビーと大体同じで、近年とくに流行したものだが、この原形は、明治三十年代に名古屋で、銀杏打ち遊びに使用されたものに近い。特徴は丸とか角とかというものでなしに凸凹があり、鼎足《アイソク》のようなもので（簡単には海に棲む海星《ヒトデ》のような形である）、それだけに今までのゲームとは異なり、攻撃法もむずかしく技が冴えないと勝率が低いものである。

ゲーム方法は、まず各自出資株の玉を決められた数だけ星マークの中に散らす。最初順番ゲームで順位をスタートラインで決める。

順位決定すれば、その地点のラインに立ち、玉を星マークに向かって投げる。この場合、今までのゲームは図に直接攻撃するが、この星ビーは直接法がとられず、二回目で攻撃に

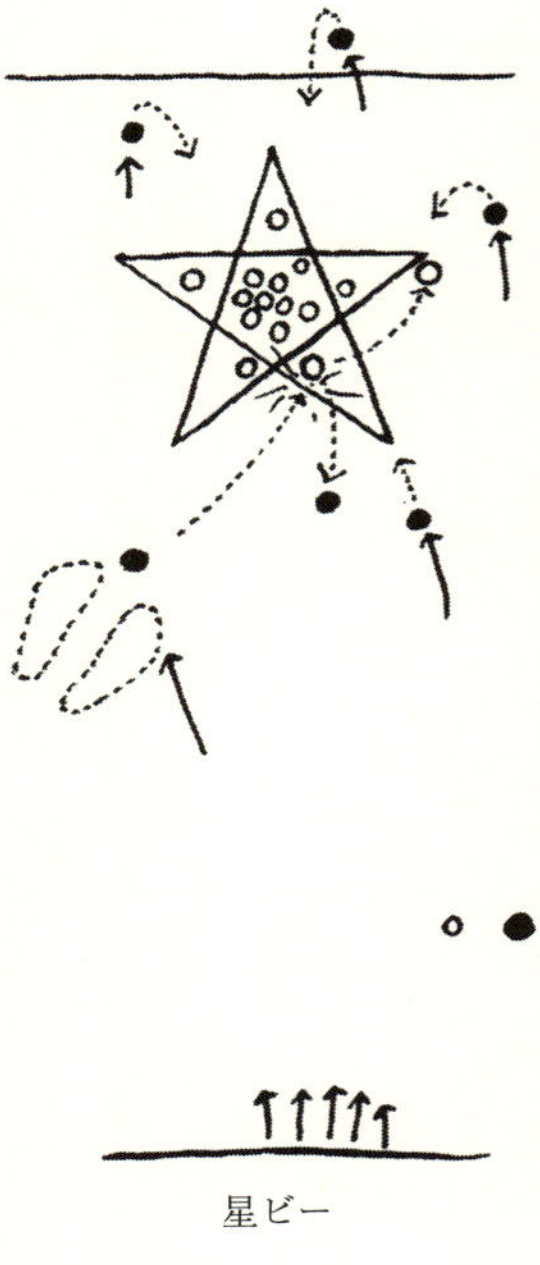
星ビー

かかるもの、人によっては三回も四回も遠回りするものもある。

順番の一のものがマーク近くまで投げると、次の者は一番目の投げた玉から離れたところに投げる。その次の者も同様に他のものの玉から離れて玉を投げおく。攻防戦は玉の転がる地点にそれぞれが立ってから始まる。

さて一番のものが、マークの中の玉を狙って投げつけると、パチンと当たって、当てられた玉も、当てた玉も外に出る。当てられた玉を取り、自分玉の転げた地点に行き、引続き攻撃をはじめる。もしその地点の側に誰かの玉があれば、それを、玉の投げ方の四図にある方法で弾く（これをエサという）。続いてまた、星マークの中玉に向かうということになる。

このような方法で、失敗がない限り続けられる。その失敗の一つに、星マークの中を狙って投げ、玉に当てたが自分玉はそのままマークの中に納まってしまうと、「ネムリ」といって攻撃権がなくなる。もちろん、マークの外で玉に当てることが出来なければ、同じく攻撃権がなくなる。取られた者は、取られた地点に立って順番のくるまで待ち、順番になるとその地点から新たに玉を出して攻撃にうつる。このように、次から次へと星マーク中心にゲームが広げられるが、星の図が凸凹であるために、はなはだやりづらいところがあり、自分玉がマークの中に「ネムリ」になることが多い。このゲームが終わるまでの時間は長く、マークの中の玉がなくなってから止めることとなる。

ビー玉遊びの季節は、秋、冬、春に流行するもので、メンコやベエ独楽と同じである。このビー玉が流行り出すと二カ月ぐらい続き、他のメンコやベエ独楽は忘れたように姿を消して、どの子もどの子も、ポケットに五個や一〇個のビー玉をひそませていた。日ざしの弱い路地裏の日向や広場の隅で四、五人の子供たちが、地面に這うように玉をはじき、手足を泥だらけにして遊んでいる姿は、風俗こそ違うが江戸の子供たちと変らぬ遊び風景である。子供の遊びは昔から日向から生まれ育つものであるが、教育の義務づけは遊びの世界に学校というものが介入して、しばしば遊びに対し干渉することが多くなった。子供たちも、遊びと学校の区別を忘れ、ビー玉やメンコをポケットに入れたまま、登校することもしばしばであった。なかには、学校の行きと帰りに「目玉」ゲームをしながら道行く子もいた。学校の休み時、鉄棒にぶら下がって足かけ回転をするとポケットからパラパラ落としたり、廊下でころがす遊びをうっかり始めると、女の子の告げ口となって、受持先生のポケット抜打ち検査の実行を誘発する。

朝礼がすんで教室に入ると、まず先生の第一声、今日はポケットの検査をするから、なんでも机の上に出しなさいと命令が下る。子供たちは急にいわれたので、しばしポカンとしたが、こうなった以上仕方がない。しぶしぶ机の上に並べることとなる。くしゃくしゃの鼻紙やハンカチ、なかには壜に詰めた蟻や、かじりかけた柿まで出て来る。突然、カタンと玉が床に落ち転がると、

「アッ、いけねえ、出ちゃった」

と思わず大きな声でいってから口を手で覆ったら、先生が、

「コラーッ」

と言ってふき出し、子供たちもこの一声に笑い出した。いっせい検査のビー玉は六〇個ぐらいの収穫であった。

こうした学校での抜打ち検査は、ビー玉が流行り出すと時々行なわれた。子供たちは、ひそかに校庭の砂場の端や、鉄棒の柱のもとに穴を掘って隠したりした。

これは私の経験だが、ポケットのビー玉を全部隠したものと思ったら、二個ばかり別のポケットに残っており、あわや発見される寸前に、そっと床の穴に押し込んだことがあった。玉は落下して下の教室の天井に落ち、難をまぬがれたのであった。

昔のビー玉は中に泡があったり、不透明に近く青緑であったものだが、近頃のものは澄んだ色となり、他の物価から見ても安価である。これは製造技術も手工業なものから、機械で作り上げる量産化に移ったために球は正しく出来ており、ガラスも以前よりぐっと良質なものである。

近頃、このガラス玉の製造は機械化され多量の玉を送り出していると、小物卸業に聞いたが、遊びは衰えつつあるのに不思議なこともあるものと問い糺すと、子供遊び用のガラス玉でなく、工業用に作り出し、ベアリングを扱う会社に納めていると言われた。真偽の程はわからないが、次第に子供の手からビー玉が取り上げられて行く時代になった。

軒下遊び

独楽まわし

天下、泰平、イッチニのサン

路地に集まった男の子たち四、五人が輪になって、一斉に声をそろえて独楽を回すと、投げ放たれた独楽はそれぞれが回転している。だが誰も独楽に手を触れずただ眺めていた。そして誰の独楽が一番長く回転しているか、これを最後まで見とどけて順位を決めた。

この独楽遊びは「寿命くらべ」というゲームで、長く回転し続けたものが勝ちである。いわば独楽回し技術のコンクールというところであるが、同じ「寿命くらべ」でも、よたよたとなって今にも倒れそうな独楽を、独楽紐の房で叩き、さらに回転を増し生き返らせるルールもある。いずれにしても独楽の回転が止めばそれなりの順位が決るものである。

こうした独楽遊びや曲独楽遊びなら温和しく静かなもので、難をいえば大人たちから埃がひどいと叱られるくらいであるが、次に説明する「喧嘩独楽」になると、そうはいかない。

この「喧嘩独楽」に使用する独楽は、木の胴に鉄の輪がはめられており、これは「鉄《どう》胴《かね》独楽」というもので、昔の子供は鍛冶屋にたのんで作ったそうである。力をこめて回し、低い鳴り音をたてながら回転するこの重い独楽は、おそろしいくらいの勢いがあった。

鉄胴独楽（江戸時代）

「喧嘩独楽」の遊び方は、先の「寿命くらべ」で独楽の回転寿命が一番短かったものが受身独楽になり、一定の区域内に独楽を据え置かれる。ルールによっては回転させておく。するとそれぞれの子が、独楽に紐を巻きつけて待っていて、順番に据え置かれた独楽めがけて投げ打つ。当てられて転がる独楽に次から次へと順ぐりに数人が打ちつける。受身の独楽が溝などへ落ちても、拾い出しては据え置き叩きつけられる。受身の独楽の持主の子は、じっとこらえて見ている、そして運悪く独楽の木の胴が真二つに割れても、その子は深い溜息をついてあきらめた。ところが投げ打ちすえても、受身の独楽に当らなかった場合、受身の子は思わず声を張りあげて喜び、やっと受身から解放される。投げ打っても当らなかった子の独楽が今度は反対に受け身となるので、その子は沈んだ顔になる。こうして次から次へと投げ打つことが続く。

この「喧嘩独楽」は投げ打つことがくり返されると、ときどき鉄輪と鉄製の独楽の芯棒が当り、チャリンと金属音と火花が散った。男の子たちはこれをみると胸がスーッとしたが、ときには「喧嘩独楽」を見物する幼な子の顔などに独楽が飛びはねて怪我をさせたり、ガラス戸などを割ったり、親たちから大目玉をくらい、この遊びができなくなることが度々あった。この「喧嘩独楽」にはわんぱくな男の子の闘争意欲を満す魅力があり、遊びは止むこともなく、昭和の初期頃まで各地で遊ばれた（関東地方）。

独楽遊びは以上の他に、文字通り独り楽しむ「鳴り独楽」や「曲独楽」の数々、また女の子が座敷などで遊ぶ「座敷独楽」と数多い。

あらためてわが国に伝承された南から北にある独楽をみると、これほどいろいろな形の独楽を楽んできた国は他に類をみることができないであろう。このような多種類の独楽とその遊びが生れたのは、もちろん民族の特性もあるが、その発展の歴史をたどることにより、理解されるのではないだろうか。

わが国の文献に独楽が登場するのは、承平年間（九三一～九三八）に源順《みなもとのしたがう》が編んだ『倭名類聚抄』に、

辨色立成云 和名古来都久利 有孔者也

とあるのが最も古い。この「古未《こま》都久利《つぐり》」はおそらく中国の唐時代に、中国から朝鮮（高麗《こま》）を経てわが国に渡来したものから名付けられたものであろう。「古未《こま》」とは高麗からの渡来の意、「都久利《つぐり》」とは独楽そのものを指すもので、またの名に「都无求里《つむぐり》」とも「ツグリ」ともいう。「円い」という意味の「ツブラ」にも通ずるもので、それが下略されて後々に「独楽」となったものである。現在でも東北地方で「コマズグリ」とか「ズングリコマ」というのも古名からの痕跡ではなかろうか。

古代の独楽は宮廷の儀式に独楽咒師が司り、神仏会、相撲節儀の余興として回されたが、どのような形の独楽であるのか明確ではない。『倭名類聚抄』によると「有孔者也」とあるところから、回転すると独楽の胴にある穴が風を切り、唸り音をだす。後にいう「ゴンゴン独楽」または「トウ

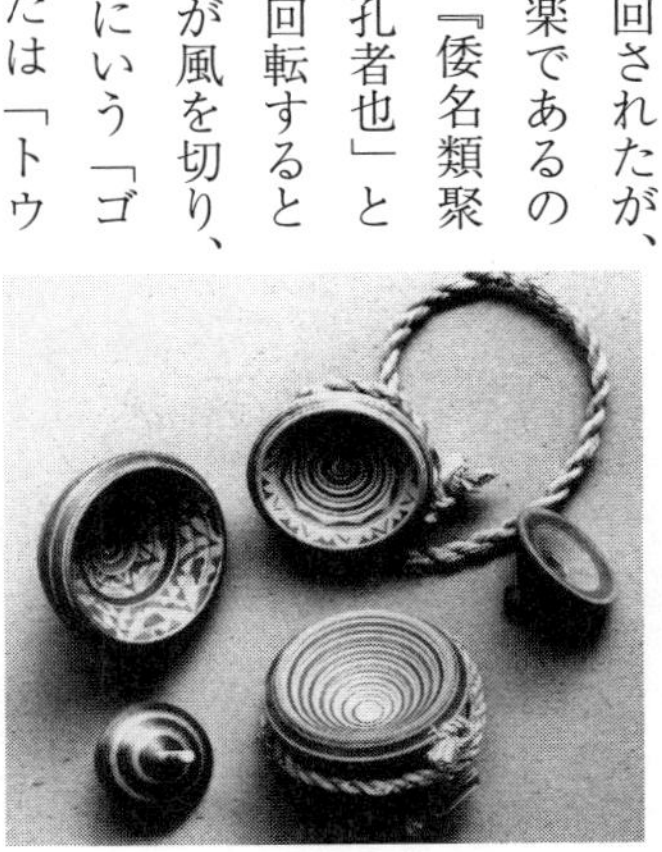

東北のズグリ独楽（昭和）

ゴンゴン独楽（竹製、昭和）

八方独楽（昭和）

ゴマ（唐独楽）」のようである。こうした厳かな儀式の独楽は、やがて失落して貴族たちの間でもて弄ばれ、そのようすが『大鏡』（著者未詳、嘉祥三年〔八五〇〕から万寿二年〔一〇二五〕までの歴史物語）に、

こまつぶりに、むらどの緒つけて奉り給へければ、怪しのさまや、こは何ぞ、と問はせたまひければ、しかぐの物になむ、と申す、まわして御覧におはしませ、興あるものに、など申されければ、南殿に出でさせ給ひて、まはさせ給ふに、つとひろき殿のうちに、残らずくるめきあるきければ、いみじう興ぜさせ給ひて、これをのみ常に御覧じ遊ばせたまへば……

と幼い後一條天皇が音の出る独楽のめぐりを不思議に魅入られるさまがうかがえる。また後白河院によって編まれた『梁塵秘抄《りょうじんひしょう》』（治承〔一一七七～八〇年〕の頃成立）の歌謡に、

いざれ独楽《こまつぶり》、鳥羽の城南寺の祭見《まつりみ》に
我は罷《まか》らじ恐《おそ》ろしや　懲り果てぬ
作り道や四塚に焦心《あせ》る上馬の多《おほ》かるに

とあるところをみると、前述の幼帝（後一條天皇）が不思議に眺めた独楽は神祇を離れてしだいに広まり、下って『太平記』（応安〔一三六八～七四〕の頃成立）では、洛中異変事の条に、

二十八日長講堂の大庭に、独楽回して遊びける童の内、年の程十許りなるが、俄に物に狂ひて、二三丈飛上々々、跳る事三日三夜也……

と子供たちのものとなった。だが本格的に子供たちの遊具となったのは、江戸時代になってからのことであろう。

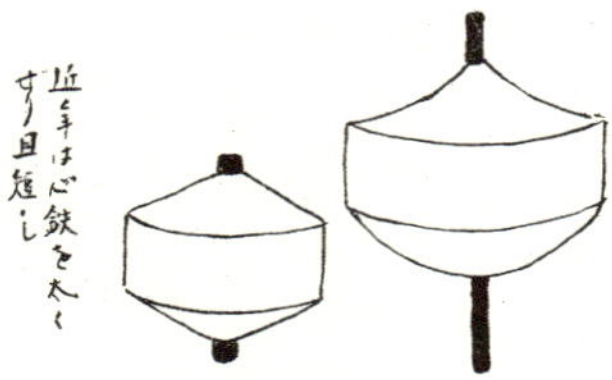
『守貞漫稿』より

『尾張童遊集』より

寛文二年（一六六二）刊行の『缺唇物語』には、

我幼稚の時、木をもって八方といふ物を独楽の如く作りて……

とあり、「八方独楽」がこの頃出現していた。これは八角に削った白木のひねり独楽で、この形の独楽は後の元禄時代になると、六角の独楽が流行り、「六歌仙」「六玉川」などと独楽の各面にそのようすを描いたものや、春夏秋冬花鳥風月を書き入れた八角のものも人気があった。そして花を描いて大流行した「お花独楽」が出現したのである。しかしこうした独楽はどちらかというと大人たちの手なぐさみに用いられたので、子供に縁遠いものであった（この頃の子供たちには「無性独楽《ぶしょうごま》」という、海螺貝《ばいがい》の独楽が遊ばれていた）。

こうした「八方独楽」「六方独楽」の後を追うように現れたのが、前述の『倭名類聚抄』にある穴のあいた独楽「ゴンゴン独楽」で、これが元禄の頃流行《りゅうこう》した。この流行《はや》りにさらに拍車をかけたのが、九州、博多あたりで人気がでてきた、木の胴に鉄の芯棒が刺し込まれた「博多独楽」である（現代の寄席の曲独楽の独楽）。元禄十四年（一七〇一）刊の江島屋其磧の『傾城色三味線』にその流行のようすが記されている。

九州より独楽回しの小人のぼりて、四条河原の小芝居にて、さまざまの曲独楽を回し、数万の入を取て、歴々の大芝居をすがらせるが、尚ほ盛になりて、町々に此独楽を求めて、家々に翫びし後は、隠居の親父共まで念仏講に参り、持仏堂に御明は点しながら撞木の先にて曲独楽、それよりはたたき鉦の真中に回ふ音、その濫蝉の声に似て涼しさ、何れ余念なかりき（…中略…）去程に家々に独楽五つ六つ、或は十、二十買求めしを、おしならし一町に二百宛と積りて独一つ十二文にして、此代二貫五百文、凡そ京中三千町にも独楽の銭高七千五百貫、銀に直して百五貫余りなり……

と長々の引用だが、いかに大人たちの間に熱狂的に流行ったか、そのようすを知ることができる。そして京の各所に独楽の会などが設けられ、町中の大人たちは独楽の稽古《けいこ》に余念が

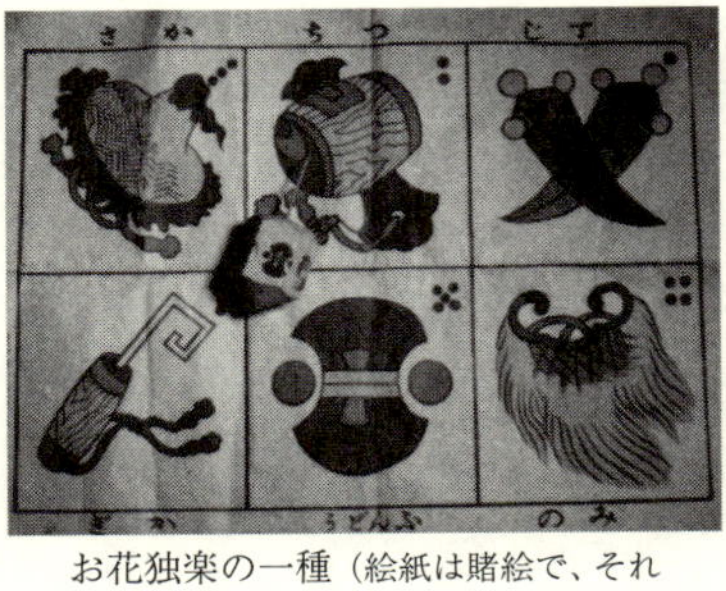

お花独楽の一種（絵紙は賭絵で、それぞれの絵に銭や食べ物を賭ける。独楽の静止した絵柄と賭絵が一致すれば勝ち）

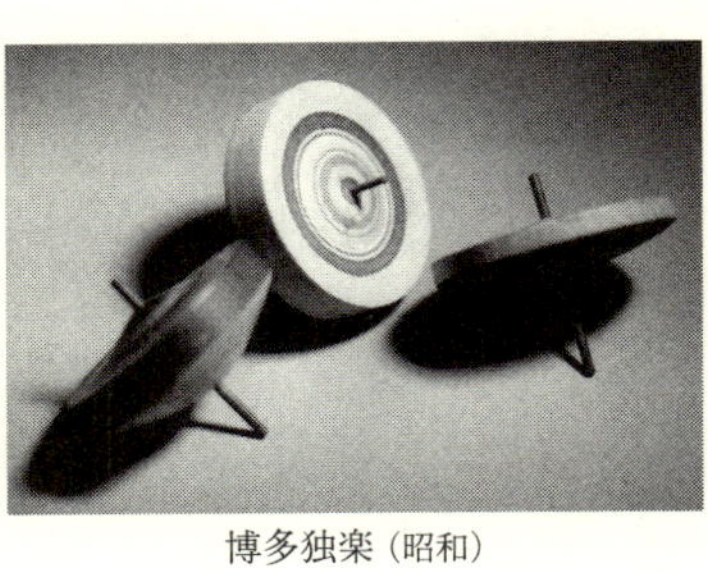

博多独楽（昭和）

なかったといわれる。

　こうした「博多独楽」の流行は、京より江戸に波及した。この独楽の普及と売り込みの役割を果したのは陰間であったという話である。その発端は先の『傾城色三味線』にもあるように、京、宮川町の子供屋（陰間茶屋）で、芸のできない子供に「博多独楽」の曲芸を仕込んで、客の面前で曲独楽を演じ客に喜ばれたのである。

　江戸に「博多独楽」をたずさえ広めたのはこの陰間が表芸として活躍し、男色好みの武家屋敷に出入りしたのではないかと思う（もちろんこれ以外にも独楽の売り込みはあったが）。それは元禄、宝永、享保にかけての「博多独楽」に対しての幕府の御法度（禁令）からもうかがえ知れる。

　宝永の頃になると、度々の御法度を犯してまで流行った「博多独楽」は時が経つにつれ、さすがの勢いもしだいに衰えつつあった。この頃、「銭独楽」が出現した。この独楽は宝永六年（一七〇九）刊の『新玉櫛笥』に詳しい。

　香山梅之助と云人有、常に独楽を翫ひて楽しみにせり、或時文の銭を六文七文至十文を繋ぎ貫き通すに、筆の軸を以ってし、別に心木を通し糸を巻て回転の機をもうけ、只管に是を愛し、銭独楽の為に記を書て曰く

この「銭独楽」は狂言にも登場する程であったといわれるが、「銭独楽」は大人の世界に生れたものだけに、遊興の宴で盛んに遊ばれた。

　さてこの頃の子供たちといえば、かつて大人たちが楽しんだ「八方独楽」などが子供のものになったが、なんといっても独楽遊びは「海螺《ばい》独楽」が専らであった（「甲螺（ベエ独楽）」の項参照）。

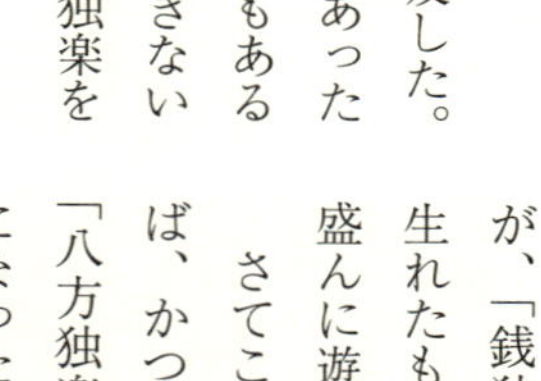
鋳物製の銭独楽

「海螺独楽」はかつて「無性独楽」といわれたもので、中身を食べて捨てられた貝殻の上部を削り取って、細紐を巻いて回したものであった。この貝独楽はのちに貝の中に詰物をして表面には色蠟で飾りがほどこされ、この独楽を加工する専門職人が現れる程であった。とくに大阪松屋町には海螺独楽専門店が軒を並べていたほどである（郷土誌『上方』）。

　海螺独楽回しは京、大阪まで流行し、大人も子供も熱中して、いつのまにか「博多独楽」は衰えていった。ところが江戸ではこの「海螺独楽」はあまり流行らなかったが、「博多独楽」に似た「鉄胴独楽」が天保年間に（一八三〇～四〇）登場した。この独楽は浅草の玩具商、美濃文翁の考案によるといわれるもので、鉄芯棒が太く、これまでの「博多独楽」よ

り武骨で頑丈で、これを回すとじっくりと地面に坐り、力強い回転であるために男の子に好まれた。そして嘉永二、三年頃には、この独楽ならではの「喧嘩独楽」が先に述べたように子供の間に流行りはじめた。

「鉄胴独楽」は天保、弘化、嘉永、安政と引き継がれ、またこの間に江戸から東北へ、東海道を西下し各地に広がっていった。

さて、「博多独楽」は一般には衰退したが、この独楽の曲技で客集めの辻商人に引き継がれた。江戸では歯磨粉売りの松井源水が最もこの曲技が巧く、当時人を集めては人気を博した。後には独楽曲技の始祖といわれ、現代でもこの技《ワザ》は伝えられ保存されている。こうした独楽回し名人の一面は、白井喬二著『新選組』の中で、東西の独楽回し名人の勝負の場面がある。小説でありフィクションであろうが、昔のようすがうかがえる。またその独楽作りでは、

江戸親父橋、両詰の床見世にて金蔵と云者、独楽を製しうる名工にて名高く、古よりある也、金蔵独楽と世に称す……（『守貞漫稿』喜多川守貞著）

とある。この金蔵の作った数々のカラクリ独楽は、後の独楽曲技にしばしば登場する、科学の応用を生かした独楽である。

明治時代になって、独楽は江戸からそのまま引き継がれ、「鉄胴独楽」は東京のみならず、さらに各地に広がった。この頑丈な独楽は子供たちに闘争の喧嘩独楽遊びをさそい、どの子もわざわざ鍛冶屋にたのみこみ、喧嘩に強い独楽を注文する程であった。だが大阪、京方面は、この「鉄胴独楽」よりも「海螺独楽」が盛んで見向きもされなかった。それどころか明治の末には鋳物の「海螺独楽」が東京に現われるようになった。東京でも鉄の輪をはめた独楽は、やがて鋳物の鉄胴になり（大正初期）、遊びは衰えず盛んであったが、あまりにも激しい独楽遊びは、器物破損や怪我人を出すことから、大人のひんしゅくをかい、やがて鉄輪の独楽は禁止され、鉄胴に似せた木ばかりの独楽が出回るようになった。町の子供は致し方なく木独楽の心棒を鉄製に変えたり、樫木製のものに変えて喧嘩独楽で遊んだ。

この他、明治の中頃にブリキ製の「鳴り独楽」が出現し、続いて大正期にはバネ式の「大正独楽」が現れ、昭和初期には「地球独楽」という精密な独楽が一時人気を博したが、やはり迫力に魅せられていた男の子たちによって、昭和の初期頃まで「喧嘩独楽」遊びは続けられていた。

戦後、独楽遊びは昔ほど遊ばれなくなったが、戦前まで東京、京都、大阪を中心に遊ばれていたベエ独楽（海螺独楽）

は全国に広がっていった（「甲螺（ベエ独楽）」の項参照）。また、昭和三十年代になって、昔ながらの独楽が駄菓子屋などの店先で売られ始めた。木独楽は郷土玩具となり民芸店で売られるようになった。三十年代後半あたりからブリキやプラスチックの「ひねり独楽」などが売られ、もはや「喧嘩独楽」を作って遊ぶ子供は何処にも見られなくなった。

かつて街の路地や原っぱで、わんぱくどもが数人集まって、日暮れまで夢中になって遊んだ〝独楽まわし〟の姿は、今や正月がきてもどこにも見当らない。子供たちの遊びから見離された独楽は、民芸品となってガラス箱に収まり、長い歴史の変遷に終止符が打たれようとしている。

毬受け

三人の男の子が棒を手に、飛来する球を打とうと構える絵であるが、どうもこれは江戸時代ではなく明治になってからの遊びのようである。この遊びはベースボールのまねごとで、投げられる球はおそらくゴム毬であろう（明治十年頃ドイツからゴム毬が輸入されている）。考証好きな私はさらに、明治も何年だろうか、そしていつどこでだろうか、と考えた。

ベースボールをまねて毬受け毬打ち遊びを始めたのは、『吾妻余波』に「東都子供遊びの図」が収録され出版されたのが明治十八年（一八八五）であるから、ゴム毬が輸入された年を考慮すると、この八年の間であろう。

ベースボールを「野球」と名付けた俳人正岡子規は、一七歳の頃（明治十六年頃）よりベースボールを始め、以来ベースボールに親しみ、試合を重ねていたという。この頃はこれといった用具もなく、硬いボールを素手で受けたという話も伝えられている。子規は明治二十五年日本新聞社に入社、明治二十九年の新聞に「松蘿玉液」という連載を始め、その中に、野球即ちベースボールのルールや器具の翻訳と解説を掲載した。その命名は現代に至るも変わりない。

しかし、この連載について突然の投書があり、子規はその誤りについて即刻訂正記事を発表した。その投書は「明治十四年の頃、アメリカから帰省した鉄道技師がアメリカ人と日本で初めてベースボールの試合をした」という部分の誤りについてで、「明治五年頃、現在の神田一橋会館あたりの広場で英語教師ウィルソンというアメリカ人が試合をしていた」というものであった。

此人球戯を好み体操場に出てはバットを持ち球を打ち余輩に之を取らせて無上の楽をせんが、漸く此仲間に入る学生増加し（…中略…）此頃より何時となく余輩の球戯を上達し打球は中空を掠めて運動場の辺隔より構外へ出る程の勢を示せしが終には本式ベースを置き組を分ちて野球の技を初むるに至りては非常に発達し終に或人照会によりて横浜の米国人と試合を為したる事も度々なりし
（…以下略）

子規はこの投書をもとに訂正記事を発表する。

一、わが国に野球が伝わったのは明治五年であること。

二、明治二十九年五月に行われた一高と横浜外人倶楽部の日米野球決戦の前にすでに、明治七、八年頃に一橋の地において横浜の米国人たち相手に試合をしていたこと。

三、この投書が「野球の来歴」と題され、さらに本文中に「野球」の語が二カ所使用されているにかかわらず、子規の添書きの中では、ベースボールの来歴を表現していること。（参考：城井睦夫著『正岡子規　ベースボールに賭けたその生涯』一九九六年刊）。

さて、その頃に野球の試合を目撃した子供らは大いに刺激を受けたに違いない。しかし棒を使った球技がわが国になかったわけではない。それは「毬杖《ぎっちょう》」という名で、文字通り毬を杖で打つのである。これは奈良朝時代の頃、中国から伝わった「打毬《だきゅう》」という「ポロ」から変化したといわれる騎乗での宮廷行事が、さらに変化したものといわれるもので、激しく球を打ち飛ばす陣取り合戦のような球技であった。その内容は、

甲乙両班に分ち、

毬杖の図『骨董集』より

相方の間隔を十間～十二、三間とし、その中央に一線を劃されたる線より外に玉が転り出した時は、投方の勝となり、受方の負となる（参考：酒井欣著『日本遊戯史』昭和八年〔一九三三〕刊）。

この激しい球技は正月行事として子供たちに遊ばれた。とくに平民の治世時代には最盛期であったそうである。その有様は『源平盛衰記』にうかがえる。また、この遊びを『義経記』の中では、木の玉に清盛の顔を描いて遊んだという話もある。

この遊びは、どういうわけか、早くから都市から締め出されて姿を消したかのようであった。ところが、この球技が近年まで伝承されていたところがいくつかある。それは本州北端の青森、そして九州の鹿児島で、「毬杖」の遠い過去の面影、その片鱗を伺える。

ハママワシ（青森県八戸市）

ハマゴロウ（鹿児島県）

トォンッゴ（岩手県遠野市）

これらは「ハマ」という丸太を輪切りにしたものを玉として、それを棍棒で叩き飛ばし、両陣営で陣取り合戦を行う豪快な競技であった。この競技は終戦後わずかに行うところもあったが、現代では語り種のみ伝えられている。

竹馬

〝竹馬〟と呼ばれる子供の遊具は、竿竹二本に横木をつけたいわゆる現在の竹馬と、古い文献に出てくる笹竹に跨る竹馬の二種がある。

この二つの〝竹馬〟を比較すると、初めから子供の遊具として伝えられたのは笹竹の竹馬であり、この方が歴史は古い。

笹竹の竹馬はすでに唐の時代の『游確類書』に見ることができる。それによると、徳延という人が子供のために考案した遊具で、当時子供たちに歓迎されたという。ここから「騎竹之年」とか「竹馬駛」という慣用句が派生したといわれるのは肯ける（わが国では竹馬の友という語がある）。

昭和十九年刊酒井欣著『童戯』記載による『書灯録』所収の南京の染付焼に、または圓光大師本の騎竹の図によれば自生の竹をそのまま切り採り、これを馬に見立てて縄を手綱にして結びつけ、蒲の穂を鞭としたものがある。

わが国においては、すでに平安時代に〝竹馬〟が子供たちに愛用されており『雑言奉和』（大蔵善行著、延喜年間〔九〇一～九二二〕初期頃成立）の中に、

秋気客意雨粛条、有レ限光陰過半消、
騎レ竹遊童如二昨日一、懸レ車退老忽今朝……

とあり、おそらく葉のついた一本の竹に縄をくくりつけて手綱として、それに跨って遊んだ竹馬であろう。いわゆる笹竹の竹馬である。

これより後に、保元年間（一一五六～五九）藤原清輔著の『袋草子』雑談の条には、

壬生忠見幼童之時、内裏より有レ召無二乗物一なしとて、参りがたきと由を申すに、しからば竹馬に乗りて参るべきの由、御定あり、よってこの歌を進《たてまつ》る

竹馬はふしがちにしていとよわし
　今夕かげにのりてまゐらん

とある。また西行法師は（平安末、鎌倉初期の歌僧）、

竹馬を杖にも今はたのむかな
　わらは遊びをおもひでつつ

と詠んでいる。これら二首の歌から、壬生忠見や西行の幼なき頃の竹馬遊びを彷彿させると同時に、竹馬が杖にもなるような一本の竹であったことを推察することができる。

ではどのように一本の竹または笹竹で遊んだのであろうか。南北朝時代（一三三六～九二）の『異制庭訓往来』（虎関師錬著）に、

然則、振鼙、石子、礫竹、竹馬馳、編木摺（…中略…）等、
是尤雖二不レ難之振舞一尚費レ力摧レ肝之體也

とあるが、この「竹馬馳」は、前述の唐時代の「竹馬駛」と同様の意味をもち、一本の竹に跨って駆け走り遊んだものと思われる。さらに『太平記』（応安〔一三六八～七四〕の頃成立）の十六正成首送二故郷一の条に、

或時は童部共を打倒、首を取る真似をして、是は朝敵の首を取る也と云ひ、或時は竹馬に鞭を当てて、是は将軍を追懸り奉るなんどと云ひて……

という記事がみえる。当時の子供たち、とりわけ武士の子は、この騎馬武者の勇壮を真似て竹に跨り駆け走り、戦さごっこなどをして遊んだものであろう。

以上のように、これらの竹馬は笹の葉をつけた生竹一本、または杖のような細竹に跨った竹馬で、現在の竹馬とはまったく別個のものであることがわかる。この笹竹の竹馬は後に「春駒」という遊具になるが、この「春

『骨董集』より

『守貞漫稿』より

駒」は別項に述べてある（「春駒」の項参照）。

さて現在の二本竹の竹馬の原型が文献に現れるのは室町時代である。『福富草子』（作者不詳、室町時代）に、織部長者の放屁譚に挿図がある。これは木製の二本足で現在の竹馬に似たものを担いで逃げてゆく絵である。明らかに「タカアシ」（高足）、「サギアシ」（鷺足）といわれたもので、当時流行した田楽《でんがく》、雑技に使用された穿きものに違いない。

田楽とは古くからわが国に伝えられる田植え時に祝う舞から発生した芸能といわれる。

この田楽のようすは、大江匡房が著した永長年間（一〇九六~九七）に京都で行われた永長大田楽の記録である『洛陽田楽記』に、

永長元年之夏、洛陽大有二田楽之事一、不レ知其所レ起、初自二閭黒一及二於公卿一、高足一足腰鼓振鼓銅鈸子編木、殖女養女之類、日夜無レ絶喧嘩之甚、能驚二人耳一

と記されている。高足（一本脚）をこの芸能に使用したことがわかる。さらに屋代弘賢（江戸後期の国学者、一七五八~一八四一）の『古今要覧稿』（一八二一~没年まで編纂）の「顛立」の条にある芝田楽百番に、

これに嘉保二年（一〇九五）の事なり、芝田楽とは舞台をかまへずして、芝間にて奏する義にても有べきにや、抄には袖びろの白き衣装に笠をたれきて、俗にいふ鷺足といふものにのり、謡ものをうたひ、馬場を飛あるくなりと見えたり

と注を施している。田楽に用いられた高足または鷺足を穿いて舞う姿がはっきりと知ることができる。この高足・鷺足が芸能の用具から子供の遊具になった経路は不明だが、近年まで竹馬を「タカアシ」（山梨県、岐阜県、宮城県）とか、「サゲアシ」（大分県）などと呼ぶところがある。とくに大分県のサゲアシは竹製であるが、田楽に使用する高足に形が類似している。

このようにタカアシ、サギアシの名称が残っていることは、田楽の高足、鷺足からの竹馬であることが暗示される。だが高足・鷺足から現在の竹馬に移り変ったのはいつの頃なのか、喜多川守貞著『守貞漫稿』（嘉永六年（一八五三）刊）に、

今世江戸にて竹馬と云うもの下図の如く甚異也、七八尺の竿に縄を以って横木をくくり付、足かかりとす。

とあり、すでに江戸末期には現在の竹馬の形となっていたことがわかる。

竹馬が実際に子供の遊具となったのは、『守貞漫稿』記載以前からあるいは遊んでいたのではないかと思うが、適切な文献がなく推察する他ない。これは特殊なことと思うが、地方によっては農夫が川の流れを渡るために竹馬を使用したと、民俗報告書で読んだことがあるが、竹馬の多くは子供の遊具として伝えられる。とくに竹馬がそろそろ流行《はや》る季節（小雪が降ると俄然竹馬に乗る子が増える）には、子供が集まるところの男の子はみな竹馬に乗っていたものである。

竹馬の竹は、主に真竹が手頃の太さで丈夫なことから使用された。この真竹は野生でないので、筆者の幼い頃は真竹のある農家に竹を貰いに行ったが、ときには面倒なので無断で竹林に入り、節目の合う竹を求めてうろうろしているとき見つかり、叱られたことがよくあった。横木は家の薪の束から手頃の木を引き抜いたが、どうしても適当な木がないと、桜の枝を切り落とし使用した。町の子は箒の柄竹を作る家や、籠屋などで竹を買い求め、横木は木の空箱をこわして小幅の板二枚合せて、針金で結って使った。

『風俗野史』より

竹馬に乗って歩行するには、竹の節目下から二つ目か三つ目の高さにしておくが、曲芸や駆け足のときは、節目は一つ目であった。逆に竹馬の高さは競うとなれば五つ目六つ目に横木を上げて、これに乗るために塀の上や家の屋根に登り、庇《ひさし》などに腰をおろして竹馬に乗った。そして一番高い子は得意満面で路上を濶歩するが、この高さで歩く子はガキ大将の年長の子が主であった。

竹馬の曲芸

●カツブシ削り

両手に持つ竹をX状にして竹の節と節をこすりつけて、カリカリと鳴らす。

●二十四孝　筍掘り

これは中国の親孝行の故事から名付けたものである。まず片足にて立ち、トントンとけんけんをする。そして一方の竹を肩にのせて鍬のようにして筍掘に出かける恰好をするのである。別名では兵隊の鉄砲担ぎともいう。

●鶴の餌食い

鶴が餌を食べる姿から名づけたもので、左足の竹を立てたまま、右足の竹を後方にずらしながら竹を地面につける。そして紙屑などを竹を把む手で取り、再び元のように横にした竹を立てる。

●槍突き、ひっかけ

片方の片足をけんけんしながら、一方の竹は小脇に抱え、同じようにけんけんした友だちと竹で突き竹馬から落とす、友たちは落ちたくないから竹を持って突き、ときには横木を引っかけて引き倒すこともした。

こうした子供たちの竹馬遊びは、季節的には秋も深まる頃から始まり、一番寒い頃がもっとも盛んであった。やがて遊びがすたれてくると、物置などに立てかけて、季節がくる頃まで忘れ去られた。

現代では、竹馬は伝承遊戯の代表として学校などでも使用するが、竿竹は真物《ほんもの》の竹でなくプラスチック製となり、運動靴をはいたまま教師も気付かず乗らせている。これは昔には考えられないことである。それは横木から爪先がはずれないように、はだしの足の親指と人差し指で竹を挾んでいたのである（足袋をはいても同じであった）。とくに曲芸をするときにはとても重要であった。

『尾張童遊集』より

輪転がし（輪《わ》回し）

桶《おけ》や樽《たる》の竹箍《たが》、それから自転車のリム、または輪状に加工した鉄棒や針金など、これを路上に立てて押棒をあてて転がす遊びが〝輪転がし〟である。

この遊びの始めは、酒屋の丁稚が「樽拾い」といって空樽を集めるようになったり、また箍修繕の専門職ができてからであるといわれる。その時代は元禄の頃（一六八八～一七〇三）、

たが回し、たが、たが回し始めけん

と室井其角の詠んだ句があることから、この頃ではないかといわれる。いずれにしても桶または樽などが一般に普及されたのちのことで、文政十三年（一八三〇）刊の『嬉遊笑覧』喜多村信節著にも、

近頃江戸及近在の小児、樽の箍を竹枝など丁字形したるにて、地上を押まろばし歩行戯あり

とあるから、空樽を重ねた広場で、捨てられた箍を手に子供たちが転がして遊んだものであろう。そして意外に箍転がしが面白いことから江戸中の子供たちに流行ったものである。

明治中頃、この竹箍に代って鉄輪の輪回しが流行りだした。これは太さ径一〇ミリぐらいの鉄棒で直径五〇センチぐらいの輪を作り、それに小さな輪を三個通した。これを回転させると小さな鉄輪はチンチンと音がでた。

こうした新しい鉄輪の輪回しは、一部雑貨店のようなところで売られたそうであるが、多くは鍛冶屋に注文して作ってもらい、その代金は子供たちの小遣いではちょっと手のでる価格ではなかったという。当時の竹箍を回していた子供にとって、大変うらやましいものであったと聞く。ましてやチンチンと音を鳴らしながら、小走りに路を行くその姿は、まさに子供たちの文明開化そのものであった。

この鉄輪の輪回しで、こんな話を大阪の友人から聞いたことがある。船場のある商家のご主人は、この新しい鉄の輪回しで遊ぶ子供の姿をみて、はたと手を打ったという。ご主人は早速この鉄輪の輪回しを店の丁稚小僧に買い与えた。このご主人の狙いはこの輪回しをすると輪が倒れないようにどうしても小走りになる。これまで丁稚どんはよく道草をしていたが、この輪回しを小僧に与えて面白さに走り、使い走りはついもの半分の時間ですましたそうである。

『尾張童遊集』より

大正時代になって、大正スケート（現代のキックボード）という路上の乗物玩具が流行りだした。これは両手でハンドルを握り、片足と車のついた板にのせて、残る一方の足で地面を蹴って速度をつけてから両足をのせて走るものである。この大正スケートが流行りだすと、鉄輪の輪回しは人気を失い、しだいに衰えていった。

昭和になると再び大衆的な遊びが復活してきた。それは自転車に乗る人が増え、一戸に一台という普及ぶりであった。このように大衆化すると、当然のように廃棄される自転車も出るようになった。この自転車の車輪を解体してタイヤ、車輪のスポークを取り除くと、リムという鉄輪だけになる。このリムを利用して輪回しをすると、軽い金属音がして軽快に走る。しかも短い一本の押棒があれば、リムの輪にあるU字形にこの棒を押しあてれば回転する。

以来昭和の時代は、輪回しといえばこのリムの輪回し以外にないほど、竹箍か針金をよって作った箍のものを回す子もなくなった。

この輪回しは戦争に突入する前の昭和十年頃まで続くが、やがて金属製品の供出で消えていった。わが国の教育者は、この健康な遊戯をこのまま放置していたが、ヒットラー制覇のドイツでは、子供の背丈以上の輪回しが盛んに行なわれ、走る輪をくぐり抜ける技などまであったそうであるが、リム輪回しはこの時期（戦争）で消滅した。

戦後、リム輪回しはわずかに遊んだと聞くが、しだいに自動車などが増えて路上の遊戯は放逐され、輪回し遊びはすっかり姿を消し現代ではそのような遊びをした人々は年輩になり、想い出に活きているのみである。

『風俗野史』より

根っ木

〝根っ木〟遊びは、主に稲刈あとの田圃や、霜解けの空地の柔かい地面に投げ刺して遊ぶもので、季節遊びといってよいであろう。

この遊びは、遊びに先立って突き刺す棒杙のような木を数本必要とするので、男の子たちは各自鋸や鉈などの道具を持って雑木林に分け入り、山桜、椿、エゴの木などの木を切り倒す。そして握って握り心地よい太さの枝木を長さ五〇～六〇センチぐらいに切り、切り口の一方の尖端を鉛筆のように削る。町の子は雑木林もないから、家の回りにある薪や棒杙のような木を求めて捜し回り、どうしてもないと小川の土止めの杙を引き抜いたり、ときには新築の現場から角材など盗んで作ることもある。

このように苦労して作った棒杙を、それぞれが小脇に抱えて五、六人田圃の片隅や空地に集まってくる。まずジャンケンで負けたもの二人が、先に泥土に描いた円に寄り、ここで再び先攻順のジャンケンで決める。負けたものは自分の手頃の棒杙をえらんで、円にむかって力一杯棒杙を地面に突き刺す。すると棒杙は幾分斜めに刺さる。後攻めのものが同じように棒杙を、先に突き刺さった棒杙めがけて打ちこみ、カチンとあたる音がする。この場合あてられて棒杙が倒れると、打ちこんだものの勝ちで棒杙は勝者のものとなる。もしも倒れない場合は、先に打ちこんだものはそっと自分の棒杙を引き抜き、地面に突き刺さって残る棒杙にむかって打ちこむ。また攻撃をかけて打ちこんでも地面に突き刺さらず横に倒れると、その倒れたままの棒杙に接近して打ちこみ、その棒杙がゆさぶられると勝ちとなる。また打ちこんでともに倒れたときは、第三者に審判を依頼して双方の棒杙が地面に刺さっているか否かで生体《せいたい》か死体《したい》かを決めた。

こうして交互に打ちこんで勝負を決めるが、その勝負の方法は、一本勝負か、またはとことんまで棒杙のある限り続けるかであった。根っ木遊びをしていると、いつのまにか陽が落ちて、あたりは薄暗くなったものである。そして技術が巧く、勝ち進んだものは（ガキ大将が多い）、勝負する円の外に棒杙を積高くつみあげる。

さて、勝ち誇って家に棒杙をひきずって帰ると、決まって母親にその泥だらけの衣服をなじられた。いや叱られるだけならいいが、獲得した棒杙は風呂の焚口にほうりこまれた。

この〝根っ木〟は全国至るところで遊ばれていたが、地方によってこの根っ木の名が異なっている。このうちでもっとも多いのが、「ネン」のつく名で、とくに関西から西日本各地に集中している。

ネンガラウチ（長崎県天草、五島列島、対島、山陰、香川、神戸市付近）、ネンギリ（広島県府中市）、ネンボウ（山口県、佐賀県）、ネンウチ（奄美大島、鹿児島肝属郡）、ネンネン（福岡県）、ネンガラ（広島県倉橋島）、ネンゴロ（長崎県高来町小峰付近）、ネンキ（福岡県東部）、ネンクイ（神戸市北区有野）

この「ネン」は念ずるの「ネン」で、この名は農耕の豊作祈願の行事で吉凶を占うために、神前の聖地に棒杙を刺すことから始まったといわれる。かつて大人たちが真剣に行った祭事が、いつしか失なわれて子供の遊びとして残ったのではなかろうかという説である。柳田國男・丸山久子著の『分類児童語彙』（昭和二十四年刊）に、兵庫県有馬郡有野村（現神戸市北区）下唐櫃神社の正月二日の鬼打神事の中に「ネンクイ」という行事がある（『近畿民俗』一）。

的射が終わった後、その弓を地上に置くと、ハゼの杭二十四本を懐にした射手が出てきて、その半分十二本ずつ取り出し、二度に分けてその弓の絃の向こうとこちらに六本ずつ手で地上に打ち込む。閏年には二十六本を用いるというが、この弓の前後というのが、もとは占いであったことを思わせる。これと似た年占が古くは他の土地にもあったものだろう。

「ねんき」

また天草島の子供たちは、十一月の丑の日、子の日、申の日などに山の神祭りに「ネンガラ遊び」をしたという報告や、石川県能登の門前村皆月の事代主神社では、三月と九月の八日の祭礼の日に、大人も参加してこの「ネンガラ打ち」の遊びをしたとある。この他にも念ずる意味の念杙を大地に突き刺すところがあるが、こうした行事もしだいに衰え、棒杙を打ちあう技遊びのみ残存したものであろう。

さて北・東の地でも、根っ木のことを「ネン」をつけて呼ぶところもあるが、それはわずかで、関東では江戸の無木系の名が多い。筆者は栃木だがニッキといった。変った名では埼玉のジックイ（地杙）、またはネックイ、福島のカックイウチ、青森のコバヨ、静岡県富士郡でメックイ、盛岡、秋田のツクシウチなどがある。こうした呼称から東北には、西国にある念ずる意味で棒杙をさす年占い行事がなかったのかもしれない。

〝根っ木〟は江戸ではメッキと呼んでいた。突き刺した棒杙が根づいたかのようだから、と思われがちだが、さにあらずメッキと呼称される以前はメキ、ムキ、モキなどと呼んでいた。

文政十三年（一八三〇）刊、喜多村信節著『嬉遊笑覧』には、

穴一を日州にてヘキといふのは誤りなり、ヘキはモキといふを正とすべし、江戸にてメッキという戯是なり

とあり、ヘキの賛否はともかく、東海方面でヘキ、モキといわれるものが、江戸ではメキ、ムキといったことは確かなことである。このメキとは「無木」と書き、枝木を切った木でない薪という意味で、散木（不用の木）ではない。

この無木と名付けた遊戯をたどると、室町時代に刊行された玄恵法師著『遊学往来』の「少性之遊《ショウショウノアソビ》」に、

鼙鼓、編木摺、礫礐、独楽廻、拍毬、石子、拵遊、無木し打、小白物、竹馬、草鶏、小車等遊戯為レ本。諸学従レ斯、怠、終成二無能者一云々

とある。

現代から六百数十年前に、子供遊びに「無木し打」というものがあったことは、あながち祭祀ばかりではなかったということである。こうした件について文化十年（一八一三）刊山東京伝著『骨董集』二十、拵游無木の中で、

無木《むき》といふは、撃壌《げたうち》の事なるべし。東海道にては、もぎといふよし、東国にて、めっきといふは。めきなり。つをそへてつよくいふなり。むきといひ、もぎといひ、めきといふ。むと。めと。もと音相通《こえあひかよふ》なり。かくのごとき形のちひさき木を地に立《たて》、おなじ形の木を持て打つくる戯《たはむれ》なり。是唐土《これもろこし》にも古くありし事なり。

とあり、「無木」と昔の中国の遊戯「撃壌」とは同じ遊びであると強調されている。この下駄（江戸時代の）のようなもので「無木し打」がどのように関連があるのか、証をたてることはできないが、かの『和漢三才図会』（寺島良安著、正徳二年〔一七一二〕頃刊）には、この「撃壌」の遊びのようすが記載されているので想像してみよう。

以レ木為レ壌。前広後鋭、長《ながさ》一尺四寸、闊《ひろさ》三寸、其形如レ履。臘節少童以為レ戯。将レ戯、先側二一壊於地一、遙於二三四十歩一。以二手中壌一。擿レ之、中者為レ上。

この撃壌の遊びは、「撃壌歌」という歌をうたいながら楽

『風俗野史』より

しんだと『帝王世紀』などの書に記されており、無木（根っ木）の遊びとは異なり、かなり精練された遊びのように見受けられる。

撃壌は三、四〇歩も離れた地点に向って投げ打つが、無木は足もと近くに投げ刺す遊びにて『遊戯大事典』（中島海編、一九五七刊）には同一の遊びとすることは誤りであると指摘されている。

たしかに同一視するには余りにも差があるが、つまるところ撃壌も無木も地面に木を打ちこみ、相手の木を打ち倒すことには何ら変りないものである。したがって『骨董集』や『和漢三才図会』などで同一視するのはこの点ではなかろうか。

念柄、念棒は神占いの祭祀から出発し、やがて信仰を失い、地面に杙を打ち合う行事のみが子供の遊戯となって伝承された。一方、外来の撃壌という競技遊びから、木を打ちこみ、これを倒す競技のみ移入されて、無木《めき》、ムキ、モキなどという子供の遊戯となったものであろう。

以上のように二つの流れが、単に木を打ちこみ、これを倒す競技遊びとして伝承され、現代では総称として〝根っ木〟となったのである。

〝根っ木〟は江戸末期になると全国に広がった。とくに農村地帯の季節遊びとして流行ったが、都市では遊びの場がしだいに少なくなった。その頃「釘根っ木」というものが都市の子供の間に流行だした。この釘根っ木は木杙のように柔かい地面を必要とせず、路地裏やちょっとした空地で手軽に遊べるからであろう。『長崎歳時記』（野口文龍著、寛政九年（一七九七）刊）に、

時候を撰はざる風俗あり、児子の戯にネンカラと云ふことあり、其法一ならば、タテハ、ツウカヲウ、チンカラ、クサラカシ等と名目あり、されども児輩の唱ふる詞にしていまだ其実を詳かにせず、又略して木ネン、金ネンとも云う、木ネン多く椿の木を用ふ、金ネンは以前は別に作りしを近年多く船釘を用ふ、其の法木ネンの如し、但児輩二人にても一本つつ持出互ひにかはる〳〵土地に立る其時、それぞれ呼声あり其法渉筆しがたしと云い、思ふに是又、江戸にてメッキと云類なり……

この『長崎歳時記』の「金ネン」といっても船釘であるから、五寸釘よりも大きく太く、おそらく打合うときはずしんと地面に突き刺され、当れば金属音が辺りに響いたであろう。こ

の船釘は港町であり造船所も多くあった長崎ならでは手に入らぬ独得の遊びであった。こうした木杙に代る金属製の根っ木に、次のような遊びがあった。『嬉遊笑覧』に、

こまようろ津軽城下にていふ名なり在郷にてはこまうちといふなり是又めき（無木）の類なり大きなる釘を鍛冶に作らせて是を用具法めき（無木）の如しうつ処より向ひたる方二十間ばかり隔て地に筋を引て界とし先地上に打立たる釘を次の者ねらひて打ちとばし界を越ればこれを取釘は即賭なり先の釘は飛いま打ちたる釘は地に立ものなりとそこまようろとは何の義にかこまやらうなどにはあらぬか猶よく尋ぬへし。

この「こまようろ」の競技遊びは、撃壌の下駄型の木片は使用せずとも、遊びそのものはたしかに撃壌であり、他にこの遊びに類似したものは、残念ながら見当らないが、中国で発達した撃壌がどのような経路で津軽に入ってきたのか興味があることである。なおこうした撃壌に似た競技があったということは、根っ木の源流であったという重要な証しであろう。

都市に釘根っ木が流行ったということは、釘が子供たちに、容易に手に入るということである。この釘根っ木遊びは木杙根っ木よりも遊びがたやすくできて、しかも木杙根っ木より緊張度は数倍あり、スリル最高であった。それは木杙は薪の束から引き抜いたり、川の土止めの杙を抜くように、供給源は無償であったが、釘根っ木は即金銭につながることから勝った負けたの判定にはいつもトラブルがつきものだった。こんな賭博行為がエキサイトしたせいか、江戸時代末の寛政十一年申九月、肥前の国の奉行所で、この釘根っ木の「禁令」の立札が市中の辻にたてられた（長崎）。

市中に於て童ども寄集り鉄釘を以て賭致し候に付相糺し候処ネンガラと唱へ釘を以て勝負を争そひ即を鉄釘を取遣致候由に相聞え候、大体勝負有之儀は致す間敷箇様なる事より幼少の者生立不宜自ら家業の心掛薄く成長の後悪き風俗に傾き終に身を果し候間此旨親とも相弁へ已来右体の義為致間敷候、万一不相守もの有之候はば親共或は主人有之ものは夫々申聞せ以後触面の趣相背ものは急度咎申付候。

釘根っ木の遊びは、このような禁令が布告されるほど激しく遊ばれた。その弊害は、負けた

川上澄生『明治少年懐古』より

くやしさから家の金銭を持ち出して釘を求めたり、果ては盗みまでするような出来事が多々あったということである。

釘根っ木は幕末頃の一部地方から全国都市部に広がり、明治、大正、昭和初期まで遊ばれた。なかには五寸釘に紙ヒデを付けたり、または電車のレールに釘を置き、平らになった釘を自慢げに使用するものも現れた。戦争が終った昭和二十年代に、わずかに釘根っ木をする子供らの姿を東京の下町で目撃したが、いつしかこの遊びは消滅して久しい。もちろん木杙の〝根っ木〟は戦前昭和十年前後頃を期に遊ばれなくなったことはいうまでもない。

沢庵押し

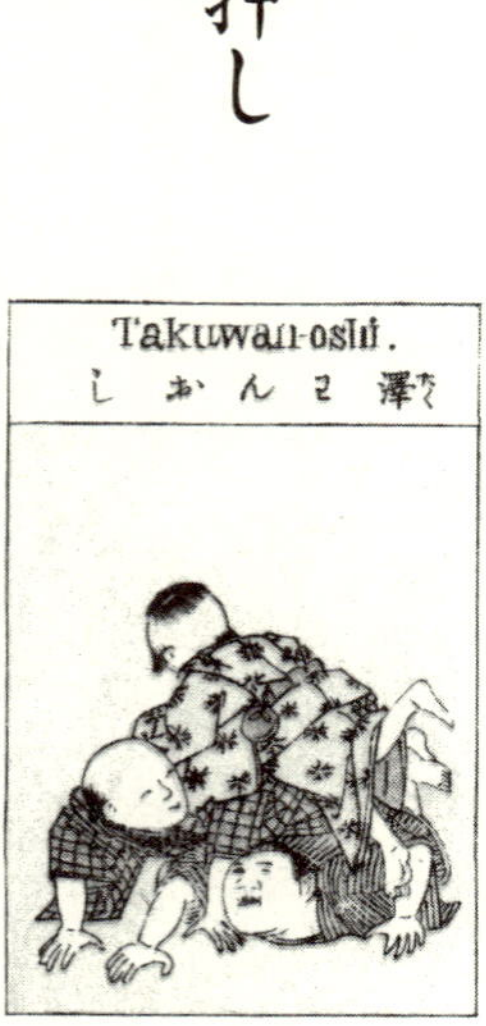

〝沢庵押し〟、または押づけ沢庵という遊びは、晩秋の頃、江戸の裏町のあちこちの空地で男の子が集まってよく遊んだものである。この季節になるとどこの家でも軒下に洗った樽や大根が干され、町には塩売りの声が流れた。

遊び方は、遊び集団の一人の子が腹這いになり、地面に伏せると、その上に一人二人と重なりながら、

押漬け沢庵
圧《お》されて泣くな
ついたか、つかぬか

とそれぞれが唱える。すると下敷きになった子は、「まだつかぬ！」と圧しつぶされそうな声で答える。上に乗った子は三人から四人、力を合せて、「ヨイショ！　ヨイショ！」と圧しつけ、「ついたか、ついたか！」と大声を張りあげながらいうと、ようやく「ついた！」と下敷の子は苦しげにいった。

するともう一圧《ひとおし》とばかりなおも一人乗ると、「ああ……ついた、ついた！」とやっとの思いで叫ぶようにいって降参する。その苦しげな声を聞くと、上に乗っていた子はバラバラと離れて、下敷きになっていた子は解放された。その時、上に何人乗ったか、その人数で横綱、大関と相撲の番付順位のようにその強さを評価した。

それはさながら深川八幡（東京）の力競べのような意気込みであった。とくにガキ大将クラスの子になると、「つがった（参った）」と何人乗ってもいわないので、小さい子供たちは、「すごいな！」と思うと同時に降参しないからつまらないといった。またこの遊びをやると、季節がらサツマイモを食べているせいか、誰かが一発放屁するので、「臭い！」と鼻をつまみ、それが原因で折り重なった子供たちが総崩れになることがよくあった。

近頃ではこうした遊びをする子供の集団はなくなった。いやそれどころか、〝沢庵押し〟といっても沢庵を漬ける家がなくなり、食料品店でのビニールに包装された不自然に黄色い沢庵しか知らない。

ちなみに沢庵漬けが、寛永十五年に江戸、品川に東海寺を開いた沢庵和尚によって考案されたという説もあるが、一説には蓄漬《たくわえづけ》から転じてたくあんになったともいう。昔は保存食として、広く庶民に愛食されたものである。

子供の遊びの〝沢庵押し〟も、家庭の沢庵漬の風習がなくなったように、現代では見かけることもなくなった。しかしこの遊びは知恵のない乱暴な遊びのように見えるが、筆者の体験からも、どうしてどうして、圧され苦しみ、その苦しみに堪える辛抱する我慢強さは、根性と意地を育てる男の遊びの特徴があった。

だがこれも時代の違いであろうか、最近ではこの遊びの状態を見ると、おそらく大人たちは「いじめ」ではなかろうかと、眉をひそめるだろう。

『風俗野史』より

銀杏打ち

秋も深まって、村のお寺や神社のイチョウの葉がしだいに黄ばむ頃、青かった大きなサクランボのような銀杏はオレンジ色に変り、やがてポッタン、ポッタンと落ちてくる。

子供たちは、寺の住職や神社の神主よりも早く、毎朝のように落ちる銀杏の実を拾いにいった。ときには落ちてくるのを待ちかねて小石を投げて実を取ろうとしたが、そんなときにかぎって大人に見つかり叱られた。

これほどまでにして銀杏の実を拾うのも、この実の種を焙《ほう》烙《ろく》の上でころころ転がして焼くと、割れた種の中から渋茶のような色の実が現れ、これを食べると油っぽくとても美味《うま》い。だから子供たちは朝早くとも、大人に叱られて逃げ帰っても、それから糞《くそ》のように臭いオレンジ色の果皮をとる作業もひとつも苦にならなかった。

さて子供たちは、美味い銀杏の果種を最初はたくさん食べたが、しだいに飽《あ》きてきて、銀杏がたまってくると、なんとなく友だちにたくさん持っていると自慢したくなる。ところがこの銀杏を狙ってくる年長の子が一人や二人いるものである。そして「穴一やろう」とか、「ヨセをしよう」といい寄ってくる。彼等は早朝の銀杏取りをせず、賭けゲームで小さい子から銀杏を取りあげようと企んでいるのである。

銀杏のゲーム「ヨセ」とは、木の小枝や竹の棒を地面に刺し、この棒から二メートルぐらい離れた地面に線を引く。この線の手前から棒めがけて次から次へと銀杏を投げ、一番近いところに銀杏を投げた者が、他の銀杏を取ることができる。または棒の代りに一本の線を地面に引き、この線めがけて銀杏を投げる。投げた銀杏が線手前の一番近いところに投げたものが、他の投げた銀杏を取ることができる。ただし線を越えてしまったものは失格である。

次に穴一とは（詳しくは「穴一」の項参照）、直径二〇センチぐらいの穴を地面に掘り、この穴より手前二メートルぐらいのところに線を引く。ゲームの始めにジャンケンで親を決め、親は穴主となり、投げた銀杏が穴に入ると、穴主は銀杏を倍にして投げ手に返す。穴に入らなかった（落ちなかった）銀杏は「落し前」として親が没収してしまう。盛り場などで、街のよからぬ者が通行人に「いんねん」をつけて、「お落し前を貰おうじゃねぇか！」と脅迫するのは、ここから出た言葉といわれる。

こうして銀杏を投げて、その命中率のよいものがたくさんの銀杏を取得する。もちろん年長の子は巧いから小さい子が負けるのは当然である。それでもなかには年長の子を負かす年少の子が、一つの子供のグループに二人ぐらいはいるものである。

また悪知恵のある年長の子は、球形に近い銀杏に小さい穴をあけ、針で中身を掘り出して、空になった銀杏の中に魚釣り用の錘《おも》りの板鉛を細く切りきざんで詰めたり、なかには水に銀杏を浸して穴の部分を水面に出し、ここに溶かした鉛をつぎ込む（この技術は難しい）。そして穴の部分をご飯粒でふさぎ、わからないようにする。こうすると重いから命中率もよくなる。ところが悪知恵はすぐばれるのである。あまりに転がらない銀杏を誰かが発見し、ひそかに子供から子供へと伝わり、ゲームをしようとその年長の子がやってくるが、この卑怯者とゲームをする子はなく、みな尻ごみした。しかし多くの年長の子は、ゲームでたくさん銀杏を取ると、半分近く返してくれたりもした。

こうした〝銀杏打ち〟（胡桃もある）のゲームは伝承され、のちに町の子がよく遊んだ、焼泥玉玩具（ガラス玉以前の土玉）、そしてラムネ瓶から生まれたガラス玉のビー玉遊びとなり、ゲームの方法も豊富になった。

銀杏を投げる遊びはもちろん、ビー玉の遊びすら近頃ではすっかり見なくなってしまった。

押し競べ

〝押し競べ〟の遊びは、路地の陽だまりや、蔵の立ち並ぶ裏通りの日向で昔はよく遊ばれたものである。

遊び方は、二人の男の子が相撲を取るように四ツに組み、それぞれの後足踵に線を引き、互いに押しあい、押されて踵の線を踏みきると負けになる。単純な遊びであるが、寒くてたまらない子供たちの温かさをとり戻す精いっぱいの遊びであった。

これと同じような遊びで、五〇センチ間隔の線二本を地面に引き、二人の子が両足の爪先をこの線につけて対面に立つ。そして両手で突き合って相手の体勢を崩して勝ち負けを決める。すなわち線を越えたり、または両足を乱すことであるが、上手な子は両手突きを受けるかのようにして、相手が突いてくるとパッと両手を左右にひろげる、突く者は相手の両手がないから相手の胸を突き、体勢が乱れて負けとなる。この遊びは現在でも遊ばれているようだ。

●棒押し

これは一本の棒を互いに押しあう力競べの遊びで、子供遊びというより、商店の番頭や丁稚たちが、店閉めののち、ひとときの遊びに競ったものである。棒はうどんやそばの麺棒を使用し、押し技のコツは棒の握り方と両足の踏張りにあり、単なる体の押し合いより面白い。この棒押しは後にさまざまな棒技を生み出し、独得の競技遊びがあった。

●押しくらまんぞ

〝押し競べ〟と同じく冬の遊びで、子供たち同士互いに体を押し合い揉み合い、体を温める遊びである。まず地面に円形の線を描き、この輪の中に多勢の子が入り、尻を円の中心にむけて前かがみになって、互いにワッショイワッショイ！と押し合う、そのとき子供たちは、

おしくらまんぞ（まんじゅう）
おされて　泣くな！

と大声を張りあげながら押す。押し出されて円の線外に出ると再び円内に戻ることはできない。こうしてしだいに円内の子は少なくなり、最後まで残った者が勝ちとなる。

●目白押し

この遊びも〝押し競べ〟の一つで、やはり冬の最中、南向きの蔵の壁や塀などに子供たちが一列に並んで、日向ぼっこをしたときに遊ばれた。五、六人の子が並んで暖まっていると、他の子供たちも集まってきてその横に並ぶ。すると端の方の子が壁や塀からはみ出してしまう。はみ出すと冷たい風を受けて寒いから、並んだ列の中心にむかって押し返す。すると逆に押し返される。初めは静かに押していたが、しだいに激しくなり、「ゆっさ、ゆっさ」と両端から押し合い、ついに中心にいた子が列からはみ出してしまう。はみ出したその子はすぐさま両端に走っていって列に加わり再び押し返す。

この子供遊びは、渡り鳥の目白が小枝に列をなしてとまっているところと同じである。子供たちと同じように、やがて目白の数が増えてくると、枝にとまりながら右に左に押し合い、押し出された目白は枝の端から飛び去り再び同じ枝の端にとまり押し返す。こんな小鳥の生態に子供の日向ぼっこの遊びが似ていることから「目白押し」という名がつけられたのである。

太鼓

〝太鼓〟と子供のかかわりでもっとも密接であったのは、江戸時代における初午祭りであろう。その次には夏祭りや秋の祭礼の太鼓となるが、初午祭りは京の地蔵盆などと同じように、江戸の子供の祭りで、これほど子供たち本位に太鼓を叩き、踊り狂ったものは後にも先にもない。

江戸には「伊勢屋、稲荷、犬の糞」と、多いもののたとえとされるほど、稲荷神社が町人の屋敷や武家屋敷内の諸所に祀られていた。享保元年（一七一六）『江府年中行事』（『続江戸砂子』享保二十年（一七三五）刊）に、

諸所の稲荷の社、或は屋敷町屋の鎮守の宮に、五采の幟をたて奉幣し、神楽を奏す、とりわけ江府は稲荷の社多き所にて参詣群衆の人涌くごとし……

とある。また『江都年中行事』（寛延四年（一七五一）『江戸惣鹿子名所大全』）にも、

……江都は余国にかわり、市中にも銘々屋敷の鎮守に稲荷を勧請して、所として此神を祭らざるはなし……

と記述されているところからみると、いかに多くの稲荷大明神を祀る社があったかを知ることができる。とくに将軍家重、家治の時代（延享末年～天明六年〔一七四七～八六〕）は、稲荷の社を屋敷内に勧請することが激増した。

俗説によればその理由は、時の政権を欲しいままにした田沼主殿は、稲荷大明神に開運を祈願し、功徳によって大出世をしたということであるから、出世を願う武士はこのような御利益にあずかりたいと稲荷を信仰し、屋敷内に社を建てた。そしてついには旗本八万騎の家々には大なり小なりの稲荷を勧請していたそうである。もちろんこの影響を受けて、開運を願うのは武士ばかりでなく、町人にも波及し、町家の屋敷内から棟割長屋の隅に、はては郊外の農家にも稲荷の社が建つほどであった。

天明六年（一七八六）さしもの賄賂政治を横行させた老中・田沼意次は失脚し、将軍家齊の時代となったが、稲荷信仰は衰えるどころかますます盛んになり、十七年後の『江戸年中行事』（享和三年刊）にも、さらにこれより三十五年後の『東都歳時記』（天保九年刊）にもその賑いが記されてある。とくにこの『東都歳時記』には「市中には一町に三五社勧請せざる事なし」とあり、「桃灯行灯をともし、五彩の幟等建つらね……又男児祠前に集りて終夜皷吹す」と記されてあり、この頃より初午に太鼓を打鳴らし笛を吹く子供らの姿が記載されている。

このように江戸府内の稲荷神社から武家屋敷、それから各町内に点在する家敷稲荷までその賑わいの様子がうかがえる。

これほどまでに楽しい初午であったから、例年の初午祭りが近づくと市中には「初午の以前、絵馬太鼓の商人街に多し」（『東都歳時記』）とあるくらい、街には初午用具を売る行商姿が現れ、これを見る子供たちの胸のうちはすでに初午祭りが始まり、落ちつかない日々が続いたことであろう。このような世態を写したものに『絵本風俗往来』（菊地貴一郎著、明治三十八年刊）がある。

太鼓の大中小、外に〆太鼓、カンカラ太鼓を天秤に荷いドンドンと打ち鳴らしながら、市中に売りあるくは、例年正月二十五、六日頃なり、最早二月初午稲荷祭の売り物、この太鼓売の来たる頃は家内の歌碑、双六遊び、福引、おかめつけ、家外つく羽根、凧も少しく飽きたる時にて凧問屋の店も稲荷祭の灯籠の画をかけ、太鼓打ち棒を並べ商うより、子供等も一変せる。初午遊びの間近きさま、その楽しみまた改る。

と、子供たちが正月後の楽しみに、初午によせる心が伝わってくるようである。もちろん武家屋敷でも表通りの大店でも、太鼓や狐面などを買い求め、近所の子供衆に叩かせるために、あるいは太鼓の皮を張り替え、準備をしたものである。

子供の叩く太鼓は、鈴木春信が描いた「子供初午神楽奉納」をみると中太鼓、大太鼓、カンカラ太鼓を叩く様子がうかがえる。

『絵本風俗往来』より

太鼓を定義すると、木をくり抜いて胴を作り、この両面に皮を張り、桴《ばち》を持って打つ楽器であるとされる。この太鼓は中国から渡来した振鼓《ふりつづみ》から変化したもので、古くは仲哀天皇九年、神功皇后が新羅を征伐した時、太鼓をもって兵の進退の合図としたといわれ、または大同四年（八〇九）と喜祥年代の宮符には唐楽、高麗楽などに鼓手や鼓生と記載する鼓から分れてできたもので、このあたりがわが国の太鼓の始まりである。先に述べた子供の叩く中太鼓は、太鼓の胴を広く大きくして両面に皮を張り、下に据え置くか台座に置き、片面を撥で叩くもので、これは江戸初期頃からできたものである。主に神楽、盆踊り、歌舞伎などに使用され、これを宮太鼓などともいう。〆太鼓といわれるものは、原型の振鼓形式を残しながら、太く平らな木の胴に枠に皮を張りつけた二つの面を調紐で締めたもので、撥で叩くと高い音色が出る。主に舞楽、田楽踊り、はやしだ太鼓踊り、神楽、民謡の伴奏にもなるものである。また、カンカラ太鼓とは、細い棒で叩くとカンカラと鳴ることから名付けられたもので『守貞漫稿』（喜田川守貞編、嘉永六年（一八五三）刊）には、

> 京阪の櫓太鼓、相撲、芝居ともかん太鼓と云ふ小形の物を用ふ、江戸俗云、かんからだいこ也、ともに其音によりて俗呼する者也

とある。

このようなさまざまな太鼓を子供たちは稲荷の祠の前で叩き、篠笛を吹き、面をつけて初午に踊るのであるが、その様子を『絵本風俗往来』に見ると次のようである。

> 市中の初午祭　江戸町中稲荷社のあらぬ所はなく、地所あれば必ず稲荷社を安置して地所の守り神とす。初午祭は盛不盛の別はあれども必ず行なう。まず裏長の入口、露地、木戸外へ染幟一対を左右に立て、木戸の屋根へ武

者を画きし大行灯をつる。露地の両側なる長屋より表家共地所中の借地借家の戸々に地口画田楽灯籠をかかぐ。稲荷の社前にて地所中の児童太鼓を打ち鳴らして踊り遊ぶ。借地借家の住人より集金して社前へ供物を奉る。これ最も下等の祭礼なり。祭費は皆地主の負担する所とす。その外、地所により盛祭の催しありて実に繁昌したり。

武家邸内の初午　武家邸なる初午稲荷祭は、邸の前町なる町家の子供等を邸内に入ることを許して遊ばしめられ、邸内にて囃屋台をしつらえ、二十五座、三十五座の神楽を奏し、または手踊の催しより、種々なる作り物あり、花傘被える地口画灯籠を、数多く、裏庭より家中の長屋の門口に立つ、夜に入るや武骨の武士、女子のいでたちして俄か踊りの余興など始まるもあり、殿君、奥方、若君、姫君より御殿女中の、透見もし給うあり。されば二月初午は例年市中賑わうこと夥し。

このように町家や武家屋敷ともども、町の子供は日頃の制約から開放されて、この日ばかりは稲荷の社前で思い切り騒いでも、少々の無礼もおとがめがなかった。

子供たちは馬鹿面の汐吹き（ひょっとこ）をかぶり、狐面の子にからまり踊り、太鼓を破れんばかりに叩き、笛を吹き鳴らした。そして踊りながら、

〽いなり大明神のお狐さまだ（稲荷大明神の拳族）だれもかれもよってきな！　なんじょそこらの笛の音は、はでに吹かれる草刈に荷をおきならった妙の音ふうふう、ふうふう吹くのはふいごの音だよ、よく合せてさ、さあってトンチンカンチンからかねぎぼしだァ。京の五条のからかねぎぼしだ。今日の初午の太鼓の音じゃ、うつならうてうて、トンチンカン、ドコドコドン

（『子ども歳時記』藤沢衛彦著、一九六〇年）

子供たちはこうした尻取り唄をうたい踊った。そして空腹になれば、赤飯、菜飯、田楽、煮しめなどの御馳走があり、天下晴れての子供さまさまの日であった。しかしこのような騒ぎを一切しない稲荷社を祀る町家がときどきあった。そんなときは悪童連が集まり、

稲荷万年講、御稲荷さんの御初穂　ごじゅんにて、御上げ、おあげに戸あげ　戸あげの上から落《おっ》こちた、赤いチンコを摺りむいて、膏薬代おくれ、おーくれ〱　小判のはしを、ちょいと切っておくれ　おーくれ〱。

と大声を張上げながらその店に押しかけ、首尾よく五厘銭一枚でも出してくれれば、

身上や身上や、五千円の身上金蔵建てろ

といって手を叩いた。そして反対に銭をくれないと、店先で、

　貧乏や貧乏や、金蔵つぶせ金蔵つぶせ

と大きな声を張りあげて騒ぎ、往還を行く人々が何事かと振り返るので、店の番頭も困った顔をしたものである（明治〜大正の頃）。

　初午の祭りは江戸から東京となっても、稲荷社の初午祭りはそのまま引き継がれ、さすがの稲荷万年講も浅草では昭和初期まであったといわれるが、しだいに姿を消していった。山本周五郎の小説『青べか物語』にも浦安の子供たちが稲荷講で叫ぶくだりが出てくる。

　昭和初期には筆者も初午で踊りや太鼓を叩き、あまり激しく暴れたので屋台小屋が総崩れて大騒ぎを引き起こしたこともある。当時どこの家にも子供の太鼓があり、初午や夏祭りなどの前後には、子供が集まって太鼓を叩き遊んだものであるが、戦争になると初午も夏祭りも簡単になり、太鼓の音はしだいに消えていった。

　戦後初午祭りを昔のようにする家はすっかりなくなり、名だたる稲荷神社のみが祭りを行うが、ここには子供の太鼓もお面で踊る姿もなくなった。そして各家の子供の太鼓もいつのまにか姿を消していったことはいうまでもない。

鞦韆（ぶらんこ）

幼い子供たちはぶらんこが大好きである。親たちもこうした子供ごころを察してか、子供の集まる遊園地や公園、幼稚園など、どこへ行ってもぶらんこの二吊や三吊はかならずといってよいほど設けられている。なかには住宅の庭にまでぶらんこを作る親たちがいるくらいだから、いかに子供たちに愛用される遊び道具であるかがわかる。

　ぶらんこが、これほどまでに子供を虜にするのは、身体が軽快に空中に舞いあがり、急降下すれば軽いめまいに似たスリルを感じ、なんともいえぬ快感がともなうからである。

　ぶらんこは親たちが子育てのために単に思い付きで作られたものと思われがちであるが、ところが意外にも隣国の中国に遠い歴史をたどるものがあり、単に子供の遊び道具といえないものがある。それは〝鞦韆〟と書いてぶらんこと読ませるところに凝縮された歴史がこめられている。

「鞦韆《しゅうせん》」とは、もと秋千と書くぶらんこのもっとも古い名で、中国（宋〔九六〇～一二七九〕の時代）の『事物起原』によれば、斉の桓公が北夷征伐の折、蕃人の娘が、細縄を樹にかけて軽趫している態を眺め、凱陣のときに中国に伝えたといわれる。以後、中国ではこのぶらんこを三月の寒食の日に婦女子がこれに乗って遊んだということである。この風習は後に朝鮮に伝えられたが、寒食の鞦韆の行事はいつの間にか五月の端午の日に行うようになった。朝鮮の『冽陽歳時記』（金邁淳《キムメスン》著、一八一九年）によれば、この日は都鄙を問わず、美しい衣裳をまとった青年男女がご馳走をととのえた席に集まり、嬉々として高い樹木から吊られた鞦韆にのってたのしむさまは、正月のようだったと記されてある。現代でも朝鮮にはこの鞦韆の遺習が伝えられているといわれる。

　わが国の鞦韆は、文献によると弘仁年間（八一〇年代）にすでに移入されており、嵯峨天皇の詩に、

　幽閨人粧梳早、是正寒食節、共憐鞦韆好、長縄高懸二芳枝一、窈窕翩翩仙客姿……

とあり、天皇はこの鞦韆に興味を示した様子が知れる。さらに約百年後には、源順撰『倭名類聚抄』（承平年間〔九三一～九三八〕成立）の雑芸部に、

　鞦韆 秋遷二音 和名由佐波利 以綵縄懸空中以為レ戯也

とある。ここには鞦韆を和名でユサハリまたはユサフリといっていることからもわかるが、専ら貴族占有の遊びとして名称であった。この後「ユサハリ」の記載文献は少ないが、おそらくは、しだいに貴族社会から下って庶民の間に広がっていったものであろう。

　ぶらんこが庶民の子供の遊びとして登場するのは江戸時代に入ってからで、天保十一年（一八四〇）狂文亭春江の『六玉川』の句に、

　ゆさはりは子僧をのせてあやまらせ

とあるところから知ることができるが、この頃になると、「ユサハリ」の語も自然に使われなくなったのではなかろうか。そして横枝に縄を結び吊るす、ぶらりとぶら下る見ためから「ぶらんこ」の語が使用されるようになった。ということは大人たちのものから子供のものとなった証ではなかろうかと思う。これより十一年後に発刊された曲亭馬琴の『俳諧歳時記栞草』（嘉永四年〔一八五一〕）には、

　罥索、ゆさはり、ぶらここ……

とあり、さらに十一年前の文政十二年（一八二九）の小林一茶の『一茶句集』に、

　ぶらんこや桜の花を持ちながら

とあり、この頃に「ゆさはり」「ぶらここ」とも呼ばれつつ、現代でいう「ぶらんこ」になっていたのである。

さて子供たちの占有となったぶらんこは各地方にも広がりをみせたものと思うが、『全国方言辞典』（東條操編、昭和二十六年）にみると、約五〇種のぶらんこ方言がある。これによると、西の方のぶらんこ方言は、ユサハリの流れをくむ、揺る語が多い。たとえば、

ゆーさ（宮古島）、ゆっさんご（宮崎県）、ゆくさんご（肥後菊地郡）、ゆーさー（熊本、鹿児島）、いさんご（肥後、菊地郡）、えーなき（奄美大島）、うんじゃーぎ（沖縄、首里）、さんがぶるー（福岡県種屋郡）

ところが東の方になると、突いて動かす語が多く、

どーらんぼ（栃木県那須郡）、どんずり（神奈川県小田原）、どもんも（茨城県真壁郡）、やれんちょこ（千葉県安房郡富浦）、どんがね（千葉県東葛飾郡）、どんづき（山形・栃木県河内郡、群馬南部、静岡小笠郡）

以上のように方言の特徴は、ぶらんこに子供を乗せてゆさぶり動かす時の掛声のような名ばかりである。この他、童謡にぶらんこの歌があるが、いずれも幼な子もので、日本には中国や朝鮮、韓国にあるような青年男女のぶらんこ遊戯はない。ヨーロッパでも、ブリューゲルの「子供遊戯」の絵の中にぶらんこの絵があり、ゴヤの銅版画にも老人のぶらんこの絵があり、東洋ばかりでなくヨーロッパ、東南アジアにもあると聞く。ぶらんこは単に幼な子の占有遊具でなく、かつては大変な歴史があることに驚く。

現代では公共施設の公園や遊園地にかならずといっていいほど、ぶらんこの設備がある。

『尾張童遊集』より

春駒

〝春駒〟は笹竹、または一本の細竹を跨いで遊ぶ竹馬を玩具化したものである。この笹竹を跨ぐ竹馬は、平安朝の頃から子供の騎馬遊びに愛用されたもので、江戸時代でも子供の間で遊ばれたが、やがて高足、鷺足系の竿《さお》竹に横木をつけた竹馬の出現によって消えていったものである（「竹馬」の項参照）。

万治三年（一六六〇）刊行の松江重頼撰『懐子』に、

若竹の馬づれやすみな懐子

とあり、また寛文五年（一六六五）刊の『続山井』には、

はねちらす篠はこゆきの竹馬哉　如貞

という句があるが、これは笹竹の竹馬に跨って走り跳る子供のようすを詠んだものである。しかしこの笹竹の竹馬で遊ぶ子らの年令は、『太平記』（応安（一三六八～七四）の頃成立）に出てくる竹馬遊びの子供たちよりも幼いのではなかろうか。

この頃（寛文の頃（一六六一～七二））になると、竿竹二本の（高足、鷺足系の）竹馬で遊ぶことが子供の間に広がりつつあった。それは岩瀬京山（山東京山）著の『蜘蛛の糸巻』（弘化元年（一八四四））に、当時を回想して、

寛文の十五、六の娘、竹馬に乗りて遊びし事を……

とあり、女の子も男の子同様に竿竹二本の竹馬に乗って遊んだものらしい。したがって、この竹馬に乗る技術習得が難しい幼な子たちは、これまでの笹竹に跨って軒下や庭先を走り回り笹の葉を散らかしたであろう。

笹竹の竹馬が幼児専用のものになると、必然的に親の目とどくところで遊ぶことが多く、しだいに親ごころが加わって笹竹の竹馬に変化がおきてくることになる。その変化のきざしは、まず安全な遊具にということから竹を削り、続いて竹に色が塗られたことであろう。もちろん縄の手綱も布製となり、そして馬頭の形を竹の先端につけたであろうと推測できる。

この親ごころの配慮の完成形として、ついに人形師が作る馬の頭がついた竹馬が登場する。安永二年（一七七三）、江戸の武蔵屋が刊行する『江都二色《えどにしき》』という書（わが国で最初の玩具の本）に、練物細工の馬の頭を一本の竹に取りつけ、末端の地面に着く竹の切り口に車をつけた竹馬の絵が掲載されている。そしてこの絵に次のような添文がある。

竹馬に老のこころもおさなぐさ
　満尾いたしてめでたきのぼり

この絵を見ると、練物のような（あるいは張子）馬の頭をつけた竹馬は完成されたもので、すでにこの種の竹馬は当時の江戸市中で市販されていたのであろう。

遊戯史研究の小高吉三郎氏は『日本の遊戯』（昭和十八年〔一九四三〕刊）の中で、この竹馬の出現は、

憶測を許されるとすれば、文物の爛熟期にあった元禄年間と見るのが至当のように思はれる。

といっておられるが、はっきりしていない。

嘉永六年刊（一八五三）喜多川守貞著の『守貞漫稿』には、

今世京阪には長き六寸許の馬の首頭を練物にて造レ之粉を以塗レ之表に画き、立髪をうえ、三尺許の女竹を柄の如くにつけ、竹の端に板の小車二輪をつけ、首を竹の接目には、紅絹を以て包レ之、児童乗レ之の体をなしまたぎ遊ぶ也、今江戸には無レ之

とあり、さらにつけ加えて、

江戸制は太也、竹馬と云ず春駒と云

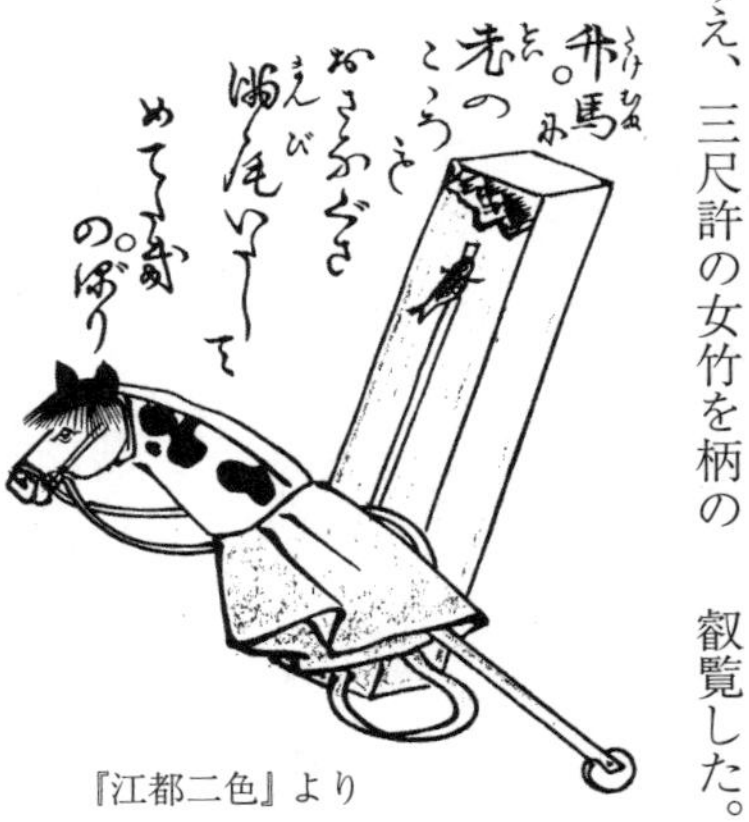
『江都二色』より

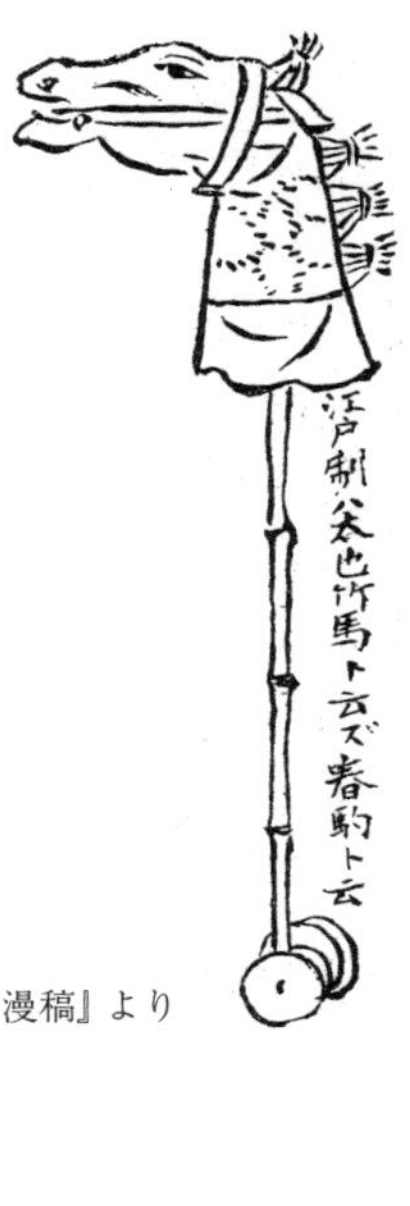

『守貞漫稿』より

といっている。ここで〝春駒〟と笹竹の竹馬に代る名が出てくるのである。この〝春駒〟のいわれについて、嘉永四年（一八五一）に刊行された曲亭馬琴編、藍亭青藍増補『俳諧歳時記栞草』に、

故事要言云、年の始に馬を作りて頭にいただき歌ひ舞もの、これ春駒と名づけて、都鄙《とひ》ともに有、是は禁中にて正月七日に白馬を御覧のこと有、是を下にうけてし侍るにや

とある。これは年の始めに陽を見ると、一年中の邪気を祓うという中国の故事からきたもので、青は春色で白馬は青味があることから、白馬を見ると春の気を受けるということになる。宮中では正月七日に白馬《あおうま》の節会《せちえ》といって天皇が白馬を叡覧した。この故事にならって江戸時代の初めに、大和の国

から春駒万歳というものが、馬の頭の形をしたものを頭に載せて、正月に諸国を門付《かどづ》けして歩いた。この万歳は享保時代（一七一六～三五）になると、頬冠りに縞の着物に手甲、パッチ姿で馬の頭の練物をつけた竹馬（春駒）に跨がり、三味線、太鼓に合せて踊った。そして文化、文政時代（一八〇六～二九）になると、これに十二、三歳の少女が加わり、門付けして歩くようになった。

この少女の門付け姿を現代までとどめるのは、日本舞踊に登場する春駒の扮装である。

このように笹竹の竹馬は、一部では練物や張りぼての馬の頭をつけた〝春駒〟という門付けの竹馬に変った。しかし庶民の多くの子供たちは、とくに幼い子たちの竹馬として、笹竹を跨ぐ乗馬遊びは変らない。

戦後関西方面で七〇センチ長さの棒の先に、発泡スチロールでできた頭形がつけられた玩具を見かけたが、流行らなかったとみえて再び街に現れることはなかった。

釜鬼

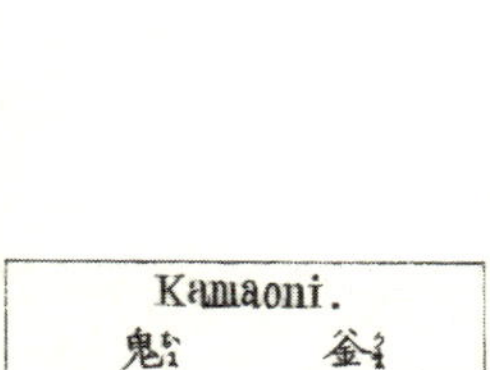

〝釜鬼〟とは、地獄の責苦の釜茹でに鬼獄卒が罪人を入れようとして、身元確認の手札ならぬ足札の履物の片方を奪い、この履物の順番で熱湯に罪人を一人ずつ投げ入れようと企む。これを知った罪人たちは、奪われた足札を取り返し、釜茹でから逃れようと鬼の獄卒の隙をうかがっては飛び込むが、鬼はこの足札を取られまいとして攻防戦がくりひろげられる。

はたしてこの遊びが、お寺の坊さんの説教講話から発想したものかわからぬが、石川五衛門の釜茹でや地獄の釜茹での責苦の説教話を昔の子らは誰でも知っていることなので、子供たちの創作でありそうなことである。

遊び方はまず鬼を決めなくてはならないが、大勢の子供たちの中から鬼を決めるとなると、履物が中心になる遊びのために、おそらく「草履近所」の鬼決め方法で決めたものであろう（「草履近所」の項参照）。鬼が決まると地面に円形を描き、

案を取り入れた。それは円の左右に梯子を描き、その脇に半鐘を描く。そして、

鬼さん鬼さん彼処《あそこ》が火事だ！

と、遊びが膠着状態になると叫ぶ。鬼は火事だといわれると、その半鐘のところに行き、それを叩く真似をしなくてはならない。その間に鬼の隙を狙って輪の中に入って履物を持って逃げようとする。しかし、

鬼のお釜にちょっと足入れて！

という声を鬼がきくと、すばやく戻ってきて子供を追う。追って捕えればその捕われし子は鬼となる。また、しだいに円の履物がそれぞれの持主に取り戻され、最後に履物一つだけ残ってしまうと、その履物の持主が鬼となるのである。

この遊びは下町の横丁の路地のようなところで遊ぶことが多く、なぜか春と秋がもっとも多く遊ばれた。そして不思議と夕暗迫る頃遊ぶので、時折豆腐屋が通ったり、大八車が通ったり、買物かごをさげたおばさんが通るので、遊びを中断して通り過ぎるのを待ったものである。だがときには、鋳掛屋のじいさんが酔って通るときなど、せっかく描いた円の中に尻もちをつき、わめくので、

やめたー！

とそれぞれが家にばらばらと帰った。

鬼は円の中に入り、他の子供たちはそれぞれが自分の履物の片方を脱いでこれを円の中央に配列し、片足で飛びながら円の外に出る。準備ができたら遊びが始まる。子供たちは、

鬼のお釜に、ちょっと足入れて！

と片足で飛びながら、円の中に入って履物を取り返そうとする。鬼は入ってくる子を追って捕えようとする。その隙に他の子がすばやく円に入って自分の履物を取ろうとする。鬼はその気配に気付くとくるりと回って再び追いかけ捕えようとする。しかし鬼は輪の外に出られないので途中で追うことを断念する。

子供たちは片足で立っているので行動が不便で、なかなか奪い取ることができない。そのうちくたびれて木につかまって休む子、自分の片足の上にもう片方の足をのせ（鶴が水辺で休むように）休む子などいろいろである。鬼も追いかけては円の外に出られず、くたびれてくる。

こんなとき、正面から攻め入るような恰好で、

鬼のお釜！

といって鬼の注意をひきつけて、後からすばやく片方の履物を持ち去る戦略をとることもあった。しかし鬼もすばやく、隙もなく、遊びが膠着して面白くならなくなるときがある。こうしたことから、近年の子供の〝釜鬼〟ゲームには新しい

●鬼のがんま

〝釜鬼〟の遊びに似たものだが、青森県津軽地方に「鬼のがんま」という名の遊びがある。「がんま」とは「かま」の転訛した言葉だといわれるが、遊びそのものも〝釜鬼〟の遊びが変形したもののようである。

これは二重の大きな円を地面に描き、内側の小さな円に鬼が立ち、外側の円内を子供たちが走りながら、

鬼のがんまさ　はァれば　けょる

とうたう。内側の円からは鬼は出られず、外側を走る子を手をのばしてつかまえようとする。これを振りきり体をかわしつつ唄をうたい、はやしながら外側の子は走る。そのうち鬼は外側の子の油断した隙に手をのばし、つかまえてしまう。鬼につかまった子は履物の片方を鬼に渡す。履物を取られた子は外側からこれを奪いかえそうと鬼の隙を狙って走る。こうして全員の履物を取り上げると遊びは終り、再び初めから遊びが始まるが、この場合は最初に履物を取られた子が鬼になる。

以上のような遊びだが、現代になると「S字遊び（または8の字遊び）」「宝島遊び」など、紅白に別れた集団での「つかまえ鬼ごっこ」と変り残存している。

メンコ

〝メンコ〟は、古くは「面子」「面模」「面形」「面打ち」ともいわれ、わんぱく遊び玩具としては、ベエ独楽、ビー玉とともに歴史も古く、現在もなお広く遊ばれているものである。

初期の〝メンコ〟は泥粘土で作られたもので、瓦や石に型を彫り、指輪のような金属製の輪を彫型の上において、上から泥粘土をつめて抜きとると、模様のついた小円形の厚いメンコができた。このメンコは厚さ四ミリぐらいで直径が三センチのもので、乾かして焼き上げると落雁のような固いものになり、さらに表面の影絵の部分に朱や青の絵具を塗るとメンコができあがった。これを泥面子と呼んだ。

江戸時代に生まれたこの泥面子は、明治に入って鉛製となり、木を経て紙となった。表面の図柄も形もそれぞれの時代相を反映しつつ変遷を重ね、現在の丸、角の紙メンコとなったのである。

この間、ほぼ二百年、連綿として伝承されてきたメンコ遊びは、現在でも全国津々浦々にまで浸透している。

メンコ遊びは、初めは現在あるようなメンコだけの独立したゲームではなかった。今日のゲーム方法は、明治初期の鉛メンコの出現から紙メンコに至る過程において完成されたもので、それ以前の泥面子の時代は穴一遊びの用具であり、遊び方法もすべて穴一遊びに含まれているものであった。

穴一遊びはそもそも、木の実や悪銭《ビタセン》を投げるゲームであるが（「穴一」の項参照）、一説には明和、安永頃から銭貨の代用となって泥面子が登場し転用されたといわれる。そして明治の中頃まで穴一遊びの専用玩具として遊び続けられた。

しかし、泥面子は穴一の銭貨の代用として使用されても、そのために作られたものではなかった。穴一遊びにいう銭形の泥面子は、ずっと後の寛政の頃に出現したもので、これ以前には同じ泥で作った小さなお面が使用されていた。メンコが古くはメンガタ、メンチなどと呼ばれたのもこの小さな面「芥子面」から発展したためである。

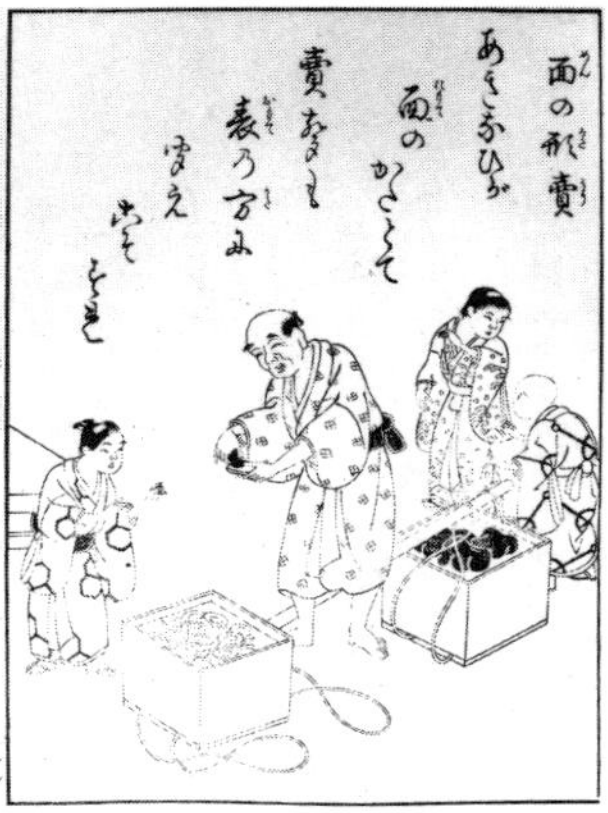
面形売り『絵本御伽品鏡』より

メンガタ（面模・面形）というのは「面、仮面、おもてかた」（『広辞苑』）のことであり、面であれば芸能に使用する面から、愛玩用の芥子面にいたるまで、大小にかかわらず皆そう呼ばれていた。

『源平盛衰記』（鎌倉末期～南北朝期頃成立）の中に「面模の下にて鼻をにがむる事に侍るなり」とあり、これは小さな面ではなく、人間が面《オモテ》をつけて鼻をしかめる様子で、子供遊び具ではないことがよくわかる。また、鎌倉時代には「めんかたとは湯桶よみなり」（『古今著聞集』）、「小姿の条に面かた一つありけるは其の面をして顔をかくして夜な夜な強盗をしけるなりと有、おもてかたと読むべし」（『鎌倉職人尽歌合』）とあるが、いずれも神楽や能に使用される面であった。

のちに述べる『嬉遊笑覧』では、メンコの説明に面模とあり、『守貞漫稿』には面形、「目付絵」には面がたとある。

メンコの古名である面模、面形とは一般的に「面」に関する呼称であって、芥子面から転用発展した泥面子は必然的にメンガタと呼ばれた。また、メンウチとは面を作る人をさしたものだが、面を打ち合う遊びのことから面打ちと呼ばれたか、面の凹型に泥を押しつけて作った面だからメンチと呼ばれたかはわからない。

さて、これから述べようとするメンコ遊びの面に近い小さな面に関する記録は、元禄になってあらわれる。

……『若葉合』と云ふ、歌仙の内に常陽花をどり指人形の軽はづみ、彼けし面は指人形の為に作れるなり
（『嬉遊笑覧』喜多村信節、文政十三年〔一八三〇〕刊）

「芥子面」は文字通り「ケシの実」のように小さな面ということであるが、いつ頃から作り始められたか、これだけでは決めかねる。ただ、面ではないが、貞享三年（一六八六）刊の『雍州府志』（黒川道佑著）の中に木彫の衣裳人形の小さいものとして「芥子人形」とあり、また『好色一代男』（井原西鶴著、天和二年〔一六八二〕刊）に芥《ケシ》人形おきあがり、『西鶴置土産』（元禄六年〔一六九三〕刊）に今戸の小人形などの記載があるところをみると、この頃ミニチュアの人形が盛んに作られたことから、たぶん芥子面なども作られたものと考えられる。

この時代には土人形の産地が全国に分布しているから、人形製作の合間にきっと芥子面なども作られたのであろう。今日保存されている芥子面の多くが、これら土人形の産地であることは、その裏づけとなるのではないか。

土人形の生産地の隆盛期を享保以前に限って見ると次の通りである。

花巻人形（享保頃）　堤人形（元禄頃）
今戸人形（元禄頃）　伏見人形（寛永頃）
博多人形（慶長頃）　古賀人形（文禄頃）
帖佐人形（慶長頃）　金沢人形（正保頃）

独得の形と絵付けで庶民に愛玩されたこれらの土人形は、今日までその伝統を受け継ぎ、郷土玩具として生産されているものも少なくない。今戸や博多、伏見では後世、泥面子の生産も多かった。

しかし、芥子面は芥人形とともに一般に売り出されてはいたけれども、多くは婦女子に愛玩された土産物的なもので、男の子の賭事である穴一遊びに用いられることはなかったのではないか？

この疑問に答えてくれるにはあるきっかけがあった。それは、享保十二年刊行の江戸の「目付絵」で、この中に「めんがた大坂下り」とある。これは『守貞漫稿』（喜田川守貞編、嘉永六年〔一八五三〕刊）に記載されたものだが、このめんがたは「お面」の面模《メンガタ》（能楽、その他）ではなく、泥遊びのお面づくり用の玩具で、面を瓦に彫りつけた凹状の「型」である。

今小児のめんがたは面模《メンガタ》なり。瓦の模《カタ》に土を入れてぬくなり、また芥子面とて唾にて指のはらに付る小き瓦の面ありしが、今はかはりて銭のやうに紋形いろいろ付たる

面打となれり

（『嬉遊笑覧』喜多村信節著、文政十三年〔一八三〇〕刊）

一つの面模（面の凹型）からたくさんの面が自分たちの手で作られるという喜びは、子供たちの間にたちまち面模遊びをはやらせた。

この遊びが「大坂下り」、すなわち大坂から江戸に伝えられたのである。初めのうちは、単純に小さな面を作って遊んでいた子供たちの間で、次第にその持ち数と種類を集めることが争いの的となってきた。所有欲は自然に「賭け」となって合法的な取得競技を生んだ。そして〝メンコ〟遊びは、おのおの面模から作られる面の交換によってより多くの種類や数を集めることから、最後には面を賭けるゲーム（穴一）に移っていった。

『守貞漫稿』より

小さな子供たちは、年長の子供のする銭を打つ賭博的な遊びをまねて、面模を用いた穴一を興ずることになった。遊びのスケールも次第に大きくなる頃、年長の子も混じるようになり、面模は手作りの面だけでなく、婦女子の愛玩である芥子面まで利用されるようになった。

この遊びが盛んになるのも、それなりの理由があった。それは穴一の遊びが銭を投げ打つことから大人たちのひんしゅくをかう遊びであり、おおっぴらにゲームを行なうことができなかったのだが、泥面の〝メンコ〟遊びは大目に見てもらえた。表向きは泥面遊び、裏向きは銭のやりとりが介在していた御法度のかくれみのだったのである。

こうした路上での子供の遊びを土人形作者の大人たちが見逃すことはない。いち早くこれを察知して趣好をこらして、上方の面模、芥子面などより銭形に近い泥面を作って、番太郎小屋（駄菓子屋）や祭りで売り始めた。これが「紋打ち」という泥面子である。

ではなぜ泥面子には紋章を型どったものが多く、面のものがあっても少なかったのか。まず銭形には紋章が丁度良いこと。それからこの紋板を利用することが「紋紙」という「ひっぺがし」「一本むき」などという賭博の影響があったためである。このくじは、明和年代より寛政にかけて流

『風俗野史』より

江戸時代のメンコ遊び

行ったものだが、この命脈は戦前まで駄菓子屋に置かれて、子供たちのお楽しみのくじであった。

紋板の多くは、当時の子供の関心事である人気役者の紋、火消しの纏、角力、芝居、地口、江戸の地名、商売往来、英雄もの、いろは文字、鳥居など、泥面の表にあしらった図柄は、二千種類にも及んだといわれる。

窯場から小商人の手を経て売り歩かれたこの泥の面子は、子供たちをおおいに魅惑した。その結果「大坂下り」の面模遊びは次第に減り、幼児の土いじりの域にとどまった。

面形売、今は売巡らず、番太郎店（駄菓子屋）にて売レ之土形也、小児此形に土を納めあてれば面となるもの也、今製は甚だ小也（『守貞漫稿』）

と、その人気も下った。

面模遊びはそのまま失われてしまったのではない。現代でもその遊びの流れは残っていて、おもちゃ屋などに並んでいる。用具（面型）はプラスチックとなり、粘土は化学的な色粘土（プラネンド）となっているが、遊び方は今もって変らない。

私の幼い頃、学校の門前にゴザを敷いた老人が、小さな土製の面型を並べ、型抜きした面子に金銀粉をつけて売っていた記憶がある。「ネンド屋、面カタ屋」と呼んでいた。子供が小さな型で損傷なく面を抜いて、ネンド屋のおじさんに見せると点数をくれた。二ツ三ツ買ってその出来上がりの点数が多くなると、おじさんは大きな軍艦の面型をくれた。最近はすっかりこの売屋もなくなって姿を見ることもないが、昭和四十五年頃に浅草の橋場で見かけた。だが昔のような子供の集まりはなかった。

なお芥子面はその後衰えることもなく、地方の土人形産地では引き続き作られており、銭形面子の盛んであった江戸（今戸焼）と異なり、土人形の入った籠の中に甘酸っぱい膠の匂いとともに売られていた。

江戸時代から昭和までの面形

泥面子のゲーム

●きず

前にも述べたように、泥面子を使ってのゲームはすべてにわたって「穴一」ゲームを使用したが、とくに泥面子で愛用されたものに、穴一で著名な「きず」がある。「きず」は江戸におけるゲーム名で、京にては八道（むさし）と呼んだ。

京の小児、むさしと云。大坂にて、ろくと云。泉州及尾張上野陸奥にて、六道《ろくどう》と云。相模又は上総にて、江戸と云。江戸の町〻にたとへて云。信濃にて、八小路《やこうじ》といふ。越後にて、六道路といふ。奥の津軽に、をえどゝ云。江戸にて、きずと云。江戸田舎にて、十六といふ。（『物類称呼』安永四年〔一七七五〕刊）

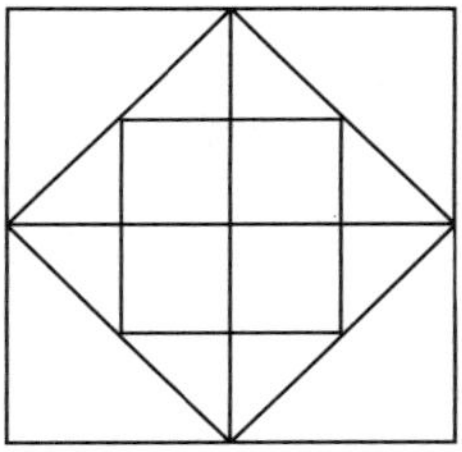

きず（『守貞漫稿』より作図）

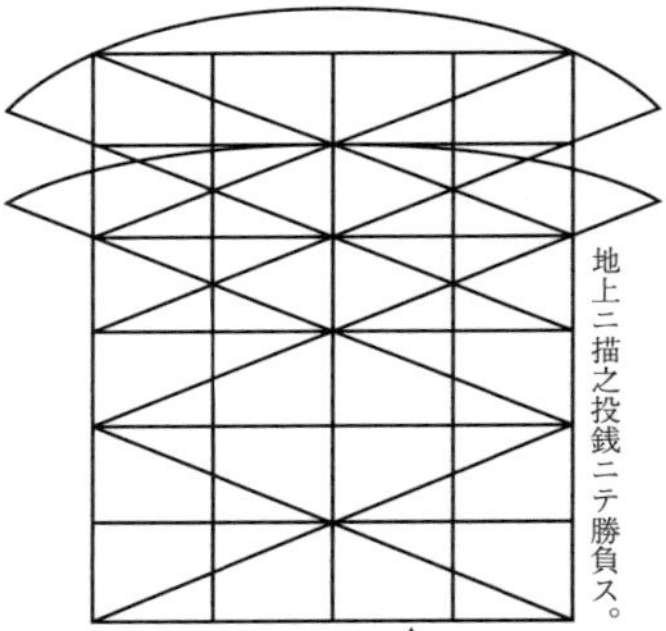

六道（『守貞漫稿』より作図）
地上ニ描之投銭ニテ勝負ス。

とあるように、それぞれの地方によって呼び名があった。

これは図のように、六から一六ぐらいの区画の図を地上に描き、図より数メートル離れたところに横線を引き、踏切とする。順位を決めたうえで、負けた者がまず自分ののぞむ図の線枠内に玉（銭・泥面子）を投げるか、または約束の線枠内においておく。次の者は踏切線から図におかれた玉を狙って投げる。この投げた玉が、線枠内の玉に重なれば、おかれた玉を取ることが出来る。もし線の上や区外に出てしまうと相手に玉はとられてしまう。この方法で順ぐりに行なうゲームである。このゲームはもっぱら銭を玉として行なうもので『物類称呼』などにも、

わらべの地上に大路小路の形を書て銭を投てあらそひをなすたはふれ也

と記されている。泥面子が穴一ゲームに使用され始めたときには、もっとも銭形に近いところからこの「きず」のゲームが盛んに愛用された。ところが、銭の厚さは薄いために相手の銭にのせることは容易であるだけに、またスリルもあったが、泥面子になると地厚のために成功率が少なく、このゲームでは投げることより、転がして相手の面子によりかけることになった。さらには、地上をすべらせて線枠内の泥面子を弾き出すゲームが生まれた（明治の「きず」）。また、一部には

上から狙い打ちに投げる方法もあった。そのゲームが次の「面打ち、紋打ち」などのゲームで「きず」とはいわない単純なもので、穴一の「むく打ち」と同じものであった。

●むく打ち・面打ち・紋打ち

これは用いる玉の材料によって名付けられたもので、木槵樹《むくろじゅ》の実を打つのがむく打ち、泥面子を打つのが面打ち、銭形の小円型の表面に紋をレリーフしたものを打つのが紋打ちである。

ゲーム方法は、「きず」のように細分化した線はなく、まず地上に横線を引き、参加者が二、三個の株玉を出資してこの線上に玉を散らしおく。順番が決まると、横線より数メートル離れたところに踏切り線を引き、ここから当てるべき玉を狙って玉を投げ打つ。当たればその玉を取ることが出来る。当たらなければ、次の者が同じように投げる。

この遊びは大正の中頃まで、東京の深川あたりでやっていたという。玉は深川八幡の金獅子の芥子面子であった。しかし、どちらかというと相手の面を打ち割るほうに主点が置かれていたようである。面子が以前は面打ちと呼ばれたのもこのためであろうかという説もあるが、いずれにしてもこのように打ちつけるほうが強烈で刺激があったのだろう（「穴一」の項参照）。普通、銭打ちや穴一では相手にあてる場合でも上から載せるように投げる。打ち割るときには木の実のような球形のものに多い泥面子を用いて打ち割るのはめずらしい例であろう。

もともと面打ちとは、面を作ることを面打ちといい、面模で面を型抜きすることも面打ちといった。この面打ちがメンチとなり、現在でも埼玉県の一部では面子遊びのことをそう呼んでいる。

面子は小さな面の愛称である。東京の三多摩地方や東北では現在でも芸能面のことを「面子」と呼んでいる。いわゆるメンコという呼称はこうして面模、面打ち、面子と変遷してきたものであろう。また一説には、面子遊びが次第に幼児の遊びと化した結果であるともいわれる。

●字か無か・摺鉢転がし・字返り・面徳

字とは銭の表のこと、無は裏のこと。すなわち表か裏かをあてるだけの単純な遊びである。銭を何枚か重ねておいて、一番下、あるいは適当なところを持ち上げて当てたり、空中に投げあげておいてそれを受けとり手の中の銭の表裏を当てたり、また、五〇センチ位のところから銭を落としたりもした。その遊びが面子で行なわれることもあったのである。

摺鉢転がしも同じようなもので、摺鉢のふちから銭を転がして底に落ちた銭の表裏を賭ける。字返りは、平面に置かれた相手の銭のふちに、自分の銭のふちを重ね、引きながら押すようにして力を入れ、下の銭をひっくり返す遊びである。ただ、反転だけではなく、その銭を自分の上に乗せないと勝ちにならないゲームもある。

面徳は、ゲームに参加する者から一、二個ずつの玉（泥面子）を集め、一人がこれを両手に入れてカラカラ上下に振る。そして地面にひろげた中から裏になった面を除いていく。こうして二度、三度と振っていくうちに、最後に残った面が勝ちとなる。はじめの頃は泥面子（銭形）を用いたが、のちにはおはじき用の極小の面子で遊ばれるようになった。この面子がなくなるとともに遊びもなくなった。

面徳ゲームは、関西で主に流行ったものらしく、ベエ独楽を「貝徳」といったことからも、そう考えてよさそうである。

これまで述べたゲームはいわゆる「穴一」ゲームである（「穴一」の項参照）。銭や木の実の代わりに泥面子を用いるからといって、特別変ったものではないが、地面に線を引いて行なうゲームは、総じて「筋打ち」と呼ばれた。

「きず」の図柄と凧の骨組みがよく以ていることから、「御用らが、こぞると凧の骨を書」と、こうした川柳がつくられるほどこの遊びは庶民の子供たちの間で、ベエ独楽遊びとともに熱狂的にもてはやされていた。

数年前、東京麻布広尾の寺で墓地改修の折、有馬藩江戸の屋敷の墓地、江戸時代後期に夭折した幼児の柩から紋面子が数個発見されたと聞いた。庶民の子ばかりでなく、武家の子供たちの間でも遊ばれたものであろうか。

江戸、京坂に流行した泥面子は、地方にも流れて、木の実などの遊びとともに発展していった。明治になってもこの遊び具は衰えることもなく引き継がれたが、一二、三年頃、東京、大阪に鉛メンコが現われるあたりから、泥面子の時代は漸く衰えていった。

鉛メンコは都市中心であって、地方にはその波紋を広げてはいないが、一部地方にはその後も泥面子が残遊されていた。次に、明治の泥面子遊びの最後のゲームをみてみよう。

●福徳弾き

福徳とは、明治初期に流行った「ガラガラ煎餅」という食玩の中に入っている「種玩物」のことである。そこから福徳という名が生まれた。この名称と遊びは、金沢地方のものであって全国的ではない。種玩物は練物製（泥焼物）で、能面、人形、魚、鳥、獣などの形を美しく胡粉で下地を作り彩色したものであった。この遊びは、縁側、張板などに枠線を描き、三、四尺離れたところから、枠内に互いに出資した面子をねらって指で弾く。中の面子を枠外に弾き出し、しかも自分のものが枠内にとどまれば勝ちである。路上の穴一と同じである。

この他に「落トシコ」というのがあり、ビー玉遊びの「目玉」と同じであるが、ただ当たったとき、相手の面子が裏返しになったときに勝ちになる。

●立ちぐわえ（きず）

地上に「女」という字を少し崩して描き、中心の三角枠の中で勝負する。東京で遊ばれたもので一名「きずの立ちぐわえ」ともいう。

まずジャンケンで負けた者が、枠内に泥面子を置く。勝った者は、地上の泥面子を狙って目の下から自分の泥面子を落とす。当てられた泥面子がひっくり返って、落とした面子の上に乗れば勝ち。前述の「落トシコ」に似ている。面子と面子が重なることを「くわえ」といい、面子が上になれば「上ぐわえ」、下になれば「下ぐわえ」である。

落とすときに、面子の端をうまく狙うのがむずかしい。そこがこのゲームのミソである。

●枡入れ（きず）

文字通り枡の中（図参照）に泥面子を入れるゲームである。約三メートルほど離れたところから、枡に向かって泥面子を投げる。甲なら一個、乙は二個、丙は三個というようにいずれかの線枠に入った数だけ相手から面子をもらうのである。

●きず（明治）

「きず」というゲームは江戸時代からあったものだが、東

立ちぐわえ

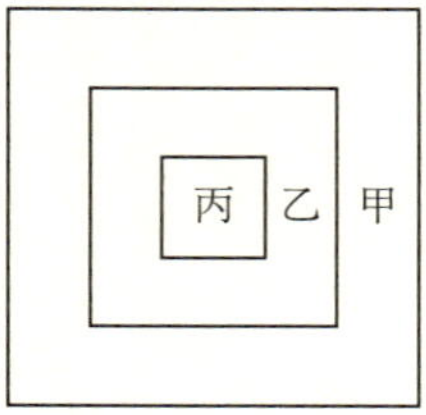

枡入れ

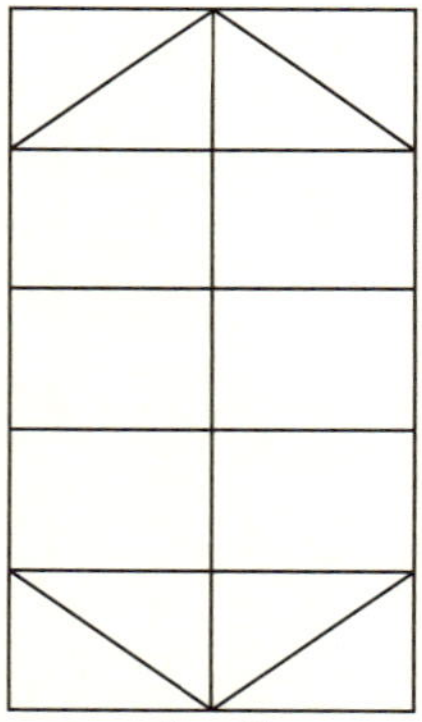
きず

きず

京（明治）となってから名前が残ってゲームの内容が変った。昔の「きず」は銭を打ち重ねるのが主目的であったが、泥面子の隆盛とともに厚い泥面子があらわれた結果、横から当てて突き飛ばす方法が生まれた。

まず最初の一人が図に向けて泥面子を投げる。筋（線）の上に乗らずに枠外にも出なければ生きている。次の者は、その面子に重なるように投げる。乗ればくわえといって下の面子をとれる。もし、くわえないでも、線にひっかからなければ生きている。さらに次の者が投げる。……仮にくわえても線に乗れば負けであり、この線上の泥面子を、地上をすべらせて突きとばし、線外に出し、自分のものが線にも乗らず枠内に留まれば勝ち。双方とも出てしまうと、二個の面子は別のところに置いておき、次の者がくわえ勝つと一緒にもらえる方法と、攻撃をかけられたほうが逆に相手をつきだす方法である。勝敗が決まらないときには三度まで攻撃権がある。

鉛メンコ

明治維新政府の開国政策は、西洋文化の摂取に重きをおいた結果、旧習打破の名目で、明治六年改暦にともない平安朝から続いた「五節」は、太政官布告で全廃されるに至った。節句の中心的な役割であった人形も、この新しい波のあおりで、江戸時代以前から受け継がれた土人形の製作は次第に衰え、一時的にも節句飾りが失われた状態にあった。しかし、子供の玩具は、こうした文明開化の嵐の中で、どうであったであろうか。

明治五年に義務教育が施かれ、同九年頃には文部省発行の新しい児童教育遊戯解説書なるものが現われ、開化施策の子弟教育が打ち出されたが、それに代わる玩具や遊戯がおいそれと現われるはずもなく子供の遊びは依然として江戸時代からの遊びであり、玩具がすべてであった。ましてや泥面子遊びは、昔から大人たちのひんしゅくをかう穴一遊戯であるところから、真先に禁止のうきめを受けるのであるが、わんぱく子供の間では相変らず愛用され続け、横町の路地などで盛んに遊ばれていた。

こうした江戸伝来の遊びは、教育とはかけはなれて存続し、明治中期頃の風俗を記載した、山本笑月著『明治世相百話』（昭和十一年刊）の中でも詳細に述べられている。また、児童話「小国民」の誌上などにも、霞城山人が「小国民の為めに玩具の乏しきを訴ふ」と書いていることからも、はかり知れることである。

だが玩具業界は古い時代の玩具を堅持するばかりではなかった。明治五年に舶来の玩具が輸入されて、その金属玩具に刺激されて、業者は竹と木と泥の玩具から金属玩具へと次第に変化を見せつつあった。

　東京の大森で作られた鉛製の笛は新しい玩具の方向を示す音色のようにひびき、やがて石油の空罐利用の玩具が生まれた。そして同七年には初めてブリキが輸入されて、本格的に金属玩具の世界に徐々にではあるが進行した。だがその歩みはおそく、ガラガラ、ラッパ、サーベルなどがまず手はじめで、同十年頃になってゼンマイ式の玩具がそろそろ登場してきた。

　しかし、このような金属玩具が作り出されても、ほんのわずかで、大衆的な値段でなく、五厘玉や天保銭を握って番太郎小屋（駄菓子屋）に飛びこみ、買いあさる子供たちのものではなかった。

　この頃、ブリキ玩具とは別に、小物ではあるが鉛製の玩具が生まれてきた。先に述べた鉛笛もそのさきぶれの一つ一つであるが、この鉛の柔らかな材質は細工が容易であることから、これまで泥製であったガラガラ煎餅の種玩具を鉛にしたことから急速に金属玩具が、子供たちに接近してきた。鍋、釜、庖丁などから舟、魚、鼓や天神様などが煎餅の中に入っており、子供たちはこの当り物的なお菓子を求める楽しさから、以前より売れ行きも倍に増した。

　この鉛種玩具の人気はやがて菓子より独立して、鉛玩具の発展をうながした。穴一銭という大型の面子が生まれたのもこの時期であったが、まだ価格が高く、伊藤晴雨著『風俗野史』（昭和二〜七年刊）に記載せるガラガラ煎餅なども、大型になると大変な高価なものであったらしい。この値のいいのはまだまだ金属玩具が大衆のものとなっていない証しでもあるが、製造もマスプロ化していないせいもあり、手間賃の比重が価格を高めていた原因でもあった。

　その作り方は、鉄製の雌型の上に鉛の原板をのせておき、金槌で打ち出し、作るものだから手数がかかったものである。

　ところがこの製法がわずかの間に改善された。それは厚さ三センチぐらいの平板な石面に、花や人物などを彫刻して型を作り、これに鉛を流し込む方法となったのである。仕上がりは厚さ一ミリ、大きさは大体縦横三センチほどのものであった。鉛メンコが生まれたのも、この製法に切り替わってから急速に量産された時であった。かくて鉛メンコは値段も安く、線彫りや図柄が鮮明であるところから、多くの子供たちの手に握ることが出来た。頃は明治十二、三年であった。泥面子にない図柄の多様な楽しさ、何よりも銭の感触に近いずっしりとした金属感は、たちまち子供たちの人気を博した。

　川上澄生氏は鉛メンコの思い出を次のように書かれている。

鉛めんこは、鉛の円型の薄き板に武者絵など薄肉彫りの

如く現はれ赤緑紫などの染料に彩られ径一寸位のものを中心に大小あるなり（『明治少年懐古』昭和十九年刊）

この鉛メンコは、東京、大阪ともそれぞれに製造所があり、独特の図柄や型を誇っていた。東京は丸型、角型、花弁型などがあり、童話の主人公、武者絵、鬼の面などの図柄であった。また、大阪は七福神や相撲、武者絵などがあるが、東京とちがって姿そのままがメンコの型で、刀や槍の穂先などの部分が突き出ていた。のちに東京、大阪とも日清戦争後、圧倒的に軍人、勇士の姿が多くなり、とくに大阪の鉛メンコの生産は日増にふえて、他の鉛玩具（女児の腰下げ、メタル、笛など）、とともに鉛玩具の全盛をほこった。

鉛メンコは駄菓子屋の薄暗い店先でも他の玩具の中にあって一段とよく光っており、子供たちの目を奪った。

この鉛メンコを、多くの子供は「ナマリ」と呼んだが、時おり形を区別して、丸ナマリ、角ナマリとも呼んだ。子供たちは五厘玉や一銭玉を握って駄菓子屋に入り、「おくれ！　おばさん新しいナマリある?」と、赤や紫のインキが筆先でチョンと塗られた、ピカピカ光る新しい図柄の鉛メンコを求めた。横町には子供たちが五、六人集まっていた。地面を草履や下駄できれいにならして、そこにナマリをおき、上からナマリをたたきつけると、たたかれたナマリもたたいたナマリも一緒にぐっとそりかえってひっくりかえる、起こしのゲームである。大きい子は三、四人集まって、一人が掌に三〇枚ぐらいのナマリをのせて、腰で調子をつけて地面に向かい投げるトーケンゲームをやっていた。足もとにはブリキの罐に手持ちの黒くなったナマリやピカピカ光るナマリが折重って入っていた。

鉛メンコ（東京製）

鉛メンコ（大阪製）

鉛メンコのゲーム

穴一ゲームから派生した泥面子は、鉛メンコになっても、初期の頃は穴一ゲームから離れた方法を生み出すどころか、かえって悪銭《ビタセン》に近似したところから、銭賭博の快感をもって遊ばれていた。ところが明治三十三年の鉛毒事件がおきた頃になると、鉛メンコのゲームは穴一からすっかり離れたゲームに変っていた。

●起こし

このゲームは、紙メンコでもっとも多く遊ばれている「ウラメン」「カエシ」などのゲームの始めである。明治三十三年頃には、この「起こし」のゲームが流行し、すでに紙の丸メンコが出回りつつある時代で、鉛と紙メンコを交互に使用して子供たちは遊んだ。この時代の様子を川上澄生氏は、

先づ紙めんこの遊び方に就きて申さん相手と自分と拳に負けし方は先づ一枚を地面の上に置く勝ちし方は自らも一枚の紙めんこを持ちて置かれたる一枚の上に叩きつけそれを裏返しにするを得ばそれを自己の所有となし続けて相手に新らしきめんこを置かしむなり若し裏返しにするを得ざれば相手代りて試むものなり裏返へしになすを「起す」と称す……

さらに鉛メンコについて、

鉛めんこは前述の如き「起し」の遊び方の他に何枚づつか出し合ひ順々に一定の位置より一線を画きたる境の彼方へぞろりと投げ成るべく一個一個重なり続く如く投げその上に形大きやかなる一枚を投げて若しその上にうまく乗らばそれ全部をせしめるなり又どの上に投げて載すべきか指定することもありしやうなり今記憶おぼろげにてその手つき身体つき足の構え方のみ脳裡に浮かび居れどその遊び方をつまびらかにせざるを遺憾とす……

（『明治少年懐古』）

この鉛メンコのゲームは「トーケン」という遊びであるが、泥面子にない集団遊戯である。ゲームに参加するものが、面子をまず出資して持株とすることは「むく打ち」「紋打ち」「筋打ち」や地方にある「クズバ」「バイコ」などの穴一ゲームと同様だが、出資メンコの全部を一度に投げる点は、鉛メンコ特有のものである。

●トーケン

川上澄生氏が「今記憶おぼろげにて」と述べられたこの「トーケン」について、同じ明治中期に浅草に育った、渋沢青花氏は『浅草っ子』の中で鉛メンコについて、

鉛メンコの遊びかたは、トーケンとカッパという二種類があって、紙メンコよりも遥かに面白みがあった。第一のトーケンというのは、三人なり四人なり大勢で、五個でも、十個でもよい、だしあって、二、三十個になったメンコを、五、六尺離れたところから地面に投げる。メンコが離ればなれにならぬよう、なるべく一つながりになって落ちるよう、うまく投げる。注文どおり一つながりになったときは、こちらから手持ちの一枚を投げて、

重なったメンコのうえに載せることができれば、全部自分のものになるのである。しかし、たいていは、一つながりにならないで、数枚が離ればなれになるものである。その場合には、投げて載せるのに困難な場所にあるメンコを指定されて、その上に載せなければならない。その場合、指定されたメンコ以外のものに触れてはいけないのである。

この遊びは、投げかたにコツがあった。投げる掌の上に並べたメンコが、そのままズカッと形を崩さず、地上に蛇形を描いて落ちたときの気持のよさといったらない。その上に手持ちのメンコを投げあげるについても、真上から落とせば、重なったメンコはばらばらになったり、また重なりの間に入りこんだりして、だめなのだ。手前の地面に投げて、滑りあがらせるとか、メンコの山をこえた先のほうにコバを下にして落とし、手前へはねかえって静かに重なりの上に落ちるようにするとか、種々技巧がある。

トーケンの解説は、以上の内容につきることで、いたずらに説明を加える必要のないものである。

続いて氏は次のゲーム「カッパ」について次のように述べている。

●カッパ

第二のカッパも面白いやり方である。トランプの「銀行」に似て、さらに複雑である。地面に蠟石で大きな「四」の字の形の区画を書き、できた三つの枡目のなかに「一」「二」「三」と記す。遊び方は、親が一人、かけるほうの子は二人でも三人でも四人でもよい。三つの場所のうち、親のために一つ開けておいて、あとの二つに何枚でも好きなだけメンコをかける。その前に親は、手もとのメンコを二十枚なり三十枚なり、いいかげんに揃えて手に持ち、みなにチラリと見せたうえでかけさせ、さて手にしたメンコを三つずつ並べていく、そして端数が一になるか三になるかで、かかっている場所のメンコに対して数だけ払い、あとは自分

鉛メンコ遊び（『浅草っ子』より）

の所得になる。親の分の開けてあった場所、例えば誰も張らなかった三になったときは、全部を取りあげることができるわけである。ところがこの巧拙は、親が手に持ったメンコをチラリ示したとき、じょうずな者は何枚親がつかんでいるか見てとることができる。親もまた自分の握ったメンコが何十枚あるか、感じでわかる。そして三枚ずつ並べていって、最後の一枚が自分に不利であった場合、掌のうちに隠して胡麻化したりする悪い子がある。反対にかけるほうでも、かけメンコの下のほうに五銭の白銅貨などを忍ばせ、自分の場所についた場合に五銭ぶんのメンコを強要する子がある。

鉛メンコを用いて遊ぶゲームは、以上のような三種類にとどまり、他のゲーム方法は見当たらず、古老の話やかずかずの資料を調べてもこの域を出るものはなかった。

ここで特筆すべきことは、これらのゲームが泥面子を使用するゲームは一つもなく、新しい材質は同時に新しいゲームを生み出す子供の才気を注目したいものだ。

穴一から派生した泥面子は、鉛メンコに至って完全に穴一ゲームを離れて、メンコ遊び特有のゲームを生み、今日の紙メンコゲームの基が出来上がったのである。

とくに「起こし」はメンコ遊びのもっとも多く使用するゲームで、全国に分布するこの種のゲーム名は数千種にのぼるものである。また、「カッパ」は、シオリメンコ（長メンコ）、角メンコなどが流行ると、このゲーム方法で雨の日など多く遊ばれた。ただ「トーケン」だけは、泥面子でも出来ない、紙メンコでも不安定のゲームで、その後の発展を見ることができない。

鉛メンコを遊ぶ子供たちは、ゲームに勝つと、たくさん集めた中からオカチメンコというクシャクシャした鉛だけ拾い出し、残った良い鉛は空罐の中にしまって持ち歩いた。オカチメンコは、土鍋や空罐で溶かして、地面に釘の頭で三角の凹面や丸形の凹面を掘り、これに流して文鎮を作ったりした。

東京、大阪と、この二つの都市を中心に発展した鉛メンコは、次第に周辺の小都市に伝播されていった。至るところで「ナマリ」と呼ばれてわんぱく子供に愛用された。

明治三十三年初め、大阪に鉛毒事件が起きた。この事件は直接メンコが原因でなく、石油空罐利用玩具の塗料に含まれる鉛によるものだった。唐の土という白い地塗りの塗料で廃物利用の汚面を整理するものだが、これで塗ったガラガラを幼い子供がなめたことから内臓を害した。当局の取調べは、単に塗料一般のみでなく、すべての玩具全般にわたって検査が行なわれた。大阪の玩具業者はこの問題に営業の死活をかけることから、業界あげて東奔西走、東京の業者とともに内務省に陳情書を提出し嘆願した。今までの木、竹、泥などで作る玩具の時代には考えても見ない問題で、業者は一時狼狽した。

鉛毒事件の結果、「有害性着色料取締規則施行細則」などという長い名称の大阪府令が発令され、業界も塗料の改善策を努力した。しかし鉛メンコその他の鉛玩具製品は、四月十七日をもって製造禁止となった。また、飲食器、白粉なども鉛を原料とするものはすべて禁止令が出た。

さしもの全盛をきわめた鉛メンコは、この事件から次第に下火となって、生まれて二十年の歳月で姿を消していった。この後四、五年たって鉛に似た輝安鉱《キアンコウ》（アンチモニー）から作った糸通し器や玩具が出現したが、再びかつての鉛メンコは生まれなかった。一部には鉛メンコがひそかに作って売られたり、アンチモニーのメタル状のメンコが出回ることもあったが、鉛メンコ遊びは全盛期のようになることもなかった。それは鉛メンコにとって代わる、絵草紙の夢をのせた紙メンコが子供たちのアイドルとなってきたからである。

この鉛メンコは、明治の文明開化の歌声とともに生まれて、わずかの間にその遊びの生命をたったが、明治期の少年たちはこの鉛メンコばかりに熱中していたわけではない。鉄ベエ独楽の遊びや、ビー玉（ラムネ玉）の遊びも同じ開化調の時流にのって生まれたもので、子供たちは、ある時期にはベエ独楽、ある時期にはビー玉と、さまざまな一年の四季を通じて強弱の流れをもって遊ばれ発展してきた。

メンコ遊びだけをとりあげても同じことで、明治の初期には、新しい鉛メンコが生まれた頃にはまだ泥面子の遊びが存在しており、鉛メンコが盛んになるにつれ泥面子は漸次忘れ去られていった。また、鉛メンコが全盛をすぎる頃、鉛毒事件をきっかけに次第に遊ばれなくなり、明治四十年頃までわずかに命脈を保っていたが、新しい紙メンコの人気は衰えるところを見せず盛んになり、その陰に次第に姿を消していった。

流行というものは子供の玩具ばかりでなくとも、新しいものが現われたからといって、それまでのすべてのものが失われたわけではなく、末端までにとどくには、流通の面からの較差は数年にわたるものまである。場合によってはその流行も知らずして過ごすこともあるくらいで、鉛メンコのような短い期間のものは当時として都市中心だけに終わったものである。

ここでちょっと触れておきたいのは、泥面子と鉛メンコの流れの間か、または後のことなのか「板メンコ」という薄い

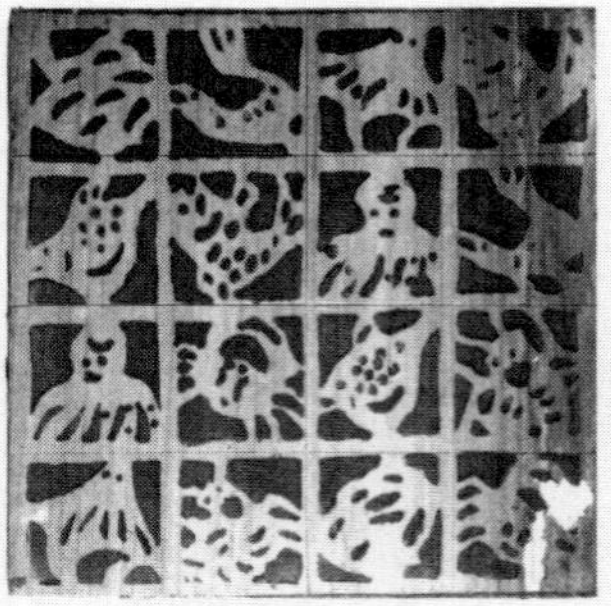
板メンコ

板で出来た新製品が現われたが、あまり脚光も浴びずに消えさってしまったものがある。大きさは九センチから一二センチほどの方形の薄板で、表に罫引《ケビキ》に鋸の切目が入っており、三センチから四センチの方形九ツに割れるようになっている。表の図柄はいろは文字とか花鳥、電車などが捺染刷りされたものである。遊び方は不明であるが、一説にはおはじきとして活用する遊びがあったというが詳らかでない。男の子の遊びには「起こし」のゲームがもっぱらの遊びで、「木片返し《コッパガエ》」などのゲーム言葉もこんなところから生まれたものと思う。また、ある人は、これに似ている伊勢市にある「賽木」の変形ではなかろうかと説をたてている。この賽木は板メンコと同じく九ツに分割される、厚さ二センチ、六センチ平方の木で、これを女の子がおはじきに使用しているものである。いずれにしてもはやりだしたが一向に伸展せず、いつの間にか姿を消したといわれるが、依然、今もって不明なメンコである。ただ注目するところは数枚分が印刷されて売られるメンコのはじめで、ボール紙に張らないメンコ紙や、のちの長メンコ、角メンコの原型である。

紙メンコ

紙メンコがいつ頃から作り初められ、いつ頃から普及したかについては不明の点が多い。物の本や辞典などにも、ただ漠然と明治も末から大正初期にかけてと記されているだけである。

『浅草っ子』の著者、渋沢青花氏は、

日清戦争といえば明治二十七、八年のことだから、わたしが数え年の六、七歳のころである。戦争が終っても三年や四年はその影響が消えないとみえて、わたしが小学校へ行きだして二、三年たっても、まだ戦さごっこをしていた記憶がある――戦争の影響といえば、こうした遊びばかりではなく、絵本やメンコなどにもながい間あらわれていた。そのなかで一ばんわたしたちをひきつけたのは、メンコだった。

紙メンコにあらわれた戦争の絵では、軍歌にもある「渡るにやすき安城の」渡河戦で、とびくる弾丸をものともせず軍刀をかざして指揮している松崎大尉、敵弾にあたってのけぞりながらも進軍ラッパを吹きやめなかった自上源次郎、平壌玄武門の一番乗りをした原田重吉などの勇ましい姿があった。

渋沢青花氏は続けて、

下町の子供の間では、メンコが実によく流行したものだが、……とくにわたしはこの遊びに夢中だった。

と幼い頃を述懐しているが、メンコの流行期が明治三十年に入って間もない頃にはすでに紙メンコは大流行していたことが知れる。さらに同時代の川上澄生氏は『明治少年懐古』の中で紙メンコのことを、

紙めんこは円形のボール紙に表には軍人或は武者絵の木版画を貼り裏は浅黄色の紙を貼る赤黄緑紫などの色刷の源義経或は陸軍大将海軍大将は八の字髭を生やし磨滅する墨の線などなかなか宜しきものなりしなり大小色色の大さあり又厚さも色色ありしなり……

以上、二氏の体験談からも紙メンコは、すでに定着しており、その様相から二、四年前頃、日清戦争後には市中に出回っていたものと推定してもよかろう。明治三十四年四月、太田才次郎編『日本全国児童遊戯法』には、北は東北宮城県、南は山口県の子供の遊びに、二氏が述べられた紙メンコ図柄のもので遊んでいることが納められている。編者の言葉からは発行日より遡り半年とされていることからも、紙メンコがかなり早くからできていたことは、当時の交通事情からもはかり知れることである。

さて、紙メンコは当然泥面子や鉛メンコからの継承として発展したものであるが、当時の鉛メンコをしのぐものにまでのしあがったのは、まず色彩的に今までにない明るさと、図柄の多様さが、鉛メンコ以上のもので、さらに紙という材質は印刷技術の向上とともに無限に夢を拡大させた。そして泥面子の丸型の流れを受け継いで、さまざまなゲームの発想を、大小数種の型の中に可能にした。

以上が、紙メンコが子供に歓迎された人気のもとであるが、特に彼らを魅惑したのは図柄（絵）の題材が、当時の子供の胸を躍らせるものばかりあつめたことと、絵の素晴らしさであった。

子供たちは紙メンコを手に、これを跳めるだけで、軍人の階級を学ぶことも、軍艦の種類、戦争の武勇伝を知った。また、歴史上の人物や物語も数多く集めることにより、その筋を覚えることができた。

こうしたメンコの図柄は、当時、時

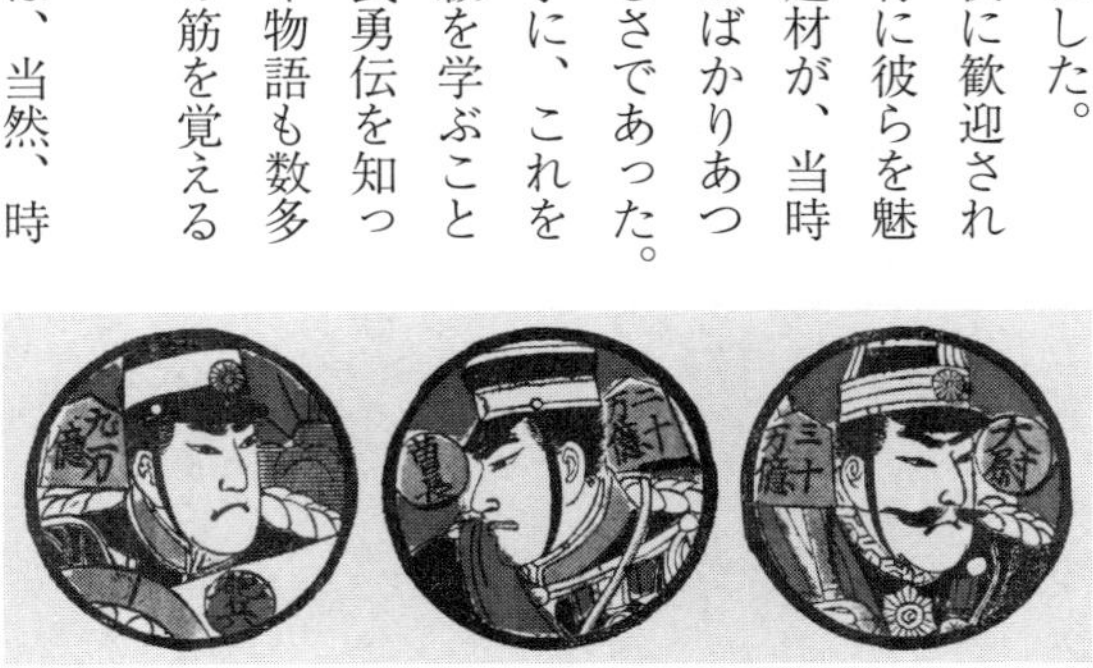

紙メンコ（軍人・明治）

代相を反映したもので、政府の「富国強兵」政策と相俟って国家主義の教育の役割を果した。しかし、紙メンコが遊びの中に教育的なものを意識して各種各様の図柄を盛りこんだのではなく、時代の子供の関心事を示したにすぎない。この態度はメンコの宿命ともいうべきもので、現代のメンコがマンガで氾濫していることからも知れる。社会の関心事を一片の紙に刷り込むことは、何もメンコから始まったわけではない。明治の子供の凧などにも武者絵や軍人の絵が多く、他の紙玩具にもこの傾向が強かった。そしてこの源をたずねると、絵草紙屋の店先にあることを知ることができる。絵草紙屋は江戸時代からの木版画を商う店で、現代で申せばブロマイドや絵葉書の専門店というところであろう。この絵はいわゆる浮世絵師の一派が独特の彩筆をふるって、江戸の風物や、人気役者の似顔絵などを描き、それを木版画にして売っていた。この多彩な版画は錦のようなところから一般に「錦絵」または「江戸絵」と呼ばれ、江戸の名物とされていた。明治に入っても人気は衰えるどころか、ますますさかんになり、明治二十年前後には、単に大人たちの世界のものばかりでなく、子供たちにも求められる版画も多く売られるようになった。

学校の帰りや、用足しの商店の小僧なども目を皿のようにしてただその美しさに見とれていた。このありさまを、木村小舟著『明治少年文化史話』（昭和二十四年刊）の中で、

さながら蟻の砂糖に集る如くに、容易に離れようとしなかったのは、市内に散在する絵草紙屋の店頭に見る景である。

とまだ子供の絵本も雑誌もない時代の子供の娯楽を述べている。また、高級な絵を求めることのできない子供たちにふさわしい絵として、

尤も少年の好奇心を誘ったのは、そういう高尚な美術品ではなくて、やはり濃密の着色による芝居絵であり、武者絵であった。義経と辨慶、熊谷と敦盛、大江山鬼退治、加藤清正の片鎌槍、吉良邸討入等々、新しいところでは、田原坂、城山を扱える物、さては人気役者の出し物が中る（当る）と逸逸早くその場面を描かせて、次々と新版を出すので、市内の絵草紙店では絶えず取替え差替えて、新版物を陳列した……

と子供たちに特に人気のあった錦絵の題材を述べている。

子供たちの世相を反映した関心事は、講談の軍記物や、歌舞伎の影響が多く、また新しい事件物として西南戦争の有様も手にとって見ることが出来たり、文明開化の陸蒸気や、鉄道馬車の絵なども喜ばれた。（こうした子供の関心事が、この後紙メンコが生まれたときには最大限に生かされて、丸メ

ンコの中に納められた。時代は日清戦争前後で、子供たちの関心事は急速に戦争というものにひかれ、初期のメンコには軍人と戦争場面が多いのである）。

絵草紙（錦絵）は、明治二十二年頃から、新しい石版印刷機械が登場して、子供向けの絵本や雑誌が相ついで出版されるようになり、自然に吸収された形で衰えた。それは即ち欧米より輸入した製紙法（抄紙製法）が量産化し、印刷技術が完全に定着した証しであった。

紙メンコは、錦絵の図柄を丸の中に再現し、マスプロ化した印刷技術と製紙法をもって生まれた。そして、かつて容易に求めることも出来なかった貧しい子供たちも錦絵を手に握ることが出来た。夢をのせたメンコ、新しい知識のカードのメンコ、そして遊ぶこともできるメンコ、子供たちのたのしみは、紙メンコに集中して、日をおってその人気はたかまり、都市から地方へと広がっていった。

●丸メンコ

紙メンコは丸型から先発した。このことは泥面子の円型を引き継いだものだが、泥面子のように同じ大きさの物ばかりではなかった。大きいものは直径二〇センチものから、小さいものは直径二センチぐらいのものと、その形の大小は八段階ぐらいのものである。

ある季節には大メンコが流行し、翌年は小メンコが流行った。そしてときには小判型のものが現われてその形の多種類さは同時に図柄の変りようにも及んだ。

薄い仙花紙のような紙に、青や赤で色つけされた中に銅板画特有の黒の線画が刷られ、それを黄ボール紙（板紙といった）に貼って丸く打ち抜かれたメンコは、強く打ちつけるとパンと音がした。鉛メンコの重い音にくらべて、紙メンコの快音は、単に「パンパンウチ」などと呼ばれるくらい、全国の紙メンコの愛称は多彩である（後述）。

紙メンコは最初出回るときは、それまでの鉛メンコと交互に、いや熱中するとしばらくの間は紙メンコばかりで過ごした。ミカン箱や、タバコの空箱に百枚も二百枚もゲームで勝ったメンコをしまう子もいた。

都市の紙メンコは、地方にすばやく伝えられた。農村地帯の子供は、農閑期に回ってくる富山の薬行商からもらう絵紙だけでも、めずらしいもので大切に保存していたが、このメンコにはより以上に目を輝かせた。最近、埼玉のある旧家の土蔵から紙の大メンコ数枚が出てきた。その限りではさしてめずらしいものではないが、そのメンコの裏に、選挙立候補者の名が筆で書きこまれていた。なんでも祖父が選挙運動に使用した残りで、これを子供たちに手渡し、めずらしい錦絵とばかり、家に帰って親に見せれば効果てきめんという戦術であったらしい。この話なども、メンコが農村に行き渡らぬうちの出来事であった。

この丸メンコで、裏にボール紙をつけない「メンコ紙」というものが売られるようになった。いつ頃かわからないが、図柄によると初期の頃のものではないかとの話である。

大きさは七〇センチと五五センチ角の紙で、その中に大小のメンコが印刷されたものであった。子供たちはこれを求めて、タバコのボール箱や、厚紙に飯粒などをねりのばして、この印刷のメンコを貼ったものであろう。

メンコ紙はのちに角メンコとなっても売り出されており、明治末年まで駄菓子屋の店先にあった。しかしどの地方にもあったのではなく、名古屋地方が中心であった。

また、丸メンコの図柄はそのまま「錦絵」の様式であるが、その中に三竦みの庄屋、狐、鉄砲の絵が刷り込まれたり、数字が天文学的な桁数で刷られた。このことは、教育の普及にともなう算数の知識として幼い子は喜んだものである。

また、三竦みの庄屋拳は、ジャンケンの前身である「拳あそび」が子供の遊びの重要な順位戦であることから、指の形で示す「拳」をメンコで示す遊びに使用された。この他に軍人の図柄につく、点数や、階級の文字も、子供たちの関心事を業者がすばやくさとって、絵の中に刷り込んだものである。紙メンコは、泥面子、鉛メンコの遊びにはないゲームを次から次へと創造していった。

●角メンコ

丸メンコが都市から地方都市、農村へと次第に普及された頃、角メンコが現われた。

大きさは、大で縦が六センチ横三・五センチのもので、小は四・五〜一一・五センチという、丸メンコから見れば小型のものが多かった。また四センチ正方形のものもあった。

図柄は丸メンコと変りがないが、カード状であるために納めることが楽になり、重ねて紐で結ぶことも出来たことが特徴であった。また、ゲームも角になったがために、「スベリコ」「トバシ」その他数種の遊びが、これから生まれた。

以上の丸メンコ、角メンコは、明治時代に完成して、のちのちの現代に至っても、この二つの型は紙メンコの二大潮流となって変遷し、大正、昭和とこれを基準に変型化されたメンコがいくつか現われたが、依然としてゆるがなかった。

大正に年号が変ると、明治年代の重い石が取り除かれたように、世の中が急に明るくなり、解放感に溢れた。

子供の遊びも、錦絵のたのしさに加えるメンコ遊びばかりでなく、ベエ独楽が鉄製になって広く普及し、ある時期にはガラス玉（ビー玉）を転がす遊びが、一時期の子供遊びを占有してしまうかのように流行った。また、少し大きい子になると拳玉が日月ボールなどと呼ばれ、明治期の拳玉を改良させて普及した。

町には活動写真館がにわかにふえてきて、子供の関心事は、単に錦絵をながめて喜んだ明治の子供とちがって、多様な遊びが次から次へと生まれて流行った。

角メンコ（役者・明治43年）

こんな時代になってメンコは、どうであったであろうか。

明治期から受け継がれた丸、角メンコは、型と図柄も変りなく、駄菓子屋などで売られており、戦争や武者絵の題材もそのままであった。

メンコ印刷は、初め銅板面、機械刷りの石版画などが入りみだれて作られたが、次第に石版刷り化されていった。メンコ製造所も、名古屋、大阪、東京と、それぞれ専門的に作られ、紙玩具一般にわたる印刷製造所と発展。してきた。なかでも紙玩具製造（ぬり絵、着せ替え人形、その他紙おめん）が盛んに行なわれたのは名古屋であった。

木、竹、金属、泥を材料にした子供玩具に対し、絵草紙屋から出発した紙玩具は、立派に、これらの先輩と肩を伍すようになった。この特色ある紙の玩具製品は、やがて全国の紙玩の半数近くが名古屋で作られ、残りの半数が大阪、東京で作られた。現代でもこの特色はやや薄れてきたが戦後なお製造されている。こうした企業の力は、他の印刷技術の開発の影響をうけて、従来のメンコを改良するきざしを見せた。それは印刷技術ばかりでなく、製紙改良と相携えた結果であった。

これまでのメンコは、印刷された紙と、それを貼り合わす板紙（黄ボール紙）で丸、角に仕上げられたが、「マニラボール紙」が、使用されるメンコが生まれた。この紙は色が白く裏は灰色で一枚が表裏に分かれていた。表に色刷りの図柄を刷り、裏にも印刷ができるという紙である。以上の結果生まれたのが、長メンコ、相撲メンコなどである。

●長メンコ

長メンコは、長さ一五センチ、幅四センチの形である。東京ではこのメンコは「シオリメンコ」と呼ばれていた。本に挟むシオリのことから名づけられた。事実このメンコの裏には学校の時間表が刷られてあった。しかしこの時間表は、文字を書き入れるほどの罫線ではなく、メンコ業者が、学校教育を気にして刷りこんだものであろう。この長メンコを北関東辺では「チョーリッパ」と呼んでいる。たぶん「草履っ葉」で、ゾウリのような長い葉っぱに似ているからであった。

長メンコの寿命は、昭和十年頃まで駄菓子屋に売られていた。私などもこのメンコで遊んだ記憶がある。その頃の長メンコの図柄は、本能寺の森蘭丸とか、義経八艘飛び、児島高徳の桜の皮を削って字を書く絵だった。どの絵もうまく長い紙面に入る図柄である。また、図柄の周りが額縁になって、金色であった。駄菓子屋で売られるときは、十枚ぐらいが一枚になっていた。

●相撲メンコ

これまでのメンコは、角と丸、長矩形の長メンコであったが、相撲メンコは、力士が化粧回しをしめた土俵入りの姿を色刷りにして切り抜いたものである。何よりもこの姿が型抜きされて束にしてあるのがめずらしかった。

子供たちは、行司姿のメンコを手前におき、二枚のメンコを互いにもたれ合うようにして立たせ、両手で静かにパタパタと、メンコの周囲をたたくと、どちらかに倒れた。倒れて下になったほうが負けである。この紙の相撲遊びは、明治の絵草紙のなかに似たものがあり、一枚に刷り込まれた力士や行司を切り抜き、板紙に貼って、色刷りされた片面の土俵で遊ばれたものであった。これをヒントに、紙の型抜きが盛んになったのをさいわいに、作られたものと思う。もちろん相撲メンコはこのような遊びばかりでなく、普通のゲームも出来た。表には化粧回しに力士のシコ名があり、裏には軍隊の兵科や、三竦み拳が刷りこんであって、何兆何億などという数字があった。

この相撲メンコは、昭和十五年頃まであり、戦争が次第に広がりつつある頃は、軍人の姿になったこともある。

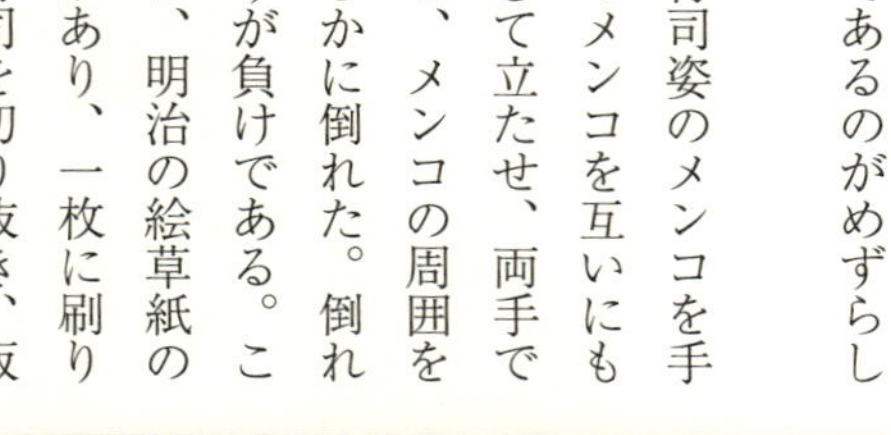

相撲メンコ（大正）

以上が大正時代に創られた代表的な長メンコ、相撲メンコであるが、角メンコや丸メンコが姿を消したわけではなく、

その時の流行りで使用されるものが片寄って遊ばれた。この二つの他に忘れてならないものに、ローメン、ゴム入りの丸メンがある。

●蠟メンコ（ローメン）

ローメンは、二、三十枚重ねて打ち抜かれたままのメンコの側面に、蠟が塗られたもので、大きさは直径二・五センチ、メンコ遊びといっても、普通のものとちがっていた。遊び方は、親指と人差指でメンコの側面を挾み、力を入れると蠟のすべりで軽く飛んだ。このゲームは、飛ばしの遠近で勝負をした。この蠟メンコも現在駄菓子屋で売っている。

●ゴム入りのメンコ

このゴム入りのメンコは、関東地方には見られないもので、大阪でもっぱら遊ばれた。製造するところも大阪であるところから、地域的であった。このゴム入りの動機は、子供たちが力強く叩くとき、地厚のものだと有効打が多く、メンコを加工する習わしが流行った。それは、黄ボールを側面から刃物を入れて開き、その中に罐詰の蓋や、鉛のような物を入れた。それを業者が最初からゴムを入れて貼って売り出した。このメンコで地面を叩きつけると、パン！と見事な音がする。

●空気メンコ

このメンコは、キルクを薄く輪切りにしたもので、おそらくは草履の材料の屑で作ったものか、壜の蓋の屑かわからないが、図柄の紙を上に貼ってある。ローメンと同じ大きさであり、同じ遊びには使用しがたいところから空気メンコと伝えられることから、「起こし」や「飛ばし」のゲームに使用されたものであろう。

昭和のメンコは、ひとことに明治、大正時代に完成したものの複製のくり返しを行なっていたといっても過言ではないと思う。

丸メンコは相変らず印刷紙を黄ボール紙に貼り合せたものであり、角メンコは黄ボール紙はなくなってマニラボール紙に変った。長メンコ、相撲メンコ、蠟メンコなどもそのままであった。

ただ図柄（絵）は次第に新しいものとなり、武者絵なども、明治調がすっかり抜けたものとなった。子供たちの関心事は、戦争絵よりも、スポーツ物が多くなり、野球、相撲が王座をしめた。また、マンガがメンコ絵となり、「のんきな父さん」、「のらくろ」、「冒険ダン吉」などが登場するようになった。活動写真がトーキーになり、名刺入のブロマイドが駄菓子屋で売られるようになった。坂東妻三郎や大河内伝次郎の扮装写真は、映画の題名が斜めに書きこまれて、かつての役者絵よりも真実感にあふれて迫った。このブロマイドは一枚一枚新聞紙で作った袋に入れられ、束ねられて駄菓子屋の店先にぶらさがっていた。子供たちは何が出てくるかたのしみにしながら、数のたまるのを誇りとしたが、やがてメンコ遊びに使用した。

この頃、メンコもクジ物となって売られた。それは角メンコが多かった。一枚のメンコを薄緑か灰色の紙で包装してあり、一銭を出してそのメンコクジをむいた。すると中のメンコの表にゴム印で丸の中に一とか二とか押してあった。一なら二十枚のメンコを貰えるし、二ならそれより少し数が少なかった。はずれは四枚ぐらいついたメンコをクジのメンコと一緒に、貰うことが出来た。

以上の変遷は、昭和の初めから十年頃までのことだが、この間には、メンコやベエゴマ遊びを忘れさせる、ヨーヨーの大流行などがあり、子供の遊びはますます多様を極めた。

昭和十年過ぎ、相撲では双葉山の全盛期がやってきて、メンコの図柄には相撲の写真や絵が多かった。しかしそれもやがて、支那事変あたりから、時局を反映する大東亜共栄圏のかけ声に、メンコにもその図柄が現われ、次第に戦時色の絵が多くなった。資材の関係からか、大きなメンコは姿を消して一般に小さくなり、長メンコなどはすっかり姿を消して、もう二度と現われなくなった。

また、角メンコのような家族会わせのカードは、軍人合せとなり、肩章ばかりとなった。それをメンコに使う子供もいた。この頃、新聞や雑誌を千切って折メンコという、紙を折って作る子供の自作メンコが流行った。やがて戦争が激烈になりメンコどころの時代ではなくなってきた。

戦後のメンコは、紙の統制やら印刷関係の事情により、一時メンコ遊びも衰えて、代わりにベエ独楽の流行が子供の遊びを占有した。

昭和二十八年、テレビが放送され始める頃、メンコ遊びが次第に表面化して、月光仮面、赤胴鈴之助の時代になると、メンコは子供たちの静かなブームになってきた。

昔から学校にメンコを持って行くことは禁止されているが、メンコ遊びの心は休み時間になるとむくむくおきあがり、給食の牛乳壜の蓋で「ポン」という、掌にのせて遊ぶ「起こし」のゲームをするようになった。さらに発展するとゴミ箱の中をあさり拾い集めたりするようになった。

教育ママや、先生はメンコ遊びを賭博的なものと押えつけるが、このブームには驚くばかりであった。

メンコは、こんなものからもブームをよび、さらに拍車をかけるように、テレビの番組の影響と、マンガブームに乗って、業者が作り出すメンコは、すべてこの図柄が多くなり、駄菓子屋に揃えられた。

また、チョコレートやお菓子の景品カードもこれに一役買った。メンコは再び盛んになり、団地やコンクリートの歩道や、下町の路地などで遊ばれるようになった。

メンコの名称

さてこうしてメンコ遊びは、穴一という賭け事的なゲームに泥面子が用いられて以来、明治に入って鉛、木、紙と変遷を重ねるうちに、穴一ゲームとは全く違った独自のゲームを生みだした。そしてこれらのゲームは次第に地方にメンコとともにゆきわたった。

今日では「メンコ」という名称は一種の標準語と化しているが、地方での呼び名はさまざまである。次にその一部を列記してみよう。

メンチ（川越市）　ベッタリ（島根）　パチンコ（長野）
ヘタンコ（静岡）　パッチン（兵庫）　パンエー（滋賀）
ベッタン（関西）　ベッタ（大阪）　メンカエシ（兵庫）
バッタ（岩手）　ペタ（茨城）　パ（栃木）
ブッツケ（北関東）　ビタ（弘前市）　ペッツウ（山形）
シタッコ（東北）　シタンケ（東北）　パチ（見附市）

などである。これらの他にも「パンパンウチ」「パタン」「パンキ」「パッタ」「ペッタ」とさまざまである。また同地方でも年代がちがったり、地域が異なると呼名も変った。以上がメンコの地方別名だが、これは全国の半数に満たない語録である。

この名称を見たところ、泥面子時代、明治以降の鉛、紙のメンコの影響もあるが、大部分は遊びの情況から生まれたものである。

もうひとつには、メンコ遊びが泥面子や、鉛メンコの時代、十二、三歳の子供に多かったが、紙メンコに移る頃から次第に幼児のゲームとなったことも、この名称をつける動機である。その結果として、「パタン」「パッチン」とか「ペッタ」という、メンコを打ちつける時の擬音がそのまま名称となったのである。

現代でも、東京周辺の駄菓子屋などで、メンコを買うのは、小学校三年生以下が多く、三つぐらいの幼児までがメンコ遊びの年齢である。

ちょん隠れ

〝ちょん隠れ〟とは「隠れん坊」遊びであり、「つかまえ鬼ごっこ」遊びでもある。そしてこの遊びは隠れ場所が限定されており、この範囲を越えて隠れることも逃げることもできないルールとなっている。

隠れ場所が限られると隠れ場も少なくなり、身を隠すにもちょっとしたところに、ちょっと隠れることから〝ちょん隠れ〟と名付けたものであろう。またその隠れ方が芝居の拍子木のように「ちょん」と打ち鳴らす瞬時に隠れるために名付けのもとがあるともいわれる。

このように隠れん坊でありながら隠れ場所が定められており、隠れた者を鬼が見つけると、鬼ごっこのように追いかけて捕まえるという、鬼にとって有利な遊びである。

捕らえられた者は直ちに鬼になり、決められた柱や壁、または着物の袂で顔を被い、「もういいかい」をくり返し、隠れる者は、「まァ…だだよ！」といい、準備が出来次第、「もういいよ！」で遊びが開始される。

〝ちょん隠れ〟の遊びは、この遊戯を記録した事蹟も文献もないが、おそらく幕末頃から遊び始められたものと思う。筆者の体験から想像すると、下町の長屋などの狭い屋並の中での遊びや、梅雨期のように毎日雨が降り続き、外に出て遊ぶことができない子供らが友だちの広い家に集まり、座敷を中心に遊んだものであろう。さらにもう一つは、子供の住む地域で、何らかの祝儀か不祝儀があった時など食べもののふるまいがあるときである。たとえば町内のどこかで祝いごとがある場合、昔は祝い餅や赤飯が子供たちに配られることがよくあった。こうした情報は早いもので子供から子供へとただちに伝えられ、どこそこの新築の棟上式がいつに始まり餅が撒れるとか、○○神社の祭りに奉納神楽で○俵の餅が撒かれるということである。小さくは神社で赤ん坊の初参りで赤飯が配られ、大きくは地域の金持のご隠居が死んで、葬式の日に銭や白米一升ずつほどこされるといったことである。こんな情報が入ると子供たちはこおどりして喜んだ。そして誰よりも早くその場所に駆けつけて、ふるまわれる時間がくるまでその場所で遊びながら待った。

当然のように子供たちは遠くへ行ってしまうような遊びは

せず、いつでも大人から配られる声がかかれば走り寄って食物などがもらえるという範囲で遊んだ。また、隠れていてもすぐ見つけられ、すぐ捕らえられるという簡単な遊びで時間をつぶした。

〝ちょん隠れ〟の遊びはこんな時によく遊ばれたもので、遊ぶ子供もそれほど本気になって遊ばない。どんな状態で遊んでいても、たとえ鬼が追っていってもう少しで捕まえることができても、大人の声がかかれば、すべての子供は遊びを放棄して馳せ参じた。そして列をつくって配られる菓子袋や銭を戴き、または撒かれる餅を受けとろうと両手を広げ、さらには落ちた餅を取ろうとして地面を這いまわることになる。さんざん苦労して目指す食物を戴ければ、その場で食べたりまたは家に持ち帰り、さきほどまでちょん隠れ遊びをしていたことなどすっかり忘れてしまうのである。

いまでは昔のように祝事や不祝儀などで食べ物をふるまうことが少なくなり、ちょん隠れの遊びもその遊び名も知らない人が多くなった。しかしこの種の遊びが廃れたわけではない。現代の小学校の教室などで、先生が不在であるとこの遊びを「ちょんのま」にするそうである。

杉打ち

杉は、桜や松とともに日本の代表的な樹木で、弥生期には至るところに繁茂していた木である。近世に入ってから杉は造林、治山治水にも植え込まれる木としてとくに用いられ、また建築材や造船材などにも多く使用された。

一方、人々の生活周辺などでは、杉を生垣にする家も多い。それというのも杉の葉先が針のようなところから、人や犬がみだりに入ることを阻むために重宝がられ、戦前には屋敷の周りによく植えられていたものである。こうした杉の木は二メートルぐらいの高さに保たれ、子供の遊び場近くに生い繁ることから、子供にとって親しみを寄せる植物の一つであった。

この杉は春三月ともなると、花が咲く（杉は雌雄同株）。雌花は緑色の球形で小枝につくが、雄花は葉の先端に米粒状のものがかたまって咲く。この花の黄色い花粉は風に吹かれるとまるで煙のように吹き飛び、これが花粉症の元凶であるのはよく知られることである。

子供たちにとって杉の木はこの生垣である。春になって実る雄花は、ちょっと手をのばせば採ることができるので、ままごとの材料にしたものだが、茨城地方にこの雄花で遊ぶ面白いものがある。それはこの杉の雄花を採って、両の手の掌の中に雄花のかたまりを入れ、両手を合せたまま上下にふり、

子ォなせ子なせ　一ツが三ツ　三ツが四ツになァれ

と唱えて掌を開くと、杉の雄花のかたまりはくずれてばらばらになる。ただこれだけの遊びであるが、子供らには結構たのしく、生垣の傍で遊んだものである。もう一つ杉の実鉄砲という手作りの玩具がある。これは男の子が笹竹のような細い竹を材料にした紙鉄砲のようなものである。この鉄砲の押棒には長さ一〇センチぐらいの自転車のスポークなどを用い、杉の雄花の一粒を筒につめて突く。すると「パシッ！」と音がして雄花の粒が飛んでゆく。米粒よりやや大き目の杉の実であるから紙鉄砲よりも音は小さいが、鉄砲の機能は同じである。

さて〝杉打ち〟であるが、これは杉の雄花を採って、かたまりを掌でバラバラにほぐして、友だちと投げっこをする。ときには顔にも当って少しかゆくなる程度である。

このぶっつけごっこは、着物の袖や、前掛で顔を覆っては、杉の雄花をピシッピシッと投げ、投げては顔を覆った。ときには男の子たちが群をなして登校途中、歩きながら垣根の雄花を片手で採り、これを制服の衿首に入れたり、投げつけたりした（今思うと、この杉の花粉でよくぞ花粉症にならなかったものだ）。

この杉の雄花ぶっつけと同じようなもので「ヤエモグラ」「オナモミの実」「ヌスビトノバキ」「イノコズケ」「シュロの実」などがあり、「ヤエモグラ」などは惚れ草などと呼ばれ、よくいたずらをやった。

私はお前に　ホォーレ草

などといって投げつけて、着物によくつけたものである。いずれの草の実も木の実も、自然の環境に育つ子供の季節遊びの遊具だったのである。

杉の花。上部が雄花、下部が雌花

縄こぐり（縄跳び）

〝縄こぐり〟とは、現代の縄跳びのことで、現在でもこの種の遊びはさまざまな遊び唄とともに、子供たちの間に伝えられている。

縄跳びは現在では縄跳び専用のロープがスポーツ用具店などで売られており、遊びたいときにはいつでも求められ、遊ぶことができるが、昔は遊び場周辺に荷解された荷造りの荒縄などが放置されて、この縄を使ってこの遊びをすることが多かった。そのために縄跳び好きな子たちは縄跳び遊びが流行る（冬から春先）前から、良い縄が放置されていると、大人にせがんで荒縄を貰って物陰に隠しておくほど、遊び良い縄はなかった。そして縄跳びが流行る季節になると、縄を持ち出して遊んだものである。

縄跳びの遊び場は、お寺や神社の境内、それから路地裏、原っぱなどの小石のない地面で遊ばれた。それは回転した縄が地面をたたき、引掻くような状態で回転するので、小石が飛ばされるからである。また回転すると埃りがたち、大人たちに叱られるから、それだけ広い空間が必要であった。

遊ぶ子供たちの年令は、幼児から年長の子まで、その遊ぶ範囲はひろいが、遊びの内容はそれぞれ年令によってちがっていた。

●へびこいこい（幼児）

この遊びは縄跳びでなく縄遊びである。まだ縄跳びができない幼児たちの遊びで、縄の両端を子供が持ち、地面の上を蛇のように左右に動かす、その時次のような唄をうたう。

〽へび　こいこい、ならんで　こい

縄は蛇のように動くと、子供たちは順々にこの縄の上を跳び越す。もしも足に縄がさわれば、縄持ちになる。

●大波小波

縄の両端を子供が持ち、この縄を左右に動かす。他の子がこの縄を跳び、さらに回転している縄を最後にまたぐようにして止める。このときにうたう唄は、

〽大なみ小なみ（左右に動く縄を跳ぶ）
　ぐるりとまわして（回転する縄を跳ぶ）

またぎましょ（縄をまたいで止める）

この唄とともに縄を回転させ、順々に跳び、足が縄に引っかかると縄持ちになる。西日本では、「ぐるりとまわして」が「どんぶりかえして」となり、「またぎましょ」が、「アッパッパ」になる。

●一人跳び

一人跳びは身長に応じた長さの縄の両端を左右の手にそれぞれ握り、その両腕で縄を回転させて、足もとにせまる縄を両脚を揃えて跳び越す。これを連続する。そしてどれだけの回数を跳べるか、数をかぞえながら、もっともながく続けることを自慢した。この技が上手になると、今度は両脚を揃えず、右片脚、左片脚と交互に爪先で跳び、回転を早くする技遊びとなる。さらに両腕をX字型にして跳んだり、正常に跳ぶ技とX字型を交互にしたり、または一跳躍の瞬間に、縄を急回転し二回まわす敏捷な技をする。これは男の子が好んで行うが、近頃は女の子も盛んに行うようになった。

●兵隊さん

女の子がよく遊ぶ縄跳びである。これは一人跳びをしながら「兵隊さん、お入りなさい」とうたうと、他の子が「ありがとう」といって、その縄の回転の中に入って一緒に跳ぶ。回転に入ったときは二人は向きあっていたが、縄を回す子が「右へまわれ」というと、入っていた子は跳びながら向きを変えてそれから「オイッチニ」「オイッチニ」といいながら、縄を回転する子と一緒に跳びながら前進する。

●おじょうさん（女の子）

縄跳び遊びでもっとも楽しく遊ぶのは、集団で行う縄跳びである。それはこの種の遊びにはかならず唄がともない。遊びの内容によっては跳びながらジャンケンや演技をする。この遊びに使用する縄は長く、四メートルから五メートルのもので、二人の子が両端の縄を持ち大きく回転する。この種の縄跳びはさまざまで、もっとも代表的なもので、全国的に遊ばれたのは「おじょうさん」という遊びである。

まず縄を回転し一人の子が中に入って跳んでいると、縄を持つ子らが、「おじょうさん、おォはいり」で、もう一人の子が「ありがとう」といいながら回転の中に入って向きあい一緒に跳び続ける。「さァおいで」で跳びながら「ジャンケンポン」で二人は跳びながらジャンケンをする。もし「あいこでしょ」となれば再びジャンケンをするが勝ち負けが決ると「負けたおかたはお出でなさい」で出て行く。勝った子はそのまま跳び続け、次の子が「おじょうさん、おォはいり」で、ジャンケンをする。このようにして勝った子は何人の子を負かすかの競技遊びである。

この他に「郵便屋さん」のように、一枚二枚と半回転の縄が左右に動くなかで縄を跳び、跳び終えてその瞬間に、地面に落ちたハガキを拾う真似をするものがある。また「一羽カラス」のように、回転する中に、一羽、二羽、三羽と呼びその都度一人ずつ入り続け、十羽で十人の子が一緒に跳びながら、次は一ぬけた二ぬけたで一人ずつ順に回転する縄の中から出て行く遊びである。

このように、さまざまな縄跳びは、遊び唄とともに全国各地に多数あり、現在も昔ほどではないが遊ばれている。

さて縄跳びはいつ頃から遊ばれるようになったのであろうか。残念ながら不明であると答えざるを得ない。江戸時代の百科辞典ともいうべき『嬉遊笑覧』（喜多村信節著、文政十三年〔一八三〇〕刊）、『守貞漫稿』（喜田川守貞編、嘉永六年〔一八五三〕刊）にも縄跳びの記載は見当らず、その他の諸書にもこれらの遊び記録は片鱗すら見出すことができない。もちろん先学の遊戯研究書にも「記録はないが、古くから行はれてゐたらうことは想像に難くはない」（『日本の遊戯』小高吉三郎著、昭和十八年刊）とあり、また他書には「江戸時代頃から始まる」とあるのみで確証がない。

こころみに表題の「縄こぐり」という名は、関東から東北の方言と思われるが、収集した方言辞書その他の書々にもなく、また民俗学の分野においても縄跳びの資料を得ることがなかった。

しかし童謡研究では、大正末年より全国から収集した北原白秋編の『日本伝承童謡集成』（昭和四十九～五十一年）に縄跳び唄が数十納められており、また、わらべ唄研究家尾原昭夫編著の『日本のわらべうた』（昭四十七年刊）には編著者の全国行脚による集大成によると、その多くは明治以降の歌詞が大半で、他の収集わらべ唄からみると新しさが目だっている。

以上のようなことから、明治期に急速にこの遊びが広がったものでなかろうか。樋口一葉の『たけくらべ』（明治二十九年刊）に「つな引、鞠なげ、縄とびの遊びに興をそへて」とあり、いかに盛んであったことかが知れる。こうした遊びの源動となったのは、明治学制施行後、体育教課に関連して縄跳びが紹介され、校庭から子供らの生活周辺遊戯となったものではなかろうかと思う。それは明治になって欧州の遊戯書の翻訳、また欧風の影響下の学校遊戯、家庭遊戯その他体育関係の書籍刊行から、うかがい知れる（体育教課の縄跳びは、かつては教課になったこともあり、戦時中は再び体育教課に復活したことがある）。

このように明治以降、縄跳びは広がり現代に至ったものであるが、こうした遊びが盛んになる素地には江戸時代末にこの縄跳び遊びの芽生えがあったのではないか、と憶測をすることもできる。それは縄跳びをするには、子供が求めることができる縄がなくてはならないが、その縄が容易に手に入るのが都市社会である。機械で縄を綯《な》うことができなかった昔は、手で綯うだけに農村においては大切なものであった。その点都市には物資の搬入と共に縄は多量にあった。安政三年（一八五六）写本『重宝録』という記録によると、江戸の庶民の米の消費は五十二万石、木炭は二百四十七万俵というから、梱包されたものの縄は大変な量であったことであろう。もちろんこれを回収して再利用の商いはあったが、農村とちがって子供がたやすく手に入れ、玩弄することができた筈である。こうしたことから推測すると、縄遊びが子供の間で行なわれたもので、別項の「お亀じょんじょろ巻」または「へびこいこい」などのような遊びから、縄を回転させる縄跳びが生れたのではなかろうかと思われる。

ところが、諦めかけていた縄跳びの資料を思いがけなく見出した。それはアイヌの人たちの間で縄跳びが行なわれていたことである。

縄跳びとはアイヌ語で「ヅシ・エ・テルケ」という名で、寛政四年（一七九二）に幕吏、串原正峯という人が記録した『夷諺俗話』の中に、

> ……これも長六、七間の縄を両人にて縄の端左右に持ち中をたるめて、是を回しながら地をぱたりぱたりと打つ。一人其の中に立ち縄にからまぬ様に前後へ飛越え、後には横になりて片手片足にて面白く飛越る興なり、越ゆるものをヅシカウシと云也

と記されている。これはまさに縄跳びで、アイヌ語で「ヅシ・エ・テルケ」、「縄ではねる」の意である。しかもこれは単なる縄跳びでない、体を横にして片手片足で縄を跳ぶとは驚いたものである。このような曲技に等しい縄跳びは、これまで知る縄跳びにはないものである。さらにアイヌの人たちは、大波、小波とそっくりな遊びをしていたことが記されてある。これは「ヅシ・シュエ」という名で、縄をゆさぶるという意味であるが、子供たちがする前述の大波、小波とはちがっていて、長い縄の中央に丸太棒を結びつけ、これをゆさぶるのである。ぐずぐずしていると、この丸太棒で脛をしたたか打たれるので、高く敏捷に跳ばなければならない。これはおそらく山野に入って獲物を追うときに、倒れ木や蔓にからまる中を走るための修練ではなかろうかと思う。この遊戯図は

「蝦夷風俗図」に画かれてある。

　このような文献が出てくると、江戸時代に縄跳びの記録が皆無に近いにもかかわらず、なぜ小数民族のアイヌの人たちにあるのであろうか。あるいは太古の昔大陸から移したものか、または独自の遊戯として昔からあったのか不明である。しかし明治時代の縄跳びの興隆にはこれらアイヌの影響はなかったのではなかろうか。やはり江戸時代にわずかながらの縄遊びに、欧風の縄跳遊びが入ってきてにわかに盛んになったものであろう。

　現在の縄跳びは、昔のように藁縄ではなくロープである。これには綿糸製のものとビニール製のものがあり、その両端には木製やプラスティック製の握りがついている。これは一人跳び用のもので、長さも一定しているので、集団で行う遊びは不可能であるが、子供たちはこれを数本結びつなぎ遊んでいる。だが縄跳びとは一人でするものという傾向が強く（学校の体育教課の影響）、唄をうたいながらの集団遊びはしだいに少なくなってきた。また、長時間跳び続ける個人記録が重視されて、世界一の長時間続跳の選手が現れ、ギネスブックに挑戦する話題がマスコミに載るという時代となった。

お亀じょんじょろ巻

〝お亀じょんじょろ巻〟は、男の子のいたずら遊びである。このいたずらの対象になるのは花も恥じらう年上の女の子で、町内でも評判の美人で可愛い子でないと、いたずらごころが起きないものらしい。

　このような可愛いい姉さんがお使いから帰るときなどを見つけると、ワンパクな悪童どもが企んで、二、三メートルの麻紐や荒縄などを路地の道幅一杯に張って、目指す姉さんの後からせまってゆく。そして右の男の子は左回りに、左の男の子は右回りに縄を姉さんをからめながら、

　お亀じょんじょろ巻
　　大根しょって躍れ

とはやしながら、身動きできなくなるほど巻きつける。からめられた姉さんは突然のことなので、キャッ！と驚き、「駄目よ！　駄目ったら　いやいやよ！」などといいながら抗議

するが、二人の男の子はなかなか縄を緩めようとしない。すると、「こらッ！　おっかさんにいいつけてやるから……」とくりかえしいっていたが、やがて本気になり、いまにも泣きださんばかりにきつく抗議するので、男の子はこれはまずくなったとばかり、縄を解き一目散にどこかへ姿を消していった。

おかめとは、両頬が高く鼻は低く口はおちょぼの女をいうが、このおかめを「阿亀」とも書き、また「おたふく」「おふく」ともいう。おかめじょんじょろとは阿亀女郎のことで、江戸では若い女の子につけた親愛をこめた名であったといわれる。この女郎の名を、はやし言葉にじょんじょろといったものである。しかしこのおかめの名も、後には愛称でなく醜女をあざける言葉となり、現代でいうブスということになる。

宝暦十三年（一七六三）の『川柳評万句合』に、

おかめ女郎たんこぶほどの髪をゆひ

とあるように、この頃から顔が大きく頬高で口の小さいおかめ風貌が決定したものらしく、髪の毛も少なく結った顔となっている。このふくぶくさは、享和二年（一八〇三）刊の『魂胆胡蝶枕《こんたんゆめのまくら》』（著々楽斎広長著）に、

じゅばんのゑりはあさぎにて、
どふにはおかめの面をそめぬき

とあるから、すでにおかめの顔の決定版となっている。とくに太神楽にはおかめの扮装で面白くおかしく身振り手振りなどの踊りで、ひょっとこ（潮吹）とのからみは人々の笑いを誘った。文化九年（一八一二）刊の『四十八癖』（式亭三馬著）に、

島田も丸髷も太神楽のお亀のやうに、
ちょんぼりと結《い》ってあるが……

とあり、おかめの愛称も変化して笑いを誘う顔の典型となった。また笑いを誘うだけに、おかめは福を招くおめでたい福の神として水商売の人々に重んじられた。現代でもこの気風に変りなく、とくに関西地方ではおふくといって紫の小蒲団に練物のおかめ人形（おふく人形）が座って店先に飾られてある。

この〝お亀じょんじょろ巻〟にはもう一つの遊びがある。これは両端に二人の子が紐や縄を水平に張ることには変りはないが、一方の子は紐をしっかりと持ち、もう一方の子は紐を持ったままで体をぐるぐる回す。するとこまに糸が巻きつくように紐が体に巻きつき、しだいに一方の紐を持つ子の側にだんだんと近づいてゆく。紐を持つ子と紐を巻きつけた子がぴったりと体が近づくと、今度は紐を持つ子が巻きつけら

れた子の回りをぐるぐると回り、巻きつけた子の紐はしだいに解ける。もちろんこの遊びも、

お亀じょんじょろ巻
大根しょって躍れ

とはやすことには変らない。

この遊びは以上のような紐や縄を持って、いたずらしたり、ぐるぐる回りっこして楽しむが、これが少し過ぎてくると悪さが始まる。一人の子の後からせまってゆき、紐で立木や家の軒下にある柱によせてきて、ぐるぐる柱に子供を巻きつけてしまい、そしてそのまま逃げてしまう。

こんな遊びも近頃はなくなった。どうしてこんな遊びが生れたのか考えてみると、筆者の幼い頃に縄跳び遊びが大流行し、盛んに遊ばれた記憶がある。縄跳び遊びの悪い発展形なのであろうか。遊びといえば他愛のないものだが、現代の子供らの遊びには見られないものになった。境内から流れてきていた縄遊びの唄は、この頃ではすっかり聞かれなくなった。

甲《ば》螺《い》（ベエ独楽）

昔、秋の招魂祭（靖国神社）が終った十一月の頃になると、東京の下町の路地裏や空地の日溜りに、四、五人の男の子がバケツを囲んでなにやら遊んでいる姿をあちこちによく見かけたものである。ある者は小さな独楽に太い凧糸の紐を巻きつけ、ある者は空を仰いで紐を舐め、ある者はすでに巻き終って待っている。そしてそれぞれの準備ができると、いっせいに茣蓙《ござ》を被せたバケツに向って頭を寄せて中腰にかがみ、

シェッ、シェッ、シェッ、シュー

と力をこめた小さな声を同時に口から洩らして、茣蓙を被せた盆床の上に独楽を投げ回した。小さな数個の独楽は這うように入り乱れて回転し、やがてパチン、パチンと、独楽と独楽が弾き合う音がして、独楽が一個、続いて一個、茣蓙の盆床から外にポロリと飛び出す。頭を寄せて成り行きを見守っていた子供たちの間にホッと溜息がもれた。盆床に最後まで

残って回転し続けた独楽の持主は、飛び出した独楽を拾って自分のものにした。誰も口をきくものがなく、勝負ごとに憑かれた鋭い眼だけが互いに交差していた。

　このような〝ベエ独楽〟遊びは、最近ではすっかり見られなくなったが、戦後少年時代を過ごした人たちには忘れ難い懐しい遊びである

　〝ベエ独楽〟とは、もともと海に棲息する巻貝を独楽にしたもので、「ベエ」とは江戸訛りの海螺貝《ばいがい》を指した名である。京都、大阪方面では昔から「海螺《ばい》回《まわ》し」と呼び、古くはバイツク、バイゲタ、不性独楽《ぶしょうごま》などともいわれた。また江戸時代の諸書の文献には「陀螺《だら》」と記載されるが、これは『帝京景物略』という書（中国の明時代の劉侗著）に記載されるように、中国でのベエ独楽に近い独楽の名である。

　こうした貝であった独楽は、どちらかというと京阪方面で熱狂的に流行り、江戸から明治へと引き継がれた遊びであったものが、明治時代の末になって真鍮製になり、やがて鉄の鋳物でできた独楽になった。これはカネバイなどと呼ばれ、やがて東京でも流行るようになった。

　では貝であった〝ベエ独楽〟は、いつ頃から遊ばれるようになったのであろうか。

　寛永九年（一六三二）刊『尤の草紙』に、

　くむたびにめぐるはろくろつるべ、
　　たたけばめぐるぶしょうこま

とあり、また同時代刊の『鷹筑波』にも、

　打たけばいくつ有てもぶしょうこま

とあるから寛永年間ではなかろうか。さらに天和二年（一六八二）刊の『好色一代男』（井原西鶴著）にも、

　よい年をしてばいまわし……

『諸艶大鑑』（井原西鶴著）にも、

　是も秋の末より螺つくはやらし

とある。元禄十五年（一七〇二）刊、江島屋其磧の『傾城色三味線』には、子供屋（陰間茶屋）の主人が客の接待の芸に博多独楽を教えるに、

　下地螺回しの手ききなれば

とあり、すでに子供たちの間にバイ回しが遊具になっていたことが知れる。この頃は、九州博多から上京した曲独楽回しの小芝居が京都四条河原にて興行され、これがきっかけとなり博多独楽が町人の間に愛好され流行った頃である（「独楽」の項参照）。しかし博多独楽は一つ十六文もするもので、子供たちが求められるものでなく、専ら大人たちの遊び独楽であるから、当時多くの子供たちが螺貝独楽を回していたものであろう。

『尤の草紙』に初出典の「海螺回し（不性独楽）」が記載されて百年後、海螺独楽はすっかり市井の子供のものとなっていたが、『和漢三才図会』（寺島良安著、正徳二年（一七一二）頃刊）の独楽の条に、

独楽興二海螺弄一、物異趣同、蓋海螺衆為レ賭見二勝負一、
独楽不力賭名レ之乎

とあり、海螺弄は賭博行為に用いられていたのである。この時代に賭博に使用したこと以来、海螺回しは近代まで賭博行為としての宿命を負い続け、子供たちは常にこの遊びをする場合世間に憚ることが多くなったのである。

この『和漢三才図会』から十八年後、享保十五年（一七三〇）刊『絵本御伽品鏡』（長谷川光信画）が刊行されるが、これまで諸書には文献ばかりであった「海螺回し」が具体的に絵で示され、手にとるようにそのようすを知ることができる。しかも海螺貝を大人が砥石のようなもので削り、傍に子供が海螺独楽を回しているのである。この大人とは海螺貝を削って独楽を作って売る小商人である。

『絵本御伽品鏡』より

海螺貝を加工して独楽を作ることは『和漢三才図会』に、

用二海螺空一殻研平頭ヲ尖一。摩二圓尻尖一

とあり、すでに加工して独楽を作ることが行われていたが、そもそも海螺貝にそのまま紐を巻いたり、叩き回しても回転が悪いから、回転に不必要な部分を削ったのは当然であろう。そしてこの時代になり加工して独楽を作る専門職が現れたということである。それだけ海螺独楽が売れるということは、この独楽で遊ぶ子供が多いという証である。しかし貝の上部を削ったからといっても、この独楽を回すには技術を必要とした。それは回転する独楽の重心が定まらないからである。そのために貝の中に粘土をつめて重心を低くして回すようになった。

以上のような海螺貝の加工があってから百年後、文政十三年（一八三〇）刊、喜多村信節著『嬉遊笑覧』には、この粘土に代るものが現れた。

ばい介に鉛をとかし、少し許つぎこみぬれば、介の尖りたる所に入りて重くなる故にまふに勢ひすぐれてしばらくまふ……

とあり、これが粘土を詰めていたものが初めて鉛に代ったも

のであろう。さらにこれより二十五年後、嘉永六年（一八五三）刊『守貞漫稿』には、

　貝底に鉛をわかし入れ其の上に晒蠟を以って不レ傾やうに埋レ之表には朱或は青蠟を以って平くす、多くは童の自製に非ず店にあり、売之三～五十銭より右の如きは百文ばかりあり……

とある。この蠟をもって表面を埋めた海螺独楽は美しく、さらに高価な独楽は花鳥の絵や、松竹梅などいった絵が極彩色蠟で描かれ、紫の小蒲団にのせられて店先で売られた。こうした店は大阪（松屋町）に多く、屋号もベイ房とかバイ安などという名の店が数軒あったといわれる。この頃は露店で加工しながら売る店はしだいになくなっていた。

　こうした京阪の海螺独楽は見事に美しいもので、もちろん高価な独楽であった。この独楽の愛用して遊ぶのは大人たちで、安価な子供の独楽は表面に色蠟が張ってあるだけだった。

　この頃江戸では鉄胴独楽（現代の独楽の原型）が天保年間より流行り始め、荒々しく鉄輪のはまった独楽を振りかざしてたたきつける喧嘩独楽が、街のあちこちに遊ばれ、男の子ばかりが群れていた。やがてこの鉄胴独楽はしだいに東海道を西に向って広がってゆくが、京、大阪では関東の荒々しい独楽は流行らなかった。というのもこの海螺独楽流行りが盛んで江戸からの鉄胴独楽を追い返したということである。

　京阪の海螺独楽はこの後も衰えるどころか、明治時代になっても盛んに遊ばれ、商家の中庭では大人たちが集まって海螺独楽を回し楽しんでいた。それがついにエキサイトして、京都四条河原に紅白の幔幕を張り海螺独楽大会が開催され、大阪の郷土誌『上方』に記載されている。そして明治末年には、美しい音色が発する砲金製のカネバイという高価な独楽が現れた。続いて鋳鉄製のカネバイが出現した。このカネバイの流行は、やがて東に向ってかつて鉄胴独楽がのぼった東海道を逆行して東京へと快進していった。

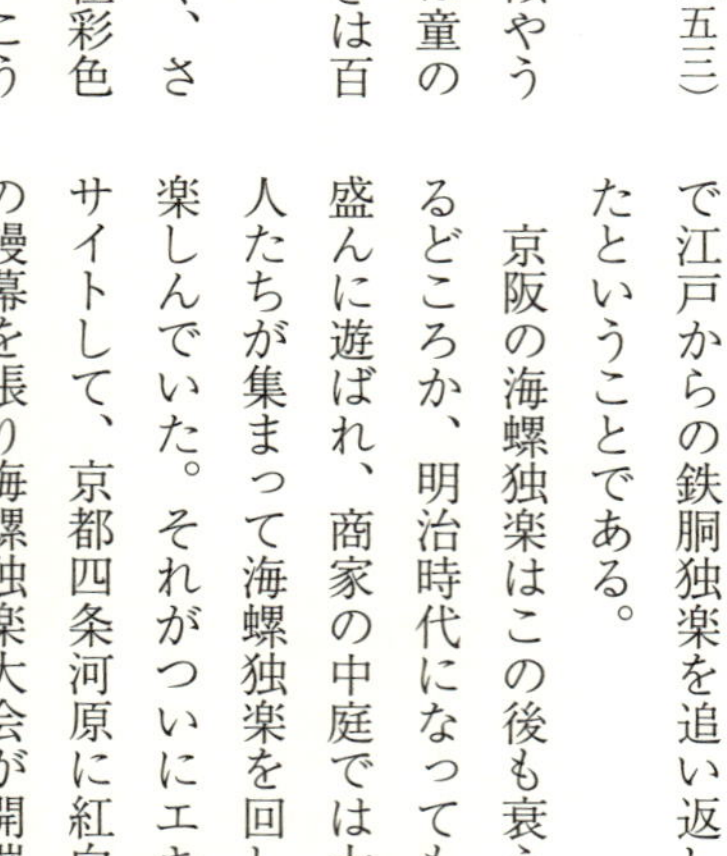

蠟を詰めた海螺独楽

　さて江戸、それから東京へと移る頃、江戸の海螺独楽はどうであったであろうか。

『守貞漫稿』には、

　江戸にては右の如き（京阪方面のような）精製無レ之、番太郎小屋にて貝殻の全体なるを売るのみ一価二銭也買レ之て自製に上の方を欹き去り回す、江戸にても賭けてすれども行ならず、鉛など稀に用ふるのみ……

甲螺（ベエ独楽）

『風俗野史』より

とあり、さらに、

ばいこま名未レ聞之ども余が推て名レ之俗は貝ばいとのみ云なり、図の如く上半を槌にて打かき去り小口を砥を以て磨し緒を以て回二転之一する也

とある。京阪ではすでに海螺独楽専門店で（バイ安、バイ辰、バイ房という名で）、美しく加工された海螺独楽が売っているのに、江戸ではむかし変らぬ粗末な海螺独楽で、しかも子供が貝を加工して回しており、細ぼそと遊ばれていた。しかも海螺独楽には鉛も蠟も使用されず、尻尖にも粘土が入っていたかどうか資料はないが、おそらく粘土ぐらいは重心を計るために入れたであろう。そうでなければ回すことも不可能だからである。しかしこれを空バイといっていたことはたしかである。

このようにその頃の江戸の海螺独楽は未発達で、貝バイといったり、『浮世風呂』（式亭三馬著、文化六～十年〔一八〇九～一三〕刊）の子供たちのように、「ケイケイうちしねえか！」と呼名すら未定で、そののちにバイゴマ転化して江戸訛りの「ベエゴマ」となったのであろう。こうした海螺独楽の未発達は鉄胴独楽が盛んであったためで、大阪方面でこの鉄胴独楽未発達も海螺独楽が盛んであったためである。

明治末年から大正時代の初め頃になると、大阪から名古屋を経て東京にカネバイがぼつぼつ姿を現わしてきたが、はじめ東京の子供は関西のカネバイを受け入れなかった。それというのもこの頃は、東京でも鋳鉄の海螺独楽が出来ており、この独楽は江戸から引継れてきた空バイそのままの猪口型のベエ独楽であった。このベエ独楽の内側は、赤、黄、青などで彩色され、回転する独楽どうしが当ると澄んだ音が出て、大阪のカネバイの鉄の塊りのようなものとは違っていた。しかし音や色を楽しむだけのものならよいが、ベエ独楽はもともと勝負をする独楽であり、お猪口ベエ独楽はあまりにも軽く、勝負にならなかった。そんなことから勝負をするには、鉛などを溶かして詰めたが、だんだん面倒くさくなり、大阪のカネバイを使うようになった。やがて大正の中頃から昭和の初めにかけて、大阪のカネバイは東京のお猪口ベエ独楽を完全に制覇し、東京の子供たちの間に俄然流行り出した。

この流行に拍車をかけたのには、もう一つの理由があった。それは江戸以来盛んであった鉄胴独楽は危険であると、当局から厳しく禁止され、子供たちは仕方なく表通りから路地奥に追いやられたのである。以来鉄胴独楽は、一時鉄胴独楽に似せた木独楽ができたが、路地奥の狭いところで遊べるベエ独楽一辺倒になっていった。

子供たちは放課後、警察の目を恐れ、学校の先生の目を盗み、密かに削った勝負独楽を持ち寄り、路地裏の物陰などで毎日のように勝負を重ねた。

やがて国際情勢が悪化、日中戦争が始まり、太平洋戦争へと突入した。ベエ独楽は資源保護のため製造中止になり、それまでのベエ独楽は鉄屑として供出された。そしてその代りとしてガラスやセトモノのベエ独楽が作られたが、お飾り独楽で遊びようもないものであった。

悪夢のような戦争であった。

戦争中の子供たちは、空襲に怯え、遊ぶことを忘れ、ただ腹一杯食べたい。それだけが毎日の夢であった。こうした空腹の時代は戦争が終ってもなお続いた。昭和二十三年頃になると、少しずつであったが食物もよくなり、子供の玩具も作られるようになった。進駐軍の空缶で作ったジープのおもちゃ、パラシュート布で作った羽子板などや風船ガムなど、焼跡の街に少しずつ出回った。こうした頃に焼残った鋳物工場で鉄屑からあの懐しい〝ベエ独楽〟が作られるようになった。ベエ独楽は街の子供たちの間にたちまち広まり、焼跡のバラックの陰や焼け残った家並の路地などで、ベエ独楽を回す子供らの姿があちこちに見られるようになった。やがて、ベエ独楽遊びは東京、大阪などより地方の都市へと広まり、ベエ独楽遊びの旋風はたちどころに全国の子供らを巻きこんでいった。

こうした熱狂的なベエ独楽遊びの広がりは、これまででは考えられなかったことである。それは京、大阪、江戸のむかしからこの三都に限られたような季節遊びであったベエ独楽遊びが、全国的に流行ったということ。そして、勝負事であるから「賭博だ」といつも大人からひんしゅくをかう遊びであったベエ独楽が、堂々と遊べる時代になったことである。

こうしたベエ独楽遊びブームは、やがて独楽の変革がやってきた。ベエ独楽の形は戦後生産が再開された頃はむかしながらの形であったが、子供たちが勝負に強い独楽を作るために、独楽をヤスリで削って低くしたり、表面の円を削って角形にし、さらには蠟や鉛など詰めて加工した。これを見てとったベエ独楽製造業者は、初めから低い独楽や表面が円でなく六角の新型ベエ独楽を作った。これを東京ではペチャベエといった。さらにはこの六角の表面の中にプロ野球チーム名や選手名、相撲とりのしこ名、プロレス選手名などが鋳込まれた。ベエ独楽はもはや貝であったという容姿でなく、ビールの王冠のような鉄片となった。だが製造業者はわずかに貝であったとされる証しをベエ独楽に刻んだ。尖尻りに螺線の溝を入れたのである。

〝ベエ独楽〟遊びのブームは、昭和二十三、四年頃をピークに、二十年代後半になるにしたがい熱狂から冷めていった。三十年代に入ると、プラモデルなど、さまざまな玩具が登場し、なお親たちの教育熱は子供から遊びを奪い、ベエ独楽を回す子供たちの姿はわずかに見るにすぎなくなった。そして四十年代にはベエ独楽は懐しいむかし遊びとして新聞やテレビに登場するが、それは一時で狂い咲きのようなものであった。現在ではまれにベエ独楽遊びをしている地域があるときくが、多くの子供たちは不器用になりベエ独楽を回すことすらできない。それでも時折ポリ袋に入ったベエ独楽と紐が添えられて店先に売られているところをみると、現代の子供を対象としたものでなく、かつて熱狂して遊んだ大人たちの郷愁をよぶものとして売られているのであろう。

（ベエ独楽について、詳しくは拙書『日本の児童遊戯』参照）

道中かご（天王さん）

旅の途中で路銀を支払って駕籠に乗ることを道中駕籠に乗るという。またこの乗物の駕籠を担ぐ者を駕籠かきといった。ここでいう子供遊びの〝道中かご〟は、こうした駕籠かきの真似をして、二人の子供が竹竿（竹馬のような竹一本）を前後して担ぎ、

道中かご、からかごや、
　行きよりもどりはやァーすいな、やァーすいな

ところによっては、

道中かごや、空かごや、牛より馬よりやァーすいな、
　これほど安いのになぜのらぬー、ストトントンヨ

または、

道中かごや、からかごや、行きより戻りははーやいな、
　これほどはやいになぜ乗らぬー、ストトントンヨ

と大きな声を張りあげて、路地から路地へと子供たちの遊ぶ

ところを駆けまわる。そして乗る客（なるべく小さい子）をみつけると、なかば強制的に、

サァサ、乗った乗った、お安いよ！

といいながら肩の竹棒を低くする。客になった子は、竹棒に腹をあてて両手は竹棒をしっかり握り頭は垂れる。さながら猟師が熊を射止めて運ぶような姿である。そんな時、このわんぱくどもは、

おーい、この客はかたいぜ！

といったかもしれない。「かたい」とは、駕籠に乗る客が不器用なことをいい、江戸時代後期の駕籠かき仲間の合言葉だからである。すなわち乗り下手ということを意味した。こうして客を竹棒に乗せ、乗せるというより竿にひっかけて、掛声を張りあげながら遊び場を一巡した。乗せられた子は初めは面白がっていたが、いつになっても降ろしてはくれず、そのうち竿が腹に喰いこみ、痛い痛いと泣きだす子もいた。ただこれだけの遊びであったが、江戸時代の「子ども遊び双六」などにも道中かご遊びがよく出ており、いつの世も子供は乗り物に乗ることに関心があった。

明治に入ると〝道中かご〟は汽車ごっことなりやがて電車ごっこになった。最近では飛行機（のスチュワーデス）ごっこというのがあったが、面白くなかった。

●天王さん

同じ乗り物遊びでも、〝道中かご〟よりも安全で楽なものに「天王さん遊び」というものがある。天王さんとは、関東でいうお輿《み》こしの呼び名で、八坂神社の祭神である素戔嗚命《すさのおのみこと》をさしたものである。天王のいわれは祭神の別名は（仏教）牛頭天王《ごずてんのう》の天王からきたもので、天王さんというのである。この神さまは、八幡《はちまん》さまと異なり大変賑やかなことが好きで、この祭神の御魂《みたま》を移した御こしが御輿《みこし》である。そして乱暴にもワッショイワッショイともまれると神さまは喜びなさるという。現代では何処でも御輿というが、関東地方では昔から天王さんといっていた。

この他に天王さん遊びは二人の子供が向き合って、それぞれが右手で相手の左腕を握り、左手は自分の右手首を握ると井桁状になる。ここに幼な子を跨がらせて腰をおろし、井桁状の二人の手を持ちあげる。さながら御輿のように高く、「ワッショイワッショイ」と上下にゆするので、乗った幼な子は「キャッキャ」と喜び騒ぐ。ところが、なかにはあまり上下にゆっさゆっさとゆすぶられると、目が回り、青い顔をして泣きだす子もいた。とくに荒っぽい男の子が天王さんを組むと、暴れ御輿だものだから女の子などはよく逃げ出した。

注：この手を組むことは一名「手車」といわれるが、この件につ

いては別項（「肩車、手車」）に述べたい。

こうした体を使う遊びは、〝道中かご〟が電車ごっこ、飛行機ごっこと変ったが、この頃ではめったにみられなくなった。

お馬（騎馬戦）

大人が四ツん這いになり、幼な子を背に跨がらせて乗馬のように座敷を這い回る遊ばせの〝お馬〟ごっこは、ハイハイドードド、オウマチャンコゴッコ、ダンダウマコなどと呼び、幼な子の遊ばせの〝お馬〟であった。近頃では、四ツん這いになって歩むことが「ワンコワンコ」などに変化していることもあり、「ハイハイドードド」のお馬遊びでなく、「ワンコワンコ」と馬が犬に移行したものもあるようだ。これは生活周辺に馬の姿がなく、四ツん這いで歩くのは犬ばかりとなったからであろう。

この〝お馬〟ごっこ、ウマノリ、後のワンワンなどは昔も今も父親か祖父が遊ばせ役だった。ところによるとこれを「はい馬」という。これは五街道（東海道、甲州街道、中仙道、日光街道、奥州街道）の宿場にある伝馬を「はいま」（駅馬）と呼び、これが街道を通ると、道を往来する人々は、たちどころに道の傍に立ち退かなければならなかったことに由来する呼び名である。このはい馬を口にするのは百姓や町人でなく、武家の幼な子を遊ばせる際に「はい馬」と家来ども（子守役）が声を張りあげ、すなわちお殿様のお子を背に、

はい馬　はい馬　お通り

と座敷や庭を駆け回ったそうである。こうした身分の幼な子は、遊ばせを通して身分を認識させたということである。

次に万寿五年（一〇二八）～長元七年（一〇三四）頃成立の『栄華物語』（赤染衛門編）もその例で、

……一の宮おはしまして、おとどおきよ〳〵馬にせむと、おこし奉らせ給へば、われにもあらずおきあがり給と、たかばして、さまにのせたてまつり給てありかせ給へば、一の宮、例よりうごかぬまかなとて　御扇して、とん〳〵と打奉ら給ひ…

とあり、下々《しもじも》の者ならハイドードなどと馬になった者の尻をちり払ってたたく様は、さすが殿上人の御子らしい。また江戸時代中期頃の句集『篗絨輪』に、

若子の抱守り袴きた馬

とある。これも若君のお守役らしく、袴を引きずりながら、役向きに精進する涙ぐましい姿を彷彿する。

こうした馬は大人が四ツん這いになる、幼児のお守り遊ばせであるが、子供が成長して友だち同士馬ごっこをするのは「騎馬戦」とか「競馬」の遊びの馬である。これは十歳ぐらいの男の子中心に行う集団遊びで、少なくとも三、四組の馬ができないと面白くない。

まず三人馬であるが、二人が馬になり、一人が騎手となる。体格の良いがっしりとした子が前に立ち、後ろの子が前に立つ子の兵子帯の後ろの結んだところに両手でしっかりとつかまえる。その両手の腕の上に騎手となる子が跨り尻をのせる。こうして「走り競べ」とか「騎馬戦」をする。

もう一つは五人馬である。これは前馬には体格のよい子が立ち、後左右に二人の子が立つ。かの「騎馬戦」の馬態勢である。後左の子は左手を、後右の子は右手をそれぞれ前馬の肩にかけて向き合い、空いている手を握り合う。さらに後尻馬になる子は後左右の子の間に入って、前馬の帯をしっかりと握る。馬の体勢ができると、馬全体がしゃがみ騎手が後左右馬と、尻馬の間から入り、脚を入れてのち馬全体が立ちあがる。騎手は高々と相手馬を見降す体勢となる。このように五人組で馬体が数組できると、紅白に分れて戦いで勝ち残り多い組が勝ちとなる。この場合の勝ちとは、相手方の騎手の鉢巻とか帽子、風船など奪取したり破ることで勝敗を決めた。

戦いのポイントは、馬の側から徹底して敵馬を解体させてしまうことである。そのために前馬は強く体当りして、左右の馬は相手馬を蹴《け》り、敵騎手を引きずり降ろした。

この頃では、こうした昔の荒っぽい騎馬戦は見られなくなった。せいぜい騎馬戦をやったところで、新聞紙を筒状にした紙刀で相対する騎手の頭上の風船をたたき割るくらいである。いやそれどころか騎馬戦は怪我をするというので、運動会に登場することが少なくなった。しかし家庭における四ツん這いの馬は、現在もなお家庭で見かけることがあり、父と子の肌の触れ合いに欠かせない遊ばせごっことなっている。

上りこ下りこ

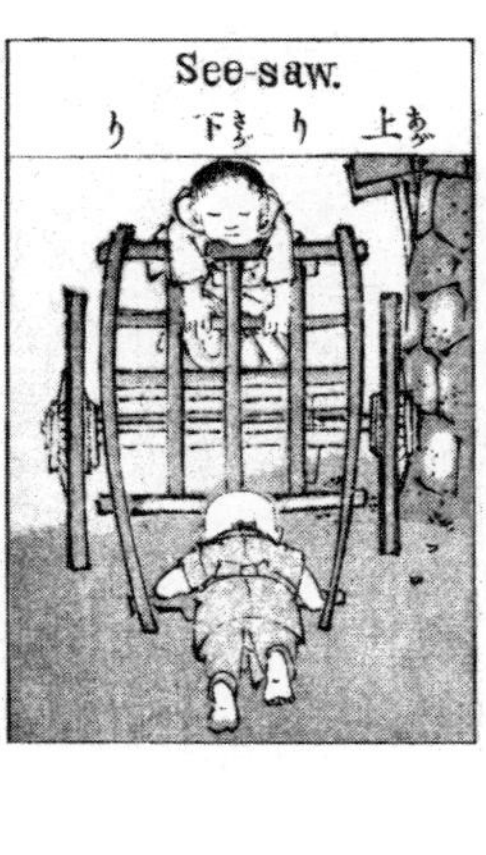

〝上りこ下りこ〟は子供の大好きな遊びである。この遊びは太い丸太に厚い板をのせて、両端に子供が跨り、一方が下れば一方が上る、これを交互に上下して遊ぶもので、現代でいうシーソーである。

〝上りこ下りこ〟という名は、江戸、明治頃の呼名であるが、ところによると、「ギッカンコ」、「ギッチャンコ」などと呼名があり、または、「ギッコンバッタン」、「天秤遊び」、「コメツキ」などと、いろいろな呼び方がある。どの名もこの遊びの様子を写した子供のものいいによる、遊ぶときの音や遊具の形をさしての名づけばかりである。

この〝上りこ下りこ〟の遊びは歴史的な文献に乏しいが、おそらく古くから遊ばれたものと推定される。それはこの遊びをするための厚い板や丸太がそろわずとも、子供たちはいたる所で遊び具を作って遊んだ。たとえば台風で大木が倒れるとこの生木に登って横枝に乗ると、ギッコンギッコンと上下に体をゆさぶって子供たちは遊んだ。また炭焼や椎茸の原《ほた》木《ぎ》が積まれるようなところでは、この丸太を十字形にして不安定ながらの上りこ下りこができた。それは都市の中の子も農山村の子らも遊具の条件さえそろえば、どこでもギッコンバッタンの遊びが作られた。

このなんでもないような子供遊びを、大人が見過しておれば単なるいたずら遊びとして終ったが、交互に両足を蹴りあげるようにして上にあがり、下っては再び両足で蹴りあげる動作が、子供の生育にとって必要な運動遊戯であると大人が認めて、初めてシーソー遊具が生れた。

このシーソー遊具と同じ配慮に生れたものがある。それは地上三〇センチぐらいのところに、厚板の両端を宙吊りにして前後左右に揺する「揺動橋」という遊具である。戦前の幼稚園、小学校などにはこれらの遊具が配備されていたことを想い出す。

●大八車の上りこ下りこ

〝上りこ下りこ〟の遊びで、子供のいたずら遊びから思わぬ興味をそそったのは、「大八車の上りこ下りこ」である。この遊びは大八車が出現した寛文の頃（一六六一～七二）からということになる。この大八車とはどういう車なのか。寛文年間の『江戸名所記』によると、

このごろは地車といふ物をはじめて、牛をかけず、車に荷物をのせて、ひと八人してこれをひく故也、馬にのせてはこぶものをも、おほくはこの代八にてひかすれば、江戸中馬借り馬子等は地車をいやがり、にくみて、代八をひくものを、人畜生とののしるとかや、牛ならで人ぞひかする地車を代八車とこれもいふらん

とあり、人間が八人で引く地車という名に代るものとして知れわたった。この車の名づけはこのほかにも諸説があり、近江大津の大八という車屋が作ったともいわれる。

この荷車（大八車）が出現すると、江戸市中の商家では便利なので、こぞって使用し始めたので急速に普及した。前述の文献にもあるように、駄賃取りの馬車引き人足のくやしがりのさまは想像できる。

こうした大八車は、子供の遊ぶ倉庫前庭や路上に空車が放置されることがよくある。子供は現代の自動車に対するように、めずらしい車があると集まり遊んだ。一人の子供が前方の引手棒にぶらさがると、ほかの子は後方の荷台の端にぶらさがり、重さの平衡を保っていると二人はぶらさがったままだが、どちらかが位置を変えると平衡がくずれ、一方が下が

り、もう一方は急に持ち上る。これを交互にすると上ったり下ったりする。この大八車の上りこ下りこをギッコンバッタンと繰り返すうちに、自然と車の方向が変ってゆく。大きい子などはぶら下がって上下すると同時に足を一方向に蹴る。するとと大八車は車軸を中心にぐるぐると回転しながら上下するので、面白くて夢中になって遊んだ。

この大八車は初期の車から時代が下るに従い、より小型の車や、または荷物の種類によって（石屋、小間物屋）専用車まで現れた。そしてこれまで車軸が樫《かし》の木であったものが、鉄の車軸に代ると、箪笥を固定した車上の営業を目的とするものまで種々な職業の大八車が作られた。この形式の大八車は、戦前の牛乳配達の車が最後である。明治に入ると大八車の営業車が華やかに街を行来したが、人力車が考案されたのがこの頃で、おそらく大八車から原型を求めて改良したものではなかろうか。初期の人力車には大八車のような箱型が多いことからも知ることができる。またこの大八車からの改良型に長車というものが出来た。この長車は車巾が狭く長さは倍以上で、竹竿のような長い品物を運ぶのに使用された。もちろん一人引である。

「大八車の上りこ下りこ」は、江戸、明治、大正、昭和の初期まで、農村や都市の下町などで遊ばれた。それだけ大八車がたくさん使用されていたということである。やがて自転車が普及し、荷物の運送がリアカーというゴムタイヤ付の車輪で鉄骨製のものが現れ、大八車は急速に姿を消し、〝上りこ下りこ〟もリアカーでの遊びには至らず衰えた。

この〝上りこ下りこ〟は、シーソーといわれる遊び専用遊具となって久しい。子供公園などにはたいてい備えつけられ、今なお最も人気のある遊具のひとつである。

羽子つき

〽ひとり来な　ふたり来な
見て来な　寄って来な
いつ来てみても　七子《ななこ》の帯を
八《や》の字に締めて　ここの家《や》で　十よ

こんな唄が、静かな郊外の高い垣根をめぐらした邸宅の庭から聞えてくると、たぶん晴衣姿の大人や子供たちが羽子をつくのであろう。正月の午後は長閑なだけに、羽子を打つ音は唄よりも甲高く辺《あた》りに響いた。そしてだれかが羽子を落して負けたのであろう。笑いざわめきがあって後、再びどっと笑いが起こり、負けた人が顔に墨を塗られたのであろうか、やがてまた「ひとり来な、ふたり来な……」と唄とともに羽子の音が辺りに響き出した。

こんな裕福な家庭の〝羽子つき〟に比べ、街の裏長屋の女の子たちは、路地裏の駄菓子屋で求めた木ッ端のような羽子板をもって、三、四人で遊び始めた。年長の女の子が羽子を口元に寄せて息を吹きかけて温め、羽子をととのえて、

〽ひとめ　ふため
みやかし　よめで
いつやの　むさし
ななやの　やさし
ここのや　とーお
とーおで一貫貸した

と歌って羽子を打ち交わした。そして敗けた子は顔に墨で✕に塗られるので、いち早く「嫌だ！」と逃げ出した。それを年長の女の子が筆をもって追い駆ける。こんな情景を片隅で独楽を回しながら見ていた男の子たちは、やんやと女の子たちをひやかした。

正月遊びは子どもたちにとって、とても楽しいものであった。それは富裕の家の子も貧しい家の子も皆同じであった。正月遊びの中で、〝羽子つき〟ほど正月らしい遊びはない。それは正月以外にはめったに羽子板で遊ばないから、とくに感じるのであろう。しかしこの遊びの発祥と成立の歴史をみると、いかに正月と羽子板の遊びが密接であるかをあらためて知ることができる。

では〝羽子つき〟はいつ頃から遊ばれていたのだろうか。その答えは不明確であるが、室町家の『年中定例記』正月十一日の條には、

比立尼御所の御詣（…中略…）御所々御土産は、こきいた、こきのこ匂貝

とあり、また宮廷の行事を記録した『看聞御記』（後崇光院、応永二十三年〔一四一六〕〜文安五年〔一四四八〕までの日記）の永享六年〔一四三四〕正月五日の条に

宮御方へ毬杖三枝、玉五色々彩色、
こき板、蒔絵置物絵筆風流 こきの子五被レ進、
言語道断殊勝驚目レ了、御自愛無極

とある。この二点が羽子つき遊具の文献初出であるから、〝羽子つき〟は室町時代あたりが成立とみなければなるまい。

「こき」とは胡鬼《こき》と書き、邪鬼のことを指していう名で、このころは羽子板や羽子を「胡鬼板《こきいた》」「胡鬼子《こきのこ》」と呼んでいた。ところが十年下って文安元年（一四四四）刊の『下学集』には、「羽子板 正月之レ有」とあるから、僅かの間に羽子板、羽子と呼ばれるようになっている。それにしても『看聞御記』では意想外に豪華な羽子板が、すでに作られていた。

さてこのような羽子板で、どのようにして遊んだのだろうか。同じく『看聞御記』に、

女中近衛、春日以下、男長資隆富等朝臣以下、
こきの子勝負分レ方男方勝女中負態則張行、
於二殿上酒宴及深更一有酒盛、聴聞其聴

とあるところをみると、当時宮中において手毬会のように〝羽子つき〟が左右二つに分れて男女混合にて勝負をし、負けた者は負態と称して罰に酒を飲まされたルールがあった。それは当時の毛毬会と同様この〝羽子つき〟も、女の子だけの遊びではなかったことは、このことからも計り知れることである。

羽子板が正月との結び付きがあるのは、同じ正月に遊ぶ毛毬会と異なり、羽子板の成立にかかわりがあることである。前掲『看聞御記』の正月十五日「左義長」に

宮御方へ毬杖三枝玉五、こき板、こきの子

とあるのも、また同時代刊行の『壒嚢鈔《あいのしょう》』（曽行誉撰、文安三年〔一四四六〕刊）にある爆竹の條に羽子板の名があるのも、正月十五日行事左義長にあることである。

左義長とは三毬打の意で、平安朝時代に中国から渡来した迎春の鬼除の行事で、宮中において正月十五日の朝に行なわれたものである。

『徒然草』（吉田兼好著、正中年代より元弘元年〔一三二四〜三一〕頃成立）に、

左義長は正月に打たるぎっちゃうを、真言院より神泉苑にいだして焼あぐるなり。法成就の他こそ、とはやすは

とあるように、室町時代は清涼殿の東で正月に遊んだ毬杖（竹製）三本を束ね立て、吉書扇子短冊などを結びつけ、唱文師などが「どんどや」と唱えはやしながら焼く行事である。この「どんど」とは焼却する場所「灯土《とうど》」のことをいっているという説もある。どんと焼、鬼火《おにび》、ホケンギョウ、サギチョウなどといわれ、民間に伝承され、正月の松飾りや書き初めを焼く行事もここから出たものである。

胡鬼板はこうした左義長に用いられる邪鬼祓いの三角の板であった。おそらく祓い終えた胡鬼板は左義長の火祭りの火に投じられていたものであろう。ところがこの邪鬼祓いの胡鬼板を別途の呪《まじな》いに用いられるようになった。天文十三年（一五四四）刊の『世諺問答《せげんもんどう》』に、

問て云、をさなきわらはの、こぎのことといひて、つき侍るはいかなる事や。答、これはをさなきものの、蚊にくはれぬまじなひ事なり、秋のはじめに、蜻蛉といふ虫出きてに、蚊をとりくふ物なり、こぎのこといふは、木連子などを、とんぼうがしらにして、はねをつけたり。これを板にしてつきあぐれば、おつる時、とんぼうがへりのやうなり、さて蚊をおそれしめんために、こきのことって、つき侍るなり。

とある。この説には異論があるが、あるいはこのようなことも有り得るのではないかとも考えられる。それは新年を迎えてこの一年、幼な子が蚊に刺されないように、邪鬼を祓うごとく胡鬼板で煽き祓い呪いをほどこしたのではないか。そして更にその呪いの効果があるように、蜻蛉《とんぼ》が蚊を食べることから、木連子《むくろじ》の実を蜻蛉の頭に、鳥の羽根を蜻蛉の羽根になぞらへて胡鬼の子として、これを飛んでいるように胡鬼板で打ち煽くことになった。即ち類推魔術的に効果を狙ったのではないかということである。

『絵本西川東童』より

実はこうした蜻蛉になぞらえて胡鬼の子を打ちあげるヒントは、当時中国（明）との交易が盛んであったので、彼地から伝わったものではないかと思う。それは中国の正月の遊びに「踢毬」というものがある。これは孔開銭を紙で包み、鶏毛三本を包んで銭に差し、羽子のようなものを、足で蹴りあ

げる遊びである。この銭を木連子に代えて胡鬼の子にしたのではなかろうか。もう一つには、かつて中国から移入した「蹴鞠」という足蹴りの毬遊びを、日本化して足蹴りから手で突きあげる遊びに変えたように（「毬つき」の項参照）、中国の足で蹴る「踢毬」の羽子を、日本化して足でなく打ちあげるのに好都合の邪鬼祓いの三角板（胡鬼板）を用いたのではないかと思う。しかし胡鬼板は式板だけに恐れ多く、ここに蚊を追い払うという口実が生れたのではないか。

以上のようなことから〝羽子つき〟遊びの由来が考えられる。左義長の胡鬼板は邪鬼祓いの式板として発生以来床の間に飾るものと、もう一方で、羽子をつく為の遊び競技用のものとなったのではないかと思う。この胡鬼板はやがて「羽胡鬼板」、「羽子木板」、そして略されて「羽子板」となったものである。

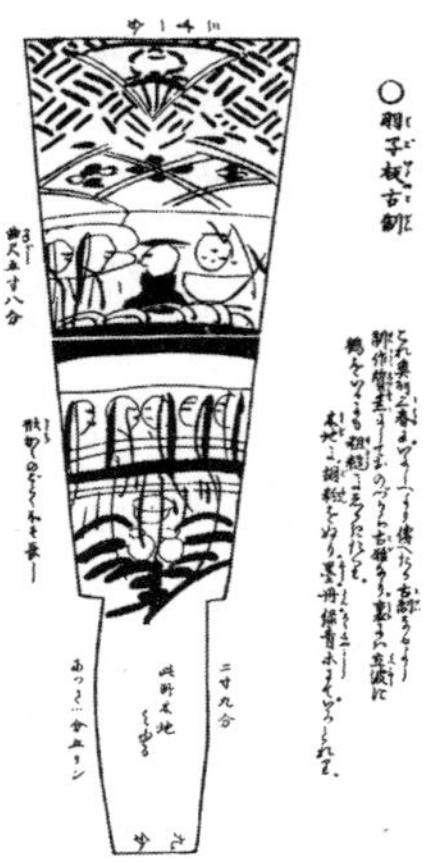
『骨董集』より

羽子板は三角であった胡鬼板から時代が降るに従い、火焔形の三角になったが、その形は『私可多咄』（中川喜雲著、万治二年（一六五九）刊）にあるように、

さてさてしゃくといふ物はいなものや（…中略…）あの公家様も胸にしゃくがつかへて、のびつ、かかんずあそばす、しゃくの虫といふものは、其のまま羽子板のやうなものぢゃ

と、公家が持つ笏のような細長いものであった。そしてその表には、公家や女宮が左義長行事を見物する図が描かれ、この羽子板の由来を物語るものであった。江戸時代に入るとしだいに図柄は初日の出、鶴亀、宝づくし、福の神、なかには五神像を画くものに変っていった。羽子板は邪鬼祓いに羽子を打つ胡鬼板としてよりも、祝事の装飾、または置物的存在になったのである。この傾向は時代を降るに従い豪華になり、亀甲型に胡粉で固め金銀箔をおく高級品まで作られた。そのため慶安二年（一六五〇）の幕令には、

一、如二例年一、正月之破魔弓、はま矢並羽子板、金箔蒔絵金糸類、少も何間敷事、忽論商売物にも不レ及由候事

となった。しかしこの奢侈さは止むことなく、『世間胸算用』（井原西鶴、元禄五年（一六九二））に、

長久の江戸店、常の売物店はさておいて、正月の景色、京羽子板、玉ぶりぶり、細工に金銀を嵌め……

とありその様子が知れる。この貞享、元禄の頃になると、羽子板も笏状型から現代の羽子板の形に近いものとなり、絵柄

も内裏羽子板といわれる、殿上人の衣冠束帯の男と女房姿が流行った。この傾向はやがて役者押絵の羽子板の誕生に端緒につながることになる。

羽子板にさまざまな布地を貼って図柄を作ることは元禄の頃からあったが、押絵として最高の技術に達したのは文化、文政の頃である。『守貞漫稿』（嘉永六年〔一八五三〕刊）には此事には詳しく述べられているが、そのほとんどが人気歌舞伎役者の似顔絵で、これまでの羽子板に大きな転機が現れた。ということは邪鬼祓いとしての胡鬼板の呪いは薄れてしまったことになる。以来、この押絵羽子板は飾る羽子板としてまた祝儀用となり招福の護符のようなものになり、とくに花柳界でもてはやされた。この羽子板は明治、大正、昭和と引き継がれその時代の人気者を取り入れながら、現在でも毎年十二月十七、八日には東京浅草寺境内にて羽子板市が開かれている。このように東京の羽子板は押絵が代表であるが、京都の羽子板は左義長の京羽子板と呼ばれる押絵貼りのもので、大阪では裂地絵を貼り、更に上部に胡粉が雲型を盛り描いたもので、型は京阪とも細長い羽子板であった。この他に各地方に早くから京阪、江戸から邪鬼祓いの羽子板として展ったが、その型や絵は主に左義長からはじまり、日の出や鶴亀と変遷しながら明治期まで受け継がれた。しかし現在ではその多くは廃絶し、僅かにその名残りを止めながら郷土玩具として存続しているにすぎない。

さて〝羽子つき〟であるが、前掲の『看聞御記』にあるように、男女二組に分れてつき合う追い羽子であるが、これ以前の邪鬼祓いの呪いとして胡鬼の子をつくことが始められた頃は、一人でつく中国の「蹋毬」の影響を受けて、おそらく一人でついたものではなかろうか。そしてのちに二人でつき合うものに遊戯化したのであろう。

萬治三年（一六六一）刊の松江重頼撰の『俳諧懐子』にある「かぞふる春のはなみもよしや、伴ひてはねつく胡鬼の子ども、重頼」に、

　つくばねの数よむこのかのも哉　竜賢女

　数つく鳴の羽音百羽かき　山田女

とあるのは一人つきで、

　一《ひ》とごに、二《ふ》たご、三《み》わたし、四《よ》めご……

とつくものである。また『守貞漫稿』（嘉永六年〔一八五四〕刊）には、

　今世京坂の女童羽根をつくには、ひいや、ふうや、みつゝや、よつゝや、いつゝや、むつゝや……

などとつき、釈行智編『童謡集』（文政三年〔一八二〇〕刊）にも、

一子にふたご、三わたしよめご、だんのふやくし、
あすこのやじや十う、こゝのやじや十う

とあり、更には『尾張童遊集』（小寺玉晃著、天保二年〈一八三一〉刊）にも

ヒィヤフゥ、ミデヨ、イ、ツデム、ナァナデヤ、コウコデ十ヲ、くり返して十の処二十三十トかゆる計也

とある数え唄である。

こうした〝羽子つき〟の数え唄は「石なご」「手毬」などの如くつきあげる遊びから生れたもので、いかに長時間失敗なく羽子をつきあげるかを競うものである。

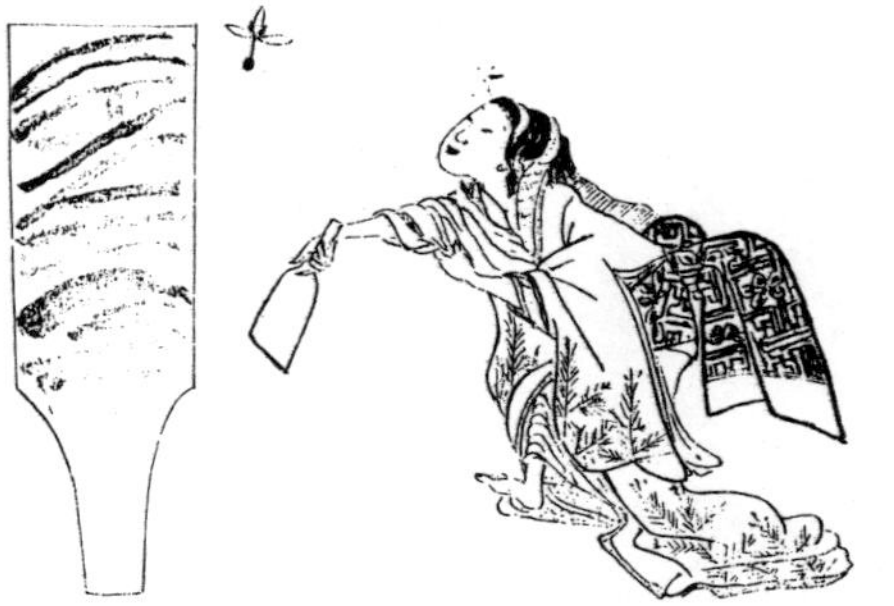

『尾張童遊集』より

江戸時代から明治にかけて京阪地方で流行った、「ひとめ、ふため、みやこし、よめご、いつやの、むさし、ななやの、やつし、ここのや、とお」や、「一《ひい》や二《ふう》、三《みい》や四《よお》、五《いつ》や六《むう》……」、広く全国に流行った、冒頭に揚げた、「ひとり来な、ふたり来な……」も、数読みから意味のない言葉が数の名に結びつき、類歌を多く生むに至った。更に全国に伝承される羽子つき唄をみると、数読みから更には手毬唄、お手玉唄を転用する羽子つき唄と（その数は手毬唄にははるかに及ばないが）子どもたちに愛唱された。ここに転載ができぬのが残念である。

〝羽子つき〟遊びは現在では昔の正月ほど遊ばれてはいない。それどころか、昔のバドミントンのように思っている子も多い。それほど〝羽子つき〟が忘れられたのも世相の変遷とともに諸事情影響があるが、一つには〝羽子つき〟に代るバドミントンが戦後流行し、すっかり正月遊びに変ってしまったところが多い。こうしたことは今に始まったことではなく、かつてハネゲームなどといわれたこともあり、羽子板が胡鬼板であることすらすでに忘れられていたことであるから、現在のような結末になることは当然といえよう。それでも年の始めに子ども遊び具として粗末な羽子板が売り出され、浅草では羽子板市が毎年開かれているが、その先行きは心細いものである。

ままごと

子供は親の鏡である。親が他人の前で自分の子供の躾けや教育を自慢し、家庭教育論議に花を咲かせようが、その人の子供を観察すれば、論議の花も引き立つこともあるし、逆にしぼむということもある。この頃では親の鏡であるといわず、コピーであるという。いずれも同じことで、どちらかというとコピーという方がより辛辣かもしれない。

子供は生れて初めて見るのは親の顔である。赤ちゃんは他の親と見比べるわけではないから、親のすることとなすことすべてを受け入れ、これを学んで成長の糧とするから当然といえば当然である。

〝ままごと〟遊びは、毎日の家庭生活を模倣するごっこ遊びで、この遊びが女の子を主体とすることからも、母の言葉や動きが遊びの最中に現れており、他人から見ればその大人ぶりの言葉はお可笑しく面白い。当の親からみると、今さらのように親の影響を知り、反省することしきりである。

しかし子供のままごと遊びが単なる生活の復元であるばかりとはいえない。それは親のしぐさや会話が、そのままの模倣でありながらも、子供のままごとは、現実生活そのものでありながらも、遊びという非現実の仮の世界に遊ぶ純粋な営みであることを忘れてはならない。それは草花や木の実を採集して、これを切りきざみ、仮のご馳走を作る。ここには子供の創造と空想が入り混じり、実際に食べるでなく、その見振りと会話の演技ごっこが営まれるのである。ここには子供の浄らかな美しい姿があり、大人は暖く見守る必要がある。

〝ままごと〟は、原始時代から現代に至るまで母親の生活模倣であり、ここに食物の調理や小さな社会の学びがあった。こうしたままごとの事蹟をみると、すでに古墳文化時代（三世紀～七世紀）の出土品に、副葬品の他に滑石製の小さな日用具や織機の筬《さお》や杼《ひ》などがある。これはままごと道具のようなものではなかろうか。また文献を調べると、平安時代の『紫式部日記』（寛弘七年〔一〇一〇〕頃成立）の見聞記に、

わか宮の御まかなひは、大納言のきみ、ひんがしによりてまつりすへたり、ちいさき御だい、御さらども、御はしのだいすはまなども、ひいなあそびのぐとみゆ

とあり「雛あそび」の道具として飯事《ままごと》の道具が存在したこ

とを確める。さらに下って、江戸初期に編まれたといわれる『甲陽軍鑑』に、織田信長が幼少の頃、鮒を釣りて、それを膾《なます》に作り款苳《フキ》の葉に盛って遊んだとあるが、ままごとの名はないが、ままごとのようである。また寛文十一年（一六七二）に編まれた『堀河百首題狂歌集』に、

七草にままごとをするわらはべの
　髪さきにみるもつめる髻

とある。これは〝ままごと〟という名が記される文献としては初出であろう。さらに七年後、延宝六年（一六七八）刊の『江戸八百韻』には、

蜆石花から是にさへ月　来雪
さむしろにまま事乱す夕景色　泰徳

とあり、この他には、

まま事や貝から咲きしけふの菊（『江戸弁慶』延宝八年〔一六八〇〕刊）

とか、井原西鶴の『好色一代男』（天和二年〔一六八二〕刊）には、

手づから玉拾ふ業して飯事の昔を今に……

などと、ままごと遊びを詠む和歌、俳句なるものに続々と登場する時代となるが、なんといっても、時代は少し遡るが、元禄十六年（一七〇三）頃に刊行された『小児必用養育草』（香月啓益著）巻六に、この頃のままごと遊びの様子を知ることができる。

女の童《めわらわ》二、三歳より、炊事といふ戯れをなす、これ土座に莚をしきて、おなじ歳比の小児あつまりて、飯炊《いひかし》ぐまねをする事なり、いたって鄙賎なる事なれ共、銭英の説に、小児は土と水とを常にもてあそばしむれば、その熟欝の気散じて、病なしと見たれば、和俗此戯をなさしむる事は此意なるにや、又食は、人を養う根本にして、女は、内を治むる事をつかさどる故に、かく飯炊ぐまねをなさしむる事なるべし。

女の子は女としての成育に、ままごとを必要とすることが記されてある。この後、わずかの年月で、貝原益軒の『和俗童子訓』（宝永七年〔一七一〇年〕）などの名著が刊行されることになるが、当時こうした教育書や往来物（寺子屋教書）が、いかに望まれていたことがうかがい知れる。

さて再びままごと遊びに戻るが、〝ままごと〟という遊び名は、飯をママまたはマンマという幼児語から発するもので、ところによってはこの幼児語を成人してのちも常用語として使用するところもある。だが子供遊びの〝ままごと〟となると、そのまま呼ぶところは限られている。柳田國男著『分類児童語彙』（昭和二十四年刊）によれば、〝ままごと〟もしくはこれに近い呼び名の地域は、三つの大都市周辺を除けば、愛知

県各郡と中国地方の一部、九州一円であると述べられている。その例の一部を転載すれば、

ママエコ（愛知県海部郡） ママコ（山口県岩国市）
ママゴジョ（平戸） ママゴッチャ（愛知県碧海郡）
ママナンゴ（宮崎県児湯郡） ママンゴ（長崎市）
ママンコウ（博多） マンマエコ（愛知県一色）
マンマンゴ（愛知県渥美郡） マンマンゴト（山口県豊浦郡）
マゴンマネ（鹿児島）

以上である。この他には、ままごとには変りないが、婚礼・仏事の人よせのご馳走の真似事の名で、

オフルマエゴト（米沢） オンバレコ（長野県小県郡）
オフルメアア（石巻） ホンミヤナンド（九州・小値賀島）

などとある。この人よせの食べ物の振舞のままごとはこの他にも多数ある。青森県の津軽あたりでは「ジサイコナ」といって、仏事、法事をさす言葉だが、子供たちは母親たちが調理をして、多くの人々に食物を分配する姿を観察し、その感じ入ったままを遊びに再現したものである。そしてそこには、常日頃でない、たっぷり食べられる振舞いのご馳走が忘れ難く、子供たちの本音が遊びの動機であったかもしれない。また都市の子供のままごとが「お客ごっこ」「人形ごっこ」などにたやすく移るのも、母親たちの客への振舞をまのあたりに見たご馳走への羨望を遊びに再現したものであろう。

この他に、ままごとらしきものに年中行事としての正月小屋、雛葩供（ヒナガユ）、盆供養の川原粥、辻めし、盆くどなどの子供たち（女の子ばかり）のご馳走作りは、年長の子が指揮して各家や畑などから食材を集めて火を焚き、実際に食べられる料理づくりであり、〝ままごと〟本来のごっこ遊びでなく、子供が地域に奉仕する行事であるから、ここでは分けて考えなければならないと思う。

〝ままごと〟遊びは、草花や泥などで作る食べられないご馳走らしきものを木の葉や貝殻などに盛り、また客になった子は美味しく食べる振りをすることで、各地にある〝ままごと〟は、その例にもれぬものである。それにはご馳走の容物が遊び始めに必要であった。古歌、俳句には道具として貝殻がよく出てくるが、この他には破損した皿や椀などを使用している。長崎県の彼杵地方では、ままごとを「ベンザラ」といった。ベンサラはおそらく紅皿ではなかろうか。この瀬戸物のかけらをままごとに使っていたことから名がつけられた。また上五島の瀬ノ浦などではままごとを「カンカラアソビ」というそうである。これは缶詰の空缶を使用して遊んだからの名であろう。ところによると欠けた陶器のことを「マツカリガケ」（大賀郷）というそうである（『分類児童語彙』参考）。

こうしたままごと遊びに道具が必要なことから、江戸では手遊びもの（玩具）にままごと用の小さな道具が売られ始めた。弘化三年（一八四六）刊『江戸沿革』によると、浅草観音様の境内にてままごと玩具が売られていることが記されている。

この後、幕末、明治と時代は移ったが、ままごと玩具は、幕末からの土製の桶、茶碗、擂鉢、片口、徳利など、それから木製、竹製のものと縁日などで売られた。そして明治七〜八年頃からブリキ製の玩具が出現した。もちろん鍋、釜、包丁まで揃えられ、明治も末になるとままごと玩具が一揃いセットで売られるようになった。しかしこれらのままごと玩具ばかりで遊んだというわけでない。多くの子供たちは、木の葉とか不用の小皿や竹の輪切りの屑などで遊んだ。

またこれに加わる玩具があった。それは駄菓子の「貝ばっか（空貝にハッカが塗られている）」の貝殻、「しんねり」という菓子を入れた焼物の甕《かめ》、香煎が入った袋につけられたブリキの匙などである。

昭和に入るとアルミニウム、またはセルロイド製のままごと玩具が加わり、戦後になるとプラスティック製品が出現し、ままごと玩具も多彩になった。とくに戦後のキッチンセットは、次つぎに台所用品が変革されると、それを追うように新製品の玩具が現れた。たとえば昭和二十七〜八年頃、家庭電気器具の流行にのって、電池が組み込められ、実物そっくりに動くものが作られた。さらには、トースター、ミキサー、実際にパンが焼くことできるオーブン、ハンカチぐらい洗える電気洗濯機などが現れ、ままごと玩具の域を越える精巧なものがデパートなどで売れた。とくにミシン玩具ははじめは手回しで縫えるものであったが、その後電動式にまでなった。ステンレスの流し台とか、スプーン、フォークなど豪華なセットが作られ、あまりに本物そっくりであるために、児童文化評論家から痛烈な批判を浴びたことさえあった。

こうしたままごと玩具の高級化時代に、子供たちのままごとはどのように遊ばれているであろうか。昔のままごとは、親の生活だけが見本であったが、テレビなどのマスメディアの影響で、母親の生活模倣から離れ、社会の多様化に合せて遊ばれるようになってきたことはいうまでもない。しかし、いかにままごと玩具が高級になろうとも、生活文化の向上する家庭用具に合せたままごと玩具には問題はないが、玩具の性能まで本物に合せて盛りこむことは行き過ぎでなかろうか。「そのつもり」という仮設定の遊び心こそ重要なことで、余りにも本物そっくりのままごと玩具は、子供遊びを疎外してしまうものである。遊びはいつの時代でも、「空想と創造」こそが子供心を養うものである。

向こうのおばさん

往来に面した昔の商い店は、間口が狭かったが屋根の庇が広く、ちょっとした雨宿りや荷物を置くぐらいのスペースがあった。こうした庇をさらにのばして柱を左右にたてたのを、雪国の新潟では「雁木《がんぎ》」といった。またこれほどでなくとも昔の往環は現代のように道幅が広くなかったので、道をへだてた向いの店の軒下とこちらの軒下が近かった。〝向こうのおばさん〟の遊びはこうしたところで遊ぶことが多く、ときには神社の杉木立、または電柱を利用した鬼ごっこの一種である。

この遊びは主に女の子が好んで遊ぶものである。ときには男の子も真似て遊んだが、問答が苦手で好まれなかった。

〝向こうのおばさん〟は三人ぐらいで遊ぶのが面白い鬼ごっこであるが、大勢で遊ぶこともあった。まずジャンケンで鬼が決められると、他の二人は軒下の左右の柱を宿としてこれに摑り、この左右の柱の中間に鬼が待ちかまえる。そして柱に摑っている宿の甲乙二人が向きあって問答をはじめる。

甲　向《む》こうのおばさん一寸《ちょっと》おいで
　（京阪では「むかいばばさんちゃちゃのみごんせ」）
乙　鬼が怖《こわ》くて行かれません
甲　そんならお駕籠《かご》に乗ってお出で
乙　それでも怖くて行かれません
甲　そんならお馬にのってお出で
乙　それでも怖くて行かれません
甲　そんなら私がお迎えに

と、いい終ると同時に宿の二人は柱から手を離して（離さなければならないルール）、甲は乙に向って宿替えしようとする。すると乙も甲の宿に行こうとする。中間でこの問答の終るのを待ちかまえた鬼は、甲乙のいずれかを捕らえようと虎視たんたんと狙っている。ところが鬼がいるのでどうしても宿を離れることができない。この場合「それでも行かれません」とか、「そんなら車に乗ってお出で」とか、即興的にいろいろなことをいって、鬼のすきをうかがってチャンスがあったなら飛び出す。飛び出したらもう戻ることができない（お帰りなしのルール）。鬼はあらかじめ甲を捕らえようとはじめから決めているときは徹底的に甲を追いかける。甲は捕らえられまいとして逃げる。鬼は追いかける。この場合甲乙は余り遠くへ逃げてはならない。こうして鬼は甲を捕らえると、甲は鬼になり、鬼は宿に立ち、立場が入れ替わる。無事に納った乙とともに再び問答唄が始まる。もしも鬼が甲を捕らえられずこの宿に甲乙とも宿に入ってしまうと、鬼はどうすることもできず、再び前と同じく問答唄から始める。

この宿とりつかまえ鬼ごっこは、古い子供の遊びで、弘化元年（一八四四）刊の山東京伝の『蜘蛛の糸巻』には、「今より六十年比《ころ》は」というから天明四年（一七八四）の頃、

　市中の街上にて十から以上、以下の男女の子供打交りて、目かくし、鬼児ッ子、柱取付、草履かくし、隠れんぼ、などと唱えて、夏の夕、往来の妨になる程群り遊びしに……

とある。この種の遊びは「柱取付」とか「ふたやど鬼」「宿鬼」などと呼ばれる遊びで、他に記載される遊びと共に盛んに遊ばれていたようである。この後「柱取付」「ふたやど鬼」などの遊び名は、問答唄のうたい出し言葉によって、その遊び名が付けられるようになった。たとえば「となりのおばさん」とか「前のばばさん」「むこうおばさん」などである。そして唄はいちように鬼が怖いという内容で問答唄がまとめられており、現在ではこの種の遊び問答唄は全国的に多数伝承されている。

現在この遊びをする子供たちを、稀に見かけることがあるが、昔のように生活周辺の、軒下遊びというものでなくなった。その多くは家から離れた遊園地や学校の庭で遊ばれるようになってしまい、かつての往来を挟んで遊んだ子供遊びではなくなった。

交通が激しく路上での遊びが危険な時代であるから致し方ないが、〝向こうのおばさん〟という遊びの生活情感が失なわれてきたのは残念である。

お山のお山のおこんさん

〝お山のお山のおこんさん〟は軒下や路地などで、女の子や幼な児をまじえた演技をともなう問答遊びをしたのちに、行う遊びであった。遊びはおこんさんを捕えるという鬼ごっこの一種で、どちらかというと、遊びの面白さは問答を交すところにある。

遊び方は各地方さまざまであるが、明治三十年（一八九七）頃に収録した『日本児童遊戯』（大田才次郎編、明治三十四年〔一九〇二〕刊）所載のものを参考にする。

児童三人の内一人は鬼、一人は親、一人はおこんさんとなり、おこんさんは親の後方に立ちて隠れ居り、鬼は親の前面に佇《たたず》みて、親の下の如き問答をなす。

鬼「海越して河こして、お山の〳〵のおこんさんヱ」
親「まだ寝て居るヨ」
鬼「ヲヤ〳〵御寝ぼだネ」
一寸後ろ向きになり直《すぐ》に前を向き
「お山の〳〵おっこんさんヱ」
親「今起きて顔を洗っておしろいつけて居るヨ」
鬼「ヲヤ〳〵お洒落だネ」
又後ろを向いて直ぐ此方を向き
親「今便所《はばかり》へ這って居るヨ」
鬼「ヲヤ〳〵臭いねエ」
又後ろ向きになりて直ぐ此方《こっち》に向いて
「おやまの〳〵おっこんさんヱ」
親「今他所へ行きましたヨ」
鬼「ヲヤヲヤ貴方の後ろに在るものナーニ」
親「これは私の踏台ですヨ」
鬼は一寸覗き見て
鬼「ヲヤマァ嘘つきだネー　おこんさんだよ、一寸どいてごらんなさい」
親「除《ど》くことは出来ませんヨ」
鬼「イエそれでも除《ど》いてお見せなさい」
というに至り、親はおこんさんに
親「早くお逃げヨ」
と命ずるままに、おこんさんは逃げ回るを、鬼は追うてこれを捕えその背を打ち、このおこんさんは次に鬼と代るなり。

とある。これで遊ぶとなると三人で遊ぶことができるが、多勢の子になると、前の鬼の役に多勢の子供たちがなり、子供は手をつないで問答する。親が最後に、「おこんはいたよ」と答えると、子供たちは、「遊びに行かないか」と問う。すると、「行くよ」とおこんが答えて親の後ろから出てきたところで、子供たちは、ワァーといって逃げる。そしておこんに捕われた者が次のおこん役となる。もう一つは、最初の遊びのように、おこんを追いこんで捕え、多勢の子供が鬼の背をたたく、するとおこんが今度は逆襲に出て、背をたたいた子供を追い回し、そして子供を捕えると、捕われの子がおこんになる。

以上のように問答の内容は共通したものであるが、最後のおこんさんを追うことと、逆に追われるところが、この遊びの鬼ごっこらしさを示している。

〝お山のお山のおこんさん〟とは、昔からいわれる狐の鳴き声である「コンコン」を名付けた愛称で、「山の狐さん」という意味である。この遊びでは問答を交す過程で人を化かした狐の本体が露見するということに主眼があり、捕えることは二義的なことである。この遊びが現代の子供にも好まれるのは、それだけ遊びの面白さに魅かれる内容があるからであるが、同時に代々伝承された歴史の重みもある。

この遊びは、江戸時代後期に流行した「狐の窓」という子供遊びから生れたもので、文政十三年（一八三〇）刊、喜多村信節著『嬉遊笑覧』によると、

鬼ごとの一種に、鬼になりたるを山のおこんと名付け、さそひつれて下にかがみ、ともどもつばなぬこぬことひつつ、つばなぬく学びをして、はてに鬼にむかひ、人さし指と親指にて輪を作り、其内より覗き見て是なにと問へば答いほうしの玉といふと、みな逃走るを、鬼追かけて捕ふるなり、此の戯は即ちきつねの窓なり

とある。この遊びの中心は、子供たちが、おこんさん（狐）にむかって指で輪をつくり覗き見て「これなーに」というところで「ほうしの玉（宝珠の玉、稲荷神社の眷属　狐が口にくわえる玉のこと）」と答える。おこんさんの本性を見抜く盛りあがりの面白さにある。

ではこの指でつくった輪で覗くという呪術的な仕草はいずこより発生したのであろうか、興味あることであるが、『嬉遊笑覧』所載の「浮世物語」に次のような抜文があり、どうやらこのあたりからのものらしい。

……浮世坊心づきて、これはいかさまに狐のばかして、かやうにつれありくかと思ひ、日頃聞たることありと、顔をふところにさし入れて袖口より覗きみれば、背中の

はげたる古狐、うしろ足にて立って先に行……

とある。こうした物語から狐が人を化かすという誤説が伝わり、同時に狐に化かされても着物の身八ッ口から袖に頭を入れ袖口から外を見れば狐の本体が発見できるという話は、子供にとって興味津々のことである。この仕草さの面白さが、子供たちの遊び心を刺激して「狐の窓」というたわむれが、鬼ごっこ遊びに転用されたものであろう。

やがて着物の身八ツ口から袖口の外を覗き見る仕草は略されて、子供は両の手を表裏に指を組み合せ、その隙間から覗くという仕草に変化した。それでも子供はもっと簡略されたものに変えようとする気持が働くのも当然なことで、両手で組む手間ひまが遊びの最中《さなか》にはまどろっこしいところがあるので、子供は幾度か遊びを重ねるうちに『嬉遊笑覧』にあるように、片手指でつくる指の輪へと仕草さが変ったものであろう。

こうして変遷してきた「狐の窓」の遊びは、仕草からしだいに、鬼遊びが取り入れられ鬼との問答の面白さに重点がおかれて、最初の「つばなぬこぬこ」が切りすてられ、現代に残る〝お山のお山のおこんさん〟遊びとなったのである。もともと「つばなぬこぬこ」は、春野に出てつばなを食べる（「つばなつばな」の項参照）別な遊びであったもので、ツバナの花穂（秋は芒）が狐の尾に似ていることから附合されたのであるから、切りすてても簡単であった。「狐の窓」から転じて完成された〝お山のお山のおこんさん〟の鬼ごっこ遊びは、やがて全国に広がり、この系統をひく遊びは全国各地に現存する。またこの〝お山のお山のおこんさん〟遊びから「ことしのぼたん」とか「れんげつもや」などの遊びが派生したことを附記しておく。

『絵本風俗往来』より

つばなつばな

春になると荒地や川の土手などの枯草の中から針のように芽生えるツバナは、やがて生長すると固い花苞が開いて白銀色の穂花となるか、その群落は小さな薄《すすき》の原のように春風にゆらぐ情景は見事なものである。

ツバナとはイネ科の茅萱（チガヤ）の芽のことで、子供たちはこの芽がのびる頃、どの子もどの子も野原にくりだし、ツバナを摘んだ。そして固い芽を（花苞）を押し開き、ぎっしりつまった白銀色の穂をつまみ出して口に入れ、甘さを求めるように嚙んだ。ツバナは嚙めば嚙むほど薄甘い汁が口の中に広がり、子供はその甘さに酔うように摘んでは開き、嚙んでは吐き出した。こうした子供たちの春の野の味覚の喜びは、いつしか唄になり遊びとなった。静岡《するが》の子供たちは、

〽つんばな　つんばな
　鼻に巻いて目に巻いて
　耳に巻いて食べまいか
　　嫁にもくれまい、なあ婆さ

大坂の子供たちは、

〽けんけんつばな　けんつばな
　　今年のつばなは、よう出来る
　生きて置くより　摘んだ方がましや
　　耳に捲いて　すっぽんぽん

などとうたいながら、柔らかいツバナの花穂で耳や鼻を巻き、江戸では撫でては口に入れた。

〽芽花つばな　耳つばな
　　耳に捲いて　くってくりよ

という唄があるが、〝つばなつばな〟の遊びは、

〽一本抜いてはぎりぎり、
　　二本抜いてはぎりぎり

である。この唄をうたうときは、前掛けの端をつまんだ子供たちが、ツバナを抜いては前掛けに入れ、一回転くるりと回ってはツバナを抜く、これを十回もくりかえしては、また一からはじまる。はじめは実際にツバナの生える原っぱで遊んだものだが、後には抜く真似をするだけの遊びに変った。それは江戸市中ではしだいに家並が増えてツバナの生える原っぱが少なくなったせいである。古川柳に、

つばな売り、一分だされてべそをかき

という句があることからも、江戸市中を行商する百姓の子供のツバナ売り姿を想像する。

さて先に〝お山お山のおこんさん〟の遊びのもとが、「狐の窓」という遊びからのものであると書いたが（「お山のお山のおこんさん」の項参照）、「狐の窓」の唄のはじめは、ツバナ摘みから始り、化けた狐を発見するという問答の筋になっている。ツバナと狐のつながりがどうしてあるのか不明だが、先の大阪のツバナ摘みにも「けんつばな」と狐の鳴声が入っている。これは薄《すすき》と茅《ちがや》が草丈の大小の違いがあるが、穂花がほうけたところが大変似ていることからきたものと思う。その花穂は狐の尾に似ており、薄を尾薄《おすすき》と書き、ツバナを狐花と当てて書くことからも、類似されたものへの狐尾の想像かとも思われる。有名な鳥羽僧正の『鳥獣戯画』（十二〜十三世紀）にも、股間から尾を出して、前肢で抱くさまは薄の穂のようであり、こまた狐火の燃える形にも見える。こころみに、京都洛北の西岡山の稲荷明神の眷族の白狐夫婦の雄の名は、小芋（尾薄）と称していたことからも、薄の穂がよく似ているということであり、ツバナの穂も小さいながら狐の尾を春の野に想像することができる。「狐の窓」という、江戸時代の遊びから、ツバナ遊びの連《つらが》りから生れたのではないだろうか。ツバナは『万葉集』（七五九年頃）の紀女郎《きのいらつめ》と大伴家持の問答歌に、

戯奴《わけ》がため吾手もすまに春の野に
　抜ける茅花《つばな》ぞ食《お》して肥えませ

と紀女郎が家持に贈ったように、すでにツバナの甘味を楽しんだということを知る。また稲荷信仰から生じた狐の眷属は、後世に結び合されたもので、ツバナ摘みの遊びは「狐の窓」以前から存在していたものでなかろうか。

さて子供たちが好んでしゃぶるツバナは花苞ばかりでなく根も甘かった。中勘助の『銀の匙』（大正二年（一九一三））の中で学校の授業中抜け出て、廊下の手すりをのりこえて、崖のチガヤの根を求めた。

……甘根を掘ったやつは、あんまりいつまでもかじったもので先生に立たされて、おまけにふところからはみだしてる甘根をみつかって、大目玉をくった……

このように根までしゃぶり、これを子供たちは「甘根」といっていた。筆者もこころみにツバナの根を採ってきてよく洗い、充分に噛み、しゃぶってみたが、甘さをわずかばかり感じるのみで、甘いというほどのものでなかった。それだけ

現代の味覚に慣れ浸り、味覚が鈍ってしまったのかもしれない。ところがこんな淡白な甘味を、甘い、甘いと云って「甘《あま》根《ね》」と名付けた子供たちは、この小説の世界ばかりでなく、静岡、岡山、和歌山、熊本の子供たちもみんなツバナを昔は「アマネ」と呼んでいた。各地のツバナの方言を調べてみると、甘い、甘いといってしゃぶった、かつてひもじかった子らの甘味への想いの痕跡がみられる。

アマイヨ（和歌山県日高）
アマカヤ（熊本県阿蘇）
アマジ（千葉県安房、富浦）
アマジコ（新潟県）
アマチャコ（愛媛県周桑）
アマネ（静岡県小笠、熊本県、岡山県、和歌山県和歌山市、有田、日高）

鳥刺し

〝鳥刺し〟というと、鶏のササミ肉のことを想像してしまうかもしれない。それというのもこの頃ではイカの刺身をイカ刺しとか、馬肉の刺身を馬刺しなどというので、鳥刺しといえば鶏の刺身と思うのは当然である。

ここにいう〝鳥刺し〟とは、江戸から明治にかけて小鳥を捕る生業を鳥刺しといったので、わからないのはあたり前である。もっとも筆者も物の本以外に鳥刺しを見たこともないが、ただ幼い頃雀捕り爺さんが、近所の竹藪《やぶ》に現れては黐竿《もちざお》を魔法の杖のように手捌きよく振り回し、雀を捕えるところを度々目撃したことがある。これを想い返すと鳥刺しという仕事人だったかもしれない。母の話によると腰にさげた綱袋の雀は、街の料亭に売るときいたが、いつのまにかこの鳥刺人をみかけなくなった。

鳥刺しという職業はかなり古くからあるらしく、寛文十二

年（一六七二）刊の『後撰夷曲集』に、

　ひがらめをためつけよってさす竹の
　　やぶにらみとはこれ申さん

と狂歌があるくらいだから、この時代にはすでに生業として成立っていたようである。

〝鳥刺し〟の形振《なりふ》りは、菅笠に手甲脚袢で腰に網袋をさげ、手には黐竿と鳥寄笛を持って、一日中鳥を刺して歩いた。明和二年（一七六五）〜天保十一年（一八四〇）に編まれた『柳多留』六に、

　して取った顔で鳥さし吹やめる

とあり、鳥寄せの笛を吹いて鳥を集め、黐竿で突いて捕えたのであろう。この他に「万才芸」で、太夫と才蔵のかけあいに「鳥刺し振り」をしながら、鳥づくしの数え唄をうたい舞うことや、文化七年（一八一〇）刊『江之島土産』（十返舎一九著）のように、

　コレとっさん。貴様口三味線で、てんつる〳〵てんつるてんとはやさっせえ、おれが鳥さしを踊って見せよう
　……

などと、鳥刺しという職業は人気があった。

こうした人気はやがて「鳥刺し」という遊びを生み出した。もちろん前掲の「万才芸」や『江之島土産』のように、酒席の宴《うたげ》のものだが、異なるところは酒席の客が遊んだことである。

〝鳥刺し〟の遊びは、江戸時代でも文化、文政（一八〇四〜三〇）の頃がもっとも盛んだったようである。遊び始めは廓通いの通人といわれる人たちの間に広がり、やがて廓模様になったようである。いずれにしても酒席の余興には変りなく、鳥を刺し違えれば酒を呑まねばならなかった。

遊び方は、普通のかるたと同じ形のもので、紙面には〝鳥刺し〟に登場する人物と鳥の絵が描かれている。まず役札が殿様、用人、鳥刺し、それから鳥は、雁、鴨、鷺、鶴、鶉であるが、人数しだいで雀、目白、四十雀などが加えられた。以上の札を切り交ぜて、伏せて配布する。札を受けて役札のものは名乗り出て、他の者は札を伏せて一列に並ぶ。用意ができると、殿様の札の者が、

　用人《ようじん》参れ！

というと、用人の札を持った者が腰をかがめて、

　ヘイヘイ、なんのご用でございます

と、殿の側に寄って行く、殿様は胸を張って、

　ほかでもないが、鳥を捕えて遊ぶほどに、鳥刺しを呼べ！

と命じる。そこで用人は鳥刺しに、

　鳥刺し、殿のお召しじゃ、早うここへ参れ

と呼びだす。鳥刺しの札を持つ者は、ペコペコおじぎをしながら歩み寄り、

はは ッ！

と、かしこまって札を出す。用人は鳥刺しに、

殿は鷺がほしいとの仰せ、さっそく、刺してご覧にそなえられい

命を承けた鳥刺しは、一列に並んだ鳥たちのところにきて、鷺、鷺、鷺といいながら、札を伏せて並んだ鳥たちの顔を次から次へと眺めては思案し、これぞと思う者を指で差す。もし刺し違ったならば、鳥刺しは用人に、

今日は、鷺は居りません

と言上し、用人は殿に向かって同じ事を言上する。こうして再三再四、殿の命令の鳥を刺すことが出来ないと、鳥刺しは用人に叱られ、用人は殿から叱られ、罰として酒を一杯呑み干なくてはならない。だがこの反対にずばり的中して悉く鳥を刺せば、ルールとして鳥刺しは殿様になれる。そして副賞として褒美がもらえるのである。

殿の命令が鳥の数だけで終ると、二勝五敗とか五勝二敗とかで成績が記され、再び札を集めてはじめからやりなおす。その結果で、酒を何杯呑むとか、種々のルールはその時にあらかじめ決めておく。

さてこうした大人の酒席の遊びが、いつ頃から子供の遊びとなったものか、おそらく大人たちの酒席では流行らなくなってからのことではなかろうかと思う。それにもう一つは、この遊びには絵のついたかるたが必要である。文字を書いてもできるが、あるいはかるた業者がこれまでの版木を子供向きに改めて、絵草子屋、縁日などで売られたのではなかろうか。

この芝居がかった遊びは、明治の中頃まで遊ばれたらしく、明治三十四年（一九〇一）刊、大田才次郎編『日本全国児童遊戯法』に、東京の遊びとして収録されているが、東京以外の報告には見当らず、東京（江戸）固有の遊びであったのではなかろうか。

現在この遊びはすっかり消えてしまったが、児童演劇の分野からみると、遊びと劇がうまく合わされ、芝居がかった遊びとして参考になるのではないかと思う。

人参牛蒡（ギッタンバッタン、鍋鍋底抜け）

秋の夕暮れどきの下町の路地裏などで、むかしの七、八歳ぐらいの子供たちが好んで遊んだ遊びである。〝人参牛蒡〟の遊びは人参、牛蒡、八ツ頭芋を抜くような格好をしてぐるぐる回る季節遊びで、遊び方は、お互いに寄り集まると、

ニンジンゴボゴボやろうか！

といったかと思うと、同意する子供たちは、好きな友だちと背中と背中を合せて、互いにうしろの子の左腕を自分の右肩の上にのせる。そしてその左腕を自分の右手でしっかりと握る。互いの手腕の組合せがちぐはぐに体も斜めとなるが、その恰好が人参や牛蒡を抜く百姓ようになる。状態ができると、

人参、牛蒡に、八ッ頭！

となんども唱えながらぐるぐる回る。そしてしまいにはキリキリ舞いのようになり、どちらかが疲れてしゃがんでしまって遊びがやむ。

ただこれだけの遊びであるが、尋常でない体勢になると子供どうし、珍奇であるだけに唱いながら回って笑いころげて遊ぶ。

このようにくり返して遊びに飽きてくると、今度は肩においた友だちの手腕を放し、背中と背中をつけたまま、両腕をうしろに回し、互いに後手のまま左右の腕を組む。そして一人の子がそのまま前かがみとなり、うしろの子は仰向けになり、前にかがんだ子の背にのる。すると今度は体勢を入れ替えて、仰向けの子が前にかがみ、かがんだ子が仰向けになる。この体勢のまま交互にこれをくり返しながら、

ギッタン、バッタン

と口ずさみながら遊ぶ。仰向けになり、かがみこむ。目に写るものが地面からぐいっと上にあがって電柱をすぎて街灯をながめて一番星が見えたと思ったら、急降下して地面の足もとへと視線が移る。

この遊びに疲れてくると、「もう止めよ！」ということになり、背中をつけたままになると、こんどは後手《うしろ》になった左右の手を振りながら、

〽鍋、鍋、底抜け
　底が抜けたら返（帰）りましょう！

とうたい、そして一方の手を頭上にあげて、この手を組んだ

互いの一方の手をくぐるようにして、くるりと体を回す。すると手は離さずそのままで、お互いに向かい合せになる。

〝人参牛蒡〟のようなこうした夕暮どきの遊びを、「軒下遊び」といって、家からあまり離れずして、夕飯ができるのを待ちながら遊んだ。

目隠し

大勢の子供たちが集まり、ジャンケンをして鬼を決め、鬼になった子供は折りたたんだ手拭いを目に当て、うしろで結んで目隠しをする。用意ができると子供たちは、

　鬼さんこちら、手の鳴る方へ！

と唄や手拍子で鬼をからかうと、鬼は右に左によろけるように両手をひろげ、子供たちを追いかける。そしてやっと子供を捕まえると、その子は鬼になり再び遊びが始まる。このとき鬼が捕まえたその子の名まえを当てる方法もあり、もし間違っていると、そのまま鬼を続けなければならない。

　この〝目隠し〟遊びは知らない人はいないくらい、多くの人々が幼い頃学校や幼稚園で遊んだもので、一般には「目隠し鬼ごっこ」といっている。こんな幼い頃のたわむれでも歴史を振り返ると遊びは古く、中国の『漢書』の「致処雑俎」に、唐の玄宗皇帝が寵妃玉真と目隠し遊びをしたという記述があり、これが後《のち》に日本に伝え広まったといわれるが、真疑のほどはわからない。とにかく古いことだけは確かである。わが国にも平安時代（久安二年（一一四六））の記録があるといわれるが、もしそうだとすると、八百年以上も昔からある遊びといえよう。しかしこれは一部階層社会（上流）のみで、一般には酒井欣著『日本遊戯史』（昭和八年（一九三三）刊）で、

……眼隠しはもと猿楽の旺盛時代に於ける雑芸の一種であったのが、後年、猿楽の衰退につれ、室町時代に至って一般民衆の遊事たるに至ったのであろう……

と述べているが、この時点からみても数百年を通過してもなお、現在私たちの幼な遊びとなっているのかと思うと、まさに民族の幼な心の文化財ともいえるであろう。

遊び方にしても、現代の遊び方と比較すると、変形されたものもあるが、大筋においては変りはない。

〝目隠し〟は中国（唐、宋の頃）で「捉戯」「迷蔵」などと名付けられていたが、わが国では「メナシドチ」という名が、一般に知られる遊名の始めであったと推定される。山東京伝著『骨董集』（文化十年（一八一三））に、

今の世の童遊に目かくし、或はめんないちどりという事《わざ》あり、それを室町家の比《ころ》は、めなしどちのきのすゞめといひけり……

とあり、また喜田川守貞編『守貞漫稿』（嘉永六年（一八五三））にも、

目なしどち、軒の雀と云るは、小児を目裏み打群れ遊ぶ様、目無き千鳥也、千鳥も雀の如しと云こと、めんなひちどり、目のなき千鳥也、千鳥も雀も打群て遊ぶ者也

『風俗野史』より

と述べていることからも、〝目隠し〟遊びが目のない鳥のようにさまよい歩くさまから名付けたことがよくわかる。このようすを伝えるものに『骨董集』に掲載する『福富草子』（室町時代の頃）上巻の詞書きに、

道すがら、目なしどち軒の雀遊ぶ童べの手さし指さして笑ふ……

とあることからも、この状景が遊び名の因になる由来であることを知る。そしてすでにこの頃以前から子供の遊びごととされていたことは、『水鏡』（一休宗純著、『一休水鏡』とも）という書に、

目なしどち、目なしどち、声に付いてましませ

とあり、おそらく大人も子供も遊んだことであろう。さてこ

の「メナシドチ」の名は、目のなき千鳥を転してできたものらしく、『嬉遊笑覧』に（喜多村信節著、文政十三年〔一八二九〕刊）、

どち〳〵とは尋ることばなりといへるはわろしどちは友どちなどのどちにて同志の意なるべし（…中略…）または前に一つの名にて目なきもの丶足もとをちどりにたとへたるにてもあるべし

と述べており、「どち」とは鬼になった者に向ってのことであろう。

この後、「メナシドチ」の名は、江戸時代に入ってもなお変らず、井原西鶴著『諸艶大鑑《しょえんおおかがみ》』（『好色二代男』とも、貞享元年〔一六八四〕刊）に、

目無どち始めて（…中略…）藤助、紅打《くれないうち》の手細《てほそ》に目を塞ぎ……

とあり、しかも西鶴自身が描く「メナシドチ」の絵からも、この時代の遊びのようすが知れる。この「メナシドチ」の呼び名は、万治、寛文（一六五八～六二）頃まで続けられていたが、江戸の子供などは「メナシドチ」を略して「メトジ」（目閉）などと呼んでいたそうである。やがて「メナシドチ」の名はいつしか廃れてしまい、これに代って「目無い千鳥」の名が登場してきた。

近松門左衛門作の浄瑠璃『冥途の飛脚』（正徳元年〔一七一一〕初演）でも、

……腰の手拭引き絞り、めんないちどり百千鳥、泣くは梅川川千鳥……

と台詞《せりふ》に織りこまれ、また『仮名手本忠臣蔵』（寛延元年〔一七四八〕初演）の祇園一力茶屋の段で、大星由良之助が、

仲居　「手の鳴《なる》方へ〳〵」
由良之助　「捕《とら》まよ〳〵」
仲居　「由良鬼やまたい〳〵。」
由良之助　「捕まへて酒呑そ、酒呑そ。
「コリャとらまへたは……」

とあり、ここには「めんないちどり」は登場せぬが、のちにはこれを挿入している。天保二年（一八三一）夏の市村座興行『忠臣蔵』七段目、前述と同じ場で、

由良鬼はまたいな、めんないちどり、手の鳴るほうへ
……

と禿や芸妓の手拍子で遊ぶようすが演じられた。この芝居はヒット作であるために、今日までその上演回数は計りしれないが『忠臣蔵』とともに知られたのはこの遊びである。

現在、全国にこの〝目隠し〟遊びのうたい詞には、

〽由良さん　どっち、手の鳴る方よ（静岡）

というところが多いのもこの芝居の影響である。

筆者などは恥しい話しだが「目無い千鳥」というと、目隠し遊びよりも、戦前の映画『新妻鏡』の挿入歌「目ン無い千鳥」（昭和十五年〔一九四〇〕、サトウハチロー作詞）の歌詞で、

〽めんない千鳥の　高島田……

などくらいしか思い浮ばぬが、「めんない千鳥」の遊び名は大流行したものであろう。

さてこの表題の〝目隠し〟であるが、室町時代の『酒食論』（正平年間〔一三四六〜六九〕）という書物に、

よろづの祝ひ遊びにも酒なきは興なし。呪師品玉のくるひ迄、酒を飲ねばしらけたり、相撲、目隠し、力持ちひだるくなりては甲斐もなし……

と記されてあるのが初見出しであるが、これを〝目隠し〟の始りとは考えられず、前後の文章から「目隠し相撲」の一手というものであろう。〝目隠し〟とは元禄時代以後におきた名で、〝目隠し〟の別名「メクラオニ」、「メナシオニ」、「メカクシオニ」などから転じた名であろう。『嬉遊笑覧』にも、

……

今は目かくしとかくれんぼと二種なれどももと同戯なり

ということからも察しられる。いずれも江戸の子供らの作業であったことはいうまでもない。

京阪では「めんないちどり」の名は元禄頃から明治の初め頃まで使用されたが、関東（江戸）では専ら〝目隠し〟といっていた。

手拭の目かくしは、しるべなき
闇もあやなし　（蜀山人、児戯賦）

現在この〝目隠し〟は、ときおり見かけることがあるが、むかし路地などで遊んでいた子供らと比べると、めったに見られなくなった。

かごめ かごめ

〽かァごめ　かごめ　かァごのなァかの鳥は
いついつ出やァる　夜明けの晩に
つぅるとかァめとすぅべった　うしろの正面だァーれ

神社の境内や路地裏の空き地などで子供たちが輪になってうたいながら遊ぶ、古くから伝えられた遊びで、現代に至るも細々ながら保育園や幼稚園などで遊ばれている。

遊び方は、数人の子供たちが集まると、先ずジャンケンをして鬼が決められ、鬼になった子は両手で顔を覆いその場にしゃがむ。すると他の子供たちは、鬼の子を中心に輪をつくり、手をつないで歌い始めと同時にぐるりと廻る。歌の終る前の「すぅべった」で、輪の子供たちは動きを止めていっせいにしゃがみ、「うしろの正面だァーれ」と問う。中心の鬼の子は、しばらく考えて自分の後ろの子の名を「○○ちゃん」と名ざす。うまくいい当てれば、当てられた子が鬼になる。また当てられないときは、鬼はそのままで再び遊びが再開される。この「うしろの正面だァーれ」の人当て遊びは、一般的でもっとも多く遊ばれる〝かごめかごめ〟である。ところによっては「人当て」遊びでなく、手探りで輪の子を捕えて人当てする遊びの「目隠し鬼」という遊びに変る地方もある。

また後半の歌詞がさまざまに変る土地もある。

江戸から東京への「かごめかごめ」

〝かごめかごめ〟の遊びは、江戸の頃から子供に好かれた遊びで、時代を経て今日まで伝承され、歌詞も遊び方も変遷の過程で変貌しつつ現代に伝えられた。

〝かごめかごめ〟の古い記録は、釈行智という僧がまとめた『童謡集』（文政三年〔一八二〇〕）に記載されている。

かァごめ、かァごめ　かァごのなかの鳥は
いついつでやる　夜あけの晩に
つるつる、つッぺった
なァべ、なァべ、そこぬけ　そこぬいてーたーもれー

これら記載された歌には、現代に伝えられる〝かごめかごめ〟歌の「鶴」と「亀」は出場していない。さらに最後のつけたしたように、「鍋、鍋、底抜け」という詞がつけ加えら

れている。しかも、昔の〝かごめかごめ〟の遊び方は、現代に伝承されたような輪になる遊び方ではなく、くぐり抜け遊びであった。

この江戸の〝かごめかごめ〟の遊び方は二人の子が立ち向い、互いに両手をあげで手を結ぶ、この二人の間に一人の子がしゃがむ。歌い始まると立っている二人は軽く上下にひざを屈伸させながら「かァごめ、かァごめ」と歌い、「いついつでやる」で二人とも片手をあげ、しゃがむ子が外に飛び出す。すると二人は歌を続けながらあげた手をおろし、今度は両手を結んだまま左右に振って「なァべ、なァべ、そこぬけ」で再び片手をあげ、今度は二人それぞれあげた腕の下をくぐり、双方が背中合せとなる。そして再び両腕を左右に振り、「底が抜けたら返りましょう」で再び片手をあげ、その腕の下をくぐり抜けて元に戻る。そして再び一人の子が二人の間に入ってしゃがむ（前頁の図参照）。

この江戸〝かごめかごめ〟は変遷の過程で、「つる、つる、つッぺッた」が「鶴」と「亀」となり、そして後半の歌詞の「鍋、鍋、底抜け」が別遊びに離れた。だが変らないのは江戸の〝かごめ、かごめ〟は、〝廻りの廻りの小仏〟のように輪にならず、明治の中頃までこのような、外二人、中一人の三人で遊ばれた（「廻りの廻りの小仏」の項参照）。

明治三十四年（一九〇一）刊『日本全国児童遊戯法』に記載された東京の「籠目《かごめ》〳〵」には、

> 二人の小童相対立し、此方の両手と彼方の両手と組み合せ、中央に一人の児童蹲《うずく》み居るなり。さて両児は組み合せたる両手を、左の唱歌に合せつつ左右代る〳〵に上下に揺り動かし居りて、唄の終りに左右一方の手を高く挙げれば……

以上のように「鍋、鍋」はなくなり、「つる〳〵つッぺッた」で、まだ「鶴と亀とすうべッた」にはなっていない。

以上が江戸から東京へと継がれてきた〝かごめかごめ〟の遊びであるが、『日本全国児童遊戯法』に記載された各地の〝かごめかごめ〟の遊びをみると、伊勢、下総、上野だけではあるが、いずれも〝廻りの廻りの小仏〟のように輪になって遊ぶ遊び方ばかりであった。

「かごめかごめ」遊び発生説

かごめとは竹で編んだ編目を籠目と解し、その籠に捕らわれた鳥が囲《かこ》われたを連想しての遊びと理解された。ところが、これは籠の鳥ではなく「体を屈《かが》めよ」という意味だという説がある。

民俗学者の柳田國男は著書『こども風土記』（昭和十七年〔一九四二〕刊）に、この遊びの発生を、

……この「かごめ」は身をかがめよ、すなわち、しゃがめしゃがめということであった。だれが改作したか、それを鳥の鷗のように解して籠の中の鳥といい、籠だからいつ出るかと問いの形をとり、夜明けの晩などというありうべからざるはぐらかしの語を使って、いっぺんすわってしまうのである。

と述べている。この推察はさらに深めて『民俗学辞典』（民俗学研究所編、昭和二十七年刊）にも「かごめかごめ」に、

屈め屈めという詞の転化であり、他の地方ではこの中心の一人は小佛であり地蔵である。（…中略…）すなわちこの遊戯の起源は、神の口寄せ方式であったと考えられる。

とある。すなわち東北地方に近年まで伝承されていた「地蔵遊び」に由来するというのである。その遊びとは、福島県の海岸地方に、

お乗りやあれ地蔵さま……

などと唱えつつ、輪の中心にしゃがむ子供の回りをまわっているうちに、しだいに中心の子に地蔵さまが乗り移り、まわりの子供たちからの種々の問いに答えるという。

かつて大人たちが真面目に行っていた「地蔵つけ」から生れたものであるといわれる。

明治以降の「かごめかごめ」

〝かごめかごめ〟の童遊びは、明治末年より大正にかけてしだいに江戸以来の遊び方は薄れ、輪になって遊ぶ〝廻りの廻りの小仏〟と同じようになり、歌詞が異っても遊び方は最後に「後ろの正面だーれ」という遊びとなった。

子供の「籠の鳥」から、大人の「籠の鳥」へ

捕えられた鳥が籠に押込められた姿を転じて、女性が自由を束縛された哀れさの「籠の鳥」と称するのも久しい。

有名な近松の浄瑠璃『冥途の飛脚』（正徳元年〔一七一一〕）に「籠の鳥（遊女）の梅川に焦れて通う里雀（忠兵衛）」とあり、また黄表紙本の『かごめかごめ籠中島』（安永八年〔一七七九〕、市場通笑作）には、母マツが島原へ売られていく娘ツルを駕籠に乗せまいとする場面がある。このような物語から籠の鳥話がきているらしい。

この頃の戯作などの科白《せりふ》にも「かごずれどり」とか「かごなれる」という言葉がある。「かごずれとり」とは遊郭生活が長いという、また「かごなれる」とは、遊廓に新入りしてやっと遊女生活に慣れたことを指していう言葉であった。

明治も末から大正時代になるにつれ〝かごめかごめ〟の子供遊びは下火になるが、『童遊文化史』（半澤敏郎著、昭和五十五年）の遊びの資料における順位は、明治期六十位中二十八位、大正期六十位中四十八位、昭和期六十位中五十七位、こころみに明治、大正、昭和の遊びのトップは〝おて玉〟である。

大人の世界では、大正時代半ばに流行った「籠の鳥」（大正十二年、秋月四郎作詞）は「船頭小唄」（枯れすすき）（大正十二年、野口雨情作詞）よりもすごい演歌師の唄であった。

〽逢いたさ見たさに　怖さを忘れ
　暗い夜道を、ただ一人
逢いに来たのに　なぜ出て逢わぬ
　僕の呼ぶ声　忘れたか
あなたの呼ぶ声　忘れはせぬが
　出るに出られぬ　籠の鳥
籠の鳥でも　知恵ある鳥は
　人目忍んで　逢いに来る
人目を忍べば　世間の人は
　怪しい女と　指ささん

この「籠の鳥」の唄は大流行し、同名の『籠の鳥』（大正十三年、帝国キネマ演芸製作）という活動写真（映画）までつくられた。さらにそれに便乗して、松竹や日活までもが同名の映画を製作し「小唄映画」と呼ばれ流行した。このような大人社会での流行唄《はやり》から、子供の〝かごめかごめ〟が生れたかのようにみられるようになった。

中島海著『遊戯大事典』（昭和三十二年刊）に、

……併しこの遊戯の出所が、苦界に身を沈め自由を束縛された遊女の境涯を歌ったものから出ていることを考えるならば、児童達にその由来を知らなくとも言葉の意味に無関心であるとしても（尋常小学校指導要領体育編）としては他に教材を求めるべきであったら……

とあり、また、『日本児童文学事典』（昭和二十九年刊）にはこの解釈の意を汲んだのか、

かごめは竹であんだ籠の目で、その中には鳥のとらわれている事実を象徴する社会組織上、治める者と治められる者との象徴であろう

と遊廓の遊女からさらに発展させ、社会機構の通念に当てはめている。しかし子供たちがここまで考えて比喩的に遊びで表現するだろうか……。

しかし、さすがに遊戯研究の先駆者、酒井欣著『童戯』（昭和十九年刊）に、

籠目籠目は、籠の中に囚はれ、自由を拘束された小鳥の

境涯をいとほしむ子供の哀憐心が、上記の輪型遊戯、刪訂の要素となったのである……一説に、この遊戯は、同じ籠の鳥でも、籠の鳥に擬せられた、花魁を指している
　のだともいはれる
と他の説をつけ加えている。

〝かごめかごめ〟の子供遊びは、神の口寄せから、地蔵遊びの発生、この二つの各地での遊戯化、そして仏の教えからの珠数の如き輪遊びとなって進展したが、近代化の波は少子化を招き、さらには安全な子供の遊び場も失せつつある。

　夕暮れどき、かつて子供等の遊び唄のきこえた路地裏や寺社の境内は、今や閑散としている。

淀の川瀬の水車

〝淀の川瀬の水車〟の遊びは、文字どおり大阪の川に設けられた水車に水が流れるように、唄をうたいながら列になり、または輪になって、手をつないで門をくぐり抜ける遊びである。この遊びは「くぐり抜け遊び」で、「通れ通れ山伏」や「天神様の細道」の遊びとよく似ていて、唄詞をきかない限り間違うことすらある。

　この〝淀の川瀬の水車〟遊びは、各地（西日本一帯）に多種類の遊びがあるのでまぎらわしいが、その原型ともなる遊びがある。喜田川守貞編『守貞漫稿』（嘉永六年（一八五三））に記載せる江戸時代末の京都・大阪の遊びと江戸の遊びの抜き書きを記してみよう。

　京坂の童五七輩、各互手を携へ、内に向て輪を成し、左の言を云ながら歩み回り、一章云畢れば一所の携へ合た手の下を向の童より次第に潜り、必らず手を放さざれば

乃ち外に向て輪となり、又唱ㇾ之を畢れば前の如くにして、内に向て輪となること数回をなすの戯あり、

　唄

淀の川瀬の大水車、ちょい〳〵ゆんべ吹いた風は、大津へ聞へて、大津おんま槌の子は槍持、よりやりもった。晩にだいてねて味噌すって、ぬぶらそ、夭がいやなら一文で飴しよ、二文で女郎、じゃうろはだれじゃ、西屋のお仙、おせんにや児がある、子があろとままよ、ままははにかけて、糸ぴぃ〳〵よひとかへりかりましょ

と大変長い唄をうたっており、手をつないでくぐり抜ける動きの遊びより唄の面白さにおかれている。この唄の時代に東の江戸では、

江戸にも右に（京坂）似て又異也、衆児手携へ連て輪をなさず、たとへば児ならば二、三年長也、三より漸くに幼を列し、左の言を云ながら一、二の童の携へ合たる手の下を第十の幼　潜ㇾ之九、八、七、六、五、四、三、二と次第に潜り畢れば又唱ㇾ之潜返し数回をなす。

　唄

淀の川瀬の大水車、どんどん落ちるは瀧の水、ぽちゃぽちゃ落ちるはお茶の水　子供、子供やへそかくせ、今に雷鳴のてくるゴロゴロゴロゴロ

と唄も遊び動作（手をつなぎ一列になった端の二人の間を門とし、そこをくぐる。図版参照）も単純になっているのは、この遊びが京坂を中心に創作され、江戸に伝えられたせいかもしれない。

『尾張童遊集』より

〝淀の川瀬の水車〟とは、いうまでもなく大阪の淀川の水車をうたったもので、その唄詞のうたいだしのヒントは、室町時代の歌謡集成『閑吟集』（永正十五年（一五一八）成立）に、

　宇治の瀬の水車、何とうき世をめぐるらう

とあり、それが近世初期頃宇治から淀川に経済の中心が移り、

淀の川瀬の水、誰を待つやらくる〳〵と（女歌舞伎踊歌）

と、後半の「何とうき世をめぐるらう」が「誰を待つやらくる〳〵と」（『わらべうた』昭和五十一年刊）と変っていった。こうした歌謡の成立を子供たちは知ってか知らずか、手をつなぎ列をつくったり輪になる遊びにこの唄をとり入れ、改作、創作を加えてきた。

文化、経済の中心の大阪に生れた〝淀の川瀬の水車〟の遊びは、ただちに江戸にもたらされてきたが、なぜか江戸から

東北の地には広がらず、どちらかというと、東海から近畿、西日本各地に広がっていった。このことは現在わずかに伝承されている遊びから知ることができる。もちろん伝播されてゆく過程で「淀の川瀬」と頭詞にありながら、唄詞が全体的に短くなり、遊び動作を中心に変っていった。その代表的なものに、

　淀の川瀬の花水車、梅と桜と合せてみれば
　梅のながめは、ピンコシャンのシャン（兵庫県明石市）

というもので、二人の子が両手をつないでつくった門を、一列に並んだ子供がくぐりぬけながらこの唄をうたい、唄が終ったとき、門の下にいた子を捕まえ、梅か桜かと問う。捕らわれた子はどちらかを答えなければならない。このようにして遊びうたい続けると、全員が梅組か桜組に振り分けられる。そしてそれぞれの組から代表が出てきて、互いに手を握り、引き合い、勝ち負けを決める。または「花いちもんめ」の遊びに変ることもある。

　現在この〝淀の川瀬の水車〟の遊びは、東京方面では早々に消え失せたといわれるが、途中から改良が加えられて、その土地の遊びとなった西日本方面では、まだまだ衰えをみせず遊ばれているようである。

廻りの廻りの小仏

〽中の〳〵小坊主、なんで背がひくい
親の日にえびくて、それで背がひくい
ひくきぁ、立って見や（京坂）

〽まわりの〳〵小仏、何んで背が低いな
親の日にとゝくって、それで背が低ひな（江戸）

この二ッの異なる歌があるが、どちらの歌が本来かというと前者「中の〳〵小坊主」の方が古く、京坂方面から全国的に広がった遊びであった。その証しは宝暦十年（一七六〇）に土御門泰邦著『東行話説《とうこうわせつ》』に、

　水口の宿はづれの橋をわたり云々。小里今在家えもしれぬ処に悪七兵衛景清、武蔵坊弁慶が背比《くらべ》石といふもの有。その由来を聞に、昔弁慶この処にて昼食を喰居たる

に、小児打より遊びて、中の〳〵小坊達はなぜ背が卑《ひく》いぞといふ時、弁慶がたけ此石と等しかりしと也云々

とある。

この遊びは、親の命日には精進潔斎すべきで、肉や魚を食べることを慎《つつし》まければならない、という仏の教えが子供の遊びとなったもので、遊び方は、子供たちが集まって手をつなぎ、数珠のように輪になり、輪の中に小仏になる一人の子が目隠ししてしゃがむ。輪になった多勢の子が一斉に「中の〳〵の小仏は、なんで背が低い」と歌いながらまわる。そして歌が終ると中のしゃがんだ子がすっくと立ちあがり、それと同時に輪の子供たちがいっせいにしゃがむ。するとまた中の子が再びしゃがむ。その時、輪の子供の一人が飛び出し、目隠しの子の手をとって輪の外に出て一巡して手を離す。目隠しした子は、離なされた処の輪の子を捕え、その子の頭に手をのせて、順ぐりに輪の子の頭をたたくように「線香《せんこう》、秣《まっ》香《こう》、樒《しきみ》の花で納った!」と唱え、最後の「た!」で止った子が次の小仏となる。そして再び遊びが始まる。

近年は歌詞も遊びも簡単になり〝かごめかごめ〟のように歌い終って、「後ろの正面、だぁーれ」の人当て遊びが多く、他にも小仏の目隠し鬼の遊びも多い。

この歌の遊びは江戸を中心に遊ばれたもので『東行話説』に記載されてから七〇年後に出版された『嬉遊笑覧』(文政十三年〔一八三〇〕刊)ではこの遊びは簡略化されている。

此戯三人已上にて一人立、その外は手を引きあい立たる者をかこみて旋りながら、まはり〳〵の小仏はなぜ背がひくい、親の日にとゝ喰て、それで背がひくいといふ、中なる者施らず。めぐる者一匝《めぐり》してかゞみ居る時、中に立―者、めぐりの者の首を何れよりとも心まかせに指にて数ふるに、線香《せんこう》、抹香《まっこう》、花《はな》まっかう、樒《しきみ》の花でおさまったといふ。その言の終りに中《あた》なる、又、前の如く中に立ちたる者にに代り、中なる者はめぐりの人数に入。或云、此戯。輪蔵に安置する傅大士《なだいし》両童子を学べる也といへり。

『守貞漫稿』より

この文中の輪蔵とは、一切経を納めた転輪蔵のことで、経架の上に存在する「笑仏」から発想を得た遊びを改良したも

のという説もある。

以上、この〝廻りの廻りの小仏〟遊びは近年すっかり衰えてしまい、次第に〝かごめかごめ〟の遊び方に似た遊びと変化して、遊ばれなくなった。

爺さん婆さん毛唐人

昔の子供たちは、捨てられた棒切れのようなものを拾っては、この棒を遊具にしてさまざまな遊びをしてきた。とくに男の子は火消の真似や、祭りで見た小芝居の真似などをしては、原っぱを駆け回り、または棒で犬猫をいじめたり、他家《よそ》の柿の実を叩き落したりもした。ところが女の子も年少であれば、男の子のように棒切れを拾うこともある。それは「目んめ盲目」とか、この〝爺さん婆さん毛唐人〟のような遊びをする時の杖にするためである。こうした遊びは遊びたいから遊びが決まるのでなく、ここに杖にするような棒切れがあるから、この棒から遊ぼうとする遊びが決まるのである。たとえば建築中の現場や竹かごやの店先に捨てられたように放置された竹や木切れを見つけると、子供たちは「爺さん婆さんしようよ！」とか「目んめ盲目しよう」と、この棒切れを杖に遊びがはじまるのである。

〝爺さん婆さん毛唐人〟の遊びは、人真似事の遊びで、手頃な杖になる棒をそれぞれが持つと、杖を右手に持ち、左手は後ろに手を回して腰を当てがい、腰をかがめて老人のようにヨチヨチ五歩あるいては、背をのばす遊びである。こんな珍妙な恰好をして、歩きながら大きな声を張りあげて、

　じィさん　ばァさん毛唐人
　　お腰の曲った　じィさんだ
　　お腰の曲った　ばァさんだ
結構人の　じィさんだ
　　結構人の　ばァさんだ

と、唱えながら三、四人の子が列をつくって往来を歩く。この遊びは一人二人なら子供のたわむれと軽くみるが、棒切れがたくさんあったせいか、七人も八人もの子供が行列して腰を曲げ、「じィさん、ばァさん」と唱えながら人々の行き来する往環を歩くと、往来の大人たちは振り返ったり、または家から出てきて、何事かと見れば子供の珍妙な姿の行列に、「アレマァ！」とばかり大笑いになったものである。

　ここにいう毛唐人とは、毛深い西洋人を侮蔑した言葉で、また結構人とは、お人よしで、気だてがよく、おとなしい人をいう言葉である。

　このように子供たちは往来を歩くが、ただこれだけでなんとなく面白い。ましてや大人がこれを見て驚いたりあきれたりする顔を見るのが、子供たちにはなんとなく可笑《おか》しいからなおさらである。

　この遊びとおなじようなもので「瞽女《ごぜ》引き（盲目の旅芸人）」というものがあった。これは一人の子が竹棒切れを左手に持ち、その端を次の子が左手に持ち、さらにその子は右に竹棒切れを持ち、その次の子も竹棒切れの端を右手で持つ。すると数本の竹棒切れで数人がつながる。そして先頭の子は目明《めあ》きで列を案内し、二番目から最終の子までは目を閉じて、あたかも盲人の如く、ぞろぞろと引かれて歩く遊びであった。これは瞽女が旅をする姿を真似したもので、子供たちは単に目を閉じて引かれてゆく面白さゆえに始められた遊びである。そして往来の表通りから横丁へ、横丁から再び往来へと、電車ごっこのようにただ歩いた。ときには眠る犬に蹴つまずき、ゴミ箱にぶつかり、突然目をひらくと、これまでずっと目を閉じたままだから暗闇からあたりが急に明るくなり、新鮮に見えた。

　近頃は道路を走り遊ぶ子供の姿を見ることは少なくなった。またのんびりと遊べる道もどんどん少なくなっている。バイクや小型自動車が裏通りにまで進出してきたこともその理由のひとつである。

子を取ろことろ

〝子を取ろことろ〟の遊びは、一列縦隊につながる子供が左右に激しく動くので、広い路上や神社仏閣の境内のようなところで遊ぶことが多い。

この遊びは大勢なほど面白い。まずジャンケンをして最初に負けた者が鬼となる。そして最後まで勝ち残った者が親となるが（ときには年長の者が親となることもある）、鬼と親が決められると他の子はみな子供の役になる。それぞれの役割が決まると、子供たちは親の背後に一列に並び、前の者の帯の結び目をしっかりとつかむ。

まず鬼が、「子をとろ子とろ」というと親は、「どこの子見つけ」という。鬼は、「ちょっと見ちゃぁ！　どの子」といって背後の子供を見る。親は、「さぁ捕っちゃ見しゃいな」というが早いか、両手を鬼の前にひろげる（図参照）。鬼は親に遮ぎられるので、右往左往して子供を捕らえようとするが、親はすぐさま移動してこれをまもる。鬼はしだいに早く左へ走り右へ立ち回り、なんとかして子供を捕らえようとするが、親はこれを防いで左右にせわしく動き、それにつれて背後の子供たちは激しく蛇行する。そしてその動きがもっとも激しくなると、子供は振り回されてついには帯をつかむ手が離れて横転し鬼に捕まる。捕らえられた子供は鬼になる。ところによっては親が鬼と交代するところがある。また親が、「どの子がほしい」とうたうと、親の後ろの子から順番に、「これか、これか」といって片足を横に出す。そして一番後ろの子になったとき、鬼はすかさず、「それや！」といって捕らえようとする変形の遊び方もある。

〝子を取ろことろ〟の唄は明治時代になってからのものであるが、江戸中期頃は、

〽子をとろ子とろ　どの子がめずき
　あァとの子がめずき　さァとって見やれ

であった。めずきとはは目付とも書くが、ひと目見て気に入ることで、目好きとも書く。江戸の後期になると、

子をとろ　さァとってみなさいな

または、

子をとろ子とろ　どの子をとらしょ　あの子をとらしょ

と変ってくる。そしてこの遊びが各地に広がると、その類唄がいくつも生れた。

また遊び名も現在では「子を取ろことろ」が代表名になっているが、それ以前にはいくつかの呼び方があった。

嘉永六年（一八五三）刊『守貞漫稿』（喜多川守貞著）によると、

種彦曰く（柳亭種彦のこと）今の子をとろ〳〵を、中昔まではこまどりとも雀の子どりとも云

とあり、『日本の遊戯』（小高吉三郎著、昭和十八年（一九四三）刊）はおやとりことりなどといったとある。遊び名の種類が多いということは、それだけ子供たちが好んで遊んだという証しにもなる。もちろん遊び唄も遊名同様のものである。群馬県ではこォまんどりという子を子とろの遊びがあり、青森の津軽地方にはすずめの子とりなどというものがある。

〝子を取ろことろ〟のルーツをたずねると、『骨董集』（山東京伝、文化十年（一八一三）刊）下巻にある「比比丘女《ひふくめ》」である。比比丘女とは仏教にかかわりある名であることは一目瞭然である。まず冒頭に、

今童遊びに、子とろ〳〵といふ事をすめり。これいと古き事《わざ》なり。古へは比比丘女といへり。その原は、恵心僧都経文の意《こころ》をとり、地蔵菩薩、罪人をうばひ取給ふを、獄卒取かへさんとする体をまなび、地蔵法楽にせられしより始れりといへり

同書には続けて『三国伝記』（永享三年（一四三一）頃成立）という書からの抜書を詳細に掲載している。次にその抜書を要約すると、恵心僧都（平安中期頃の人）という天台宗の高僧が「閻羅天子故志王経《えんらてんしこしわうきやう》」という経文を見て、その心を得たことから比比丘女という遊びを始めたとある。その内容は、地蔵菩薩が閻羅王庁に至って、地獄の獄卒から無縁の衆生や罪人

比比丘女の図（『骨董集』より）

『尾張童遊集』より

を奪い取り、戒問樹《かいもんじゅ》という樹の処までくると、獄卒たちが取るべし取るべし、比丘比丘尼、優婆塞《うばそく》、優婆夷《うばい》、と唱和しながら罪人を菩薩から奪い返そうとしたが、菩薩はこれを制し、上を見よ、浄頗梨の鏡、下を見よ浄頗梨の鏡、と仰せられて、獄卒を追い払ったとある。

恵心僧都は般若院で、「よく善根を生ずることは、大地の徳のごとし」という地蔵の徳を讃える思想を大衆を前に経典を講述し、院庭に多くの子供を集めた。そして罪人を取らえんとする鬼と、取られまいとする地蔵菩薩の態をより具体的に示そうとした。やがて恵心僧都は子供たちに各役割を与え、

取りつく比丘尼、優婆塞　優婆夷

と唱和させながら、鬼になった子は罪人になった子を捕らえんとし、地蔵になった大きい子は手をひろげて罪人を護り、鬼を遮ることを指導した。

『絵本西川東童』より

このように経典の一部を演ずることにより、地蔵信仰の有難さを教えた。現在、千葉県南條村広済寺に残る仏教芸能「鬼来迎」の塞の河原の段で、恵心僧都が指導した経典の場面と同じ「ひふくめ」が行なわれている。またこれに似たようなことが二、三地方に残っていると聞く。

さて子供たちであるが、捕まえようとする鬼役と、捕まえられまいとする子供役の体技遊びは、いつしか地蔵信仰の意義を忘れ、その面白さにうち興じるようになった。そのためにうまくいえなかった難解な唱和の言葉も早口になり、「取りちょうゥひふくめ」というようになり、遊び名も「比丘女《ひふくめ》」と呼ばれるようになったといわれる。

この遊びはしだいに寺院を離れ、子供の専有物となり、室町時代末に地蔵信仰和讃歌が生れ、ますます一般大衆の間に普及されても、またこれ以後、地蔵菩薩が子供の守護神となったが、再び「比丘女」は寺院に戻ることがなかった。それどころか、捕まえる、捕まえられまいとする鬼事に似たこの遊びの興味はいつしか「比丘女」という遊び名すら子供たちは忘れ去り、「子を取ろことろ」という名になったのである。先に述べたように、遊びの内容が同じでも、雀のことりとか、こまどりの名がつけられたようにこの遊びの変化は限りなく広がっていった。

子供の遊びには、思わぬところに、かつて大人が真面目に行った行事の痕跡を留めているものがある。

隠れん坊

〝隠れん坊〟の遊びは「迷蔵」といって古く中国から渡来したかのように、書物に説かれたことがあるが、この遊びがわが国に移入されたというたしかな文献はない。古い中国に似たような遊びがあったからといって、移入されたとはいい難いのである。そもそも物陰に隠れた子を見つける子供の遊びは、民族のいかんを問わないだろう。

わが国の〝隠れん坊〟遊びを記した初めての文献は、平安朝時代の『宇津保物語』（作者未詳、十世紀頃成立）に、

かくれあそびをやし侍らん

とあり、また当時の辞書『類聚名義抄』、『伊呂波字類抄』などにも「白地蔵」と書かれ、「カクレアソビ」と訓じている。「白地」は「アカラサマ」、「蔵」は「カクレル」の意であるといわれる。さらに『栄華物語』（赤染衛門編、万寿五年〔一〇二八〕〜長元七年〔一〇三四〕頃成立）の「蕣花の巻」に、

御隠れ遊びの程も……

とあり、すでにこの時代には貴族社会で遊ばれ、遊び名も「カクレアソビ」といわれていたことを知る。

ではこの「カクレアソビ」が「カクレンボ」という名に変化するのはいつの時代であろうか。前田勇著『児戯叢考』（昭和十九年刊）によると、室町時代に入ってからで、沙彌宗安の収集した小歌二一九首の中に、

兎角子供達はいたいけながよいもの（…中略…）よととまひ（捕まるまい喃）のはりうり（張子の瓜）に隠れん坊……

とあり、捕まえにくいことにかけて〝隠れん坊〟にしたものがある。この〝隠れん坊〟は、もともと「カクレンボウシ」の略であるとされる。狂言などから推察するに、子供は「法師」または「子法師」といわれていた。またこのほかに「カクレゴト」（隠れ事）、「カクレゴ」（隠れ子）とあるが、いずれも同類であろう。時代は降るが『物類称呼』（越谷吾山編、安永四年〔一七七五〕刊）には、

かくれんぼ（小児のたわむれ也）出雲にてかくれんごと云、相模にてかくれかじやうと云、鎌倉にてはかくれんぼと云、仙台にてかくれかじかといふ。

と江戸時代（安永の頃）の地方名をあげている。また近年の全国の方言遊戯名をみると、

かくれこ（島根松江）　かくれんご（徳島、高知）
ぬけっこ（山梨）……

など、このほかにも多数あるが、〝隠れん坊〟の名は、東京、鎌倉とあり、この遊び名が現在の標準名になっている。

この〝隠れん坊〟遊びは、遊び始めの際に一人の子が提唱者となって、

かくれんぼするもの寄っておいで……

と片手をあげて呼びかけ、子供たちが集まると、引き続きひとりの鬼決めが行なわれる。近年ではジャンケンで決められるが、それ以前では「ずいずいずっころばし」または「いっちくたっちく」などの鬼決め方法をとるところもある。多くはこの遊び独得の鬼決め唄がうたわれた。

次の〝隠れん坊〟遊び唄は、こうした唄の中でも草履隠し唄と同様に、もっとも古い型をとどめるもので、意味不明な言葉が多く、論議の的となった唄である。

かくれごとに　よらんものは　つっちゃこぼしや
かずらの葉ァや　十度に一度は　めいておやすまいする
いっちくたァるい　いんじかとんしり　ししんのじんた
よんべかぶら三っくて　うァまァかァったァ
（『淡路草』藤井彰民著、文政十一年〔一八二八〕頃成立）

この唄は「かずらの葉ァや」の後半に分かれているもので、『日本のわらべうた』の編著者、尾原昭夫氏の説によると、前半が鬼決め唄で、後半は呪文のようなものであるという。

この言葉で不明なところは、「つっちゃこぼしや、かずらの葉ァや」である。この言葉は〝隠れん坊〟が最も子供たちの間に流行った、寛文、延宝（一六六一〜八〇）頃の俳諧にもよく詠まれているのだが、

つちやごぶしかつら里の祷衣　吉景
月うつるつちよこぶしよ桂の葉　作者不明

などとも詠まれている。この言葉について前田勇氏は『児戯叢考』（一九四四年刊）で、

だれだれもだれだれも仲間に入って隠れ坊するのに、入って来ない者がある。あれは樗や辛夷や桂の葉であろう。
とあてこすりで非難したものではなかろうか……

というのである。また、柳田國男説は「つちやこぶしや」は、小さい子法師から発した転訛であろうという。この唄の源唄《もとうた》は、

かくれんぼ、まじらぬものは、
ちいさこぼうしやかつらの葉

というもので、小さき法師の意味が幼児語化されて、「ちっちゃこぼうし」「ちっちゃこぶし」と転訛が進み、小法師の意味が失なわれてきて、呪文化した唄になったのではなかろ

うかというのである。しかし後半の部分の「十度に一度」以下の言葉はどういう意味なのか、まさに呪文の文句のようなものである。次にこの唄に近いものを記す。

かくれんぼうに、ちっちゃな子持ちや桂の葉、新木、数の子ひねならそっち（『俚言集覧』大田全斎編、江戸後期）

鬼事せんものは、つちや子持ちや蔦の花は咲いたかすぼんだか、じゅうじゅう、ぐるまに天とう見れば、みどろくさどろくざっとのけになったとせ（京都）

かくれんぼうに、どよふよなみの　かさつくれんぼうとわりやそっちほつんのきやれ（江戸）

かくかこかくれんぼのまじないは、いうどやハどやおむかえもうし、ふやふやのみとこせ（名古屋、江戸後期）

などがあるが、全国的にみると、よくわからない〝隠れん坊〟鬼決め唄が多く伝承されている（『日本のわらべうた』尾崎昭夫編著、昭和四十七年刊）。

〝隠れん坊〟の遊び方であるが、まず鬼決めをしたあと、鬼が手で目を覆って、

鬼「もういいかい！」　子「まァだだよ！」

をくり返し、子の「もういいよ！」の合図で捜し始める型、決められた数をかぞえて隠れる時間を与える型、一つの文句を十回くり返してから捜し始める型、隠れる者がうたいながら散り、うたい終るのを待つ型などがある。

『風俗野史』より

『守貞漫稿』（喜多川守貞編、嘉永六年〔一八五三〕刊）には、関西地方の遊び方として、目隠しした鬼をむこう向きに立たせ、

かくれんぼうに、とよなふなみのかさつくれんぼう、わりやそっちへっくのきやれ、マタづんづんつくのめれ！

ちぎってぢゃがさざやか鬼

と囃しながらする〝隠れん坊〟が記されている。また鬼の見つけ方も、一人見つけて終り、その者が鬼になる方法、全員見つけ出し、最初に見つかった者を鬼とする方法、捕まった者が鬼になる方法などがある。

現代の〝隠れん坊〟は、昔のような鬼決めの唄はなく、ジャンケンで簡単に鬼決めされて遊ばれている。だが遊び方が単純になっても、この〝隠れん坊〟遊びは変らずに続けられているようだ。振り返ってみると、この〝隠れん坊〟遊びは、子供の集団遊びとしてはもっとも古い遊びである。

銭山金山

〝銭山金山〟の遊びは隠れん坊の一種である。この遊びは街の路地裏などの隠れ場の多いところで行なわれる。捜し出す可能性があるところでなくては、この遊びは面白くない。もし鬼が捜すことができないところだと、遊びが膠着《こうちゃく》してつまらないからである。

遊びの始めは鬼を決めるために、ジャンケンをして最後に残った者が鬼に、その次の順位の者二人が介添役となる。

まず鬼は二人の介添に手拭で目隠しをされ、その場で三回ぐるぐると引き回される。それから介添二人が、

銭山か、それとも金山か！

と鬼に問うと、鬼は、

銭山（または金山）！

という。すると介添の二人は鬼を左右でささえながら、子供たちどうしであらかじめ決めたところにつれて行く。または介添二人で相談して鬼の知らない場所につれて行くこともある。そして目的の銭山と称するところに着くと、介添二人は、

ここが銭山だよ！

といって、一〇数えてから目隠しを取るように約束をしてから、鬼を残して足早《あしばや》に去り、どこかに身を隠す。他の子供たちは介添えに鬼がつれられてゆく間に、ゴミ箱や戸袋の陰、なかには塀をよじ登って屋根に隠れる子もいた。こうしてさきほどまで賑やかに騒いでいた子供たちは姿を消し、あたりは急に静かになる。

さて鬼であるが、自分で目隠しの手拭を解き、あたりをきょろきょろ見回して、ここがどこであるかということがわかる。そして元の場所に戻りながら、あっちこっち捜し回る。あとはいつも遊んでいる隠れん坊と同じである。

この遊びは鬼があちこち捜し回る、このきょろきょろ捜す仕種が、あたかも金の山、銭の山の鉱石を探す山師に似ているところから、遊び名が付けられたのであろう。

山師とは、山々を歩き回り、独得の勘と知識と経験で、金、銀、銅、鉄の鉱脈を発見し、採石した鉱石を精錬する人をいう。これを山仕事師つまって「山事」または「山師」となったのである。

このような仕事は、徳川家康が江戸開府後まもなく「山

例三十五ヵ条」を布令し、これらの仕事をする者を優遇したことから活発になった。井原西鶴の『日本永代蔵』（元禄元年〔一六八八〕刊）に、

銅山にかかり俄分限になるものあり○○山の請山して次第に分限の人もあり。是は近年の出来商人、三十年此のかたの仕出しなり。

とある。

文中に「三十年此のかた」とあり、この書が元禄元年刊であるから、遡ると万治年間頃のことを書いたものと思うが、いかに鉱石の採掘が盛んであったか、そのようすがうかがい知れる。佐渡の金山も金鉱石が減り、思わしくなくなる頃で、逆に薩摩の金山が評判になった頃でもある。全国的には北は北海道の松前から南は薩摩まで、鉱山の事業は到るところで盛んになり、採石や探索が行なわれた。いわゆる山師の舞台は広く、山師という名もこの頃生れたといわれる。

こうした気運は諸国の領主にも影響を及ぼし、ひそかに山師を招致して自領の山々の鉱脈を探しだそうとしたことはいうまでもなく、また山師もこれを請負い儲けようとした。そして、安永二年〔一七七三〕刊の『御伽噺』「俄分限」のように、

山事に当ったそうで、急に小袖を仕立させ、上下《かみしも》も出来た……

と、めでたく鉱脈を発見すれば大したものであった。天明元年〔一七八一〕刊の『無陀物語』にも、

家職は置いて山事に懸り、金銀をむさぼる……

とあり、一攫千金の夢を追う人々が続出した。しかしすべてが勘をたよりに探すので、物事がそうたやすく運ぶものでなく、これより遡る享保時代〔一七一六〜三五〕頃から、鉱山にかかわる詐欺行為が往行し、山師という名は「詐欺」「ペテン師」の名のはしりとなったのである。

こうした山師の景気のいい噂話は世に喧伝され、子供たちにも影響したことはいうまでもない。

山師が鉱脈を探すことと、「隠れん坊」で鬼になった子が友だちを捜すことの共通が、この遊び名を生んだのであろう。

この〝銭山金山〟の遊びは、江戸でのみ遊ばれたことは、諸国の情報と山師の集まる江戸ならではのことである。この遊びは明治になり江戸が東京となっても続けられたが、おそらく〝銭山金山〟の意味は子供たちに忘れられ、この遊びもしだいに消え去った。

鬼ごっこ

〝鬼ごっこ〟とは『浮世風呂』（式亭三馬著、文化六～十年〔一八〇九～一三〕刊）に出ている江戸ッ子の遊び名で、それまで江戸では「鬼わたし」と呼び、『物類称呼』（安永四年〔一七七五〕刊）の「諸国方言」に記録されている。同書には京都で「つかまえぼ」、大坂で「むかへぼ」、長崎で「鬼ごと」、仙台で「鬼々」、津軽「おくりご」、常陸「鬼さら」と方言が記録されている。

一般的に〝鬼ごっこ〟とは、「つかまえ鬼ごっこ」のことで、まず鬼をジャンケンで決め、鬼になった子は捕えられまいと恐怖に満ち、逃げ隠れる。それを追う子は俊足得意と追う、または鈍足に気をこめて追う。

●子を取ろことろ

子をとろ子とろ。どの子をとらしょ

『あづま流行時代子どもうた』（江戸後期）

子をとろ子とろ、さぁとってみなさいな

『守貞漫稿』（江戸後期）

子をとろ子とろ。どの子がめずき

あァその子がめずき、さぁとって見やれ

『童謡集』（江戸中期）

まずジャンケンで一人の鬼を決め、そしてもう一人親を決める。他の子は親の後ろに列になって、一番目の子は親の後ろの帯の結び目を摑み、その次の子も前の子の帯を、というように次から次へと帯を摑んで従に長蛇の列のようになる。まず鬼が「子をとろ、子とろ」と歌いながら親に追い後ろの子を狙って脇にまわろうとすると、親は鬼の前に両手をひろげ子をカバーする。子は親が鬼に向って動くと、子の列は親に従って列は蛇行する。こうして右に左にと鬼の動きにつれ、子の列はいそがしい。ついに子が動きについてゆくことができなくなり鬼に捕えられると、捕えられた子が鬼になる。親が鬼になるルールもある（「子を取ろことろ」の項参照）。

●宿鬼

宿鬼は〝向こうのおばさん〟とも呼ばれ、家と家の間の道でよく遊ばれた。戸袋や玄関口の柱などを宿にして、鬼は道

『絵本風俗往来』より

の真中にいて、宿替をしようと飛び出るのを待っている。ところがこれでは決着がつかないの宿離れの問答が生れた。

唄はさまざまあるが、たとえば「向うのおばさん、ちょっとお出で」と掛け声をかけると、「鬼が恐くて行かれません」という。「それでは鉄砲かついでお出でなさい」というと、「そんなら向い参りましょう」と答えながらすばやく移るが……とうとう鬼につかまる。

この遊び方は江戸末期から明治、大正にかけてよく遊ばれたという（「向こうのおばさん」の項参照）。

●目隠し鬼

手拭などで目隠しした鬼が手さぐりで、相手をつかまえるので、鬼に居場所を知らせるために手を叩き、「鬼さんこちら、手の鳴る方へ」とうたう。鬼は手の鳴る方へ手探りで近寄り、捕まえたら手さぐりで顔や体を撫回し、名まえを当てる。当てたら、当てられた子が鬼になる。この遊びは、『忠臣蔵』で由良之助が茶屋で遊ぶ場面が有名である。

この遊びは古く、中国では唐（六一八〜九〇七）、宋（九六〇〜一二七九）の時代に遊ばれ、「捉迷《そくめい》蔵《ぞう》」（かくれんぼう）といったそうである。日本では室町時代（一三九二〜一四九三）の頃、「目隠し鬼」を「めなしどち」、または「めんないちどり」といった（「目隠し」の項参照）。

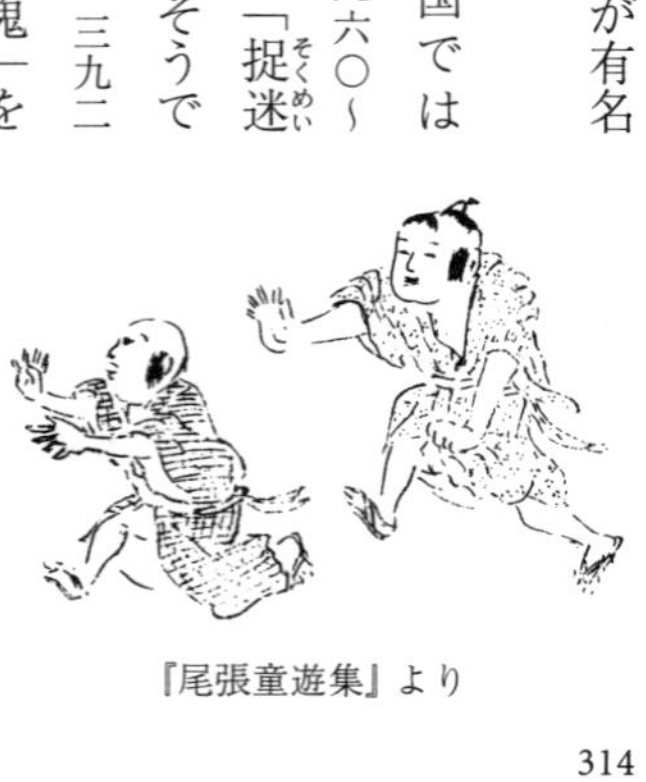

『尾張童遊集』より

●踞《かが》み鬼、影踏み鬼

かがみ鬼は、宿鬼のルールにあるもので、子は追われると急にかがめば鬼にならない。「タンマ！」ということである。

影踏み鬼は、秋空の晴れた小春日和（または月夜の晩に）、太陽（月）の光に影が長く映り、その影を鬼が踏むルール。校庭など平らな場所でよく遊ばれた。この遊びは影踏み遊びをあらためてするのでなく、何処かへみんなで出かける道すがらに遊ばれた（「蔭や唐禄人」の項参照）。

どうどうめぐり

国会などで重要な議案や動議に対し、各党の思惑もあって紛糾し、最後には投票をもって採決をすることになるが、このとき各党議員は長蛇の列になり、次から次へと壇上に登って賛否を投函するさまを「どうどうめぐり」と、新聞の記事などに書かれることがある。

このように、一国の政治《まつりごと》を決めるのに「どうどうめぐり」とは、もっと堂々たる言葉はないものだろうか。と思うのもこの〝どうどうめぐり〟とは、もとは行道《ぎょうどう》という仏事を子供たちが遊戯化した遊び名であるからである。喜多村信節著『嬉遊笑覧』（文政十三年〔一八三〇〕刊）刊に、

童のどうどうめぐりは、行道めぐりなり、行道は仏家にする事なり……

と記されている。では〝どうどうめぐり〟とは、どういう遊びであろうか、この遊びの説明するまえに、この遊びのもとになる「行道」を述べなければなるまい。

「行道」というと修験者の求道かのようにきこえるが、これは寺院の大法会の時、衆僧が導師を中心に列をつくり、読経しながら仏像の周囲をめぐり歩む儀式のことで、一般には「めぐり」とも「おねり」ともいった。この行事は古く、『拾芥抄』（南北朝時代、洞院公賢撰、藤原実熙増補とされる）の齊月の條に、

正五九月（…中略…）或此月月上十五日可㆓持戒齊行道㆒慈覚大師廻り給ふ時、正月一日、二月八日、十二月七日。

とある。また『栄華物語』（赤染衛門編、万寿五年〔一〇二八〕～長元七年〔一〇三四〕頃成立）の治安元年〔一〇二一〕の條に、沙門で行なわれる念仏僧の持戒齊行道が述べられており、また紫式部の『源氏物語』（十一世紀初頭）賢木の條にも、殿上で執り行なわれる御八講の法会のようすが述べられている。この二つの文献によると、すでに衆僧のみの「行道」でなく、上流の二位、三位の子供たちや幼い親王たちが、「行道めぐり」に加わる姿が記述されていることである。とくに『栄華物語』には、

子どもの頭には花をぬりかほには紅しろきものをつけたらむやうなり。哀れに美しう尊きさま、小さき地蔵菩薩はかくやおはすらむと見え……

と稚児となる上流の子供たちの姿を写述しており、子供と

「行道めぐり」のかかわりの発端が見られる。

このように殿上人や沙門の大法会の「行道」は、後世になると民間の寺でも行われるようになった。稚児には庶民の子供が「行道めぐり」に参加するようになった。こうした「行道めぐり」に参加した庶民の子供の体験は、常日頃でない大人たちの熱い信仰の眼差しに迎えられるだけに、子供にとってて忘れ難い強烈な印象をきざまれた。ましてや華やかな飾りのついた、この世のものと思えない冠や衣裳をまとう稚児姿となり、常日頃でない御馳走を食べることができたので、法会が終って後《のち》のちも、鐘音の余韻があたりに漂うごとく、子供の心は酔いしれ、続いたことはいうまでもない。

〝どうどうめぐり〟という子供遊びは、こうした印象を遊びの世界に再現しようとしたところに、遊戯化の発端がある。そうしてこの遊戯がくり返えされるにしたがって「行道めぐり」という名称は、やがて子供の間に転訛されて「ギョウドウ」から「ドウ、ドウ」という呼び名になり、さらに遊びの動作の「めぐり」が附加されたのである。

〝どうどうめぐり〟の遊びは、子供たちにますます愛好され、日常遊び生活に定着してきた。その例は正保四年（一六四七）刊の『独吟千句集』（安原貞室編）に、

小人どもの袖のあつまり、手ぐるまの果ての後のどゞめぐり、廣〳〵とたた辻堂の内……

とあり、この時代には、すでに子供の遊びとして定着していた。しかしこの時点では、まだまだ寺院とは離れ難い遊びであり、寺の大法会の前後の日に遊ばれた季節遊びであったであろうと推察する。

さて遊び方であるが、はじめはお寺の「行道」を真似て長い列をつくって、ぞろぞろ歩いたものであろう。そして回りながら、「どうどうめぐり　こうめぐり」と全体でうたうと、列の中の一人が「一の膳、あげましょう」というと、他の子供たちは声をそろえて、「いや、いや」と答える。続いて、再び一人の子が、「二の膳、あげましょう」というと、「いやいや」と答える。こうして十の膳まで続き、ぐるぐるとただ回るだけのものであった。この十の膳とは、古代の膳部のしきたりの数である。ここで注目するのは、先に述べたように、子供たちにとって忘れがたいのは、大法会の御馳走の印象である。再び食べたい、いやそのうちに食べられる、といった食べたいという願望が、一の膳二の膳といった言葉をくり返すことによって押えられるといったところである。しかしその願いは、もっと具体的になり、

どうどうめぐり　こうめぐり
粟のの餅もいやいや、未の餅もいやいや

蕎麦《そば》切り、素麺食《そうめんくい》いたいな！

などと現実的に変った。

この遊びははじめ「行道」よろしく、長い列をつくってあちこちの柱をぐるぐる回ったが、やがて長い列は輪となり、さらには二人の子供が向き合って、両手をひろげたままで手と手を握ってぐるぐる回る遊びが生れた。そして後には一人で直立して両手を左右にのばし、ぐるぐる回る遊びも派生した。

そして遊び場も寺院を離れて、子供の生活周辺の大道（住環道路）や、家の中の柱と柱とか、積荷をめぐる遊びとなった。このように遊びが寺院から離れ、人々の行きかう通りで遊ぶことが最も多くなり、季節遊びでなくなった。

このように街道で遊ぶことになり、この遊びの名は〝どうどうめぐり〟から「大道めぐり」に変った。江戸時代後期に活躍した狂歌師、太田蜀山人の『児戯賦』（一七四九〜一八二三）に、

しげき往来のちまたにたちて、大道めぐりのめくるめくもあやうし……

とある。これは〝どうどうめぐり〟が「大道めぐり」になった文献であるが、この言葉にあるように「めくるめくもあやうし」とは、二人の子が右手を互いに握り合い、ぐるぐるめぐることである。これが一人で回ることを「キリキリマイ」というようになり、「行道」から完全に離れた遊びとなった。

もちろんうた言葉も変り、

どんどんめぐり、こまめぐり、どんどんきたらば戸をたてろ…（栃木）

まいまいぎっちょ、かねぎっちょ、奥のとのさま目がまって、おかごにのって、ヨイサッサ（『尾張童遊集』）

と、この種の唄がいくつか記録されている。

〝どうどうめぐり〟の遊びは、明治三十四年（一九〇一）刊の『日本全国児童遊戯法』（太田才次郎編）にも記載されているが、しだいに遊びが衰えていったもようである。筆者の幼い頃（昭和八年頃）、寺の廻廊をただ、「どうどうめぐりこうめぐり」とだけ、なんどもくり返しうたいはやした記憶がおぼろげにあるが、どちらかというと、一枚の板の上を渡る「どんどん橋渡れ」（「どんどん橋」の項参照）のような遊びであった。

現代では〝どうどうめぐり〟の遊びは皆無といってよいほど、子供の遊びから消滅してしまった。だが「どうどうめぐり」という言葉のみ、しかも子供の社会でなく、大人の世界でのみ残ったということである。

『尾張童遊集』より

此所は何所の細道じゃ

この遊びは関所くぐり遊び（くぐり抜け遊び）として、江戸時代から各地でさまざまな旋律と唄詞で遊ばれていた中の、江戸の遊びである。この江戸の遊びは後に（大正十年〔一九二一〕）本居長世氏によって、ピアノ伴奏付で編曲され、題名も「天神様の細道」として幼稚園や小学校教材として全国的に採用されるようになった。そのために、これまで各地に伝承された関所遊びの旋律がしだいに消滅して、全国的に関所くぐり遊びは「天神様の細道」と一様のものとなってしまった。

さて現代の「天神様の細道」の元唄《もとうた》の〝此所は何所の細道じゃ〟の遊びであるが、この唄は幕末から明治の初めにかけて流行したもので、遊び方は単純な一人くぐり抜けの尻たたきである。

まず二人の子が向きあって、片手を頭上にあげて互いに手を握りあい、アーチ型の門を作る（図参照）。他の子供数人は、門の前に一列に並んでから唄問答がはじまる。

一列に並んだ子供は、二人の子の門の前に立ち、

　此所は何所の細道じゃ細道じゃ

と一斉に声を合せると、二人の門の子は、

　天神さんの細道じゃ細道じゃ

と答える。するとすかさず子供たちは、

　ちょっと通して下さんせくださんせ！

というと、

　御用の無い者《も》ナ通されぬ通られぬ

（または、「通行手形のない者通しゃせぬ」）

と二人の門の子が答える。子供は再び

　天神様へ願かけに願かけに

（「天神様にお札をお納めに参ります」または「この子の七ッのお祝いに……」）といった。七ッのお祝とは七五三の宮参りのこと、昔子供は「七ッまでは神のうち」という諺のように、それまで子供は一人前に認められず、七ッになって初めて氏神様に詣で氏子（社会）入りを承認される。祝い日。）

というと、門の子はそれではどうぞ！とばかり、門の手をより高くかかげ

　通りゃンせ通りゃンせ！

といった。

（この唄の次に「往《ゆ》きはよいよい帰りは怖《こわ》い」、続いて「怖いはずだよ狐が通る！」といった）

こうして門を子供たち全員がくぐり抜け終ると、再び子供たちは、今度は一人ずつこの門をくぐり抜けて、もとの位置に戻る。このくぐり抜ける時である。門の子は片方の手で、子供が一人抜けるたびにお尻をたたく。くぐり抜ける子もお尻をたたかれまいとして、いろいろ工夫して急いでくぐり抜ける。

ところによっては門の二人の子は手拭で目隠しをして、くぐり抜ける子の気配でたたくこともある。またお尻をたたかれた子は、手をつないだ門の子に「地獄極楽」と激しく両手の門でゆさぶられることもある。このほか地方によって唄詞の内容も遊び方もさまざまであるが、関所遊びという基本は変らない。

さて関所遊びはどのようにして生れたのであろうか、もちろん関所となれば寛永十三年（一六三六）に法度布令によって箱根に設置された。関所ということになるが、この関所に由来するものという説は、遊戯研究の先達『日本遊戯史』（酒井欣著、昭和八年刊）、『日本の遊戯』（小高吉三郎著、昭和十八年（一九四三）刊）で見られる。この説に対し『図説 子ども歳時記』（図説日本民俗学全集）藤沢衛彦著　昭和三十五年刊）では、遠江国（静岡県）の猿神退治伝説の人身御供の人選の遺風からという説である。またこの他には川越城内説（埼玉県川越市川越城）があるが、いずれも確証がなく推察の域をでていない。この点『日本のわらべうた』（昭四十七年刊）の編著者尾原昭夫氏は、「いわしこいこい」の遊びのところで、

いわしこいこいの遊びは、天神様の一人くぐり、しり打ち型は、いわしこいこいと殆んど同じであり、方法面で天神様の細道の前身であると、考えられます。

と述べておられる。

〽いわしこいこい
ままくはしょ

とうたわれる「いわしこいこい」の遊びとはどんな遊びであろうか、文政十三年刊（一八三〇）の『嬉遊笑覧』（喜多村信節著）に、

二人、前と後とになりて立並び、手をひき合、その手を高く挙、いわしこい〱、ままくはしよといふ。あまたの子供その引合たる手の袖下をくぐり抜る時、手を引きたる者潜りに来る者のかたに向きたる者くぐる者の尻をうつ、くぐる者はうたれじとするなり

とあり、問答唄詞はないが、手を引き合い、その手を高く挙

げて門を作り、尻を打つことは、〝此所は何所の細道じゃ〟にそっくりである。

こうした遊びは「いわしこいこい」にかぎらず、同時代頃の大坂（大阪）や尾張（名古屋）などに、

通れ、通れ山伏
お通りなされ山伏

という遊びがある。「いわしこいこい」、「山伏、山伏」のいずれも単純な唄詞で、遊びの様相はやや異なるにしても、遊びの主点は門くぐり抜け尻打ちの共通性がある。

〝此所は何所の細道じゃ〟は、こうした単純な遊びを土台に、まず門を「くぐらせる、くぐらせない」の問答が加えられ、さらに戻りのくぐり抜けに加えて尻打ちになったものであろう。いいかえれば、通して下さいとのお願い問答は、このくぐり抜けるか抜けないかのことで、それはとりもなおさず子供の遊び生活周辺の町内の木戸、寺社の門、または武家屋敷の門を連想し、これを遊びに置き替えた。そしてしかるのちに問答唄詞の創作が成立したものであろう。

さらにこの遊びに、入った門から戻りのくぐり抜けが加えられ、

〽往きはよいよい、帰りが怖い、
怖いはずだよ、きつねが出る

の唄詞が付随した。それはこの部分が前詞よりも多種にわたっているからである。

「此所は何所の細道」から「天神様の細道」となったこの遊びの発生に、関所説があるのも、この戻りのくぐり部分の「往きはよいよい、帰りは怖い」の創作により推論されるであろう。それは当時の関所が、上り（京に向って）は男女とも手形を必要とされているが、逆に江戸に入る下りには、「男女とも手形は必要なし……」と『五街道細見』（岸井良衛著、昭和三十八年刊）に記されている。もっと詳しくは、文政年間（一八一八〜一九）刊の『早見道中記』に、

箱根御関所、下りには御断申上で通る。上りには江戸宿主より切手を認め御関所に差上る也

とある。さらにまた、箱根御関所並に根府川の『御関所改方覚書』にも、

登り之分は人別改ニ付手形無之而者一切相通し不申候、
下り之分一切相改不申候

とあるから、まさに下りは往きはよいよいで、帰りはいささか怖いことであった。

関所発生云々説は、こうした事例にもとづくものから推論されたものと思う。

以上のように〝此所は何所の細道じゃ〟は、くぐり抜け尻打ち「いわしこいこい」などの遊びをもとに、問答遊びとして創作編成され、さらにここから「天神様の細道」という新しいわらべ唄が誕生したのである。粗朴な江戸の子供らの唄は、一人の芸術家によって昂揚され、その哀切こもる旋律は人々の胸中深く、ふるさとの想いをつのる唄となったのである。

お尻の用心

多勢の子供が集まって、お尻の用心ごっこやろう！というと、どの子も股の間から着物のうしろ裾をつかみ、それをおへその上あたりまでぐィっ！と引きあげる（図参照）。

誰もがこうした恰好になると、

〽お尻の用心　ご用心

今日は二十六日　あしたはお亀の団子の日

といっせいにうたいながら、それぞれが友だちのお尻を狙って、あっちに回ったり、こっちに回ったり、ジロジロ、ニヤニヤしながら再びうたう。

そしてちょっとでも油断をすると後ろから前に回って「パッ！」と裾を持つ手を叩かれて、その瞬間に裾を持つ手が離れ、めくられてしまう。狡賢《ずるか》しこい子になると、「アッ飴屋がきたッ！」とか、「おっ母《かぁ》が呼んでいる」と声をかけ、そして道の彼方や後を見る。そのすきを狙うのである。

狙うといえば二人の男の子が組んで女の子に仕掛けることもある。まず一人が狙う女の子の前に出てなにやら女の子の気になる雑言をはき、その子の注意をひきつける。もう一人は女の子の後にすでに回りこんでいる。前に出た子が女の子のすきをみて手を叩くと、その瞬間裾を持つ手がはずれ、後に回った子がすそをめくってしまう。

標的にされた女の子は白いお尻を丸出しにされて（昔の子供はパンツというものがないから尻が丸出しになる）、その場にしゃがみ込み、泣きだしそうな顔をして、「ヤァーダヤァーダ、スケベ……」などといいながらまくった二人の男の子を追いかける。それでもすぐ気を取り戻し、再び唄をうたい出す。

こんな遊びが子供の集団におこなわれるのは小正月から、田植時の頃である。

そしてこの〝お尻の用心〟の唄には、なぜか「今日は二十六日」とか「朔日《ついたち》」、または五日、十五日、二十五日、ところによっては正月十五日とさまざまに期日がうたいこまれている。どうしてこの遊びに期日がそれぞれにうたいこめられているのだろうか。

それはこの遊びが、かつての大人が真面目に行った季節の節目の習俗の痕跡であることを知ることができる。

竹の子

〝竹の子〟の遊びは竹の子（筍）が芽生える頃に遊ばれるかというと、別にこの遊びは季節にはかかわりがないらしく、軒下の柱や立木、電柱のようなものがあればすぐにでも遊べるもので、遊びが流行りだすといたるところで「いもむしごろごろ」の遊びのように、子供たちがつながって遊んだ。

この遊びは「子を取ろことろ」のように、鬼が子供を捕らえるというより、つながった列から子供を引き離す遊びである。まず、親は柱にしがみつき、その後にほかの子たちがそれぞれ帯の後ろをしっかり握って列をなしてしゃがみこむ。こうした子供を鬼が、大地にしっかりと根を張った竹の子を引き抜くように一人づつ引き離しにかかるのだが、それに先立って次のような問答唄をうたう。

「竹の子一本おくれ」と鬼がいうと、「まだ芽が出ないよ」と子がうたい返す。

「竹の子一本おくれ」と鬼がいうと、「まだ芽が出ないよ」とうたい返す。

「竹の子三本おくれ」と再び鬼がいうと、「もう芽が出たよ」と子供がいっせいにいうなり、それぞれが前の子の帯をしっかり握りなおす。

そして鬼は、「ヨイショ、ヨイショ」と一番後ろの子から引き離しにかかる。そしてついに一番後ろの子は手を離してしまう。引き抜かれた子は鬼といっしょに、今度は一番後ろになった子を引き離しにかかる。こうして次から次へと引き抜かれてゆくが、引き抜かれる子が離れず頑張っていると、その子の前の子が耐えられず手を離してしまい、離したその子が鬼になる。または最初に引き抜かれた子が鬼になることもあり、ルールによっては親が次回の鬼になることもある。

この遊びは江戸時代から子供たちに遊ばれたもので、文政三年（一八二〇）刊の『童謡集』（釈行智編）などにはうたい詞《ことば》が長く、しぐさやセリフの入ったものがあったそうである。こころみに江戸時代中期頃遊ばれたという問答唄は、

竹の子はまだはえませぬか（鬼）
まだはえませぬ（親）
そんなら、こやしをかけましょう　ザブザブ（鬼）
竹の子はもうはえましたか（鬼）
アィちょっとはえました（親）
またこやしをかけましょう　ザブザブ（鬼）
竹の子はもうはえましたか（鬼）
アィもうはえました（親）
サァぬこう　ぬこう（鬼）

とある。おそらくこやし（人糞肥料）をサブサブというところで、肥杓子《こいびしゃく》を持って掛ける真似をしたものと思う。山梨県などにある類唄は、鬼が百姓になり、子はかぼちゃとなり、かぼちゃを育てる百姓の真似をするところがある。ところが明治時代の頃の、東京の竹の子遊びは消費地らしく、竹の子の売手と買手の問答となっている。

多くの児童中より売手と買手と一人づつ定め、他の児童は筍となり、一人づつ後方に連なり蹲《うずくま》り居るなり。さて買人は売人に対《むか》いて「筍お呉れ」といえば、売人は「ヘイ」と答えつつ数多《あまた》の筍に向い「今芽はどの位《くらえ》」と問う。筍答えて「今芽はこーの位」と同音にて各小指を出しつついう。買人更に前の如くいい、売人もまた筍に問えば、今度は紅差指《べにさしゆび》を出し、又その次には中指を出し、その次に食指《ひとさしゆび》を示し、最後に「今芽がこーの位」とて拇指《おやゆび》を出しつつ答う。ここに於いて売人は「そんなら売りましょう……どれがようござんす」と買人にいえば、買人は

その筍の頭上に平手を乗せ飛び上らしめ、これを連れゆき他に移し置き、再び来りて買い始めるなり（『日本全国児童遊戯法』大田才次郎編、明治三十四年〔一九〇一〕刊）

この遊びを見るといかにも消費地東京らしいが、全般におとなしくなっていて、竹の子遊びの一番面白い、引き抜くところが簡略化されている。これではつまらない遊びであったのではないかとは思うが、いかにも荒っぽさのない都会風になっている。「ようござんす」の言葉もまた都会風である。しかし昭和になってからの筆者の記憶では、冒頭に述べたような問答唄となっていた。また最近、東京の大田区でこの遊びをマンションの玄関口で遊ぶ子供らを目撃したが、まったく筆者の記憶と同じもので、とくに引き抜くところの作業の仕草が少し大げさになり、「ヨィショー、ヨィショー」と大きな声を張りあげて遊んでいた。この子供たちは、竹の子の生えているところを知っているのかときくと、知らない子が多く、なかには絵本や図鑑でみたといっていた。

蓮華の花

〽ひィらいた　ひィらいた
　なんの花が　ひィらいた
蓮華の花が　ひィらいた
　ひィらいたと　思ったら
いつのまにか　つゥぼんだ

〽つゥぼんだ　つゥぼんだ
蓮華の花が　つゥぼんだ
　つゥぼんだと　思ったら
いつのまにか　ひィらいた

春先の日和のおだやかな午《ひる》さがり、お寺の境内や、街の横丁などで、女の子たちが大きい子も小さい子も、みんな手と手をつなぎ輪になって〝蓮華の花〟を遊ぶ。

遊びはまず大きい子が声をかけ、一人二人と手をつなぎ、しだいに大きな輪ができると、それぞれ手をつないだまま中央に寄り集まる。大きい子が、

ひィらいた、ひィらいた

と大きな声で歌い始めると、子供たちみんなで後ろへ後ろへと歌いながら輪をひろげる。そしてみんな両腕いっぱいにまで広がると、

ひィらいたと思ったら……いつのまにかつゥぼんだ！

と再び中央に集まる。

ただこれだけの単純な遊びだが、みんなが身を寄せたり大きな輪を作ったりするので、特に小さい子は喜々《きき》として喜んだ。そんな理由で年上の女の子たちにとって〝蓮華の花〟は、子守りの遊びのひとつでもあった。

『絵本風俗往来』より

この遊びは江戸時代から伝えられた遊びで、宝暦（一七五一～六四）から明和（一七六四～七二）時代のわらべ唄を集成した『童謡集』（釈行智編、文政三年〔一八二〇〕刊）に、

〽れんげれんげ、つゥぼんだつゥぼんだ
　やっとちゃ、つゥぼんだァ
　ひィらいた、ひィらいた
　　やっとこちゃ、ひぃらいたァ

とある。

「蓮華の花」とは、この頃広がった蓮華草と想像したが、これは蓮（はちす＝ハス）の花のことで、お寺の中には蓮華台、蓮座、蓮弁など、「御仏《みほとけ》の台座、大切な物」の教えにあった。この時代の寺子屋の先生（僧侶）の創作ではないかと思う。

蓮の花

下駄隠し

〝下駄隠し〟は「草履隠し」と同じもので、子供たちの日常の履物が草履から下駄に移るに及んで付けられた名である。その名付けの時期は幕末以降のことと思われるが、

> 文政以降に平になるようになった（平とは縁取草履のこと）。しかしこの頃になると、ようやく下駄の着用が多くなってきた

と宮本馨太郎氏が『かぶりもの・きもの・はきもの』（昭和四十三年刊）で履物の変遷史からみて述べている。

下駄が武士や僧侶、医者などに履《は》かれたのは享保頃（一七一六〜三五）で、寛延三年（一七五〇）には男女の塗下駄の禁令が出るくらいであるから、一般に履かれるようになった時期はなお後のことであろう。ましてや子供が日常に履くともなればなおさらのことである。

では下駄以前の草履となれば、宮本氏は、

> 元禄以前には、小児はほとんど跣足《はだし》であったが、小児用の権蔵《ごんぞう》（草履の名）が売り出されて、都市では小児も草履をはくようになった。

と述べている。

こうしたことから「草履隠し」の遊びが盛んになるのも、江戸中期以降のことで、履物史と「草履隠し」遊びの諸々の文献をみてもあきらかなことである。ましてや〝下駄隠し〟となれば、さらに江戸末期から明治にかけて、下駄が子供の履物として一般化された以後のことであろう。しかし履物が変ったからといって、「草履隠し」の呼び名が、即、〝下駄隠し〟に変ったとは一概にはいえない。

次に下駄隠しに変った頃の唄がある。

〽下駄かくし、ちゅうれん坊、橋の下の鼠は、草履を咥《くわ》えてちゅっちゅっちゅくちゅ、ちゅっちゅっちゅく饅頭は、誰が食た、だァれも食はせんわくが食た、隣の着板、提灯屋裏から廻って三軒目（大阪）

〽下駄かくしの鬼かえぼ、戸棚の中の鼠が草履をくわえて、ちゅちくちゅ（富山）

とある。この唄は草履に代って下駄になった頃のもので「鼠が草履を咥えて」とあり、〝下駄隠し〟でうたい始っているにかかわらず途中から草履が出てくる矛盾がある。これは時代と伝承遊戯の相剋を物語っている転換期の唄であることがよくわかる。

次に〝下駄隠し〟の唄を紹介してみよう。

〽げたかくし　まないた　まないたの下に　味噌なめ塩なめ　しょっぱいピイ（山形）

〽草履かくし　俎　俎の上に草履が三足　雪駄が二足ついのこかいのこばったりこ（広島）

〽下駄かくしの　まいざいろくの七の八の九の十　天井まんぐうまんぐう　下さかみいやがれ（新潟）

〽げたかくし　しゅうれんぼう　まないたの上に　かみそり一丁のせて　ギッチョンチョン　マッチョンチョン（島根）

〽げたかくし　とうねんぼう　ゆびさきなでれば　ぜにひゃくとったのせ（長野県須坂）

鬼決めの種々な型と遊び

これまで鬼決め唄を中心に述べてきたが、具体的にどのように遊ばれるか。この遊びが全盛だった頃のようすを、喜多村信節著の『瓦礫雑考』（文政元年〔一八一八〕刊）にみると、

童聚りて各はきもの片々《かたがた》を脱ぎ、これを混《ひとつ》に雑へ排《ならべ》て端より一言づヽいひもて行《ゆき》、そのいふことの終れる処に当るものは、除々《のきのき》してはやくのきたるを一と定む、そのことば何の義なるか辨《わきまえ》がたし。初に、はしのしたのしやうぶはさいたかさかぬか、まださきそろはぬということあり

とある。これは古典的な鬼決めであるが、この唄を最後までくり返し行い、最後の一つになった履物の持主が鬼と定められる。そしてその鬼は、決められた樹木や塀などに向って目を両手で覆い、

もういいかい

という。そしてほかの子らは自分の履物片方を急いで隠しながら、

まあだだよ！

といい、全員隠し終ってから、

もういいよ！

の合図で、鬼はあちこち捜し回る。次から次へと鬼は履物を捜し出すが、どうしても最後に残った履物を捜し出すことができないと、

『絵本西川東童』より

降参！

ということになる。すると再び、

もういいかい　まあだだよ！

が繰り返されるのだが、鬼が全員の履物を捜し出したときには、一番先に見つけ出された履物の主が鬼になり、再びほかの子たちは履物を隠し始める。

この遊び方は、草履隠しの基本的な遊び方であるが、次の遊び方はこれを変型したものである。

鬼決め唄で鬼が決まると、鬼の履物だけ目を覆っている間に隠してしまい、鬼が自分の履物を（片足で）捜す方法である。この場合ほかの子供らは、いろいろな野次を飛ばし妨害する。

もう一つの方法はこの反対に、鬼決めして、この鬼が親となる。鬼はほかの子供らを一列横隊に塀に向って目隠しをさせ、その子らの履物をせっせとあちこちに隠してしまい、「もういいよ！」で、全員の子らが自分の履物を求めて捜し出す。鬼はこれを見て仕返しするように一人野次を飛ばす。

鬼決めの唄がないもの

この場合の鬼決めは、全員の子供の履物片方を一ヶ所に集め、これをひとりの子がまとめて空中に投げあげる。そして落ちた地面の履物が表であると持主に返し、裏になった履物だけをまとめて再び投げあげる。こうして数回投げあげ、最後に裏になって残った履物の持主が鬼になる。鬼は目隠しをして、それからの遊びは前述と同じであるが、ときには捜し出した履物の持主の名をいい当てなければならない過酷な方法もある。この場合、持主を間違えた履物だけ集めて、再び目隠ししてくり返す。

この投げあげ鬼決めで、最後に履物が二つになった時、今度は投げあげずして、「草履近所」の唄をうたい、どちらかの履物を鬼と定める方法もあるが、唄の後尾で決めるのであろう。この鬼決めは釈行智編の『童謡集』（文政三年〔一八二〇〕刊）に記載されているものである。

古いといえば「牛か馬か」といって投げあげるものがある。小寺玉晁著『尾張童遊集』（天保二年〔一八三一〕刊）に、

草履隠しの時、牛になれ馬になれと草履をなげる、うつむけば牛、あをむけば馬なり

とある。これは前述の表か裏かと同じもので、地方には、

馬ならおきろ、牛ならねろ

または、

牛になれ馬になれ、起《お》つか、眠《ね》つか、ほい投げろ

などとあり、これは表か裏かと同じ、裏が出たなら鬼であるから牛となれば鬼となるであろう。

これらの履物を投げあげての鬼決めは、まったく「草履隠し」の唄を拒否したもので、この遊びの導入部としては、ちょっとさびしい感じがする。このほかに鬼決めはジャンケンもあるが、そもそも「草履隠し」は導入部というか、前奏曲というか、鬼決めの唄で特別な遊びの世界に入り、しだいに浸ってゆくものなのだが、時とともに伝承された遊びは簡略化されてゆくようである。

草履から下駄へ、そして〝下駄隠し〟は現代では「靴かくし」とか、「スリッパかくし」などに変っているが、ジャンケンで鬼を決めて、ただ捜し出すという単純な遊びとなってしまった。

芥《ごみ》隠《かく》し

〝芥隠し〟、または「木ぐい隠し」ともいう。草履隠しと同じような遊びだが、履物に代ってダンゴやおでんの串、茶椀のカケラやおはじきのようなものを隠し、鬼がそれを捜し出す。『嬉遊笑覧』（喜多村信節著、文政十三年〔一八三〇〕刊）に、

> 芥かくし、又は草履かくしあり、いずれも同じにて一人尋る人となり、隠せしものを求め出さしむ、尋る者鬼といふ

とあるように、江戸の昔から子供の間に遊ばれていたものである。

この遊びの鬼決めは、草履隠しの鬼決め唄で鬼を決めることが多い。鬼が決まると他の子供たちはそれぞれのものを鬼に見せて確認させる。その後、鬼は両手で目を覆い、「もういいかい！」という。他の子供たちは決められた範囲にそれぞれのものを隠し、「もういいよ！」の合図で鬼は捜し始める。

鬼が全員の子供が隠したものを捜し出すと、一番最初にみつけられた芥の持主が次の鬼となる。

先に述べたように、草履隠しの鬼決め唄を用いることが多いが、ところにより、この遊びのための唄がある。嘉永三年〔一八五〇〕刊の『皇都午睡《みやこのひるね》』（西沢一鳳著）に、

木杭隠しクネンボ、橋の下の菖蒲、刈れども刈られぬ、たい殿たい殿、鯛の虫は軽業、味噌ちっくり、酒ちっくり、呑んでもお腹はたちやめなや

という唄がある。この唄は草履隠しの原唄といわれる（「草履近所」の項参照）。鎌倉時代の俗謡に非常に近く、冒頭の「木杭隠しクネンボ」を「草履隠し」に代えられただけのようである。その意味でこの〝芥隠し〟遊びは「草履隠し」遊びから派生したかのようにうかがえる。

次に、明治三十四年（一九〇一）刊『日本全国児童遊戯法』（太田才次郎編）には、

天に一ツ、脚もとに一ツ、こう屋の曲りにまだ一ツ

これは隠し場所を暗示したもののようであるが、一方では鬼が物を隠すのをからかう唄のようにもきこえる。

筆者が体験した〝芥隠し〟は（戦前）、すでに鬼決め唄はなくジャンケンで決められた。また隠し場所も石垣とか垣根とか家屋などさけて、一定の地面に直径一メートルの円を描き、この円内のいずれかに穴や溝を掘り、ここにサイダーの王冠やおはじきなどを埋め、その上に砂や泥を自然の状態にみえるように覆い隠したものである。鬼はここぞと思うと、犬が土を掘り起こすように土砂を除けて、地面の上を手で撫でさすり見け出した。なぜ一定の場所に円を描くかというと、石垣や家の戸袋、垣根などを含めた隠し場所を設定した場合に、手のとどかないところに落ちたり、隠した本人すら見つけだすことができなくなったりすることがあるからである。また、ずるい子などはある程度の範囲をおおざっぱに決め、あいまいな境界線すれすれに隠したりした。さらには、隠した場所の上に踏構《ふんがま》えて知らんふりする子もいた。そのために神社や寺の境内の平たんな地面に円を描き、この円内のみを隠し場所にしたのである。芥を隠し終えると鬼以外は絶対に円に近寄ることを禁じられる。さながら神域を思わせるようにして、鬼を円内におくりこんだ。手先の感覚が鋭い子が鬼になると、地面を撫でながら次から次へと芥を捜し出すが、感の鈍い子は見付け出すことがおそく、鋭い子と鈍い子の差は数十分もあった。

この遊びはこうした手先の感覚神経をみがき、なによりも土に親しむところに特徴があった。と同時に小さな昆虫や草などに親しむ遊びでもあった。

いもむしころころ

〝いもむしころころ〟の遊びは、古くから年長の子が幼い子供をまじえての遊ばせに、最適な遊戯であった。この遊びは軒下で遊ぶことが多く、昔は路地裏などで大きな声をだしてよく遊んだものである。

遊びは芋の葉から芋虫が転げ落ちて、這ってゆくところを模したといわれるように、一人の子が先頭にしゃがむと、次の子は前の子の帯の結び目を摑み、さらにその後の子が前の子の帯を摑み、というふうに順々にどの子もしゃがんで一列に並ぶ。こうして次のような唄をうたいながら、しゃがんだままヨチヨチと前方に歩む。

〽イモ虫こおろころ
　ひょうたんぽっくりこ

と、ヨチヨチ歩く子供らの姿は、芋虫があわてて逃げてゆくようである。子供たちは二メートルも歩くと、先頭の子がすっくと立って後方の子にむかって、「あーとのあとの（後の後の）千次郎」と叫ぶと、一番後ろの子がこれを受けて立ち、「なんの用でござる」という。すると前方の子は大きな声で、「ハイハイ！　棚から落ちたぼた餅食うていた」という。後方の子は、「それならば、雨がふるか槍がふるか見てこい！」と前方の子がいうと、後方の子は二、三歩戻りかけて空を見あげる振りをして、「雨が降る、槍が降る！」と答える。その時前方の子は、「前が良《い》いか、後ろが良《い》いか」というとすかさず、「前が良《い》い！」と後方の子が返事をする。すると前方の子は、「それならば前に居よ！」といって後方の子が列の先頭に立ち、前方の子はたいてい列の後方についた。

こうして再び最初と同じく、いもむしころころとうたいながらヨチヨチと前進した。

この遊びがとくに幼い子供に好まれるのは、列の前後に年長の子が子守をするようにおり、中間は四、五歳ぐらいの子が数人が入るので歩み方もおそいが、幼い子は面白くてたまらず甲高い声で、「イモムチコーコロ」などと口が回らず、うたってはケタケタ笑いながら遊んだ。そして「アートのアートの千次郎ォ！」とうたって、前後の子の問答になると、ど

『絵本風俗往来』より

の子もどの子も口をあけて、そのやりとりを見ていた。やがて問答が終ると、幼い子らはまた「イモムチコーコロ」と懸命にうたった。

ただこれだけの動作であるが、幼い子らは年長の子に伍して一人前に扱われるので遊びを一段と楽しく面白くした。

こんな遊びをしているとき、飴屋の太鼓の音が表通りの方からきこえてくると、遊びの列が急に乱れて、家にお金をもらいに走る子、飴屋を追いかけてゆく子とばらばらになることもあった。また母親からこれから買いものに出かけるなどと声をかけられると、いつもはつれてゆけとだだをこねるのに、この遊びが面白くて、母親といっしょに行かないというほどである。こうして幼い子らは家の中から軒下へ、やがては外遊びへと、子供の集団生活に慣れて、人と人とのつきあい方を肌で学んでいった。

この〝いもむしころころ〟の遊びは文政十三年（一八三〇）刊の『嬉遊笑覧』（喜多村信節著）や、嘉永六年（一八五三）刊の『守貞漫稿』にも記載され、以来明治、大正、昭和と継承されて、現代に至るもなお子供らに遊ばれている。それはこの遊びがいかにすばらしいかを証明するものである。

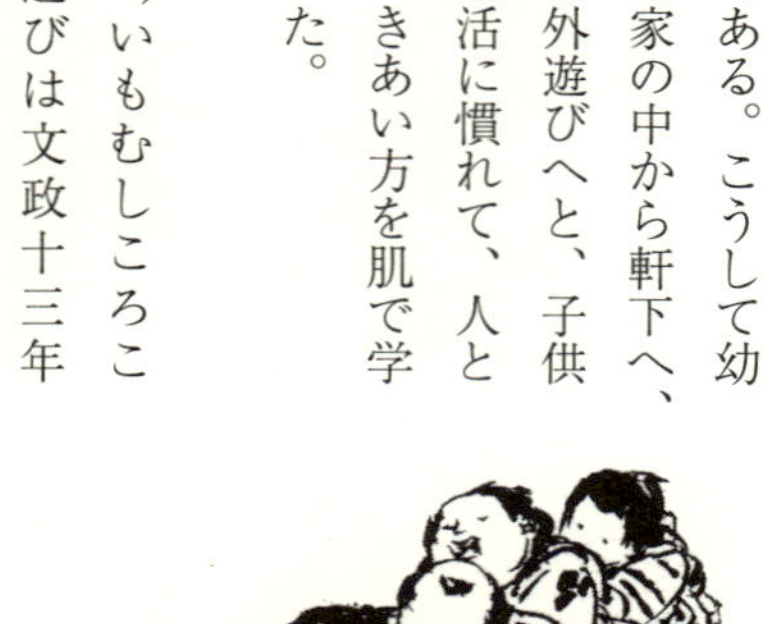

『風俗野史』より

チンチンモグモグ

〝チンチンモグモグ〟は江戸から伝承された片足跳び遊びの名で、「チンガラモンガラ」ともいった。

この遊びは二人以上の子供が集まると、それぞれが片足を後ろにあげて足首を握り、残る片足でピョンピョン跳んで競技をするものである（右図参照）。遊び方は、片足で決められた一定の場所に向って数回往復して、誰が数多く回数を重ねられるか、または双方が押しあいして両足を地面につけた者が負けというものである。これは二人でも、多勢が二手に分かれても競うことができる。それから相撲の土俵のように地面に円を描き、二人が片足で相撲のように押しあうか、体当りして相手の片足を地面につかせるか、線外に押し出して勝負を決める。これを鷺相撲《さぎすもう》といった。

体力を必要とするこの遊びは年長の子の場合、競技熱がこもってくると、〝チンチンモグモグ〟の唄をうたうどころでなかったが、幼児がこの遊びをするときは大きな声で、

〽チンチンモグモグ
　オヒャリコ　ヒャーリコ

などとうたいながら競技遊びをしたものといわれている。

片足跳び遊びは歴史も古く、一説には平安時代以前からあったといわれるが（小高吉三郎著『日本の遊戯』昭和十八年〔一九四三〕刊）、民俗学の柳田國男氏は片足跳びの研究の「シンガラ考」のなかで、

自分などの想像では、一本足の遊戯は古く、またたいせつなものであった。こどもと「大人のこどもらしさ」との間に、まだ大きなへだたりのなかったころから、すでにこの技によって身の軽捷を試みる習わしがあったかと思う。それが社会の実用のいろいろの階級において、つぎつぎ名（片足跳びの名）を改めてきたのも不思議はない（…中略…）したがってこのヒコナギ（片足跳びの方言名）の達者な者はほめられ、彼らもまたそれを誇ったであろうから、自然に幼童もまたつとにこれを模倣した道理である。武芸の根源はいたって遊戯に近いものであった。

と推論を述べており、ここには片足跳びの全国方言名が列挙してある。しかし、はたしてその根本のチンガラ、またはシ

ンガラという語までが新しい近世の産物であったかどうかは疑問である。あるいは成人がこの技にたずさわっていた頃から、すでに感覚にもとづいたこの種の命名があったのではないかといわれている。それはチンガラ、シンガラなどの語のことで、これは片足跳びをすると頭に響く感覚の音を言葉で表わしたものである。こうした命名を誰かがすると、多くの子供たちがこの語を容認したところから伝承が始める。さらには口ずさみやすく単純化した名が遊び名の方言となり今日まで伝えられたのではないかと思う。

また文献においても、この種の語が多く、明治の歌人落合直文著の『ことばの泉』(明治三十一〜三十二年〔一八九八〜九九〕刊)には、

ちが〳〵ちんからこ、ちんからく

とあり、さらにこの語が元禄時代(一六八八〜一七〇三)『後撰夷曲集』に、

いせ参りあこぎが浦にひく足も、
たびかさなればちが〳〵ぞする……

とある。また明和六年(一七六九)に江戸市村座で上演された長唄の『隅取安宅松』に、

ちっちや子持や桂の葉、ちんがちが〳〵ちんがらこ、
走り〳〵走り着いて先へ行くは酒屋のおてこ

と、いずれもちが〳〵、またはちがらこ、と片足跳びを呼んでいる。

これより時代が下って小林一茶の(江戸後期の俳人、文政年間一八〇〇年代)『方言雑集』にも「チンガラカク」とあり、『俚言集覧』(太田全斉編、江戸後期成立)にも、

オテラチンガラコを—児童一足をかがめ踊躍—斯く言ふ

とあり、これをみても、チンガラは古き時代の片足とびの名であることがわかる。また『嬉遊笑覧』(喜多村信節著 文政十三年〔一八三〇〕刊)、

松葉元禄の小唄にちん〳〵もんがら……

とあり、この語が後々に、

チンチンモグモグ、チンチンモガモガ(東京)

となるのである。

このように文献をみると柳田説が肯けるが、『シンガラ考』に列挙された近年まで残る片足跳び名の方言をみると、チンガラ、シンガラの系統が濃厚に残るのは中部地方に多く、前述の小林一茶の『方言雑集』の「チンガラカク」に似たものが、松本に「チンガラカイテ」とあり、そして、

シンカラ(佐久郡、小県郡)　チンガラ(伊那郡)

にそっくりな語がある。

チンギリ(尾張知多郡、三河額田郡、西加茂郡)

チンガラ（信濃上伊那郡）　チンカラ（信濃東筑摩郡）
シンガリ（信濃下伊那郡）　ヒンガリ（駿河駿東郡）
ツンカラ（越中五百石町）

この他に類似語が多い。江戸のチンチンモンガラも、チンガラモンガラも、信濃、甲斐に近い語であることがわかるが、江戸となんらかのつながりがあったのではないかと思う。

他の方言に、チンガラ圏内（中部地方）をとりまいて、南は壱岐から東北あたりまでケンケンと片足跳びを呼ぶところが多い。これはチンガラ、シンガラ、それから一部地方にあるジンジンなども頭に響く感覚を形容した音の名で、ケンケンも同様のものと思う。一説には蹴ることからきたものとするが、賛成しかねる。さらにこのケンケンに「足」を冠してアシケンケン、アシコンコンという語が関東の千葉、茨城、埼玉、栃木などにある。またこのケンケンに今度は一つの頭語が冠り、

イッケンケン（伊勢市）　イッケンコンコ（近江、甲賀郡）

というところもある。

九州に渡ると、

スッケンギョウ（博多）　スッケンゴリゴリ（熊本）

などと、左義長（鬼火）の唱え言葉に似たものもある。また東北地方に片足とびにピコタコ、ヒッコナギ、ピンコヒキ、ビッコパネと、身体障害（跛の名、日本の東半分でビッコ、西半分のチンバ）の姿態から名付けたものである。この他に踊りのステテコや田楽のシテシテなどのように鼓を打つ音、または田楽の片足踊りなどのなごりのある名もある。

以上のように「片足跳び」の方言名の発生は、片足で跳ぶ体にくる感覚を言葉にしたものや、片足跳の姿態から名付けもの、それから打楽器の撥さばきに合せる調子の名、などさまざまに存在している。

こうした片足跳びの方言名は、各地の子供らに受け継がれ、さらには古い名に新しい名が割り込み、現代ではその意味すらも不明な名がある。

現代ではこの片足跳び遊びは、昔ほど遊ばれなくなった。遊ばれなければ自然に遊びの名が忘れられていくものである。

目んめ盲目

子供はときどきこんなことをする。

たった一人で広い原っぱや、誰も通る人もない広い道路などを歩いているときに、空ばかり眺めながらどこまでもどんどん歩いてみようと試みる。ときには盲目の真似をして一歩、進むに足さぐりで歩き、足の向くまま「どこまで歩けるかな！」と、こんな思いつきの一人遊びをする。

こうしたひょっとした思いつきの一人遊びは、誰もいない、障害物がひとつもないという安心感が子供をそうさせたのかもしれない。もうひとつには、正常でない状態に自分をおいてみるという結果の面白さがそうさせるのであろう。

目を閉じて五歩、六歩と歩いてパッと目をひらくと、現実の足もとは思わぬ方向に進んでいて、子供にとって新鮮な驚きがある。それは一瞬の間に広がるメルヘンのような世界、そのような体験が瞼の開閉でみられる。子供ごころの遊びは計りしれないものである。

ここに述べようとする〝目んめ盲目〟の遊びは、こうした体験を一つの遊びにしたものと思う。

この遊びが流行った幕末から明治時代の子供たちは、どの子も前掛をかけた風体であったので、この前掛で顔を被い隠し、または手拭で顔を被った。そして右手に小枝や笹竹で作った杖を持ち、次のような唄をうたいながら歩いた。

〽目んめ盲目に当ったら　ごめんよ！
当る先に　居るからわるい

ただこれだけの遊びで、決められた目標に向ってどれほど歩けるかのゲームであろう。ここには、「めんないちどり」のように目隠しをして、

お鬼さんこちら　手の鳴る方へ

というものがない。どちらかというと一種のいじわる遊びのようなところがある。たとえば、「石けり」や〝チンチンモグモグ〟などの遊び仲間に入れてもらえないわんぱくな男の子が、しゃくにさわって〝目んめ盲目〟でほかの子が遊んでいるところに登場し、

当ったらごめんよ、当る先に居るからわるい

などとあたりかまわず笹竹の杖を振り回したり、遊んでいる子供たち（女の子）に向って、いじわるするするのである。

この遊びに似たもので、東北地方に「ジカモカ」という遊びがある。それは一本の松葉を右手に水平に持ち、

　おらさに　当だれば
　　ジカモカ刺さる　ジカモカ刺さる

と真直ぐにどんどん歩き、遊んでいる友だちのところに向って行くのである。これをみた女の子たちはワァワァキャァキャアと叫びながら逃げる。〝目んめ盲目〟の遊びも、ときにはこんな悪戯であったかもしれない。

草履近所

〝草履近所〟は「草履隠し」遊びの唄で、「ずいずいずっころばし」とか「一人二人三めの子」、または「いっちくたっちく」などに類する唄である。ただこれらの鬼決め、手遊びと異るのは、この唄は「草履隠し」専用で、ほかの遊びに用いることはなかった。

また鬼決め方法の多くは、履物を足先かまたは棒切れなどで突きながら行う。詳しく述べれば、まず年長の子が草履の片方を脱いで地面に置く。するとほかの子供たちはこれにならって一列に、それぞれが草履の片方を並べる。年長の子はころあいを見て次のような唄に合せて、並んだ草履を突っつきながら、

　草履近所きんじょ、おてんまてんま橋の下の菖蒲は咲いたか咲かぬか、まだ咲き揃はぬ、妙々車を手にとって見たらば、しどろくまどろ十三六《じゅうさぶろく》よ、一ぬけたァ　ドン

ドコショー（明治期の唄）

こうしてうたい終ったところに当った草履は持主に返し列から抜けてゆく。そして再び残った草履をはじめから突っつきながら唄い、うたい終りに当ったものをひとつずつ抜かして草履を返す。これを幾度もくり返しているうちに、しだいに草履は少なくなり、最後に残った草履の持主が鬼に決定する。そして次の「草履隠し」の遊びに移行する（「下駄隠し」の項参照）。

〝草履近所〟の唄は、古くから伝わる「草履隠し」の唄であるが、この唄の発生についてのおよその定説は、鎌倉時代の俗謡から出たものといわれる。その俗謡は元和七年刊（一六二一）の林羅山著『徒然草野槌』に、「俗間に依る頼朝の時鎌倉の謡に」と記載されているものである。

一りけんちやう、二けんちやう、三里けんちやう、四けんちやう、しこのはこの上には、ゑもはもおとり、十方《じっぽう》鵯《ひよどり》豆なかえたよ、黒虫は源太よ、あめ牛めくらが、杖つゐてとほるところ、それはそこへつんのけ。

また、この頃の俗謡としては、

橋の下の菖蒲は、折れどもをられず、かれどもかられず、伊東殿、土肥殿、土肥がむすめ、梶原源八、介殿、のけ

太郎殿

とある。いずれも鎌倉の頼朝時代の政治と側近を諷刺したものであるが、この意味不明の二つの原歌が、いつの間にか草履隠しの鬼決めの呪文《じゅもん》のようなものになり、改作や転訛されながら近年まで伝承されてきたものである。とくに

橋の下の菖蒲　折れども折られず、刈れども刈られず

一里けんじょ　二けんじょ……

の二例はこれまで伝承の変遷の過程で転訛されながらも、近年まで伝えられてきた詞である。この詞の意味は『徒然草野槌』によると、「橋の下の菖蒲」とは、

是は蒲御曹子の御連枝なれど、よはきにもつよきにも、何の用にたたら給はぬを菖蒲のおれどもおられず

ということであると説明されており、もう一つの「一里けんじょ二けんじょ……」は、

是は鎌倉の町わりの一間町二間町などの義也

とあり、京都の一条二条と同じ意味の土地の区割名である。この二つが後々までほかの詞が失われていたにもかかわらず残ったのは、どういうわけかわからないが、童謡《わざうた》となるにふさわしい語呂の面白さと、呪文のような詞だったかもしれない。その意味で狂言の舞台に登場する山伏が、祈禱の際に唱える呪文にもこの唄が登場したものと思う。次にその狂言を

記すと、和泉流狂言抜書の『柿山伏』（江戸初期）に、

一里けんじょ二けんじょ
しやう里けんじょ四けんじょ

天正狂言本の『ふくろう』に、

橋の下のしょうぶは、たがへそしめ、
いち殿二ッ殿三み殿四殿五いりまめ六ぢぞう

大蔵虎明本『こしいのり』の祈禱には、

橋の下の菖蒲は、誰れが植えた菖蒲ぞ、
折れども折らず、刈れども刈られず

などと意味もない祈禱の詞で、ポロオン〳〵と呪文のようにくり返す。

以上が山伏の呪文であるが、一説には室町時代から江戸初期にかけて、町や村を徘徊する山伏たちが、なぞめいた「橋の下の菖蒲……」を唱え歩いたのではないかとあるが（『わらべうた』吾郷寅之進・真鍋昌弘著、昭和五十一年刊）、狂言の内容からおして、狂言作者の意図する舞台劇の効果に呪文のような童謡を採り入れたのであろう。というのは、すでに観客の誰もがこの唄を熟知していることを前提として、この童謡を呪文に採用し、その出鱈目さとお可笑しさで観客の笑いを誘ったものであった。南方熊楠翁もこの点に触れ、

元より山伏の唱うべきことにはあらず、ただ童謡を取りて祈りの詞めかしたるなり（「橋の下の菖蒲」郷土研究所戴）

といっていることからも、真物の山伏の祈禱呪文でない。しかしこの狂言のお陰で鎌倉時代の原歌が室町、江戸初期時代の狂言に再登場したことになる。それはとりもなおさず「草履隠し」の鬼決め唄以前の童謡伝承の端緒の証であったものといえることである。

江戸時代に入ると二つの源流をもつ童謡は、後の「ずいずいずっころばし」と同様、呪文のように鬼決め唄としてうたわれたが、この唄がいつ頃から「草履隠し」遊びの唄に用いられたのかは不明である。それは文政三年（一八二〇）刊の宝暦、明和の頃の江戸のわらべ唄を集めた『童謡集』（釈行智編）に〝草履近所〟の唄が記載されるまで皆無であった。

草履を隠して捜し当てる遊びが生れるには、まずいつ頃から子供たちが草履を履くようになったのか。このことを調べると、子供の草履の出現は元禄以降ではないだろうか。それまで跣足であった子供たちが、都市を中心に権蔵《ごんぞう》という草履をはきはじめたようであると、『かぶりもの・きもの・はきもの』の著者宮本馨太郎氏が述べているので、「草履隠し」の遊びは元禄以降であるにちがいない。

さて鎌倉の二つの原歌（「一りけんじょ」・「橋の下」）は江戸も中頃になると、さらに変化している。

橋の下の菖蒲は刈れどもかられず、折るともおられず、
御台どの台どの、台が娘、梶原源八、すけどの、よいよう
に頼まする（木崎惕窓著『捨椎雑話』宝暦七年〔一七五七〕刊）

この唄は地方（若狭の国小浜）のものだけに、原歌に近く、初め「草履隠し」のようだが、歌の途中からほかの俗謡からできた「鬼の皿」という鬼決め唄の詞が続く。御台《みだい》とは頼朝の正室政子であり、台が娘は大姫であろう。次の『俚言集覧』（太田全斎〔一七五九～一八二九〕編）も地方（江戸後期の福山）であるが、原歌に転訛がみられる。

橋の下の菖蒲は、さいたかさかぬか、まださきそろわぬ、
みょうみょう車が、ひどろくまどろく、十三六《さぶろく》

とある。ところが江戸市中の草履隠し唄となると、転訛のあとがいちじるしくなる。

草履きんじょきんじょ、おじょんまんじょんま、
はしの下の菖蒲は、咲いたか咲かぬかまださかぬ、よょ
うみょう車を手にとて見たれば、しどろもどろく十さぶ
ろくよ。（釈行智編『童謡集』文政三年〔一八二〇〕刊）

となる。この唄によって先に述べたように「草履隠し」遊びになったようである。またこの唄によって二つの原歌《もとうた》が合体したわけである。これより十年降った文政十三年（一八三〇）刊の『嬉遊笑覧』（喜多村信節著）には、

ぞうりけんじょけんじょ、おてんまてんま、橋の下の菖
蒲は、さいたかさかぬかまださきそろわぬ、みょうみょ
うぐるまを手にとてみたれば、しどろくまどろくじゅう
さぶろくよ。

などと、唄詞の内容よりも、呪文のような語呂の良い言葉のつづりとなってくる。それだけにこの遊びが盛んだったという証になるわけである。さらにこの唄が地方に広まると、

ぞうりがくけんぼ、まがったらまやきりこ、橋の下の
菖蒲だ、昔かじわらへ行って、かじわらのごていしょと、
味噌造り、酒造り、さくらさのさ（長野県北安曇郡）

ぞうりきんじょきんじょ、おたまがたくぐり、おくい
のくいの　のじくの花が咲いたかつぼんだか、いま咲
きそろた、みょうみょうだいこを手にとてみたらば、
三六十八、こばちょのきりぎりす、あした降るか照るか
（群馬県吾妻郡中之条町）

このように原歌の片鱗をわずかに残しながら内容はすっかり変ってしまうものである。

さて前掲の『嬉遊笑覧』に記載された唄の江戸時代から東京に移って、唄詞には変りは少ないが、『あづま流行時代子供うた』（明治二十七年）では、

十三六　雪隠婆さんすっとんとん

となり、『日本全国児童遊戯法』（太田才次郎編、明治三十四年〔一九〇一〕刊）には、

十三六よ、一ぬけたァドンドコショ

と変化している。

以上のように変化を一筋に述べてきたが、〝草履近所〟になるまでに「一けんじょ」、「ぞうりけんじょ」、「ぞうりきんじょ」と変化する。けんじょは献上、険所、歓請などに解釈されるが、いずれも当ではなかろうか。

また依然として源歌を変えず伝承された唄は、地方にいくつか残っているが、次にその一つを記載すると、

一けんじょ二けんじょ三けんじょ四けんじょ、しけろはもとより一方ひゃっぽう、あなたのなかからめくらがつえついて出るときは、けんけんけんというてけり出した

（熊本県球磨地方）

などであるが、うたいだしは源歌そのままだが後半は甚しく変形している。

「草履隠し」の鬼決め唄は、鎌倉時代の俗謡から子供たちの遊びに採り入れ、各時代の変遷の過程で転訛をくり返し、最後にはその片鱗はわずかにうたい出しに残り、ほかはみな振り落されて消えていった。

現在、前述のような〝草履近所〟の唄をうたうことは少なくなり、履物の草履も下駄に変り、そして靴になってしまった。それでも「靴かくし」などといって、遊ぶ子供を数十年前には見かけたが、現代の子供たちは遊んでいるだろうか。

松葉切り

一年中でもっとも松の木が子供の身辺にあるのは、各家に松飾りが据えられる正月である。それはいうまでもなく松飾りや、飾り残りの松葉が生活の周辺にあるから、子供たちの間でこの遊びが盛んになるわけである。

遊び方は、松葉は二本の葉が葉もとで結ばれているので、これをV字形に開き、もう一方の葉も同様にして相手のV形の松葉に引っかけて、互いに引き合い、どちらかの葉もとが切れると負けである。勝った者はそのまま松葉を手に持ち、負けた者は新しい松葉を前回同様にして再び引きあう。こうして次から次へと勝ったり負けたりがしばらく続けられる。

子供は〝松葉切り〟遊びに飽きてくると、その場を去り、別な遊びになる。この遊びの跡には千々に乱れた松葉がすてられ、松葉の香りがただようほどである。

この子供遊びは、文政十三年（一八三〇）刊の『嬉遊笑覧』草木部に、

　松の葉の股を互に引っかけ切りたる負けとするを松葉きりといふ

とあるから江戸時代後半にすでに遊ばれたもようである。このように葉と葉を引っかけて切る遊びは松葉ばかりでなく、春には古くから遊ばれたスミレの花首と花首を引っかけて相手の花首を落す勝負遊び、夏には大葉子《おおばこ》の花茎を引っかけて遊ぶ勝負事がある。

スミレなどはスミレという標準名よりも、スマイグサ、スモウトリグサなどの方言が多数あるのも、いかにこの遊びが子供に愛用されたか、花首と花首を引っかけることを相撲をとるというので、〝松葉切り〟を「松葉相撲」というところもある。別の松葉相撲という遊びは、松葉の葉束を切り採り、これを逆さまに立てると葉先が乱立して、まる生き物のように動く。二つの葉束を平板の上に立て側面をとことこと叩くと松は動いて相手の松に寄りかかり、これを倒す。それはあたかも相撲をとる様子を想わせる。しかしこれは遊ぼうとしても、板などを用意しなければならないために、松葉があれば即遊べるというわけにいかぬ。その点〝松葉切り〟は、植木屋が松を手入れして落したものでも、正月が終ってすてられた松でもその場で簡単にできる。

この他に松葉遊びには「松葉くさり」というものがある。これはV字形に松葉を開き、一方の葉一つに爪先でキズをつけ、もう一方の葉先でここを突き刺し通す。すると葉は弓状に輪になり、これをつないで長い紐状に作り首などにかける。またV字葉だけでも作ることができる。さらに松葉弓、松葉人形、V字形を組み合せたヤセ馬などがある。

松葉遊びは以上のようにさまざまな手遊びがあり、正月を中心に現代まで伝承されているが、この頃では松葉遊びをする子供が少なくなった。歴史的には、

　迷惑なことと　礼の供、松葉鎖をこしらえる

　　　（『川柳点』明和三年〔一七六六〕）

とあり、宝井其角の『松の塵』（江戸中期）に、

　童の時の遊戯を思い出られて、松の葉をして人を作り松の葉の弓、鎗、長刀、それぞとみゆるものを取り持たせて左右にゆけ、息を吹かけて争はするに、人間の動静起臥おのづからにして勝負決然たり、これは無心の松葉ながら、人の息して動かすれば、有情無情のものとみるに、折ふし庭の松風吹き落ちて松の葉の兵、敵散に打たれて、忽ち風前の塵となるを、浦風なりけり高松の朝嵐とぞ唄ひ侍る。

とあるように、松葉遊びは遠い昔の童遊びとなってしまった。

兎うさぎ

まだ遊びたりないのか、風呂あがりの子供たちが再び路地や家の前の涼み縁台に集まる頃は、もうあたりがしだいに薄暗くなってくる。

やがて東の屋根の端に大きな大きな真黄色の月が姿を現わすと、子供たちは遊びをやめて大騒ぎである。あれは狸が化けて月になったとか、うさぎは何匹月にいるかとか、くちぐちに叫んでは、眼を皿のように見張って不思議そうに眺めている（これは気象条件で月が大きく見える錯覚といわれている）。こんなとき、子供たちは、誰いうとなくうさぎごっこをして遊ぼうと、両の手を耳に当てがってみんなしゃがんだ。そして、

　〽うさぎ　うさぎ　なにみてはねる
　　十五夜お月さんみてはねる

と大きな声を出してうたった。その唄がおわると、今度はピョン、ピョンといいながら少しずつ跳びはねて、またしば

らくすると「うさぎ、うさぎ……」とうたった。

この遊びは江戸時代後半頃から遊ばれたものらしく、『守貞漫稿』（嘉永六年（一八五三）喜田川守貞編）には、

江戸の児童八月十五日の月を見て、産跪り飛で云、京阪無ㇾ之（うさぎうさぎ何見てはねる　十五夜お月さん見てはねる）

とあるが、必しも八月十五日の夜に限って行われたものではあるまい、夏の夜の涼を戸外に求めて出て子供達が月の光に誘われて自然に生み出したものに相違ない……

と記されてある。

この時代の子供たちが、月の陰影から想像して兎が餅を搗く像があることを知ってか知らずかわからぬが、「京阪無之」とあることから江戸特有の遊びのようである。ちなみに伝承されたわらべ唄の数々の中に、月の唄を十三七ツと唄い始めるものが全国各地にあるにもかかわらず、兎が登場してくるのはわずかである。月を見て兎が跳ねるという唄をうたうのは、どうも江戸に限られているようである。

満月を見て兎が跳る場面や兎が餅を搗く様子を連想するのは、奈良時代にすでに見られ、当時の文物に月と兎を結び合せたものがあるが、これは識者の間に知られたもので、子供の世界ではなかった。

月と兎の結びつきの考えは中国から移入されたもので、六朝時代の張衡の文の中に、「日は太陽の精、積みて烏の象を成す」とある。月については『魏典略』（『魏略』『典略』とも、魚豢著）に「兎は明月の精なり」とあり、普の伝玄の文中に「月中何か有る、白兎薬を搗く」と出ている（諸橋轍次著『十二支物語』一九六八年）。

江戸の子供たちが、八月十五日の満月に兎を結びつけて遊びを生み出したのは、おそらく寺子屋の師匠とか識者の訓導があったのではないかと思う。それにしても、子供の眼に月面の陰影がどうみても兎に見えなくとも、いわれてみれば枯尾花がお化けに見えるように、見えてくるのである。その兎が餅を搗いているというのも、前掲の「月中……白兎薬を搗く」ことからきたものであろう。また月をみて兎が跳ぶということも、中国の『爾雅翼』（一一七四年頃成立）に「太陽の光がないと烏現れず、八月十五日の月が明るいと兎が多い」とあり、兎が跳ね遊ぶ様子が目に浮かぶ。なんのために跳ねるかは、「兎雄無シ、故ニ月ヲ望ミテ孕ム」（張鼎思撰『琅邪代酔編』一六七五年頃）ということであろうか。

いずれにしても、子供にとって不可解なことだが、お月さんと兎さんの取合せは、子供ごころに容易に受入るもので、「うさぎうさぎ」の唄と遊びが生れたものであろう。

ところがこの唄に対し、次のような唄がある。これは青森

地方の子供たちがうたう唄であるが、江戸の子供らに水を浴せた感じがするものである。

〽兎の馬鹿野郎
十五夜の月見て、火事だと思って
ぽんぽん跳ねだァ　苗代へ落ちて
まなぐさ泥入れて　いまだにじやどだ

というものである。これは月をうたった唄としてはめずらしいもので、ここには中国の故事にかかわりはなく、自然児のおおらかさがあり現実的である。現代の子供たちも別な意味で現実的で、月に兎がいるとか、兎が跳ねるといっても、科学で解明されてしまうと、あれほど神秘的に輝く月もさめてしまうのもしかたがない。ましてや人類が月面に降り立ち、その映像までが地球に送られてくるのであるから、兎が餅を搗くなどと連想する子供は少なくなるだろう。

かつて、小林一茶が「名月や取ってくれよと児らがなき」などと詠じ、子供たちも満月に向って数々の言葉を投げかけた（わらべ唄）夢はむなしく消えて、〝兎うさぎ〟と月見の唄もこの頃では、聞かれなくなった。

千手観音さま（米つき粟つき）

〝千手観音さま〟は、幼な児をあやす子守りの遊びで、「塩屋、紙屋」の遊びに共通したものである（「塩屋、紙屋」の項参照）。「塩屋、紙屋」では、子供を叺《かます》（穀物や塩を入れる藁製の袋）や分厚く重ねた紙を背負うようにして遊ばせたが、〝千手観音さま〟は子守りをする子供たちが、背中合せに子供を背負って（右図参照）、

千手観音　おがんでおくれ

と、何度もくり返しながら、あっちこっちと歩き回るのである。こうした姿で人通りの賑う表通りから裏通りへと、路地を抜けて番太小屋（駄菓子屋）に行き、くるりと回ってお寺の境内へと、

千手観音　おがんでおくれ

と歩く。背負われた幼な児はキャッキャッとよろこび、口のまわらぬ言葉で「千手観音」と唱え、ときには「銭おくれ」

などということもある。もちろんお賽銭のことであるが、この「銭おくれ」でこの遊びが江戸の市中を徘徊する門付を真似をした遊びであることがよくわかる。

千手観音とは、正しくは千手千眼観自在菩薩のことで、頭上に十一面をいただき、千の手をもって、それぞれに眼があり衆生を済度する慈悲のはたらきの無限であることを示す有難い仏様である。

このような観音さまを、背に負うほどの大きさの厨子の中央に安置し（開いた扉の左右には月光・日光菩薩が描かれてある）、これを僧侶の姿をしたものが背負って江戸市中をめぐり、各家をおとずれては錫杖を鳴らしながら経文を唱えた（江戸後期）。もちろん門付で賽銭をいただく目的で回るのである。それは姿こそ異なるが、願人坊主が誕生仏を持ち歩いたり、淡嶋明神様の小祠を背負い門付けをすることと同じである。

こんな門付けの姿を、往還で子供が見かけると、その姿そのままに幼な児を千手観音に見立てて、〝千手観音さま〟遊びと称して遊んだものである。

この遊びは江戸のほかには遊ばれず、類歌には名古屋で子供がうしろ手を合せて、

千手観音、銭一文

という遊びがある。江戸の遊びにくらべ単純であるが、街を徘徊する「門付の千手観音」を真似た遊びには変りはない。

「米つき粟つき」の遊びは、〝千手観音さま〟と同じく背中をつけ合せて遊ぶものだが、年長の子と幼児との子守り遊びでない。こちらの遊びは同じ背格好の子供どうしの遊びで、二人の子供が背中合せに両手を後ろに組み、一方が力をこめて体を前にこごむようにすると、背中の子供は急に仰向けになり両足を跳ねる。この方法で交互にあげてはおろす。シーソーのようなものである。

この遊びは立ってするものと座ってするものの二通りがあり、遊ぶ場所によってどちらかの方法がとられるが、次の唄には変りない。

米つき粟つき　粟つき米つき
米つき粟つき　粟つき米つき

とくり返し遊ぶ。

この遊びは江戸市中の米屋の米つきを真似た遊びで類歌には、

ぎったんばったんおもしろや、上れば天の上まで、下れば海の底までも（長野）

麦つき、こってんしょ、米つきこってんしょ（静岡）

などがある（「人参牛蒡」の項（ギッタンバッタン）参照）。この「米つき粟つき」遊びは江戸の子らが遊んだもので、「塩屋紙屋」、〝千手観音さま〟遊びと同じ、大人社会の生態を真似た、現代では忘れ去られた遊びだが、この「米つき粟つき」遊びだけは現代に至るも伝承されている。それはスポーツ競技の準備体操や、体づくりなどに利用されているのである。

玉や吹き（シャボン玉）

縞の木綿の着物の裾を尻はしょり、白股引に草履姿で、左手にシャボン玉の液を入れたブリキ缶をさげ、残る右手に篠竹で作った六〇センチほど長さの管を煙管《きせる》のように持ち、ふらりとシャボン玉屋が路地裏に現れた。

シャボン玉売りのおじさんは、子供たちの遊び場で立ち止り、ゆっくりと竹管を缶の中に浸しては縁でトンと叩いてから反対側の管を口にくわえてゆっくりと吹くと、透明の玉ができてしだいにふくれる。玉は太陽にきらりと光り、五彩の色模様が玉の表面に広がった。そしてひょいと管を動かして玉を離すと、玉はゆらりと風にのってとんでゆく。また、ときには管に口をつけるが早く強く吹き、小粒の玉がポロポロと吹きこぼれるように、管の先からとびだしていった。

子供たちは、突然現れた男を見て、遊びの手を止めて不思議そうに眺めていたが、やがて年長の子が立ちあがり、吹きでる玉を追いかけては両手ですくうように捕らえようとするとぱちりと消えた。続いて幼い子も、年長の子も一緒になって玉を追いかけては手をのばした。そのうち、このシャボン玉の液を売ってくれると知ると、どの子も一目散に家にむかって駆けだした。やがてどの子も空缶や広口の空壜と一銭玉を握って、シャボン玉屋のところに戻ってきた。シャボン玉屋は人よせの玉吹きを止めて、シャボン液を入れたブリキの缶に小さな杓子を入れて汲みあげ、差し出した子の容物《いれもの》に入れた。そしてシャボン玉屋はブリキ缶に結び付けておく細い葦の茎をそえて子供に渡し、銭を受けとった。

やがて七、八人の子供たちは、シャボン玉を集団で吹いては、風にのって去る玉を満足そうに眺め、小さい子はこの玉を追いかけた。

こうしたシャボン玉屋の流し売りの姿を半世紀ぶりに筆者は想いおこすと、幼なき頃のことどもがよみがえり、あの特有のシャンボン玉の匂いが想い出されてくる。

シャボン玉屋が街に現れるのは、筆者の体験（昭和十年）では晩春の頃から見かけたが、昔は夏の風物であったそうである。それにしても江戸の文献などをみると、

……玉や……玉や

という売り声が裏店あたりを流していたと聞くが、筆者の知るシャボン玉屋はひどく無口であった。また服装も、歌舞伎舞踊の「玉や」のようなあでやかさもなく、みすぼらしい姿であった。おそらく筆者の知るシャボン玉売りは最後の姿であったのかもしれない。これ以後今日に至るまで私はシャボン玉屋を見かけたこともない。幼い記憶で明確でないが、売りにくるシャボン玉の液体は濃い琥珀色で、煙草の脂《やに》を溶かしたようなものであった。このシャボン製法は、文政十三年（一八三〇）刊の『嬉遊笑覧』（喜多村信節著）によると、

今しやぼんとて無患子《むくろじ》（ムクロジ科）の実、芋がら、煙草茎など焼きたる粉を、水に漬し竹の細き管に其汁を蘸《うけ》て、

吹き玉飛て日に映じ……

とあり、この製法は昔から伝えられたが、後に石鹸がたやすく手に入る時代となると、石鹸を水に溶かし、その水に無患子の焼粉を入れて作るようになった。筆者が体験したのは（色といい臭みといい）、どうも石鹸液の入らないシャボン玉液だったような気がする。

『絵本西川東童』より

シャボン玉が流行《はや》りはじめたのは、江戸時代初期の寛文、延宝（一六六一～八〇）の頃からというのが定説となっている。しかしこの年代以前に、シャボン玉に似た「水圏戯」というものが中国の唐の時代にあると、遊戯研究書に記載されている。この遊びはシャボン玉の液を布に浸し、これを太陽にかざして見ると五色の虹のごとく見えるという楽しみである。はたしてシャボン玉といえるかどうか。また井原西鶴の『好色一代男』（天和二年（一六八二））の中に松風琴之亟という陰間（男色）が、口に水をふくんで壁に向かって口より水を吹きつけて文字を書くというところがあるが、先の「水圏戯」と同様にシャボン玉といえるかどうか疑問である。

延宝八年（一六八〇）刊『洛陽集』に、

　　空やみどり　しやぼん吹かれて夕雲雀　　一春

とあり、さらに、

　　しやぼんの玉の門を出て行く　　紀逸点

とあるように、庶民の詠む誹諧にしゃぼん玉の遊びが詠みこまれており、この頃が流行り始めのようである。また寛永十一年（一七九九）刊の黄表紙『風見草婦女節用』（滝沢馬琴著）に、

　女護島《にょごがしま》の鞠はしゃぼんにて、風に吹かれて何処までも高く上るを面白がる

とあり婦女子の間に流行した。

これほどまでにシャボン玉遊びが流行したが、このシャボン玉の液をどういう人たちが売っていたのか、おそらくシャボン玉の液を専門に作り売る人たちがいたものと想像するが、文献には現れない。本格的にシャボン玉を売る商人が、夏の街並に登場するのは、ずっとはるか時代は下って天保三年（一八三二）である。七月の夏の盛りに、江戸は中村座で中村芝翫が上演した『おどけ俄煮珠玉取《にわかしやぼんだまとり》』という演し物で、芝翫の四変化作事のうち、清元連の出語りにシャボン玉売りを登場させたのである。

〽さあさあ寄つたり見たり
　評判の玉や玉や
商ふ品は八百八町
　毎日ひにちお手遊び
子供衆よせて辻辻で
　お眼に懸値のない代物を
〽今度仕出しぢやなけれども
　お子様方のお弄さみ
御存じ知られた玉薬
　鉄砲玉とは事変り
當つて怪我ないお土産で

曲はさまざま大玉小玉吹き分けは
その日その日の風次第
まづ玉尽しでいはうなら……（以下略）

とあり、長いもので略したが、いかに子供たちにも歓迎された手遊びであったかがうかがい知れる。嘉永六年（一八五三）刊の『守貞漫稿』（喜田川守貞編）では、このシャボン玉売りについて、

三都とも夏中専ら売レ之。大坂は特に土神祭祀の日専ら売来る小児の弄物也。さぼん粉を水に浸し細管を以て吹レ之。時に泡を生ず。京坂は詞に「ふき玉やさぼん玉吹は五色の玉が出る」……江戸は詞に「玉や〳〵〳〵海ほうづき売」……

などと裏街をめぐりながら売声を張りあげ、子供らを相手に売り歩いた。

以上の時代（天保～嘉永（一八四二～五三））の頃はまだシャボン玉の原料には石鹼水は入っておらず、昔ながらの（先述の『嬉遊笑覧』の）作り方であった。

さてここで「石鹼」と「シャボン」のことだが、これまで同義語として、どちらかというとシャボンの宛字として石鹼であるように過されてきた。このことについて『嬉遊笑覧』では、

真のシャボンは『本草綱目』土部に石鹼といふもの也。

といいながら、

ここにも蛮船将来る灰色の煉もの也　蘭人はセップともいひ羅甸語にサボーネといふを爰にてしやぼんといふなり。衣服の油を洗ふに無患子皮と白小豆を粉にして澡豆に用ふる故に白小豆をシャボン豆とも呼ぶ……

とあり、つまり石鹼は中国渡来の言葉で、灰汁に麦粉を混ぜて固めたものを意味するもので伝えられたが、しだいに転化して現代の石鹼となったのである。またシャボンというのは前掲の文献のごとく外来語からの名で、とくにスペイン語の **jabon** が一番近いといわれているが、現代になるとこのシャボンの名はきかれなくなり石鹼の名が通り名となった。

現代のような石鹼は、慶長元年（一五九六）頃、博多の豪商神谷宗湛《そうたん》から武将石田三成にシャボンが贈られた。その礼状の中にシャボンと書かれている。また徳川家康の遺物目録の中にシャボンの名がみられるので、このような貴重なものが、子供の遊びのシャボンに使用される筈はない。江戸時代になっても海外との交易が禁止されているので、手に入りにくいものである。では一般庶民の洗剤はというと、石灰、滑石、無患子、灰汁、粘土、ところによっては洗髪に麺類のゆで汁が使用されていた。

現代のような国産の石鹸の製造は、明治四年から七年（一八七一～七四）にかけて、大阪、東京、長崎と各地で製造に成功していった。そしてこれまで特権階級の石鹸は、一個十二銭で一般庶民の手に普及していったが、石鹸という呼名よりシャボンという名が一般であった。近年になるとシャボンという名が老齢の人たちの間に残っているが、ほとんどは石鹸と呼んでいる。そして洗濯や掃除、台所用のものは、石鹸と区別するために洗剤と呼ぶようになった。

　さて子供のシャボン玉遊びは戦後しばらくはなかったが、昭和三十年代頃から、プラスチックでできた小さな容器にシャボン玉液とストローがセットされて売られている（一九八九年・五十円、二〇〇九年・百円程度）。もちろんシャボン玉液の主材料は植物でなく化学製品が多い。また家庭の台所洗剤でシャボン玉ができるので、子供たちはこれでシャボン玉遊びをするが、誤飲の危険があると、ひと頃騒ぎになった。

どんどん橋

道路が現代のように舗装されていなかった昔は、低地の路上はちょっとでも雨が降れば水溜りがあちこちにできて、川のそばの道路の水溜りには、ときおりアメンボ（半翅目科の昆虫）などが泳いでいることもあった。

　子供にとってこんな状態になった道路は、水遊びや泥んこ遊びの恰好の場所になるので大よろこびであった。だが大人たちにとってこの水溜りや泥濘《ぬかるみ》は歩行に不便であるから、道を通るたびに、「まったく、こまったものですねぇ」と挨拶がわりに行交う人々は言葉をかわしたものである。

　こんな泥んこの水溜り道は、一日ぐらいで干あがってくればいいようなものの、二日も三日もそのままであると、近所の大人たちは不便さにたまりかねて、長い渡り板を運んできて、水溜りや泥濘の上に置き便宜をはかった。そしてときには数個の水溜りだと、あっちこっちに板を置きつなぐから、板は蛇行して続いた。

これを路上に見つけた子供たちは、置かれた板の上を行ったり来たり、渡るのが面白く、ときには両腕を左右水平にひろげて綱渡りのように遊んだ。こんな板渡りの遊びがこうじてくると、子供たちは声たからかに、こんな唄をうたった。

〽どんどん橋渡れ
　どんどん橋渡れ
　きつねが通る

どんどんとは、江戸時代では賑やかなさまとか景気のよいさまを表現した言葉だが、「どんどん橋渡れ」とは『浮世風呂』（式亭三馬著、文化六〜十年〔一八〇九〜一三〕刊）にあるように、

　ここがどん〲橋を渡る所だっさ

と、どんどんと木製の橋を渡る人の足音の響きから名付けたものらしい。亀戸天神の太鼓《たいこ》橋もこのことからどんどん橋という異称があり、また江戸川下流の船河原橋もどんどん橋といわれたと伝えられる。

最後の「きつねが通る」とは、人の気配がない路上できつねに出くわすと惑《ば》かされるという怖れが世間に流布されている頃だから、子供たちはこれを逆用して「きつねが通る」といい、誰にも邪魔されずに板橋を渡りたいから、こういったものであろう。

巾の狭い板の上を渡るとは、子供ごころに綱渡りなどに等しく、冒険心をかきたてる。板塀の上や橋の欄杆などを渡るわんぱく坊主が昔はよく近所にいたものである。

『風俗野史』より

こうした男の子の冒険遊びが、住宅地などで一つの遊びとなったものがある（戦前から戦後しばらくの間流行った）。それは塀や石の上、ときには生垣の桧葉《ひば》などにしがみつき、地面に足を着けずに表通りの賑やかなところまで、目的地まで誰が早く行き着くかの競争遊びがあった。

現代ではこうした冒険遊びをする男の子が少なくなったようだ。その代りといってはなんだが、公園などにあるフィールド・アスレチックなどは、まさにこうした冒険遊びに類似したものである。ただ異なるのは、昔は子供の生活圏内で、しかも子供自身の意志で建物や自然物に冒険をいどんだものであるが、フィールド・アスレチックはわざわざ出かけないと冒険をこころみることができない。ところによっては入場料を払って、配慮された冒険遊びをするという現代となってしまった。

肩車、手車

父親が幼い子を肩にのせ、子供に左右の脚を首に跨がらせて両足首を握る、幼な子はすばやく父親の頭を後ろから両手で抱えこむようにしっかりと抱く。

このような姿で父と子が祭礼や縁日の賑わう人の群をかき分けて歩く姿は、かつてはよく見られたものである。

一見なんでもない肩車は、男の子に対する父性愛のこもった姿であるが、こうした肩車の行為の歴史は意外に古く、単なる父性愛ということで片づけられない、ひとつの特殊な行動でもあった。

室町時代の中頃に書かれたといわれる作者不明の『義経記』の平泉寺見物の条に、

長吏の許に、ねんいち、みだ玉とて名誉の児《ちご》あり。花折りて出で立たせ、若大衆のかたくびに乗って来りける

とある。この頃は肩車をカタクビ（肩首）といっていたようである。肩首とは肩と首に跨ることを意味する。東北地方などにも近年までクビコノリなどという方言が残っているが、このカタクビとのつながりをもつ名ではないかと思う。また、馬に乗るようすをなぞらえ、クビコンコ（福島）、カタンマ（伊豆）、クビンマ（隠岐島）、カタンメ（宇都宮）などという方言もある。また肩駒、肩馬などともいう。かつて都の外では、人を乗せて行くものといえば、馬以外には考えられない時代に、人が馬代りになるときの名附けである。十返舎一九の『東海道中膝栗毛』（享和二年〔一八〇二〕～文化六年〔一八〇九〕刊）後編に、

大井川の手前なる島田の駅にいたりけるに、川越でも出迎ひて、だんなしゅ、川ァたのんます、
弥次　貴さま川ごしか、ふたりならいくらで越す、
川ごし　ハイ今朝がけに、あいそ川だんで、かたくまじやあぶんない、蓮台でやらずに、おふたりで八百下さいませ

とある。これも肩駒からのカタクマである。

こうした人の肩首に人を乗せることを、馬と表現した名があり、また一方に馬を車に代える名もまた古くからあった。その先便は手車である。手車とは二人の者が両手を出し、互いに自分の右手で左手首を握り、そのまま相手につき合せて残る左手で右手首を握る。相手もまた左手で右手首

を握る。すると手四本が互いに握りあって井桁のようになり、ここに人を乗せるのである。これを四ッ手ともいうが、主に高貴な方や神の代理人を乗せるに手組みされた。後にはこの手車は子供の遊びの「天王《テンノ》さんごっこ（御輿ごっこ）」や「騎馬戦の馬」などになった（「お馬」の項参照）。

元禄十三年（一七〇〇）の『狂言記（続）』には、

　こりやたが手ぐるまといはば、両人はどん太郎殿の手ぐるまというてはやさしめ

とあり、妻や腰元に噺させながら機嫌をなおして帰ってゆくというところがある。これによると、手車は一部には行なわれていたことを知る。肩車も手車も人体をもって人を運び行くには変りない。万治二年（一六五九）の中川喜雲の『私可多咄』の江戸葭原の条に、

　あとよりかぶろ肩車にてきたる

とあり、遊廓の幼い女児（かぶろ）を肩車にして歩くさまが思い浮ぶが、これは道中見世だろうか、これは現存する神社の祭礼に稚児を肩車にして行列する様に似ている。もとはみなこうしたのかもしれない。貞享元年（一六八四）刊の井原西鶴の『諸艶大鑑《しょえんおおかがみ》』（『好色二代男』とも）にも、

　肩車に乗て懐より具足着たる金平（人形）を賜り道すがら切合事して……

とある。

以上のことから考えると手車も肩車も目的は一つの行為、下にもおかぬ歓待の意味である。

この〝肩車、手車〟の呼び名の方言をみると、この使用分布は広い範囲にわたる。

　デングルマ（富山）　テングルマ（出雲）
　オデンクマ（米沢）　オテクルマ（仙台）
　テンカラコ（島根）　テンコロマイ（長野）
　ピンピンクルマ（仙台）

など、手車から肩車の名に移行したものもある。この他に、これまで述べた肩車の名に関係のない呼称としては、かつて男が髪を結っていた時代に、肩車をすると子供が髪を乱すことからなのか、

　ビンブクマ　ビンビンカン
　ペンブクハ　ビンビノコイ

などと髪を気にした名がある。また猿回しの猿が人の肩に乗って歩くから、

　サルコボンボ（金沢）

天神様の人形をのせるようだから、

　テンジンボンボ

または観音様を背に負うようなことから、

　セノンノンノン（若狭）

などというところがある。

　この肩車に関しては、先達の柳田國男氏の「肩車考」の考察があり、〝肩車、手車〟の行為の根底には下へもおかぬ、地面を忌む思想があるせいといわれ、数々の傍例を示している。

　あらためて筆者は幼い頃の体験を想い出す。それは父に肩車されて祭りに行き、そのざわめきに疲れ、父の頭を抱えながら居眠りをして、父の頭に数回自分の頭を打ちつけたことなどである。

猫や猫や（猫買い）

この遊びは、春先の路地裏や晩秋の寺の境内の片隅で、ときには梅雨どきの座敷などで遊ぶことが多い。

猫買い遊びは「子もらい遊び」（「こかんぽこかんぽ」、「花いちもんめ」、「たんす長持」など）の一つで、大きい子も小さい子も大勢集まるとよく遊ばれたものである。

まずジャンケンで、猫買い役のひとりが選ばれ、ほかの子供たちは一列に並び、その列の端にはジャンケンで決められた猫屋の主人がいる。

猫買人は猫を求めて、「猫が生れたそうですが、子猫ください」と列に近づいていうと、列から猫屋の主人が一歩出て手をもみながら、「まだ目があかないからあしたきてください」という。猫買人は、「そうですか」といってくるりと回って元の位置に戻る。

そして再び列に近づいて、「もう目があきましたか」というと、店の主人は「へーへー」といいながら一歩前に進んで、「もう目があいたけれど、まだご飯を食べられないから、あしたきてください」という。すると猫買人は並んだ猫役の子に、「じゃカツブシをくれてやろう」といって、削りブシをつまんで猫に食べさせる真似をして、くるりと回って元の位置に戻る。

そして前と同じように、「もうご飯を食べるようになりましたかね」と猫買人は店の主人にいうと、主人は「へーへー」といって、「もう大きくなりましたよ！　芸がよいかみてください」という。猫買人は並んだ列の子猫役の子の前に進むと、子猫役の子は「ニャーン、ニャーン」と両手を脚のようにして顔を拭く真似をした。次の猫役の子の前に猫買人が移ると、こんどは急に飛びあがり、「ニャオー」と猫買人を引っ掻く真似をする。次の猫役の子は幼い女の子供であるから、小さい声で「ニャーニャー」と鳴く真似だけをした。次の子はやんちゃな男の子で、待っていましたとばかり、「ゴロニャン、ゴロニャン」と四ツん這いになってぐるりと回った。

こんなふうに、それぞれが猫真似をして芸をみせると、猫買人は子猫のひととおりの品定めをして、一番幼い子に向って、「これがいい」といって、その子を連れて行った。そして猫買人はその子を猫買人の位置におくと、すぐ戻り、再び列のところにやってきて、「猫ください」「きのうの猫、どうしたの！」「あんまり可愛いいので、さらわれたのでまた猫くださいJ。すると、主人は再び、「猫の芸を見てください」といって子猫の列を指さした。猫買人は先ほどと同じように猫の列に行き、それぞれの芸を見て子猫を買って行く。そして子猫を位置におくなり再び前と同じように、「猫ください」と主人にいう。今度は「犬にかまれて死んだ」とか、または「裏の溜池にはまって死んだ」とか、いろいろなことをいって猫を買っては連れて行く。

猫買人の位置には買われてきた子猫が大勢になる。こうして買い続けて最後の一匹の子猫を残したときに、「猫ください」というと、主人は、「この猫は売りません」という。「どうしてか」と問うと、「この子猫は駄目な猫ですから」とか、「体が弱いので」といろいろなことをいって売ってくれない。

こんな問答をふたりがやっているうちに、その売れ残りの子猫は逃げ出して、やや遠くへ行ったなと思う頃、店の主人が、「子猫がいないッ！」という。すると買われた多勢の子猫たちも、猫買人も主人もみんな、逃げた子猫を追いかける鬼ごっこになる。

〝猫や猫や〟、または「猫じゃ猫じゃ」「猫買い」「猫もらい」

などという遊びは、いずれも子猫を「もらう」「買う」という問答遊びが主であり、これは「買い問答」遊びの一つで、とくに唐子人形、雛人形ごっこ遊びに近いものである。この遊びの源は子もらい遊びの古謡の「ほしやほしや」「こかんぼこかんぼ」という江戸時代から明治、大正にかけて、遊ばれたものから分岐したものであるといわれる。

“猫や猫や”の遊びはいつ頃から流行り出したのか明らかではないが、明治初期にはすでに遊ばれた記録があり、北原白秋編の『日本伝承童謡集成』（昭和五十一年刊）には、福島、栃木、茨城、埼玉、神奈川などにあり、また柳田國男著『子ども風土記』（昭和十七年刊）の子買お問答には、熊本附近で「猫もらい」、越後の岩船郡でも「猫じゃ猫じゃ」という猫買いわらべ唄がある。

子供が猫を飼いたいという、その心情が遊び生活に表れるもので、この種の遊びの唐子人形（広島）を求める問答や、お雛さまごっこ（東京）などの問答同様、手もとに欲しい願望の表れであると思う。それは「子もらい」「子買い」の問答も同じで、子供がこうして欲しい、ああしてもらいたいという願望は、金襴緞子に繻子帯を着せるとか、甘い砂糖やまんじゅうを食べさせるといったものを形で表わしたものである。

子供が猫を飼うには、今も昔も親の承認を得なければならない。昔はなおのこと簡単に願いを受け入れてもらえなかった。この意味がわからない限りこの遊び唄を理解できないであろう。

猫買いの問答唄が生れたのも、猫を愛撫することが庶民の間に広がった江戸時代中期以後のことであった。とくに商家や花柳界などでは、招き猫という土製の福猫を家の玄関に表飾りとしたり、または飼い猫をして福猫とした。なかでも左右の眼が青と黄に分れた猫を珍重した。それは青と黄の眼を金銀の眼があると喜ばれる習いが定着した頃でもある。さらには三毛猫の雄を求めることも、こうした習いに入る珍重さがあった。

しかし家猫はやはり姿、毛色もさることながら、なんといっても鼠を捕えることが天職で、多くの場合その実益が目的であった。かつて仏典や貴重なる書籍を鼠害から護るために、中国から移入された猫があった（神奈川県金沢文庫の猫）。ところが猫は鼠を捕ることが身上であるにかかわらずぜいたくな食事で愛撫されるあまり、鼠を捕らぬ猫も現れ、これを「下駄守り」というそうである。

寛政末から享和（一八〇〇年代）にかけて流行った唄に、

猫じゃ猫じゃとおしやりますが、
猫が下駄はいて杖ついて

絞りの浴衣で来るものか
チョイ〳〵　チョイ〳〵

という唄がある。愛猫家を諧謔したものであるが、こうした猫が人間の生活をするさまが錦絵などにもある。

一九八〇年代初頭に流行った学生服を着た「なめ猫」に通ずるものがあるが、これは猫に関心がたかまった時代の証であろう。とくに猫の妖怪説がもっともらしく流布するのもこの頃で、『徒然草』や『明月記』の猫股怪獣話が再燃し、また鍋島猫騒動の話（佐賀県、領主鍋島家のお家騒動怪猫話）も伝わり、さらには、庶民の楽器である三味線の皮が猫であることも、子供の猫への関心をつのらせたのであろう。

このようなことから「猫買い」「猫もらい」の問答唄が生れたものであろう。現代では「猫買い」「猫買い遊び」は行なわれていない。どちらかというと、昭和五、六年頃から流行りだした「花いちもんめ」「たんす長持」の子もらい遊びが多く遊ばれている。

塩屋紙屋

「塩屋しおや」という遊びは、江戸の下町を売り歩く塩売りを真似た遊びである。

塩屋といっても、先年に塩が専売法で管理されている頃では理解できない商売だが（一九〇〇年専売法廃止される）、昔は自由に売買ができたので塩を商う店が市中各所にあった。とくに江戸は諸国から塩が船で運ばれ集積されていたので、米とともに塩を扱う専門の河岸というものがあったほどである。ここにいう塩屋とは、このような大商人でなく町中を売り歩く行商人のことであるが、塩屋には変りがない。

塩の行商は、明治三十八年刊『絵本江戸風俗往来』（菊地貴一郎著）によると、主に老人が多く、元手のお金がなくとも塩問屋に出向いて、商売道具の天秤棒、籠桶・枡などを借り、山盛りにした塩を天秤で担いで、

エー塩、しお！

としょっぱい声を張りあげて売り歩いた。そして一日町中を歩き、売上げ金と残った塩を清算して一日の稼ぎとしたそうである。この商売が急に増えて一日に町内を何回も売り声がながれるのは、秋も深くなって漬物の仕込みの季節の頃である。何処の家でも冬に備えて菜漬や沢庵漬けの一樽や二樽ぐらいは漬けるので、塩の需要が急激に増える。そこを狙って「塩屋、しおや」と売声をあげながら、町内を飛び回るわけである。

さて子供遊びの「塩屋しおや」だが、この遊びは塩行商の天秤棒を担つがない塩屋を真似たようである。これはおそらく籠、桶などの容器物に塩を入れずに、塩の産地から送られてきたままの叺《かます》を背負って、売り歩いた姿を子供が真似たものであろう。

遊びは、子守りをする年長の子が子供をあやすところから始められる。

まず幼な子の両脇に年長の子が両手を差し入れて、高く高く捧げて、

お山が見えたか

と問う。そして今度はサァッと急降下、子供をおろして、

天狗おろし!

などと叫ぶ。ときには、

千艘万艘

といって揺籠《ゆりかご》のように、または舟のように左右にゆすって遊ぶ。「塩屋、しおや」遊びはこうした遊びから始まるのが多い。

両手に幼な子を横抱えにして、それを背に回し、腰のあたりに幼な子を横にしたまま、叺を背にして運ぶような姿勢をとる。そして、

塩屋! しおや

神田の! 塩屋

といいながら、塩売りのように、長屋の空き地の共同雪隠、井戸端の回りを、

塩はいりませんか!

などといいながら、ときには塩でなく、

この子はいりませんか!

お安くしておきますよ!

といったかもしれない。

この塩屋の遊ばせ唄は後に、

塩屋、紙屋、神田の塩屋

になり、加えて、

塩一升売ってくれ!

などとあるのもその変化の一つの例であろう。唄の中で紙屋

とあるのも、大判の紙はたたんで、叺のようにして運んだことからであろう。この唄ことばが島根県出雲地方へゆくと、

たいたいなんぼ！　たいなんぼ

という唄になる。「たいたい」とは島根の方では、幼児語のトト（魚）と同じ意味であり、大きな魚売りだが、これが鹿児島となると、

ゼンゼガノンノ　ゼンゼガノ
豚ん子いらんかァ　豚ん子かわんか

と子豚売りになってしまう。

〝塩屋紙屋〟のような幼な子を喜ばせながら子守りをする年長の子の遊ばせは、幼な子にとっては、親たちがするあやし遊びとは違った信頼感があった。

蔭や唐禄人

〝蔭や唐禄人〟とは「影踏み鬼ごっこ」のことで、唐禄人《とうろくじん》とは道陸神《どうろくじん》の誤りであろう。それはこの遊びの唄にも、

かげやどうろくじん
十三夜のぼーたもち

とうたわれることからもあきらかである。この影踏みとは鬼ごっこの一種だが（「鬼ごっこ」の項参照）、相手を追いかけて捕える鬼ごっこではなく、相手の影を踏む遊びである。人影を落とさない曇天のときには遊ぶことができない。とりわけ影踏みは月夜の晩にやることが多く、したがって唄詞に十三夜とあるのもうなずける。

（注：十三夜とは仲秋の名月行事「十五夜」の後の月見で、後の月とか豆名月、栗名月といわれるもので、日本だけの月見である。この月見は秋の収穫祭のひとつで、古くからの月見であるが、途中から中国の十五夜の行事が入ってきてから十三夜の月見がおろそかになり、これを戒めるために片見月はいけないといわれた）

影踏みは月が煌々と照る住宅地や往来の夜道などでする遊びが本筋である。初めにジャンケンで鬼を決めて、鬼は路上に立つ、他の者は家並の影や塀、立木などの物陰に身をよせる。そして一斉に声を揃えて、

かげやどうろくじん
十三夜のぼーたもち

というと、物陰に身をよせた者は別の物陰に移動しなくてはならない。うたい終ると、ある者は木陰からある者は家陰から一斉に飛び出して、一軒先の家陰や塀陰に身をよせる。その移動にさいして鬼はこれぞと思う者を追いかけ、月光に落す影を踏み、そして大きな声で、「踏んだ！」という。踏まれた者は急いで陰に入るが、ほかの者がこれを見ていてアウトを宣告をして、その者は鬼になる。鬼は解放されて物陰に身をよせ、再び、「かげやどうろくじん」と遊びが始まる。

筆者の体験では、学校での野外映写会とか、遠いところの夜祭りや花火大会に多勢で出かけた折の帰りに遊ぶことが多かった。それは遊んでいるうちに、いつのまにかそれぞれが家の近くまできて、帰ることができたからである。そのために鬼になるのが嫌で物陰に長くひそんで出てこない子は置去りにされるので、誰もかれもが積極的に物陰から物陰へと移動しなければならない。鬼もこうした弱点を狙って、物陰がすっかりなくなった家並の切れたところなどでは、路上に立って張り込み、「かげやどうろくじん」とうたって物陰から飛び出してくる者を追いかけた。ここで影を踏まれた子は次の鬼になり、家並のあるところまでゆき、「かげやとうろくじん」と大声を張りあげて遊びが再びはじまった。

こうして影踏み遊びをしながら帰るのは夜十時頃で、月に照らされた白い街道に家並が黒々と影を落とす中を、子供たちは陰から飛び出しては陰に消えていった。そしていつしか自分たちの家の近くまでくると、一人消え二人消えて、遊びは自然と終っていった。

この〝蔭や唐禄人〟は江戸時代頃から、停電の多かった敗戦後の頃（昭和二〇年代）まで子供たちに伝承されてきたものである。現代の子供は、月の光の美しさ「森羅万象」などということすら実感することがなく、それどころか暗闇という体験すらない。人間の住むところは、いつも明るいものと思っているので、自然の美意識を養い育てる面でも不幸なことである。

じゃん拳

鬼ごっこなどをするときには、まず大勢の中から一人の鬼を選び出したり、または順位を決めなければならない。そのために鬼決めや順位決めには、昔からいろいろの方法があった。

たとえば鬼決めでは、

〽ずい〱ずっころばし胡麻味噌ずい
茶壺に追れてトッピンシャン
抜けたらドンドコショ
棚の鼠が米喰ってチュー　チュー〱〱ヨ

などと、子供たちが一ところに右手の親指を上に握りこぶしを出し、その上を年長の子が唄に合せて順に親指と人差し指の指で突き回りながら、唄の最後で鬼を決めた。または「一人二人三めの子」のように、子供たちの頭などを年長の子が人差指で順に突きながら決める方法、それから各自の片足草履をぬいで並べ、これを足や棒きれで突き進みながら決める「草履近所」など、いずれも唄の終りで鬼を決めた。（「ずいずいずっころばし」、「草履近所」各項参照）

ところが嫌な役割の鬼決めなど、うたいだしからその頭数で鬼になるものが感でわかってくるので、そのうたいだしに不平をいうものが多かった。年長の子はそのためにうたい出しを棒きれや小石を立てて、倒れた方向のものからはじまったり、ときには指差しを逆回しにしたり、一人抜き方法、戻し回しなど、誤魔化しに苦心して行ったものである。

こうした鬼決め方法に、江戸時代末に変革がもたらされた。それは大人の間に流行して拳戯の影響から生れた「虫拳」というものが、子供たちの間に浸透してきた。これは三竦《すくみ》といって三つの資質の優劣を指の形に表現して戦かわせるものである。その指形の勝ち負けの内容は、次のとおりである。

蛇　親指と人差指を残して他の指を握、
（蛙に勝ちナメクジに負ける）
蛙　親指を残して他の指を握る
（蛇に負けるがナメクジに勝つ）
ナメクジ　小指を残して他の指を握る
（蛇に勝つが蛙に負ける）

この虫拳の勝負は、基本的には二人が相対して、掛声と同時に竦みの指形（蛇、蛙、ナメクジ）の一つを出して、双方の指形の優劣で勝負が決められるものである。

　これを鬼決めのような大勢の場合に行うには、輪に集まって、「蛇とナメクジ、多い方、少ない方」といって、大勢のものが掛声とともに蛇かナメクジ指形を出す。鬼を早く決めるには少ない方が残り、さらに少ないものどうしこれをくり返す。この過程でたった一人が少ないときは、ただちに鬼が決るが、最終二人が残った場合には虫拳を行い、負けたものが鬼となる。

　この虫拳は瞬間に決る賭けであるから、問題になることは、指形の遅れ出しぐらいで、多くの子供たちに受け入れられた。やがてこの虫拳は、指形の表現がはっきりと明示される石拳に傾き、虫拳はしだいに衰えた。

　石拳とは現代のジャンケンのことで、石拳《じゃくけん》の「く」が「ん」に移行したものである。石と紙、鋏という単純な指形は、今日見るように全国津々浦々に広まり、子供たちの遊びになくてはならぬものになったのである。

　さてこのように常識化されたジャン拳であるが、どのようにして発生し、そしていつ頃から子供たちに愛用されたのであろうか。それにはまずジャンケンの戸籍調べをしなくてはならない。手短かにはジャンケンの母体は先に述べた虫拳であるが、この虫拳は大人たちの拳戯、藤八拳（狐拳、庄屋拳）から生れたものである。そしてさらには、その大親は、かつて大人たちが熱狂的に遊んだ本拳（唐拳）につながるのである。この本拳の歴史と藤八拳については別項に述べているので略するが（「軍師拳」の項参照）、ジャンケンの始祖は藤八拳の三竦によるところが大きい。それは本拳にない三竦を拳戯の中に創始したからである。

　藤八拳は、旦那、狐、猟師という三竦みで戦うものであるが、この三竦みの拳戯が台頭すると、本拳（唐拳）をしのぐほど流行し、やがては拳戯といえばこの藤八拳、またの名を庄屋拳、狐拳といわれるまでになった。なによりも三竦の拳戯は、誰にも理解され易く興味は深い。しかも遊びの技術は高く正統な藤八拳の打拳法は奥深いものである。こうしたことから、一般的な酒宴で遊べる藤八拳の変った遊び方がいくつか派生した。たとえば、何

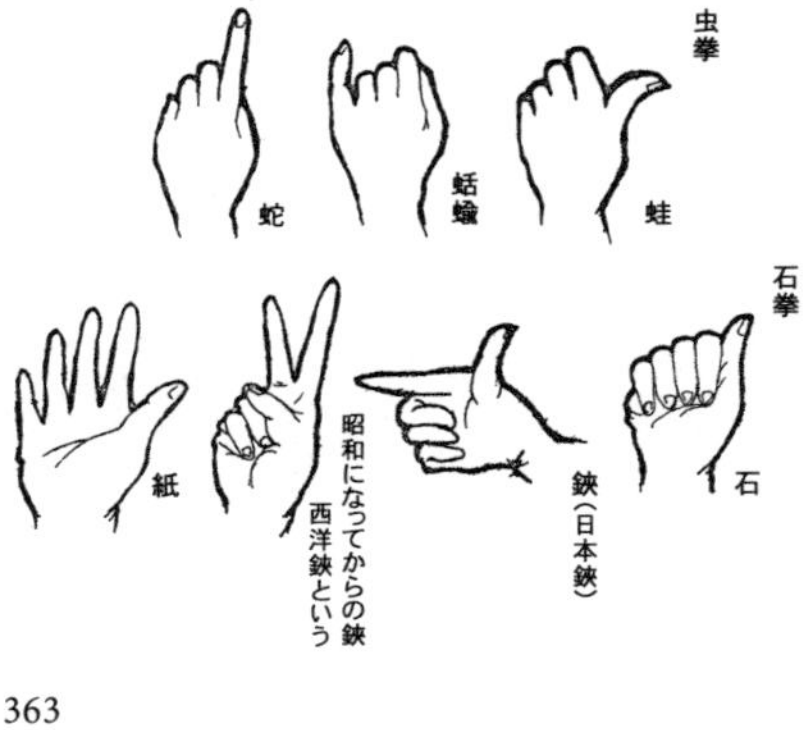

箇拳、うんとこ拳、片拳、虎拳、盲人拳、太平拳、こいこい拳、供せ供せ拳、チョンキナ拳などで、虫拳もこのうちの一つとして生れたのである。このことは文政十三年刊（一八三〇）『嬉遊笑覧』にも、

虫拳など童部のみすなり

と記述されてあるところからも、子供の拳戯として初めから創案されたのではなかろうかと思う。

虫拳が子供たちに容易に三竦が納得できたのも、かつての子供の遊び生活の周辺には、蛇が蛙を呑む現場を目撃することも多く、まなナメクジなども台所や湿ったところなどで見かけることがあるので、大人社会の旦那や猟師などよりずっと身近なことであったからである。

それにしてもナメクジが蛇に勝つことは納得ができないが、『嬉遊笑覧』には、

藪の中に居る土蝸といふ海蘿《ふのり》を解たる学なる物を毒蛇の伏て居りを遠懸て輪をまわす蝮蛇是を見て逃れんとすれども輪のうへを越す事を痛で己が身をひたもの少なく曲《ま》ぐる程に土蝸は混々《ひたひた》を廻して後にはひか丶りぬ時に蝮蛇べた〳〵と崩れ朽ちて死す

とあり、ナメクジが蛇をこのようにして倒すとはどうかと思うが、ある一説にはこれはナメクジでなく蜈蚣《むかで》ではなかろうかといわれている。蜈蚣ならこのように蛇の周囲をせわしく回転し、しかるのち蛇の疲労をみすかして咽に噛みつき倒すことは、台湾育ちの友人にきいたことがある。ナメクジの実証は別として、子供にとって小さなものが大きなものを倒すことは痛快なことである。

さて虫拳はいつ頃生れたのであろうか、文化時代に入って本拳（唐拳）を押えて流行してきた藤八拳が最隆盛をきわめる頃、文化六～十年（一八〇九～一三）刊『浮世風呂』（式亭三馬著）に、

あら程虫拳をして一極めをしたじやァねへか……

という台詞があるから、すでにこの頃には虫拳が遊ばれていたということになる。さらに文化十三年（一八一六）刊の『嬉遊笑覧』にも虫拳の記述があるから、藤八拳が台頭してほどなく虫拳が登場したことになる。下って弘化三年（一八四六）に江戸三座の一つ河原崎座で、拳戯をとり入れた『飾駒《のりかけ》曾我《そが》道中双六《どうちゅうすごろく》』という狂言が上演された。その中の浄瑠璃『笑門俄七福』という出し物で、

酒は拳酒、色品は、かいる、ひよこひよこみひよこひよこ、へびぬらぬら　なめくでまいりましよ、ソレじやんじやかじやんじやかじやんじやかじやんけんなばさまに　和藤内しかられた　とらが　はうはう　とてつるて

ん　狐でさァきなせ……

という拳唄で、この唄詞には虫拳と石拳、それからゼスチャーで表現する虎拳、最後に狐拳がうたいこまれている。この唄には珍らしくも石拳がジャンケンとして登場しており、ジャンケンの初文献ではなかろうか。この年からわずかにして嘉永年代に入るが、この年代間に刊行された『皇都午睡』に、

　近頃東都にてはやりしはジャ拳也……

とあるので、たしかにこの数年間が石拳が登場した時期といってよいであろう。

　この石拳《じゃくけん》は現代にまで承け継がれてきたジャンケンであるから、出現以来百数十年、子供の遊びとして、とくに鬼決めに愛用され、すっかり子供の生活、いや大人の社会にすらジャンケンは定着したのである。

　唐拳が世情を騒がすほど流行しはじめた時代から今日まで、数々の拳遊戯があそばれてきたが、そのほとんどは消えてしまったといっても過言でない。その中で、子供が遊ぶに適した虫拳から石拳とバトンタッチされたジャンケンは、今も健在である。この健在の理由は、なによりも単純明解で幼児ですら苦もなく理解できるという点である。しかもその表現が藤八拳のよう大きくゼスチャーをまじえてのものでなく、指の形だけで三竦みを表わすことにある。それは五指を開いて紙を表わし、これが唐拳のゴウ(五個)である。石は全指を握って石ころのようにする、これは唐拳のリウ（六個）で、鋏は親指と人差指を残し他指は握って鋏のような形になる、これは唐拳のリャン（二個）である。そしてこの三つの竦みを戦わせるに、親や年長の子が幼な子にも、優しくその道理を説くことができるという、秀れたところがあるからである。

　子供たちは、この三つのからまり（竦）を容易に理解し、さらにはこの石と紙、鋏から発展させて、三竦みのからまりの原理をさまざまなものに当てはめ、種々な三竦ジャンケンを創造した。それは明治、大正、昭和と続く時代の子供の遊びをみると、ジャンケンを主題とした遊びや、石紙鋏でないジャンケンが多数生じた。次の表はその一例である。

	石	紙	鋏	
戦前	グー	パー	チョキ	（現在も同じ）
戦前	グリコ	パイン	チョコレート	（おやつ食べもの）
戦時下	タンク	パラシュート	鉄砲	（戦争武器）
空襲下	アメダマ	フロシキ	ローソク	（物資不足 欲しいもの）
戦後	グロンサン	ハイシー	チオクタン	（薬のコマーシャル）

　この表は太平洋戦争中心に収集したジャンケンの一部だが、子供たちは時代の変動の中で生活感溢れるジャンケンを創造

していたかを知ることができる（指の形は昔ながらのジャンケンに同じ）。

また勝負における掛け声だが、昔はヨイヨとかチョンキナなどと老人にきいたことがあるが、現代では何処へいってもジャンケン、ポンである。しかしこの掛声になったのは近年のことで、各地方によってさまざまな掛け声があった。戦前のことだが、甲子園で高校野球で先攻順を決めるジャンケンで、この掛け声の違いで驚く選手が多かったそうである。その例は、

○チッチッ、チッ
○リーター　ホッイ
○チィリッ　サイ
○ワンケン　ポッ
○ケンリャン　ホイ
○カッチホイ
○リンマン　キッス
○オーエッオーエッ　シュウ

まだまだ例はあるが、意外に驚くのは、昔の唐拳などの数の呼名が混っていることである。これはとりもなおさずジャンケンが唐拳の末裔であるという明白な証拠をものがたっている。しかしこうしたジャンケンの掛声も、年輩の人の記憶に残るのみで、現在では余りきかれなくなった。最近では、ドリフターズの志村けんが考案したという、

最初はグー、ジャンケン、ポイ

という掛け声をする人が多い。

かつて鬼決めのために登場したジャンケンも、さまざまな遊びの随所にでてくるようになり、ジャンケンから発展した遊びも多くなった。例えば、ジャンケンをして勝者が、

あっち向いて、ホイッ！

と指で上下左右いずれかをさし、ジャンケンの敗者はそれに釣られずに異なる方向を向く「あっち向いてホイ」遊びが近年流行っている。

そして子供の世界だけではなく、大人の間にも、遊びの公正なとり決めに、ジャンケンはしばしば登場してくる。

今やジャンケンは日本人の遊ぶこころの一部となり、これからも生き続けるであろう。

外遊び

紙鳶揚げ（凧あげ）

〽もういくつねると　お正月
　正月には凧あげて
こまをまわして遊びましょう
　はやく来い来い　お正月

この歌は明治三十四年に東くめ作詞、滝廉太郎作曲の幼稚園の唱歌である。発表以来正月の歌として全国に広まり、幼稚園ばかりでなく、年の瀬が迫ると小学校低学年でもうたわれるようになった。

当時教師によって指導されたこの歌を聞いた地方の子供たちは、おそらく内心はとまどったにちがいない。それは正月に凧をあげることは東京中心の風習で、各地方での凧あげは五月節句が多く、その他では長崎が四月、新潟の三条が六月、四国の松山は十月であり、なかには八月の暑い盛りにあげるところさえあったといわれるくらい（『夏山雑談』小野高尚著、寛保元年（一七四一）刊による）、地方ではさまざまな季節に凧をあげていたからである。ましてや凧あげとなれば大人中心にあげることが多く、子供ばかりのものではなかった。

また凧という名称だが、これも地方によると異るもので、いささか古い資料だが安永四年（一七七五）刊の『物類称呼』（越谷吾山著）によると、

紙鳶、いかのぼり○畿内にていかと云、関東にてたこといふ、西国にてたつ又ふうりうと云、唐津にてはたこと云、長崎にてはたと云　上野及野州にてたかといふ、越路にていか又いかごといふ、奥州にててんぐばたと云、土州にてたこと云……

とあり地方によって名称の相違が著しい。加えて「凧をあげる」でなく、いかのぼす、たこのぼす、たこをながす、などというから「お正月には凧あげて」となれば、江戸藩政以来の凧あげ伝承に育った地方の子にとって、心おだやかでなかったであろう。

正月の歌は明治時代の中央文化集権的な東京の正月を中心に作られただけに、東京を遠く離れた地方の子供らにその格差を思い知らされたことは確かなことであるが、それにもかかわらず子供たちは、この歌を建前として学校でうたい、本音は育った土地の凧あげの季節に凧をあげて楽しんだ。

以上のように、わが国は南北に長く位置するだけに四季の移りの差もあり、各地のさまざまな〝凧あげ〟に違いが生じたものである。だが凧とその凧をあげることは、もともとは平安朝の頃中国から移入された「紙鳶」と呼ばれた凧が、室町時代以後急速に各地に広まり、独自の凧の形とそれを空にあげる歳時が生み出されたものに他ならない。

ではどのようにして〝凧あげ〟が地方に広まり、大人の手から子供の手に移ったのであろうか。その歴史を遡ると、〝凧あげ〟の大半の歴史は長い間大人たちのものであったことを知ることができる。

凧の創案はいつ頃からであるのか明らかではないが、一説によるとギリシャの哲学者プラトンの友人アルタスが初めて凧をあげたと伝えられる。また古代中国の軍師韓信が軍事目的に凧をあげたという『事物紀原』（宋の高承撰、成立年未詳）所載の説がある。この二つの説の真偽のほどはわからぬが、現在の凧がこうした発案にあるとは考えられない。それは凧あげの原始とみられる占卜に、木の葉を凧にした遺習があるからである。例えば台湾のアミ族がパニの木の葉を凧にすることや、沖縄のタブやガジマルの葉凧、または飛驒の高山方面の朴葉の凧の伝承、その他の民俗に散在するからである。

この木の葉の凧をあげる占卜の発端は、おそらく蜘蛛の巣にかかる木の葉が、空間にひるがえるさまに木の精霊を見出したことからのものであろう。こうした呪術的なものから、人為的に植物の繊維の糸で木の葉を結び、風に吹き流すことに変化し、さらにこの糸を切って風に流し吉凶を占うことが生れた。朝鮮の民俗に「厄送千里」と書いた凧を、中空にあげてのち糸を切り飛ばすことも、身の穢れを人形に託して水に流す（流し雛）に似ている。

こうした木の葉凧をあげて行う占卜や神事が凧の創案の端緒ではなかろうか。もう一つには人間の大空への飛翔の願望を木の葉に託し、さらには鳥との精霊の混交を願うことから木の葉を鳥形に発展させたことも、凧の創案を見出したものであろう。

やがていかに高く凧をあげるか、その技術の先行がしだいに畏敬の念を失墜させたことはいうまでもない。

前掲の『事物紀原』の紙鴟の骨組は、木製の鳥形であったといわれるのも、単なる思いつきによるものでなく、人間の飛翔への願望があったからである。この後、数百年経て木骨に竹が加わる梁時代（五〇二～五五七）、唐時代（六一八～九〇七）となるのである。

わが国にこの紙鴟が入ってきたのもこの頃で、承平年間（九三一～九三八）成立の『倭名類聚抄』（源順撰）に、

紙老鴟、辨色立成云、紙老鴟世間云師労之以レ紙為レ鴟形一乗風能、
一云紙鳶

と初めて記載されている。この紙鴟の形は、鵲《かささぎ》とか梟《ふくろう》などという説もあるが、現代でいう鳶《とんび》凧に似たものであろう。

凧の文献は『和名抄』（承平年間（九三一〜九三八）成立）の後、『色葉字類抄』（天養〜治承年間（一一四四〜八一）成立）、『類聚名義抄』（十一世紀末頃成立）などに「紙鳶」の名が記載されているが、この凧の形も遊びも不明で、本格的に凧が登場するのは江戸時代に接近してからである。この間実に六百有余年の空白が続くのであるが、紙鳶は衰退してしまったのか、それとも長崎あたりから現代の凧の原型ともいうべき凧が伝来したためなのか、紙鳶は姿を消してしまった。

凧が俄然史上に再登場したのは『浜松城記』からである。これは元亀三年（一五七二）端午の日に旗本松平頼母と秀頼の客臣が大手前にて源五郎凧をあげた事蹟である（注：この事蹟に関して、近年、疑問を呈する意見もある）。源五郎凧とはどういう凧なのか不明だが、続いて元和六年（一六二〇）刊の『無名草』に、長崎の代官長谷佐兵衛藤廣という人が烏賊幟《いかのぼり》を作って、これに蠟燭をつけて夜中にこれをあげ、市人から大喝采を博したとある。そしてさらには十年後、大坂竹本座において、浜松の『心中刄永朔日』が上演され、その狂言に、

はるや今年のいかのぼり、雲に舞鶴とんびいか、から風なびく唐団扇、鬼の頭も色里のうえに上ればたよたよと、しだれ上る藤の花、誰が文いかの一結び、其思はくの紋つけて、袂すずしき小袖いか、盃いかの品もよく、菊や牡丹の花いかもいただきあぐるたい、こいか、鰻ひょうたん鯰いか、吹かぬ風もつ扇いか、雲をゑどるに異ならず……

とある。この狂言の科白には数々の凧が出てくる。また『諸《しょ》艶大鑑《えんおおかがみ》』（井原西鶴著、貞享元年（一六八四））にも、

難波の暮々、烏賊幟のはやりさまざまに作りしもの雲にかけ橋のたより

とあり、各種の凧が新しく作られ流行ったことは驚きである。元亀三年に凧が史上に現れて五十年の間に『無名草』の如く、すでに凧は一般民衆に喝采を博したように、多くの人々に認識され知らぬものはないくらいになった。

さて上方のいかのぼりにくらべ、江戸では初めいかのぼりであったが、これがいつしか鮹と呼ぶようになったのは、いかよりもたこの方が見なれていたからでもある。江戸では承応の頃（一六五二）が、最も凧あげが盛んになり、明暦元年（一六五五）正月二十日には、凧あげの禁令が出ているくらいの盛況さである。そして翌年には、

跡々より御法度被仰付候通り、町中にて子供たここぼり
堅くあげさせ申間敷候、尤商売にも栫申間敷候

という禁令が再び発令するところからみても、いかに凧あげが狂気のように流行ったかを知ることができる。この頃の凧は小袖凧、人形凧、障子凧、鳶凧だった、と発句などに散見するが、禁令にもあるように子供の凧は小袖のような平板な小さなものであろう。西川求林齋の『町人嚢』（享保四年〔一七一九〕刊）にあるように（江戸と長崎の違いがあるが）、

烏賊の形に小さく造りて、麻の糸を付けて

と春の日にのどかに二、三丈もあげて遊んだようである。だが大人たちは、

長年の輩も是を翫ふ事有て、山野をかけて田畑麦苗を踏損す

ほど夢中になって凧をあげていた、こうした凧の流行はしだいにエキサイトして大きな凧をあげるようになり、さらに金銀をちりばめ、骨に張るものも紙でなく薄絹や縮緬の裂地を張るほど贅沢になった。正徳元年（一七一一）刊の近松の「梅川忠兵衛」からの潤色といわれる浮世草子『好色入子枕』にはこの事を物語っている。

……衣きかへる朔日、卯花もかきねに面白くさいて、小手まり、びじんさう色うつくし、をのづからのもてなし、折から紙鳶のぼり世上にはやり、さまぐ気をつくしたるおもひつき、三井富山をさはがし、きれぐあつめ、石たゝみは上町の屋舗方、ひちりめんの達磨は中嶋の苦なし中間、もミの盃は天満の蛇組、白綸子のたが袖は新地の色茶屋、鬼のかいなは渡邊すじ　烏いかはあはざぼり、ふうじ文は新町の清盛が紙鳶《いか》、白羽雀は竹田、さゝいがらは嵐三郎四郎、おやまいかは上村吉彌、大黒はいづくの寺のいかなるべし、亀屋が方にもきゃくかたよりあづかりをきし孔雀いか、御馳走にと土手をえらミ、町代の半兵衛にのぼさせける

と記されており、全面的に信用し難いが、いかに贅沢であったか、この時代の世相を考えると有り得ることである。

こうした上方の豪華な凧あげ競演にくらべ、江戸の大凧の流行はおくれて延享、寛延の頃（一七四四〜四八）であったといわ

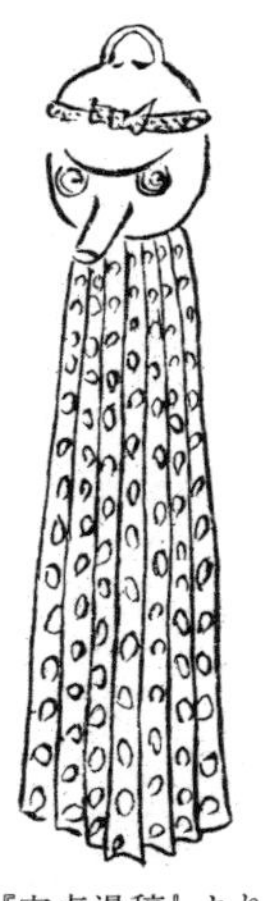

『守貞漫稿』より

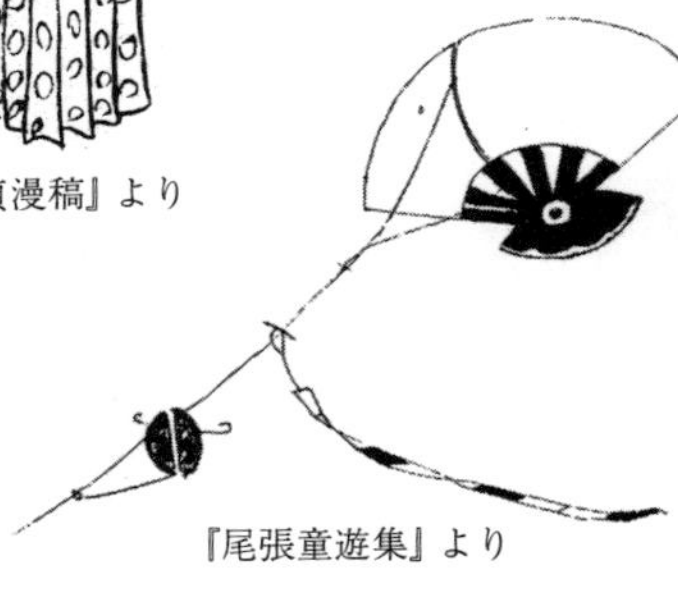

『尾張童遊集』より

れる。享和二年（一八〇二）刊の『賤のをだ巻』（森山孝盛著）に、著者は幼時を回想して西ノ内紙（茨城県西ノ内産）十六枚張（一枚の寸法従三十三センチ・横四十八センチ）の大凧を、「屋根のうちへ入れやうなかりければ、土屋の屋根へ両方より梯子をかけて、若き侍ども糸を持つ長屋を持して庭に入れたり」という大きな凧を作ってあげたと、この書の序文に書かれてある。また文政四年（一八二一）に起稿した『甲子夜話』（松浦静山著）などにも、「凧巾大なるに至りて紙数百余枚に至れり」と、とてつもない大凧に親指ほどの太さの糸をつけ、鯨の髭や藤づるで作る風箏《うなり》を取付けて、大凧をあげたと記されてある。さらに変った凧では三百の扇をつないだ連凧。長さが頭から尾までが邸の半ばほどの巨大な鯰凧もあったというから大変な大凧流行であったことがうかがえる。

このように大人たちの凧あげは、上方においては豪華な凧を町人たちが競ってあげ、江戸では武家の子息や大名諸候の若殿がこぞって大凧をあげ、屋敷の内に凧部屋を備えるほどであったといわれる。

こうした大人の凧あげにくらべ、子供たちは『甲子夜話』によると、「今（文政の頃）は小児に此戯をするも少く、偶ありても小さき物か形も尋常なるのみなり」とあるごとく、「一、二銭の袖凧、鳶凧を貰て子心にもせぬは（賤のをだ巻）」と子供たちは街の中を走り凧をあげており、極めて低調であった。しかし凧の流行はその後ますます広がり、やがてこれを専業（凧屋）とする商いが明暦の頃より江戸に現われ、凧好きの大人や子供を相手に天坪棒を担いで販売し、毎年のようにやがてやってくる凧あげの季節を待ち構えては、十一月がくると新作の凧を売出した。安永の頃には、人形を仕込んだカラクリ凧や奴凧、それから天明の頃には蘭、龍、鶴といった字凧が現れ、そして文政の頃には、四ッ谷の鳶凧が現れることになる。この間の凧の興隆はめざましいものがある。寛政、享和の頃には、さまざまな理由から大凧の流行に待った、と禁令が出され、やや衰退の気味はあったが、文化文政の頃にはご禁制にもかかわらず再び大流行した。

『絵本風俗往来』より

この大凧の再燃も幕末の世情おだやかざるの気運になると衰えつつあったが、江戸中期以来の流行は地方に広まり、大凧あげまたは凧あげ競争（切り落とし）は、端午の節供を中心に男の勇壮を意味することから歳時化され、現在なお町中あげて大凧をあげるところが引き続き行なわれている。

幕末には大凧は衰退したが、子供の凧あげがしだいに盛んになり、とくに正月には、市中に凧屋の店が出来て、鮹の張物を軒先に吊るし、多くの子供たちが集まり、大人の凧あげは子供のものになりつつあった。この様子は『絵本風俗往来』（菊地貴一郎著、明治三十八年刊）に詳しい。

明治に入って大凧は衰退したが、子供の凧あげは江戸に変らず季節遊びとして正月前後に行なわれ、

たこたこ　干だこ
あがったら焼いて喰はう
さがったら煮てくはう。

などと寒風に吹きさらしに子供たちはうたい、さらに大勢の子が原っぱで凧あげを競って、

ヒッカラメンコショウカ、カーイカーイ

などと声を張りあげて、相手の凧を切り落す喧嘩凧に夢中になり、そのための道具「ガンギリ」という刃物ができたくらいである。しかしこうした子供の凧あげも明治政府の太政官布令（明治六年禁止令）が出て、市中の凧あげは少なくなった。

だが日露戦争大勝の祝賀には、東京の空を埋めるほどの凧があがったそうであるから、送電線や通信線の少ない郊外地では、相変らずであったであろう。

明治、大正、昭和と季節がくれば駄菓子屋の店先に吊るされ、子供がこれを求めてあげる凧は毎年幾つかはあったが、しだいに衰えていった。それでも凧あげの好きな大人はどこにもいるもので、風のうなりが響くことが戦前にはみられたが、戦後になると、ぷっつりと凧は季節がきてもみられなくなった。昭和三十年代から四十年代にかけて、凧が再び復活した。だがかつての凧あげの風景はみられず、それどころか凧あげを知らぬ子供ばかりであった。それでも安物の凧は細々ながら売られていたが、昔ながらの本物の凧は次々と各地に復活して、駄菓子屋や玩具屋でなく民芸品で売られ、これを求める者は中年、老年でかつての子供であった人

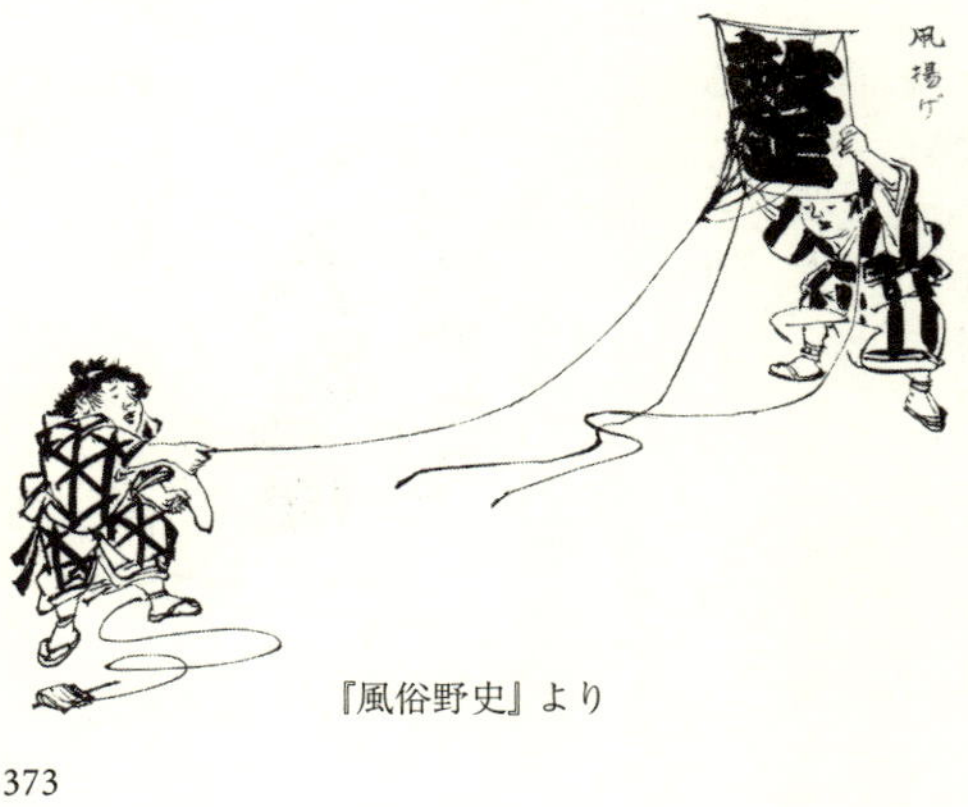

『風俗野史』より

たちの、ノスタルジアであった。そして凧はあげるのでなく眺めるものになってしまった。

昭和の初め頃までは、冬休みの最中でも正月の式典が行われるため学校に出かけ、久しぶりに校庭に整列して正月一日の歌をうたった。だがなんとなく正式の歌はぎこちなかった。先生の監督の届かぬところにくると、子供たちはがなるようにうたった。

〽豆腐の始めは豆である
　尾張名古屋は城でもつ
おばやんの腰巻き紐でもつ
　イモを喰うこそへが出るぞ

とたんに、「こらッ！」と先生の叱責の声が響くや、子供たちはクモの子を散らすように物陰に消えた。

雪転がし（雪達磨）

〝雪転がし〟と書くと、小さな雪玉を転がし、やがて大きな雪の塊りにして雪達磨を作ることを誰もが想像するが、仏の雪達磨が登場する以前は雪玉を転がして、やがて大きな雪団を作るだけの遊びであった。

その時代は平安朝の頃で、それまで雪団の他に雪を寄せ積みあげて雪山や巌（岩石）作ることが専らであった。

『万葉集』巻十九に、

天平勝宝三年正月三日、竹内蔵忌寸縄磨呂の館に集ひて宴楽があった折の歌に　時積雲彫二成重巌之起一、奇巧綵二発草樹之花一

4231 なでしこは秋咲くものを
　君が家の雪の巌に咲けりけるかも

遊行女婦蒲生娘子歌一首

4232 雪の島岩に植えたるなでしこは

君が挿頭《かざし》に

とあるように、雪で岩の形に作って造花を立てて人々はこれを眺め酒を飲み夜更まで賑った。この風流な遊びは平安朝の末になっても続けられたものらしく、子供の雪遊びというより大人たちのものであった。

清少納言の『枕草子』（長保三年（一〇〇一）頃成立）にも、

……しはすの十よ日のほどに、雪いとたからふりたるを、女房どもなどして、物のふたにいわつつ、いとおほくなるを、おなじくは、庭にまことの山をつくり待らんとて、待めして、仰ごとにて、といへば、あつまりてつくるには（…中略…）けふこの山つくる人には禄給すべし、雪山にまゐらざらんにはおなじかず（…中略…）今日雪の山つくらせ給はぬ所なんなき。

などと雪山のことばかりで、雪玉を転がすところがない。これは、「主殿司の人も二十ばかりなりけり」とあるから、大人たちばかりで『万葉集』にあるように雪山や巌を作る雪遊びだったようである。

ところが同時代の紫式部の『源氏物語』（平安中期）の朝顔の巻に、

月は隈《くま》なくさし出でて、一つ色に見え渡されたるに、萎《しお》れたる前栽の影苦しう。遺水もいといたら咽びて、池の氷も、えも言はず凄きに、童べ下して、雪まろばしせさせ給ふ。

とあり、童女たちが雪の中で帯もしどけない宿直姿で喜び走り、雪を転がし、

いと多ら転ばさむて。ふくつけかれど、えも押し動かさで佗ぶめり

と、大きな雪塊にしようと力《りき》みかえる姿が書かれている。ここに雪を転がして雪塊を作る子供たちの手技《てわざ》は、後の雪達磨を作る基となった。この雪まろばしはただ大きな雪の塊りを作る遊びに他ならなかったが、これより後、時代が下って平安朝の末に藤原為朋の撰になる『新拾遺和歌集』（貞治二年（一三六三））十七に、瞻西上人の歌に、

—雪にて丈六のほとけを作り奉りて供養すとてよめり—

いにしへの鶴の林のみゆきかと
おもひとしくにぞあはれなりけり

という歌がある。これは後世の僧、恵空が『徒然草』百六十八段の雪仏に注して、『徒然草参考』巻六（延宝六年（一六七八）刊）に、

—禅家などの雪にて仏をつくる云ふ也—
雪達磨、雪布袋などあり、みな雪にて
其の像を作る事也

『尾張童遊集』より

とある。禅宗の寺ではとくに雪で仏を作ることに執心があったようである。それは釈迦の難行苦行が雪山においてであるとすれば、禅家としては単なる雪であるわけはなく、ましてやかたちあるものが、太陽の光にはかなく溶け消えゆくものなれば、迷妄も解け緇衣《しい》（黒衣）の僧の目に涙をそそり信仰心を満すものであった。また禅門なればこそ、雪まろばしの雪団（雪塊）に始祖の達磨大師のお姿をうつすことは容易であった。

雪まろばしは後世になるに従い、雪ころばし、または雪ころばかし、雪ころがしと転じたが、雪仏の影響は江戸時代に入ると、雪ころがし即、雪達磨を作ることとなった。

現代では雪が降っても都会地では溶けてゆくことが早く、雪の止んだ街角に、昔のようにダルマがここあそこと立ち並んだ風景もこの頃では見られなくなった。また作ってもダルマの目鼻口に使う炭や炭団《たどん》も手近かではなくなり、この頃ではダルマでなくスノーマンなどという人もある。またここ数十年来、札幌の雪まつりで雪像や氷の建物が造られ、観光の面で成功をおさめているが、その原点は先に述べたように『万葉集』の歌にある雪山や雪巌を作り、花など飾り、人々は集まって、その出来映えを讃えたあたりにあるようだ。

お山の大将

世間一般に、つまらぬ集団の中にあって、わがもの顔で一人だけ威張っている者を、蔑んだいい方で「お山の大将」というが、もともとは男の子供たちの遊びから生れた言葉だといわれる。

この遊びは山の頂上争奪で信仰的な占有に似通っているが、子供ならではの発想がうかがえる。それは子供（とくに男の子）は高いところが性来好きである。たとえば道路工事などで小砂利や土が少しでも道端に盛られると、この上に駆けあがったり、または家の中でも蒲団（寝具）をたたんで高く重ねられると、子供は上に乗りたくてたまらないものである。ましてや少し大きくなった男の子は、野遊びなどのとき、原っぱの小高い塚のようなところを発見すると、われ先に駆け上る。そして先に頂天を占有した子は大声を張りあげ、両手を広げ、

お山の大将おれ一人
後から来るやつ突き落す

と宣言する。すると後からきた子は、大将めがけて突進し、頂上から突き落したり、下から引きずり降しにかかる。ようやく闘争の末に別のものが大将になって「お山の大将……」とひと声いうかいわないうちに、すきを狙われて後から落される。落した者が大将になると再び誰かが降しにかかり、入れ替り立ち替りする賑やかで乱暴な遊びである。

この遊びは晩秋から早春にかけてよく遊ばれるもので、とくに真冬の頃の朝どきの〝お山の大将〟遊びは泥まみれで大変なものだった。それは山が枯芝で霜柱が立ち、遊び始めは凍った土がサラサラと崩れ落ちたが、幾度か踏まれているうちに、朝陽に溶けてグチャグチャの泥んこに変る。こうした山の上を足袋をはいた草履ばきで登ったり降りたりするから、着物ともども泥だらけとなる。もちろん家に帰ると母親にこっぴどく叱られるが、それでも男の子は翌日になると叱られたことをすっかり忘れて「お山の大将、おれ一人」と山に駆けのぼりて遊びに夢中になる。

この〝お山の大将〟の遊びを文献にみると、寛政六年（一七九四）刊の式亭三馬の『天道浮世出星操』に、

お山の主はおれ一人

とある。また弘化四年～慶應四年（一八四七～六八）刊の鶴亭

秀賀の『教草女房形気』二十三上に、

おてこはお山の大将にて、かかる中となりても猶々我儘
は増すばかりにて

とある。この文献によると〝お山の大将〟は初めは主といった。

山のぬしは、おれひとり
誰があがっても突落とす

この「ぬし（主）」が、後になると、

お山の大将己《おれ》一人

に変ってくる。また地方では、

お山の大将おれ計《ばかり》（江戸後期尾張）

上のものは旦《だん》那さま　下のものはほいとの子（山口市）
（注　「ほいと」とは乞食のこと）

山のてっこへ　おればっか
かたもち三本気ィかねた（新潟）
（注　かたもちはかきもちのこと、気ィかねたとは気がねしたこと）
（『日本のわらべうた』尾原昭夫編著）

以上のように〝お山の大将〟の男の子の遊びは各地で遊ばれた。大正九年に西條八十作詞の同名の童謡ができて、なおこの遊びは全国に広がった。

現在この遊びは昔のように見かけることがなくなった。昔は校庭の隅にすべり台をかねたような小さい山がありよく見かけたが、この頃では数少なくなった。

雪打ち（雪合戦）

〝雪打ち〟の雪礫《ゆきつぶて》は、北国《きたぐに》の寒冷地のように雪がサラサラしていると、握り固めても固まらず、従って礫にならず、雪打ちが不可能である。ところが温暖平地の雪は湿っていることが多く、昔からさまざまな遊びを生んだ。代表的なものに「雪釣り」、「雪光」、「雪達磨」などがある。

深夜降り積った雪の朝、太陽が雪景に射し込む頃である。積雪に子供たちは驚きはしゃぎ、家を飛び出す。雪の重みに折れた竹や伏せる生垣の雪を払い、雪原を走ったり友だちに雪礫を作っては投げ合い、そしてみんなで雪達磨を作った。

こうした状況が昂じ集団化すると、雪打ち、別名雪礫打ち、または雪合戦などという闘争遊戯が発生する（これは雪でなく小石を投げる「石礫、石打ち、印地打」などというものに似たものだが）。雪礫は小石と異なり、水分を含んで凍結したものでない限り、人に当って砕け散ることから、石礫の印地打のように血をみることはほとんどなかった。

では〝雪打ち〟はいつ頃から子供たちの間に始まったのか、文献によると、雪打ちが出現してくるのは、やはり庶民の文化意識がたかまった江戸時代に入ってからである。寛永二十年（一六四三）松永貞徳の『油糟』に、

継橋を廣くかけたる雪打に
　子供やおもふままに狂はむ

とある。この年よりおくれての誹句集『佐夜中山集』（松江重頼編、寛文四年（一六六四））などにも、

雪礫うつや五ッ六ッ花

また寛政三年（一七九一）没春秋庵白雄の句にも、

雪うちや七ッ年を身のむかし

『柳多留』（明和二年（一七六五）～天保十一年（一八四〇））にも、

雪打をもの師斗ひたいで見
雪打の加勢に乳母も片手わざ

など、ここには思いがけない朝、目覚めに見る雪景色に驚き小躍りするようすが伺える。

江戸から東京にかけて三百余年の初雪のあった期日を調べてみると、新暦に換算して十二月三十日、一月十二日、およそ三十日の前後に初雪が降っている（根本順吉著『江戸晴雨攷』（昭和五十五年刊）より）。

『絵本西川東童』より

ここには『慶長見聞集』（一六一四年頃）や『吾妻鏡』に登場する石打ち（印地）のような闘争はない。石と雪礫の違いであろうか。ところが石打ちの如く雪礫をもって大勢の雪合戦の文献を見出した。『越後国長岡領風俗問状答』（文政十一年（一八二六））に記されている。

雪の積りて一面になりたる頃、士家の男児雪陣といふ事し侍り、まづ屋敷の広みに雪踏み固めて陣場をとり、大勢の小児十二三歳ばかりのともがら、敵味方の群をわかち弓鉄砲の次第をたて、雪を握りて玉となし、矢声を発し互いに投げ合ふことしばらくして鎗合大刀打となり、猶も場をつめ飛掛て組打す、組伏ぬれば看取まねびし、苦戦の体にて口ながら貝吹いて、人数を引揚るさま、凱歌実検など取行ふさまいと興あり。

以上、地方武家社会の雪合戦であるが、接戦になると戦いの窮極は武器を手にとって参戦する、これでは〝雪打ち〟（雪合戦）とはいい難い。その点時代は明治になるが、日清戦争後、富国強兵の先駆けの頃、明治三十四年刊の『日本全国児童遊戯法』に東京の「雪ぶっつけ」（雪合戦）に本格的なようすを伺い知る。

数多《あまた》の児童二群となり各対陣し、雪を握りて球となし、これを投げ合い争うなり。この球に触れし者を捕虜となし、弾丸の製造、運搬等に従事せしむるもあり、又は奇兵となりて伏兵となりて失敗し捕えらるるもあり、或いは機山謙信を真似て一挙に雌雄を決せんとするの将軍もあり頬を球に打たれて破鐘声《われごえ》を出し、為に両軍に休戦せしむる御曹司あり、これを傍観すればそぞろ時の走るを忘るべし

こうした雪合戦に、明治、大正、昭和の前期、富国強兵の思想はどのように活用されたのか。昭和の初期の頃、突然の雪で校庭は埋めつくされると、授業が急に変更になり、低学年は雪兎づくりや雪釣りを指導され、高学年は校庭に飛び出て、教師をまじえて組対組で雪ダルマの競作、そして雪合戦を交えた。二時間の雪の時間が終り、授業のすべてが終る頃、校庭の隅には数点の雪ダルマが残り、校庭は斑《まだら》模様になった。

游《お》泳《よ》ぎ（水泳）

プールに出かけるといえば、水泳に行くという意味をもつほど、現代では水泳はプールで泳ぐものとなり、かつてのように河川で泳ぐものではなくなった。

これは産業開発により、河川の汚染がひどくなり泳ぐところではなくなったことによるが、戦後オリンピックなどの影響もあって、小学校の体育に水泳が重視され、安全管理の行き届いたプールが全国津々浦々の小学校に設置され、加えて民営のスイミングスクールが各地に設けられたからである。

しかしこうしたプール設置の反面、失なわれたことがあることも忘れてはならない。時の推移で致し方ないが、かつて川で泳いだ頃は、水草や川虫、魚などが棲む水中の生態を泳ぐことにより知る機会が多く、子供の教育に大きな役割を果していた。この意味で昔の子供たちの水泳ぎがいかに豊かな遊びであったかを今更のように知る思いがする。

昔の子供たちの水泳ぎは夏に集中し、川のある農山村のみならず、都市の中でも川という川には子供たちが戯れ泳いでいた。川といってもその多くが家の近くの小川や堀割で、現代では想像もつかないほどきれいな水の流れであった。こうした川は、母親たちが洗濯のすすぎをしたり、ところによっては飯炊き釜や鍋、桶、樽、野菜などを洗うところで、人の気配がなければ水底に沈んだ飯粒を求めて鮒や泥鰌が遊泳するところでもあった。また街の中を流れる川では、紺屋が染物を水洗いをするところ、八百屋が芋を洗う場所でもあった。

こうした場所は水深も浅く、子供たちの背丈にも及ばず、水草もないところで、なによりも便利なことは、川底に杭を打ち込んで作った台場があることであった。

真夏日の朝十時過ぎともなれば、大人たちの仕事が引けて台場が空になってくる。この頃を見計らって子供があちこちから集まってきて、大きい子も小さい子もみんな台場の隅で裸になる。そしてそれぞれがこの台場を中心に水と戯れ始めるのである。

では子供たちはどんな泳ぎをしたであろうか、代表的な泳ぎ方を次に述べてみよう。

泳ぎ方

●犬かき泳ぎ

この犬かきは、年少の子や女の子が好んで泳ぐものである。これは猟犬が獲物を求めて川を泳ぐ姿から名付けたというより、子供がいたずらで犬を川に投げ込んでのであろう。犬の泳ぐさまは左右の前脚で交互に水を掻くので、子供たちも犬をまねて両手で水を掻き、脚でバタバタと水をたたいて泳いだのである。ところによっては「犬かき」といわず、「くそかき」、または「ばばかき」(和歌山県東牟婁郡)という。「くそ」も「ばば」も同じ意味で、肥料《こやし》を手籠《てご》に掻きこむ手つきに似ているからであろう。青森県北上郡では「げろおよぎ」というが、詳しくはわからないが、「げろ」とはこの地方で女児用の雪すべり下駄のことをいうので、女児用の泳ぎという意味なのだろうか。

●蛙泳ぎ（平泳ぎ）

蛙泳ぎは川に飛び込んで逃げる蛙の泳ぎから名づけたもので、脚が蛙と同じ動作で頭だけ水面に出して泳ぐ。群馬県多野郡万場では「べっとーおよぎ」、岐阜県吉城郡でも「どんびきおよぎ」というのも、みな蛙の泳ぎに似ているからであろう。

●抜き手泳ぎ

抜き手は水中から両腕を交互に抜くように泳ぐから名付けたもので、蛙泳ぎの脚の如く屈伸させながら頭を水面上に出して手を左右交互に抜き出しては、水を掻き込むようにして泳ぐ古代泳法の一つでもある。

●横泳ぎ

速泳のクロールのように横向きで、水面に横たわるようにする。右向きで泳ぐならば左手を前方にのばし、同時に右手を後方にのばす。両手脚をのばしたらすぐさま、両手は合掌するように合せ、同時に脚も折り曲げ、ただちに力をこめて両手両脚をのばす泳ぎである。

●背泳ぎ

仰向きになり両手を脇につけ、両脚をバタバタしながら泳ぐ。またはバタバタ水をたたきながら、両手を抜き手のようにして回転させる。この泳ぎをすると前方が見えないので、水草の中まで突っ込んでしまうこともある。

●潜《もぐ》り

蛙が水中を泳ぐように、平泳ぎの型で川底すれすれに泳ぐことで、この潜りは水中の世界が見られるので、魚を追っかけ、水中の草をかき分けて虫をつかまえたり、ときには台場の下などに潜り台上にいる女の子にいだずらをした。

水の遊び

●沈《しず》みっこ

これは二人向きあって両手をつなぎ、一、二、三で水中に沈み、どちらが長く水中にいられるかの競争である。ときには水中でにらめっこをすることもある。

●水掛《みずか》けっこ

多勢が双手に分れて、手を杓子のようにして相手側に水を浴びせかける水合戦である。

●宝物さがし

流れの下に五、六人の子が並び、一人の子が手にしている白い小石を上流の方に投げる。それを合図にいっせいに泳ぎ出し、小石の落ち沈んだところに行って潜り、誰がこの小石を一番早く拾いだすかの競争である。

●鬼ごっこ

川の中の鬼ごっこで、陸《おか》にあがってはいけない。追いつくために潜ったり泳いだり、逃げる方もめちゃくちゃに泳ぐ。潜って水草の茂みに姿を隠したり、台場の下に潜りこむ。見つかってタッチされると鬼になるのだが、鬼が代わるのではなく二人となる。そして次から次へとタッチされ、鬼は増え続け、鬼ばかりになって遊びは終る。

●取りっこ

畑から盗んできたキュウリやナスを上流に投げ、水に浮かんで流れてくるものを、岸からいっせいに飛び込んで泳ぎながら取りあう。この遊びにあきると、ナス、キュウリはみんなでガリガリと食べてしまう。

以上のように子供たちの代表的な水泳ぎをあげてきたが、この他にも「立泳ぎ」とか、「水中逆立ち」などといった曲芸的なものなどがいろいろとある。これらの水技は子供集団の水遊びの中から自然に身につけてきたものである。しかし多勢のなかにはどうしても水を恐れて泳ぎのできない子がいる。こうしたとき年長の子（ガキ大将）が率先して手とり足とり泳ぎを教える姿は、昔はよく見られたものである。そして少し泳げるようになると、流れのゆるやかな深みにつれてゆき、年長の子らが水に潜って、泳げない子の腹を下から押しあげて泳ぎを練習させた。こうしてひとつの地域の男の子全員泳ぎを体得した。これらの泳ぎは年長の子から年少の子へと伝承されたものであるが、これらの泳ぎを遡ると父や祖父から受け継いた泳ぎでもある。とくに抜き手の速泳、長時間持続する泳ぎの平泳ぎ、立泳ぎ、横泳ぎなどは土地それぞれの風土に培われた泳法でもある。これらの子供たちが、長じて大人になれば日常生活の中で水に溺れた子を救うことや、突然の水害に浸されても、妻や子、親のみならず地域の救助のために泳ぎが役立った。それだけに水泳は単なる子供の水遊びというよりも生活の学習でもあった。

水泳の歴史は、神事の身滌《みそぎ》、禊などの潔斎に水浴みすることは『古事記』、『万葉集』などの古典の諸書に見られるが、泳ぐことは見当らない。泳ぐということは、人を助ける意味をもつようで『今昔物語集』（平安後期成立）巻十二、巻三十五に、「游《およぎ》ヲ掻《か》キテ」とあり、水流から母を助けることが初出文献としてあるくらいである。

続いて承久～仁治年間（一二一九～四〇）頃成立の『平家物語』に、

なまじゐに究意の水練におはしければ

とあり、南北時代の軍記『太平記』（応安（一三六八～七四）の頃成立）にも、

爰ニ相模国住人曽我左衛門ト云ケル者、抜キ手水練ノ達者也ケレバ

と水泳に関する文献を抽出すると、「游」が「水練」に変る。もちろん生活手段としての泳ぎから、軍事に起用する泳ぎに変化したからであろう。とくに瀬戸内海に拠点を置く海賊の間では、水泳が合戦の用兵手段として盛んであったことを推察できるが、これを海賊流と呼んでいた。

このように水泳は原始から生活手段として民衆が身につけるものから、武家の武術の一つとして登場するようになるが、まだまだ個人技として知られても、剣術のように一つの流儀を形成するには至らなかった。

江戸時代に入って泰平の世の中になると、それまでの個人技から流派を起すようになる。その年代は寛永年間（一六二四～四三）に、高松の水任流、熊本の小堀流、八幡流などが創始され、水戸の水府流は元禄年間（一六八八～一七〇三）に創始されたといわれる。この他には江戸の向井流、伊勢の観海流、紀伊の能島流、小池流、津山の神伝流、三田尻の武田流、臼杵の山内流、鹿児島の神統流など、それぞれの流派、発生地には名だたる河川、海が存在したことはいうまでもない。

武術の泳法は、現代の水泳のようにより早くというものは少ない。しいて述べるとすれば、水戸の那珂川の急流を泳ぐことから創始された水府流ぐらいであろう。江戸の向井流は眼をいつも前方におく敵前泳法、それから熊本の小堀流のように、肥後武士の表芸とした武術泳法、また観海流のように、伊勢湾で磨かれた海を泳ぐ法など、それぞれがその土地の武士の必須技であった。こうしたなかにあって、神伝流のように伝説の伊邪那岐命の身滌から生れた泳法を始祖とする流派は芸術的な形式泳法である。この泳法はあまりにも形式的で、格式を大切にすることから、実戦的でないと他流からよく非難されたときく。

以上のように各流派の水練は、現代のように競技や健康のためでなく、武術としての戦闘のためのもので、泳法作法はきびしいものであった。こうした水練ははじめ武士の子弟に限られていたが、時代が降ると一般庶民にも広まった。井原西鶴の『諸国咄』貞享二年（一六八五）刊に、

およぎならひは、瓢箪に身をまかせて、浮次第に、水練の上手となって……

とあり、また『嬉遊笑覧』（喜多村信節著、文政十三年〔一八三〇〕刊）の行遊の記載に、

通俗志には、水辺にて卑賤炎暑にあえず水練の学び……

とある。そこ普及ぶりがみられる。

江戸においては、同じく『嬉遊笑覧』に、

江戸にて士人の水練する始めは近き事にて、宝暦五、六年頃

とあるから遅れているが、これに影響された庶民の水練は武士と異なり、護身や人命救助に役立つという名目で、何よりも夏の水浴に泳ぐたのしさが、この上もない都市の避暑として愛好されだした。とくに江戸では大川（隅田川）で泳ぐことが盛んになり、ついには体の鍛練と称して「寒中水泳」まで催されるようになった。

この水泳愛好は明治時代になってもなお盛んで、地方においても河川で泳ぐ人が増え、まして子供らにとって、夏の遊びは水浴び（水泳）以外に楽しむことがないといわれるほどとなった。こうした水泳が盛んなる頃（明治後期）、外国の泳法クロールストローク、または平泳ぎのブレスト形などが入ってきて、日本の泳法に加えられた。この頃横浜の外人たちと、日本の水府流の人たちの競技会が催され、わが国が勝利をおさめたという記録がある。

水法は大正、昭和より広く大衆に愛好され、昭和前期頃は国民皆泳という合言葉すらきかれるようになった。だがその泳ぐ場所はほとんど河川であった。こうした水泳を好

む気運をさらに煽ったのは、大正八年（一九一九）のアントワープオリンピックに斎藤、内田選手が派遣され、大正九年（一九二〇）には松澤選手が極東大会で優勝した。続いて昭和七年（一九三二）ロサンゼルスオリンピックで、北村、鶴田選手が優勝、そして昭和十一年（一九三六）には、ベルリンオリンピックで「前畑ガンバレ」の前畑選手の優勝、寺田選手の優勝と、日本は世界にその実力を示した。この代表選手の活躍は、とくに子供たちを刺激したことはいうまでもない。そして戦争、敗戦とその空白を埋めるかのように、古橋、橋爪選手の活躍は敗戦の暗雲を吹きとばす朗報をもたらした。

敗戦によって痛手を受けたわが国は、近代工業生産によって経済大国といわれるまでに復帰したが、同時に工業の進展は河川を汚染し、山野を荒らし、子供から川を奪った。冒頭に述べたように、失われた自然を取り戻すためにも、水質の清浄化と周辺の汚染源を改め、川を子供たちに戻してやりたいという思いが強い。

木登り

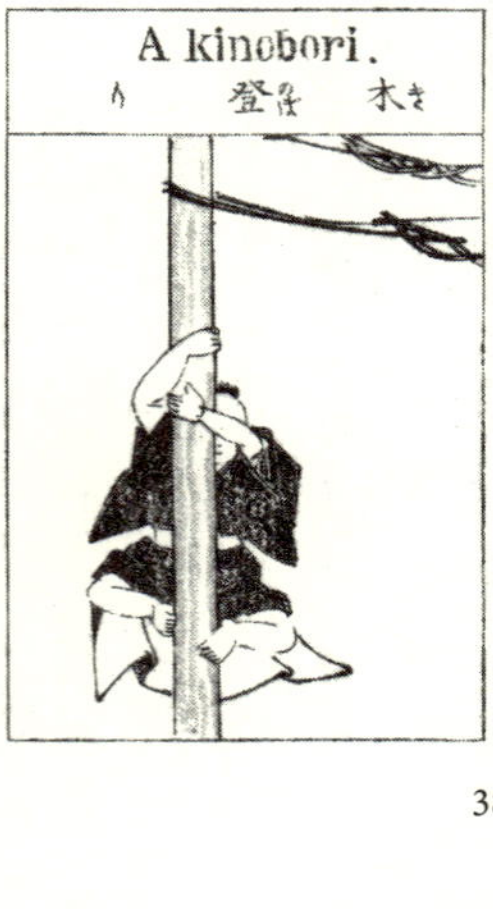

人間が木に登るということは、狩猟採集生活をしていた原始時代からのものであるが、人類の文明が進むにつれて、木に登るとか高いところに身ひとつでよじ登ることは、限られた人たちの労働となった。しかし子供たちにとっては、木に登ることは自然と共に遊びくらす遊具のひとつであったから、古代からひと昔前までは盛んに木登りをしていた。柿や栗、あけびなどの木の実を採って食べながらの遊び生活や、夏の蝉捕り、冬は木にひっかかる凧を取るなど、子供独自の「用」があったからである。また高い木に登ることは征服感を満す爽快さもあった。

この〝木登り〟は子供の本能にもとづく原生で、身体の成長に大切な運動であった。まず身体のすべてを一本に託し、両脚と両手で樹木にからみ、身体を伸縮しつつ登るような動きは、他のスポーツにない運動であった。子供たちはここで身体の重心と平衡感覚を養ったことはいうまでもない。こうした子供の〝木登り〟に対し、なによりなことは、昔の親たちは現代とちがって大目に見ていたことである。そして木から落ちたり、木に登って降りることができなくなったとき、初めて〝木登り〟の守るべき大切なことを教えた。それは、「登るときは降るときのことを考えて登れ」という大人たちのひと言につきるものであった。もちろん枯枝とか、樹種によって折れやすい木を教えることもあるが、まず一足一手、木の手ごたえをみて登れという注意であった。こうした注意は言葉でわからぬものである。

　こんなことがあった。それは大木に身軽るに登った十歳ぐらいの男の子が、登りつめてふと気がつくと、眼下に家や人の姿が小さくみえるものだから、とたんに足がすくみ、急に怖くなってしまった。そのために降りるに降りられず、高い木の天辺《てっぺん》で「ワァワァ」泣いてしまった。そんなとき大人たちは下から大声で「そのままじっとして動かず上を見ていろ！」というと、縄を背に助けに登った。こうして子供の〝木登り〟体験が積み重ねられると、鎮守様の御神木の天辺に棲む鳶の子や烏の子を獲りに登るほど巧みになった。

　以上のような〝木登り〟は大木によじ登る例だが、初めから子供は大木に挑戦したのではない。丈の低い檜や杉などの横枝に足をかけ、登っては体を前後にゆさぶり遊んだ。

●木渡り鬼ごっこ

三メートルぐらいの木が密集している神社の裏などで遊ぶもので、早くいえば樹上の鬼ごっこである。この遊びのルールは捕えられればもちろん鬼となるが、木から地面に落ちたり、逃げながら枝から降りて地面に足をついても鬼になる。ジャンケンで鬼を決めて鬼ごっこが始まると、いっせいに木に登り、やや時間をみて皆が木の枝それぞれに落ちついてから鬼も登って行き、枝から枝へと飛び移り追いかける。逃げる方も木の梢まで登ってからゆさぶって隣りの木に飛び移る。この遊びのようすは、まるで猿が群がるようである。

　〝木登り〟は遊びというより野性の生活感があり、史的文献も非常に少なく、子供の遊びとして考えられなかったのであろう。養老四年（七二〇）成立の『日本書紀』（舎人親王、大朝臣安麿撰）の海宮遊幸の条に、

　一書曰、門前有二一好井《しみず》一、井上有二百枝杜樹《ももえのかつらのき》一。故《かれ》彦火々出見尊跳昇《おどりのぼりて》其樹而立之、于レ時海神之女豊玉姫、手持玉鋺來將汲水……

とあり、彦火々出見尊《ひこほほでみのみこと》が木登りした記載がある。この神々の

物語を描いた青木繁の絵は、あまりにも有名である。また長保三年（一〇〇一）頃成立の清少納言の『枕草子』一四二に、いたずらざかりの子供が木登りする姿を描写している文章があるが、この他の文献は見当らず、近世に入って狂歌や俳句に詠まれたものもわずかにあるが、あらためて記述するほどのものでない。

かつて（戦前）子供の体育教育上、〝木登り〟が全身運動であることから、水泳に次いで必要であると、校庭の隅に青竹竿数十本を枠柱の中にたて、子供に競技をさせたことがあったが、現代ではその必要を説く人もない。また都市やその周辺、神社の森などでさえも、太陽があたらぬという理由で樹木が切り倒されるようになった。また飽食のこの時代、子供たちも空腹であったり、甘味に飢えるようなことはなく、昔の子供のように木に登って果実や木の実を失敬するようなことがなくなったので、〝木登り〟する子の姿を見ることも少くなった。

菖蒲打《う》ち

〝菖蒲打ち〟とは端午の節供に子供たちが菖蒲を刈りとり、これを三ツ打ち（三ツ編《あみ》）に編んで地面を叩き、その音の大小を競う遊びである。この遊びは絶えて久しく、すでに江戸時代享保の頃、幕府の法度により止んだと諸書に誌されてある（『日本の遊戯』、『日本遊戯史』その他）。しかしこれは都市（江戸）でのことで、地方には近年まで〝菖蒲打ち〟をする遺風があると報告されている。ではなぜ菖蒲の葉を編んでモグラ打ちのように地面を叩くのだろうか。

端午の節供に蓬と菖蒲を束ねて家々の軒先や門に挿すことは、現代でも地方に行くと見かけるが、これらの草を使用するのは邪気を祓うためのもので、古く中国から節供行事とともに伝えられた。

菖蒲や蓬の草に共通する特徴は匂いが強いということであ

る。三月の雛節供には蓬を餅に搗きこんで、これを食べて邪気を祓う。菖蒲は匂いとともに、葉の形が剣に似ているので、悪魔を祓う刀ともみなされた。中国では端午の日、門戸に赤紙を貼る風習があり、そこには、「菖蒲は剣の如く、八節の妖邪を斬り」と書いてある。

わが国にこの思想がとり入れられ定着したのは平安時代で、『枕草子』三十七段には、

節は、五月にしく月はなし、菖蒲、蓬などの薫りあひたる、いみじうをかし、九重の御殿の上をはじめて、いひしらぬ民の住家まで、いかでわがともに繁く葺き渡したる、なほいとめづらし

とあり、端午の節供には菖蒲や蓬が一般民家でも挿されたようすがうかがえる。またこの日に菖蒲湯を浴し、菖蒲茶を呑み、頭に菖蒲鬘をつけて邪気を祓い一年の無事を祈った。

葉の形が剣に似ているところから、三ツ打ちに編みこれを「蒲剣」とも「菖蒲刀」と呼んだ。この刀剣を腰に差し、頭には菖蒲の鬘や菖蒲冑をつけた姿が、『年中行事絵巻』「端午の段」に見える。これは平安時代末の（藤原光長の原本と伝えられる）端午の節供の街頭風景である。おそらくは腰に差した菖蒲刀で子供同士が打ち合うことがあったのではないかと思われる。

『弁内侍日記』（寛元四年～建長三年〔一二四六～五一〕）に見える園大暦（文和四年〔一三五五〕五月五日の条）に童らが菖蒲冑で合戦の真似をして遊んだとあることからも、菖蒲刀で打ちあっているうちに、激高すれば石礫を投げることもあったものと思う。そしてもっとも盛んだったのは、この時代（南北朝）より遡る鎌倉時代である。

鎌倉の武家政治は当然のように男の子の菖蒲の節供に尚武の文字を当て、地域抗争がこの間に起きると、公然と印地打（石合戦）が激しく戦われた。『北條九代記』（著者未詳、寿永二年〔一一八三〕～元弘二年〔一三三二〕の幕府の記録）、『吾妻鏡』（一一八〇～一二六六の武家の記録）などに記載されるように、死者が続出するほどの激しさであった。こうした印地打の気風は鎌倉から南北朝、室町を経て慶長にまで至り、『慶長見聞集』（三浦浄心著、慶長十九年〔一六一四〕成立といわれる）に、角田川（隅田川）で江戸の子供と下総の子供が石を投げ合うことが記されている。

寛永二年（一六二五）江戸幕府は印地打を厳しく取締り、ついに御法度とした。そこで男の子は印地打に代るものとして菖蒲打、いわゆる菖蒲刀で、菖蒲の葉で鬘のように作った鉢巻を叩き落すという菖蒲切りを行なうようになった。平安時代菖蒲の節供に戻ったわけである。

だが印地打を体験した子供にとってはもの足りない。菖蒲切りにことよせて菖蒲刀でたたき合い、しだいに激しくなって怪我人が出るほどとなり、幕府は再び菖蒲切りも御法度とした。菖蒲刀振りあげた男の子たちは、その手のやり場にこまった。そこでいまいましいとばかり、今度は地面を強くたたいてこの音の大小を競った。だがこれまでの印地打、菖蒲切りの勇壮さに比べもの足りないのはいうまでもない。これが本題の〝菖蒲打ち〟である。

このことについて『守貞漫稿』（嘉永六年（一八五三）刊）に、

> 端午の印地打止て印地切と也。正和慶安の頃は此日専ら童の挑争ふ。印地切も停て菖蒲打となる

ところが〝菖蒲打ち〟も江戸では長く続くこともなかった。柳亭種彦の『用捨箱』（天保十二年（一八四一））に、

> 明和元年老人の筆記に、享保の頃までは所々廣小路へ童集り、菖蒲にて大なるふとき三ッ縄をこしらへ、或は長竿を持出、往来の子供へしやがめ〱といって下座させ、若下座をせざれば打かかりなどして、使につかはしたる小調市《こでっち》など重箱をこはされ、はふはふ迯かへりし事などありしが、今は絶てなし、といふ事あり。さて此菖蒲うち絶えたる後も吉原の禿にのみ残り、彼節句の日、江戸前方、京町方と立別れ、待合の街に出て打合を見物群集したりしが、あやまちて疵をかうぶりし禿もありしより、遂に止にたりといふ事、平道揚屋町俳人が彼地の事を集し雑記にありしが、予寫しとめざるさきに、平道歿し今もとむるに便なし。考證に備ふべき事は一ッ二ッ見出たり

これによると印地打が禁止され、〝菖蒲打ち〟に変じて享保の中頃まで行なわれていたようであり、わずか百年ほどで終わったとある。

江戸では享保年代に菖蒲たたきは絶えたとあるが、これは都市でのことで、地方では端午の節供に菖蒲たたきが残存したことが報告されている。『歳時習俗語彙』（柳田國男編、昭和十四年刊）には、

> 五月五日に菖蒲を束にしたもので、土を打ってあるく子供行事は関東にもある。越後の北蒲原郡でも是を菖蒲敲きと謂って、其の作法や唱へごとは頗る中国地方の亥の子打ちに近い。村中をまはって最後には神社の境内で叩き納め、其菖蒲を社の後の空地に埋める。さうでなければ屋根へ投上げ……村によっては必ず川に流すといふ処もある。或は境に出て隣の部落と喧嘩をする。負けると作物が悪いなどと謂へて居る。此争闘の歴史的のものだったことは、幾らも記録の上に證據がある。上総の山武郡などは近い頃まで、瓦や石を投げ合って相手の子供の、

鉢巻の菖蒲を切るといふ争ひがあった。

また青森県八戸地方の「菖蒲ジッコ」という五月五日の行事も以上のものと同じである。

さて江戸の〝菖蒲打ち〟は絶えたが、菖蒲刀は柳の木を削り彩色した菖蒲刀に変り、飾り兜《かぶと》、幟《のぼり》などを戸外に並べ飾る風習が生まれ、やがて武者人形を室内に飾るようになった。これが現在の五月節供人形で、三月の雛人形よりはるかに歴史は浅いものである。

現代でも〝菖蒲打ち〟をするところが、どこかに残存するかもしれないが、おそらく消失してしまったことであろう。

かつて邪気と祓うことから菖蒲刀が作られ、男の子の闘争心を煽り、石を投げ合い、菖蒲刀で打ち合う節供行事もしだいに衰微して止んだ。それどころか家の軒下に菖蒲や蓬を挿すことすら少なくなった。そして同じ行事から派生した五月節供の人形ばかりが年々豪華なものになり、男の子の尚武とは形ばかりとなった。ここには邪気を祓う心意も祈りも忘れられてしまったことは、雛節供にも共通している。

蟬捕り

真夏の太陽がじりじりと照りつける昼刻《ひるどき》に、家の周りの樹々には蟬が激しく鳴き、ときには軒先の植木や電柱にまでとまって鳴きだすこともある。このようなときには、食べかけの昼食をそのままに、箸を放りだして黐竿《もちざお》を片手に飛び出すことが、昔の子供によく見られた。

それほどまでにして捕った蟬を虫籠などに入れても、数匹は間もなく命を落とし、毎日のように捕っても捕っても、次から次へと死んでゆく。だが子供は捕ることが面白く、ただ黙々と蟬を捕りたがる。これといってなんの役にも立たずともくり返すばかりである。

子供の〝蟬捕り〟に昔からよく使用される道具として、蜘蛛の巣を利用したものと鳥黐《もち》がある。それ以外の道具とともにここに紹介しよう。

●蜘蛛の巣

細い割竹を輪にして、その両端を竿竹の先に挿し込み、開かないようにこれを結びつける。この輪を樹木の間や軒下などの蜘蛛の巣に当てて蜘蛛の糸を巻き取る。注意しなければならないのは、朝露のかかった蜘蛛の巣はねばり気がなく役立たないこと。蜘蛛の巣を輪に取ると、これを蟬に近づけて捕まえる。

●鳥黐《とりもち》

黐《もち》の木は常緑の喬木で山野に多く自生し、または庭木としても植え込まれる木である。この木の樹皮を剝いで、その皮を水に数日漬けて腐らせてから取り出して、石の上などに置き搗き砕く。そして木の繊維を取り去り、餅状にして丸めて細竹の先端に延し塗つけて、蟬やトンボに近づけて捕る。戦前から戦後しばらくは、駄菓子屋などでその黐を売っていた。昔、一銭玉を握りしめて駄菓子屋のおばさんに「黐が欲しい」というと、水を張った梅干などを入れる瓶からつまみ丸めて（親指ぐらい）割箸につけて売ってくれた。

●蟬もち

小麦のおくれて出た青い穂を捜して、この青い実を取り、手で揉み、ごみを取り去りきれいにする。これをひと握りほど口に頰張り、くちゃくちゃ嚙んでは白い水を吐き出す。これをくり返すと餅状のものが口に残る。これを竹竿の先に塗りつけて、黐と同じように蟬捕りに使う。特徴は黐のように粘ばらないが、蟬やトンボの羽根を痛めず捕えることができる。

●袋捕り

古い手拭を縦半分に折り、両端を縫い袋にする。開口になった方に針金を輪状につけて竿竹の先に結びつける。これを蟬に近づけて伏せて捕まえる。

●バショウ葉の蟬捕り

沖縄の子供たちが作るもので、布袋に似たものである。まずバショウの葉を筒状に巻いて、これを竿竹の先に結びつける。蟬を捕るときは、筒の先端を蟬に近づけると、蟬は驚いて飛び去ろうとして筒の中にストンと落ちる。これを地面に置いて蟬を捕る。

子供たちが捕える蟬は、日本の蟬（二六種）のうちアブラゼミ、ツクツクボウシ、クマゼミ、ニイニイゼミなどであるが、これらの蟬は喬木などにもとまり鳴き、子供の身丈でも捕えることができる。ヒグラシのように高い樹で鳴くものは、露っぽく、気温があがらない朝方にはヒグラシも樹の根元にいて動きが緩慢なので捕りやすいが、陽が高くなって捕るには、身軽な男の子が樹の梢にまで登って捕えることも、しばしばであった。

蟬にとって子供は恐ろしい存在である。七年の間も地中にあって樹の根液を吸って過す蟬は、ときにはこの時期にも子供たちに掘りおこされることもある。蟬のサナギは指でつまむと頭を左右に動かすので「西はどっち、西はどっち」といって遊ぶのである。これは「西方寂光浄土」を意味する仏教語からきたことで、「西はどっち」と問えば頸をめぐらし、「何処の方角かな」と、さまよっているかのように見えるからである。この遊びは蟬に限ったことではないが（スクモムシ・ネキリムシ・栗のムシ）、サナギを「西はどっち」というところもある。しかし『和漢三才図会』（寺島良安著　正徳二年（一七一二）頃刊）では、とくに蟬のサナギを「蝮蛸（ニシヤドチ）」と名付け、小野蘭山著の『本草綱目啓蒙』（享和三年（一八〇三）刊）に、

春後土中に化して蝮蛸となり、後羽化して蟬となる。蝮蛸俗名は京でニシヤドチ、阿州でニシムケ等……

とあるほどで、サナギをつまんで問いかける「西はどっち」はこの蟬のサナギから始まったもののようである。

さて、このように蟬は地中のうちから痛めつけられるのだが、やがて地上に小さな穴を開けて羽化の準備を始めたときにも子供たちは蟬に襲いかかる。こわれた急須や空壜に水を入れて、この小さな穴に水をそそぎこむのである。水に溺れた幼虫は穴奥から地面に這い出したところを簡単に捕えられてしまう。これを群馬県地方では「ハイコゾー」とか「セミウマ」などといって虫籠に入れておく。そしてやがて羽化するおごそかな営みを観察しようとした。これはなかなか目撃をすることはできない。そして待つこと久しく、やっと神秘的な脱皮に出会った子供たちは、深い感動を得るのである。それはあの小さな虫から変身し、まるで姿形のちがう虫がみられるからである。

ところがこの羽化寸前の這い出た幼虫を捕り集めて食べるところが長野地方にある。最近も長野のある酒造会社が酒のつきだしに、この幼虫を唐揚げにして塩をまぶして提供し、珍味として迎えられたという。

蟬を食べることとは、古代ギリシャのアリストテレスも、

蟬はギリシャ人の非常に珍重した食物で味わいきわめて甘味なり。

と書き記しているくらいである。昆虫学者のファーブルは実

際にオリーブ油でフライにして試食をしたが、味は海老のよう、または蝗の串焼のようでもあると記している。

こうして危険を克服して脱皮した蟬はみるみるうちに蟬本来の姿になり、やがて飛んでゆく。その脱け殻を大人たちは古くから「空蟬」と書き、「うつせみ」「うつそみ」などと詩歌に詠まれ、さらには「現世」「現身」など思い重ねて仏教の無常感を表わす言葉となっている。『万葉集』（奈良時代後期〔八世紀後半〕頃成立、編者未詳）巻十五の、

石走る滝もとどろに鳴く蟬の
　声をし聞かば都し思ゆ

のように、沛然《はいぜん》と雨の降りしきる鳴き声に（蟬時雨《せみしぐれ》）吸い寄せられるかのように、子供たちは身も心も奪れ、夏から秋にかけて、ニイニイゼミ、クマゼミ、アブラゼミ、ミンミンゼミ、ヒグラシ、ツクツクボウシと、少しずつ時を移して現れ鳴く蟬を求めて歩き回る、森の狩猟者となるのである。その無心な子供の姿からは、人間の原風景をみる思いがする。

現在、子供の生活のまわりには、都市開発に蟬の棲む樹林や森が失なわれてゆくが、蛍と異なり蟬は力強く、夏がやってくればビル街の中にも鳴き叫び、つかの間の現世をうたい続けている。

蜻蛉捕り

カンカン日照りの草いきれのする原っぱには、どこへいってしまったのかトンボの姿は少ない。ところが夕方になるとオニヤンマやギンヤンマといわれる大型のトンボが低空で飛んでくる。それはトンボの好む蚊が現れてくるからである。とくに遣り水をした路地や水べりの草原などに、低空で飛んでくるなり、くるりと反転しては去り、再び現れては反転する。こんなヤンマの雄姿を目撃した子供は急に身の内がぞくぞくするもので、急いで手に囮《おとり》をつけた竹竿を振りかざし、

〽ぎんちょう　ちゃんめの子
　高法度　低通れ
あっちへ行くと　閻魔がにらむ
　こっちへ来ると　ゆるしてやる（東京）

と唄いながら竿を左右に振るう。ところによっては、

〽やんまやんま　やげんやんま

いつものところさ、とまらんせ（宮城）
へとんぼとまれ
　飴屋の前で菓子買ってくれず（静岡）

などと唄う。するとヤンマは竿の糸につらがれた雌トンボに組みついた。その瞬間、子供はすばやく竿を地面に倒し、すぐさま囮に組みついた雄トンボを捕えた。

　この〝トンボ捕り〟の方法は、わが国には古くから伝えられる男の子の夏の遊びである。文献にみると平安末期成立の『梁塵秘抄』（後白河院撰）に、

　居よ〳〵蜻蛉、堅塩参らんさて居たれ、動かで、簾篠の先に馬の尾縒り合はせて搔い附けて、童冠者儕に綴らせて遊ばせん

『絵本西川東童』より

とある。また『今昔物語集』（源隆国編といわれる、保安一年〔一一二〇〕頃成立）や『宇治拾遺物語』（承久三年〔一二二一〕頃成立、編者未詳）の「藁しべ長者譚」に、青侍が虻を藁でゆわえて飛ばしながら道を行く場面などをみると、平安時代末期頃の子供たちは、髪の毛や馬の尾毛などでトンボや虻などを結び、飛ばしてたわむれたようである。とくにトンボは、この囮の捕獲方法で、雌雄の交尾を利用して捕え遊んだものであろう。

　この〝トンボ捕り〟のトンボは、雌でないと囮にならないので、どうしても雌が手に入らない場合、子供たちは雄トンボの羽根の付根の背中（生殖器）に鳥黐《とりもち》をはりつけたり、泥を塗ってごまかして囮にした。捕えたトンボは羽根をたたんで左手の指の間に挟み、再び第二陣のトンボの飛来を待ちうけた（鳥黐については「蟬捕り」の項参照）。

　オニヤンマ、ギンヤンマの大型トンボを捕えるには、もう一つの方法があった。この捕獲方法はいつ頃から子供たちの共通の技になったのか不明であるが、江戸時代後期の子供遊び図にあることから、この頃にはすでに知られていた方法であるらしい。それは地方によって名称が異なるが、江戸では「ブリ」とか「ブリッコ」などといった。

　長さ三〇センチから四〇センチぐらいの馬の尾毛の両端に、

小指の先ほどの小石を紙に包んだものを結びつけた仕掛けである。これは蝙蝠を捕らえるに草履など放りあげ、捕える方法に似たもので、ヤンマが飛来すると、

ドンヤラ　ホーイ！（神戸）

と一声叫んで、飛来するヤンマの面前にこれを放りあげた。空中に放された「ブリ糸」は、ゆるい回転で上昇すると、これを餌と勘違いしたヤンマは、反転しながら結びつけた片方の小石にいどみかかる。すると残る一方の小石はヤンマにからみ、地面に落ちてくるのである。もちろん子供はこれをみて「やった！」とばかり走り寄り、ヤンマトンボを生捕りにしてしまう。

このブリの技術は難しいもので、単に放りあげればよいものでなく、飛来するヤンマの高さに狙いをつけて放りあげるのであるが、その瞬間の微妙な勘がものをいう。年長の子にはこの技が巧みな子が多く、鳥黐で捕る子をよく軽蔑した。そのため年少の子はトリモチ竿を放り投げて、ブリの投げ方を幾度となくくり返し練習をしたものである。そして見事にヤンマを捕えることができると、鬼の首でもとったかのように喜んだ。

このほかのトンボの捕り方は、ミヤマアカネトンボの場合は、静かにトンボに近づき、トンボの目前で人差指をくるくる円を描き、目が回ったところを把み取る方法とか、前述のトリモチ竿でシオカラトンボなどを捕えた。また小川などで、ひらひら飛ぶオハグロカワトンボ、イトトンボなどは、幼児でも捕れるからと年長の子は笑ったが、どうして、どうして、笊《ざる》やタモアミなどで追いかけても幼な子にとっては必死であった。そしてトンボの尾を千切り飛ばしたりするものだから、「尻切れトンボ」などという言葉も生れた。

『尾張童遊集』より

以上のように〝トンボ捕り〟は、セミ捕り同様夏の男の子の遊びであった。そのようすは、江戸時代の俳人加賀千代の句に、

とんぼ釣り
けふはどこまでいったやら

とあるように近年までの遊び生活であった。また一方、『古事記』にあるようにトンボは「勝虫」であるとして、また益虫でもあるから、昔は捕ってはいけないとよく大人にいわれ

たものである。

近年、自然が衰退し、加えて農薬などの散布でトンボはすっかり姿を消した。

しかし近年の荒廃ぶりに自然環境保護が叫ばれ、トンボは少しずつであるが蘇りつつある。この頃では都会でも時折姿をみることがあり、郊外ではシオカラトンボも姿を現すようになった。ただ、あのオニヤンマの勇姿はなかなか現れない。また子供たちの「ブリ」を投げる姿もなく、この頃ではそのブリのことすら知らない人々が多くなり、トンボと子供のかかわりはなくなりつつある。

駈《か》けっ競《くら》

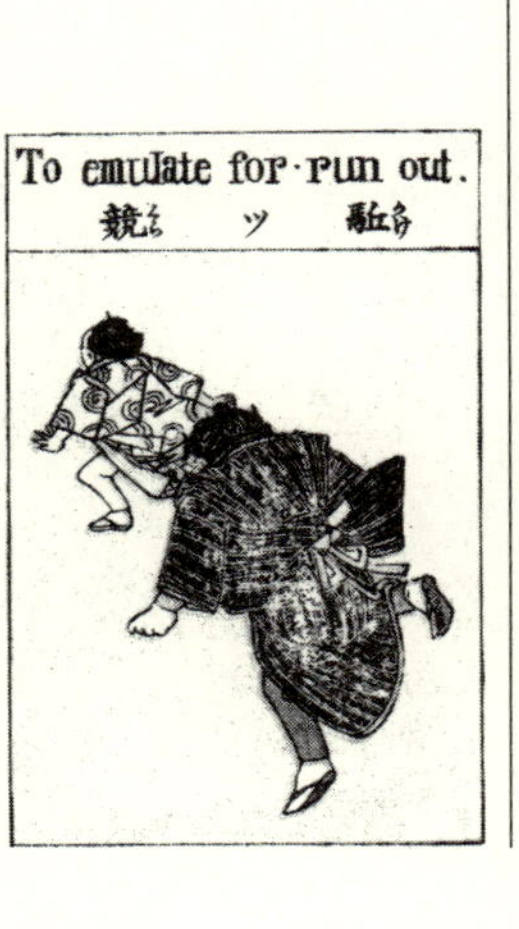

成人は一般に、一日のうちで余程のことがないかぎり駈け走ったりしない。ところが子供にとっては走ること歩くことは同じ日常の行動であるから、たとえば今日発売の本を求めて早く見たいばかりに駈けだす。または空腹に耐えられなくなると自然と家に向って駈け足となる。こんなとき横町から飛び出して交通事故に遇うことが多い。

子供が駈け走るということは、心に思ったことを早くなし遂げたいために、はやる気持を押えがたく、無意識に足が早くなったりするもので、学校の廊下を走ったり、ベルが鳴るといち早く教室を飛び出し校庭を走る。この気持が放課後、路上で危険な目に遇う要因なのだが、これは昔も今も同じである。

最近は車の交通が激しくなり、子供の駈け走ることが抑えられた。走ることとなれば公園や校庭に出かけなくてはならなくなり、走るためにわざわざ出かける。こんな面倒なことになってしまい、子供本来のその時々に意のままに「走る遊び」も制限され、遊びの欲求不満になってしまったことは哀れでならない。

この項目の〝駈けっ競〟遊びは、子供本性の意のままに走ることができた頃のことで、現代のようにただスピードを競うのではなく、様々な遊びがあった。昔は地方の町でも東京のような都市でも、住宅地の路地や人や車の行き交う往還でも勝手気ままに〝駈けっ競〟遊びをして、夕暮せまる頃には子供の歓声は街中に広がっていた。

こうした〝駈けっ競〟遊びの資料は乏しいが、大正時代末から昭和にかけての子供の街頭遊びから推察すると、江戸の子供らの遊びを想像することできる。

たとえば現代ではあまり遊ばれなくなった「泥巡《どろじん》ごっこ」（捕物ごっこ、巡査と泥棒ごっこ、現代では警泥《けいどろ》ごっこ）である。この遊びは終始駈け走り、終ることなく続けられる。まず年長の子二人が泥棒役となり往還を人や車をさけながら逃げる。すると巡査役の年少の子らがこれを追う。泥棒役はわざと後姿を見せながら店先に積んだ荷物の陰に潜む。そして巡査役の子らが近づくとパッと身を翻し路地奥に姿を消す。そして裏通りから商家の裏口に入り（昔の商家は店表から裏口まで細い土間が続いていた）、さっと店先にとび出る。店の人があっけにとられているすきに、後を追う巡査役の子らもぞろぞろ通り過ぎる。そして往還で二《ふた》手に分れていた巡査役に挾み打ちにあい、とうとう泥棒の一人は捕えられる。そして神社の立樹に荒縄で縛りつけられた。すると途中から別々に逃げていた残るもう一人の泥棒は、密かに縛られた相棒を助けるために現れ、幼い泥棒番の子らをなぎ倒して、二人の泥棒は手をたずさえて逃げる。……こんな調子でこの遊びは終始追いつ追われつの駈け走る遊びであった。

また次のような駈っこ遊びがあった。それは石けりに似た遊びの「何処何処《どこどこ》」（拙著、『日本の児童遊戯』「石蹴り」の項参照）で、この遊びはまず地面に直径一メートルくらいの円を描き、円の中心から放射状に分割の線を引き、この枠の中に走る目的物の名を書き込む。そしてこの円に対し一定の離れたところにラインを引き、ここから石を円に向って投げ入れ、目的物が決まると一列に並んで、「用意、ドン」で一斉に走り出す。目的物はタバコ屋の看板とか郵便ポスト、畳屋、そば屋などいろいろで、目的物にタッチして早く出発点に戻ったものから順位が決められる。そうして再び子供たちは小石を握り、円に投げ入れては走る。これを数回くり返し、最終的にその総合順位が一番良かった子が勝ちになる。

このように昔の駆ける遊びは、現代の徒競走のようなタイムを最上に評価するのでなく、遊びを加えて駆け走るものが多くあった。たとえば「廻りっ競《くら》」（「廻りっ競」の項参照）も、子供たちの生活地域を一つのグランドに見たての〝駈けっ競〟であった。

駆《か》け競《くら》べの文献は承平年間（九三一〜九三八）成立の『倭名類聚抄』（源順撰）に、

牽道《みちくらべ》。内典云投壺道（牽道・和名美知久良閉）

とあり、狩谷棭齋の『箋註倭名類聚抄』には「趨競《はしりくらべ》」と注釈している。古い時代には「駈競《かけくらべ》」を「ミチクラベ」とか「ハシリクラベ」といった。また長保三年（一〇〇一）頃成立といわれる『枕草子』（清少納言）めでたきものの条に、

かうふり得て、おりんこと近くならんだに、命よりはまさりて惜しかるべき事を、その御たまはりなど申して、惑ひけるこそいと口をしけれ。昔の蔵人は今年の春よりこそ泣きたちけれ。今の世には、はしりくらべをなんする。

と、蔵人の職を去って殿上から降りる悲しみを、「ハシリクラベ」にたとえたものだが、当時すでに走り競べがあった。

さらに正平二年（一三六〇）に没した虎関師の『異制庭訓往来』には、

早態、力持、水練、飛越、早走者。力弱、身重、中々不思(二)寄(一)

と書かれている。文中「身重」とは、身が重く走るには不向きだということである。

江戸時代になると、「はしりくらべ」は、「はしりこくら」と変化している。それは寛文六年（一六六六）刊の『古今夷曲集』という狂歌に、

帆をかけてひいふうみつの浦風は、走りこくらや足はやき舟、生白堂行風

とあることから、その推移をあかしている。

これらの文献は、子供というより大人を含めての走り競べの資料である。

魚しゃくい

〝魚しゃくい〟とは、水中の魚をしゃくって獲ることで、単なるすくいではない。「しゃくい」とは「杓い《しゃく》」と書き、すくえとも読めるが、「掬う《すく》」ことと「杓い」とは、物をとる動作が違う。たとえば縁日の金魚すくいは「しゃくい」とはいわない。

流れに泳ぐ魚を笊や篩《ふるい》のようなものですばやく水中に斜めに入れて、手前に引きよせ魚を獲ることを「杓い」といい、この「杓い」に似たもので、大工が鍋底状にエグりとることを「しゃくる」というが、これは「刳る《しゃく》」と書き、「杓い」とはその意味が違うが、エグるが如き動作は共通である。

文化三年（一八〇六）刊、『口豆飯茶番楽屋』（桜川慈悲成著）に、

なんとおめへの所にふなや金魚をしゃくふものはないか

……

とあるが、この「しゃくふ」道具は、家のお勝手（炊事場）にある道具である。

笊《ざる》は物をいれ水を切ることに使う。茹でたうどんを笊ですくい揚げることを、子供は毎日母親の傍で見ていて、お勝手にある道具の使い方を知りつくしている。こうした子供が、たまたま家の近くの小川で魚が泳ぐのを見かけると、お勝手に掛けられた笊を思い出し、一目散に笊を求めて走り帰り、とって返して小川に戻る。そして小川のへりに両膝をつき、魚の泳ぐ姿を見定めると、まるでトンボを捕るようにザンブと水面に笊を斜めに打ち入れ、それを手前に引きよせる。もちろん初めは魚が獲れるわけはなく、笊の中は川草と川虫が入っているくらいである。

こうした動作を子供は繰り返すうちに、片手でなく両手で笊を持ち、強くすばやく水を「しゃくう」ことを覚えてくる。幼な子は笊という道具の機能を知り、さまざまな魚獲法をこころみることになる。たとえば川底に笊を沈めておき、川べりにうずくまって、じっと小魚が笊に入るのを待つ。そしてメダカのような小魚が入ると、急いで水中の笊を引き揚げる。だがメダカは水とともに外に出てしまう。そのうち、どうして逃げてしまうのかを考える。メダカが逃げないように静かに引き揚げてみたり、笊に細い紐をつけて引き揚げてみたりする。そしてやっとメダカ五尾のうち二尾ぐらいを獲ること

ができる。ここで幼な子は「しゃくる」ことよりも、魚をたくみに「すくう」ことの方がうまくいくことを知るのである。

幼な子はやがて成長し、学校に入ると、年長の子供の遊び仲間に混り、伝承された魚獲り方法をいくつか身につけてゆく。

○川の中に入って、魚をおどして笊に追いこむ方法から、網を使うようになる。

○川岸から両手を水中に入れ、左右の手でせばめて魚をつかみ獲る方法。または大きな石の下に隠れた魚を、身近なところから大きな石を運び、魚が隠れる石に打ちつけて魚を脳震とうさせて獲る方法（これはカジカ捕り）。

○ヤスで魚を突き刺す。または釘や針を篠竹につけてヤスのように使用する。さらには覗きガラス箱で水中の魚をよく見定めてヤスで突く。または、魚はさみで獲る。そして同じ方法で、魚の睡眠時刻を見計らって火をともして魚を突く。「夜ぶり」または「火ぶり」をする。

○魚の泳ぐ道に竹製の筌《うえ》（ウケ・ドウともいう）を沈めて獲る方法、これが後にガラス製（現在はプラスチック製）のものとなる。

○笹や小枝の多いものを川底に沈め、数日たって引き揚げる柴魚獲（柴〔芝〕漁）、孟宗竹を川底に沈めてウナギを獲る。

○釣針で獲る方法。川に餌付きの釣針を流しおき、翌朝引き揚げるウナギ漁。同じ方法で多数の釣針をつけたハエナワ漁、ときには川上から石灰を多量に川に投げ入れて魚を浮かせて獲る方法。または山椒の実を砕いて川に投ずる方法。悪い奴は電灯線から電流を盗み、これを川や池に入れてウナギ、ナマズ、鯉など獲った。

以上のように子供の魚獲法は、かつて大人が真剣にやっていた原始漁法から展開してゆく。この魚獲りの始めが、笊で「杓う」ことから「掬う」などを経てきていることである。

昔の子供は、どのようにして魚を獲るか、川の流れの中でいろいろ考え、自然の力を利用しつつそのおそろしさを体験しつつ魚獲りの技を身につけた。現代の子供は日常生活の中で魚とのかかわりをもつことがなくなり、日常食膳にでる魚の名すらわからない子が増えた。それは河川が整備され、農薬が流入して汚染され、水田の中を流れる小川ですら護岸によりコンクリートで固められ、小魚や川虫も姿を消していったためであろう。

自然は子供の生活から隔離され、昔のように川で魚獲りする姿を見ることができない。

それに代ったのか、この頃では、立派な釣竿を持って海べりや川で釣りする子が見受けられるが、道具の立派さにくらべ魚は獲れない。かつて篠竹を肥後の守ナイフで切り作った釣竿の方がたくさん釣れたものである。立派な釣竿と魚獲りは、やはり豊さの中でのひとつのファッションに他ならない。

蝙蝠《こうもり》捕り

近年、夏の夕暮れどきになっても蝙蝠の飛び交う姿をめったに見ることもなくなったが、昔は裏街の古家の屋根裏や、寺や神社の大木の洞《うろ》などから蝙蝠が飛び出し、夕暗の路や川面の上を餌（蚊など）を求めて低空で飛行している姿を見ることが当り前のようであった。

子供たちは、こうした蝙蝠が目の前に低空で出現し、ひらりと体をかわして飛び去るさま見ると、たまらなくなって覆っていた草履を空中に投げあげようと身構え、大声をあげて、

こうもり、こうもり
草履やっから、はやッ来い（関東地方）

蝙蝠ッこ、蝙蝠ッこ
うぬが草履は、糞《くそ》じょうり

俺が草履は、金《きん》じょうり
欲しけりや、くれべいや（群馬）

こうもり来い来い来い
あっちの山は草山だ
コッチの山は金山だ
早くこいこい（神奈川）

地方によっていろいろな言葉で飛び去る蝙蝠を追いかけて、再びやって来るよう呼びかける。すると蝙蝠は翼をひるがえして急低空でもどって来る。子供はすかさず、蝙蝠をめがけて草履を投げあげると、蝙蝠は獲物と思って草履に飛びつき、どっとと路上に草履とともに落ちる。子供は駆け寄ってきて、もがく蝙蝠を見る。先程まで空を自由に羽ばたいていて鳥のようであったものが、落ちてみると子鼠のようになっている。その不思議さにびっくりした。小さくたたんだような両翼をつまんでひろげ、上下に振ると蝙蝠は小さな鳴声をたてる、それは人が酢にむせて咳込むようであった。

こうもり、こうもり、山椒のこ
柳の下で、酢をのましょ（東京）

こうもり、こうもり
草鞋が欲しけりゃ、飛んで来い（東京）

とうたった。

〝蝙蝠捕り〟はただこれだけのことで、蝙蝠を落す興味につきる。子供たちの中には、捕えた蝙蝠を鳥かごに入れ餌付けしようとするものもいたが、やがて死んでしまう。

〝蝙蝠捕り〟は草履の他に、長い竿を左右に振って蝙蝠を打ち落す方法もあったが、ただただ殺生するだけであった。

『風俗野史』より

廻《まわ》りっ競《くら》

子供の駆けっ競は、誰が一番速いかを競うものであるが、〝廻りっ競〟は走り競べにちがいがないが、その競う方法が変っている。それは地域の一拠点から二人の子供が左右に分れて決められたコースをぐるりと走り回り、どちらが早く出発点に戻ってくるかを競うものである。

〝廻りっ競〟の特徴は、生活地域を駆け回るので、人馬や車が行き交う往還にあるため、走るといっても大変な障害競争である。前半は平坦地で楽だったが、後半は坂あり寺めぐりありで苦労してゴールするようなコースでは、対戦相手は反対に前半に障害があり苦しむが、後半は平坦なので、ほっと胸を撫でおろしながら走る。いずれにしても双方ともそれなりの障害の苦しみがあり、回り戻って先着か後着かの優劣を競うことになる。たとえば江戸の町では坂の多いお茶の水周辺が〝廻りっ競〟の恰好の場所だった。

この〝廻りっ競〟は町の子の遊びであるから往還の街角を出発点をすることが多い。遊びの始めは、まずコースをお互いに確認しあって、それから二人が背中を合せて、「用意、ドン」で左右に別れて走り、人通りの多い往来を人や車をさけながら、それぞれが横丁に消えて行く。

左に走った子供のコースを追いかけてみると、横丁に入ってしばらく走ると右手のお寺の境内に入って石畳みを進んで、本堂をぐるりと一巡し、再び横丁に走り出て、今度は左に折れて原っぱを横ぎり、崖道を下って町内の裏に出る。そしてさらに出発点に向うために往還に出てゴールインする。

もう一方の右手に走った子は、この道順を逆さに走るのだが、当然コースは向きは違えど同じなので、走るもの同士がすれちがう。どちらが速いかはそのすれちがった場所で優劣を判断するために、負けていると思うと発奮して全力を尽して走ることになる。

ところがこの〝廻りっ競〟はときにはハプニングが突発する。往還に飛び出し走っていると仕事帰りの父親にバッタリ出会ったり、八百屋の店先で母親に会ったりして大慌てすることもあった。「まだ遊んでいるのか、早く家に帰れ！」と小言をくらうこともある。ときには大声で用事をいいつけられるが、聞こえぬ振りして親の言葉を尻目に人ごみにもぐりこんだりした。

この〝廻りっ競〟は、難題のコースを回るという遊びで、罰則がきわめて厳しかった。その罰則とはルール違反（コースを走らず近道するなど）が発覚すると、一日「組抜け」にして遊ばないとか、友だち数人から五ツずつ竹篦《しっぺい》（人指し指と中指二本で手首のところを打つ）などがある。

近頃はこうした屋外で子供たちが走る姿を見ることがめっきり少なくなった。

蛍狩り

麦刈の済んだ夏の夜、湯あがりの子供たちは団扇や箒木を手に、暗やみの川べりに出かけて、草むらに明滅する蛍や、飛び交う蛍を追ってこんな唄をうたった。

〽ほう、ほう、蛍来い、山伏こい
あっちの水は苦いぞ、こっちの水は甘いぞ
ほうほう　蛍来い

〽ホーホー、ほたるこい
行燈《あんど》の光で　又こいこい（関東地方）

などと、声を張りあげて暗の川に向ってうたい、蛍を捕えて唄は止む。そして再び箒を手にすると、「ホーホーほたるこい」とうたう。あっちでも、こっちでも苦い水と甘い水の蛍を誘う唄は、全国に共通の〝蛍狩り〟の唄である。

ところによっては、

○あっちの水は泥水　こっちの水は砂糖水（三重県）
○あっちの乳苦いぞ　こっちの水は甘いぞ（兵庫県）
○あっちの水は辛いぞ　こっちの水は甘いぞ（群馬県）

など、さまざまにうたわれるが、水ばかりでは蛍が寄って来ないのではないかと、子供心に思案して、その代償に

○甘茶を入れて、おせんでこねて、飲まそ飲まそ（大阪府）
○天の川の露飲まそ、だいとうめしの盛っきり、鰯の頭のねっきり（和歌山県）
○柳餅ついてくりょ、切餅いやいや、葭の中の霧がいい（埼玉県）
○落ちたら玉子の水くれる（長崎県）
○あまのあまの上饅頭、柳のもとでしゃぶしゃぶ（兵庫県）
○甘酒のましょ酒のましょ（鹿児島）

このように、甘い水よりももっともっと美味しい御馳走をするから飛んでこいと、子供たちはうたう。そしてさらには、「兼次郎」（三重）、「蛍のお父っつあま」（福島）、「丈之助」（兵庫）、「常念坊」（三重）、「大郎虫」（徳島）などと、蛍を擬人化して親しみをもって呼ぶところもある。さらには、やってくる出《い》で姿《たち》まで注文づけて、

○けつに赤い提灯ぶらさげて、頭に赤い手拭ほっかぶり（群馬）
○赤い頭巾に黒羽織、提灯とぼって出ておいで（静岡）
○頭に赤帽子かぶって、尻に提灯さげて（福井）

と名ばかりでなく、蛍の姿を人に見立ててうたうところもある。

〝蛍狩り〟の唄は以上のように全国的に数多くのものがあるが、これはカタツムリ、アリジゴク、トンボなどの唄と同様、子供たちは虫に対してこうして来て欲しい、こうしたら来てくれるだろうと、願いがこめられている。蛍に来て欲しいという唄、「甘い水を飲まそう！」という唄は、いつ頃からうたったのであろうか、それは蛍が草露を飲んでいることを知っていたからだろうか。こころみに蛍の生態をみると、幼虫の頃には川のカワニナ（貝）などを餌に水中で三年すごし、やがて土中に入って蛹になり、初夏の頃になって一人前の蛍になる。そして草露を飲んで二〇日ほど、夜になれば光を放ち、力なく飛び交い、やがて消え入るように命を落とす。このわずかの間に子供たちに捕われて、容物の草の中に飼われるが、多くは二、三日しかもたない。

子供たちは、この短い命をなんとか長生きさせたかったにちがいない。それは川から生れる蛍がやすらかに生きるのは、なんといったって甘い水であり、その水をいつもたくわえるのは「ツユクサ」であると思ったのであろう。ツユクサを「ホ

タルグサ」と呼ぶ地方が全国に三十数ケ所もある（関西以西に多い）。また「ホークロクサ」とか「ホータルグサ」という名や、他の草の方言名（スギナ、カワラヨモギ、タチデンモンドウ）を加えれば、その数は実に多い。

こうしたことから、「苦い水、甘い水」とうたって蛍を誘い、捕えては露を含む草々を容物に入れたのである。

天保二年（一八三一）刊の『尾張童遊集』（小寺玉晁著）に、

蛍来い水のましょ、そっちの水はにがいよ、こっちの水はあまいよ（蛍を見るときの詞）

とあり、すでにこの頃から蛍の水好みがうたわれている。そのせいかどうか、むかしは竹竿の先に小笹を結びつけ、この笹を水にぬらして蛍を追っかけたと伝えられている。

『絵本風俗往来』より

蛍と子供の生活を想いおこすと、その交流の痕跡は〝蛍狩り〟のわらべうたにこめられており、それはそのまま子供たちの生活の歴史であった。このような子供たちの生活に対し大人たちは、蛍を「腐草化爲螢」と芽根や腐った草が化して蛍が生れたようなことをいい、正徳二年（一七一二）刊の『和漢三才図会』（寺島良安著）には化生類に入っている。この「腐草化爲螢」とは中国の『本草綱目』（明代の医師李時珍著、一五九六年頃刊）からの説だそうだが、わが国では前掲の『和漢三才図会』のように、

……黒色にして両額に赤点有、臭気あり、其尻銀色の処、夜光を出す、紙に裹めでも亦光り外に徹る。麦稍を用いて揉み砕けば銀砂ごとし……

これは麦わらとともに、蛍の尻の光源を千切り砕いて銀砂などといっているが、多くの子供たちがネギの葉に入れて、その不思議な光に魅せられた。筆者の幼い頃は、蚊屋の中に蛍を放し、蛍を星に見立てて天体を連想したことがあった。

蛍の文献では、奈良時代に成った『日本書紀』巻二「神代・下」に、

然も彼の国に多に《さわ》螢火《ほたるび》の光く神、及び蠅聲《さはへな》す邪しき神有り……

と記されている。また日本最古の歌集『万葉集』（奈良時代後期成立）にも、

螢なすほのかに聞きて……

紫式部著『源氏物語』（平安時代中期成立）にも、

螢しげくとびかひておかしきほどなり……

などがあり、この他『新古今集』にも載っている。いずれも

人間本位のもので、子供らの蛍に対する心情より、ほど遠いもので、

恋にこがれて鳴く蟬よりも
　鳴かぬ蛍が身をこがす

などとうたわれている。夜露にぬれた墓場の草むらから蛍がスーッと飛び出る妖しい光に、大人たちは蛍と知りながら恐れたであろう。ましてや京都近郊の宇治川で源三位頼政の最後の地に、蛍が塔の如く群れて、天をめざして乱れ交うさまを、当時の人々は怨念としてみたであろう（「蛍の合戦」などと観賞に出かけるのは年月を経た後々のことである）。

蛍の名所は京では宇治、近江の石山で、江戸では斎藤月岑の『東都歳時記』（天保九年〔一八三八〕刊）に、

王子辺、谷中蛍沢、落合姿見橋辺、目白下通り、目黒辺の田畑、吾妻森辺、隅田川堤、其外名所あり、都下の游人黄昏より漫遊し、籠中に入て家苞とす

とあり、川辺には蛍茶屋や舟を浮べて蛍の群れ飛び交うさまを観賞した。

現代ではこうした蛍の名所は、人々の記憶や記録による他はなく、それどころか蛍が飛んでいるだけで、大変珍しくなってしまった。それにもかかわらず、毎年三月の各学校の卒業式には『蛍の光』がうたわれ、うたう子供たちはおそらく蛍という虫（実物）さえも知らない子が多いのだろう。この歌は中国の故事「蛍雪の功を積む」という言葉に基づいたもので、普の車胤が貧しいために油が買えず、蛍を集めて書物を読んだという話と、貧乏書生が雪明りで勉学したたとえとなっている。日本でも京都、知恩院の奥に円光大師が勉学した蛍の岩屋や、親鸞上人が蛍を集めて勉学をしたことは、あまりにも有名な話である。

この話は中国の蛍「タイワンマドホタル」なら光が強いので可能であるが、日本の蛍、子供たちがうたう「山伏」「山路」「山彦」という大型の「ゲンジボタル」であっても、千匹集めて実験の結果、一燭光（蠟燭一本の明るさ）であると報告されている。「ヘイケボタル」ならさらに小さいからその数は大変なことであろう。

現在、蛍は料亭や風致地区に、人寄せのために空輸で運ばれてきて放され、子供たちにひとときの蛍の光をみせるが、多くは二日と命が保たず死んでゆく。それほどまでに珍しい虫となった。もちろん、

〽ホーホーほたるこい、山伏こい

の子供たちのわらべ唄も蛍とともに何処へか消え失せて、わらべ唄の書物の中にその痕跡を残すのみとなった。

かや釣り

畑の畔や原っぱの草叢に生えるカヤツリグサは、根もとから数本の細い葉をのばし、夏もおそくなると、三角（三稜形）の茎の上に放射状に花茎がのびて花穂がつく。その形が花火がパッと散ったかのように見えるので「ハナビクサ」（山口県、愛媛県）、または「センコウハナビ」（山形県）などというところがある。江戸時代の方言集『物類称呼』（越谷吾山編、安永四年〔一七七五〕刊）には、

近江にてとんぼぐさ、常陸にてますぐさ、安房にてますげと、一名、連銭草……

などとさまざまな呼び名がある。だがなんといっても多いのは標準名でもある「カヤツリグサ」（蚊帳吊草）という名である。ではどうしてこの草をカヤツリグサと呼んだのであろうか。それは子供たちがこの草の三角茎を裂いて、蚊帳の形を作って遊ぶことに始まる。この「蚊帳吊草」と名付けた年代は、一般庶民に蚊張が使用されるようになってからであるから、江戸時代も中期頃ではなかろうか。

この草で蚊帳を作るには、三〇センチぐらいの長さの茎を採り、二人の子供が切口の両端を二つに裂いてゆくと、茎の中央で裂目が合い、とたんに裂目が広がり四角になる。この形が「蚊帳」のようだから「カヤツリグサ」と名付けたのである。ところによると「枡」のように四角だから「マスクサ」と呼んでいる。子供たちはこれをただ作るのでなく、四角になった茎の中に頭を入れて、「蚊張に入ったよ！」、それから「蚊帳から出たよ！」と四角に裂けた茎の大きさを自慢した。

このような草叢の中の遊びは、江戸の昔からつい最近まで続けられてきたが、この頃ではカヤツリグサどころか、蚊張を知らない子供が多くなった。

昭和の時代、蚊張の中で夏を過した私たち民族の歴史が長いだけに、蚊張がなくなったことは、ふと、ふるさとを失ったような感じがする。ではふるさとの蚊帳はどのようにして現代まで使用されてきたのか、こころみにさぐってみると、意外に歴史が古いことを知る。

蚊帳がわが国の文献に現れるのは『播磨国風土記』（和銅六年〔七一三〕刊）に加野の里の地名の由来を説明して、

右加野と称は、品太の天皇、巡行し給ひし時、此処に殿

を造り仍りて蚊屋を張りたまひき。故、加野と号く。

また平安朝初期の『太神宮儀式帳』や『延喜式』にも、神宮の調度として蚊屋の丈幅が記されてあるが、この頃はまだまだ庶民のものでなく、貴族階級の専有物であった。

蚊帳の吊り方は、室町時代までは竹竿二本を天井から吊り下げ、これに直角にもう二本竿を渡して井桁状に作り、乳(羽織・幕・旗などにつけた、紐や竿を通すための輪)をつけた蚊張布に竿を通し、四角に吊りさげた。従って朝夕たたむこともなく布地を上にたくし上げるにとどまった。安土桃山時代に入って、初めて竿が取り払われて真鍮を釣手につけたが、江戸時代になると、各布にあった乳と井桁の紐はなくなり、現代まで使用された四隅に真鍮の輪をつけた釣手緒をつけた。

蚊張は戦国時代に奈良地方で物産化し、後に近江の国で大量に作られ全国に販売された。江戸時代に入っても、庶民の手に入るには容易でなく、多くの人たちは「蚊やり」を焚いて過したが、しだいに町人、地主と経済的に余裕のある家から使用し始め、時代が降るに従って庶民も求めることができるようになった。カヤツリグサが子供に遊ばれるようになったのはこの頃である。

戦後しばらくは蚊張を必要とする生活が続いたが、下水道の整備、衛生思想の普及、殺虫剤の進歩により蚊の発生と成育がはばまれ、現代では都市周辺には蚊の姿もめっきり少なくなり、住いには蚊張を使用することがなくなった。それとともにカヤツリグサの生える空地も少なくなり、子供たちも草とともに遊ぶこともなく、「蚊張」「カヤツリグサ」ともにすっかり人々の記憶からも薄れかけている現代である。

付記

●手毬つき：近年教科書に掲載された手毬唄に、「いちもんめのいすけさん」〔平成三年、音楽之友社『新編小学生の音楽・三年』〕、「あんたがたどこさ」〔平成三年、東京書籍『新しい音楽・二年』〕がある。

●お手玉：ある地方では、お手玉をもって町おこしを企画している町もあると耳にする。
近年の教科書には「わらべうた」として、「おてだまうた」〔『国語・二年・上』平成十一年、『ひろがることば・小学国語・二年・上』平成十六年〕、「つくしだれの子／おてだまうた」〔『ひろがることば・小学国語・二年・上』平成十三年　三冊とも教育出版株式会社〕などが掲載された。

●源氏合せ：最近、子供のカード遊びは「トレーディングカードゲーム」が大流行している。また、トランプゲーム「エイト」や「ページワン」を遊びやすく改良したＵＮＯ（ウノ）も人気がある。

●春駒：昭和三十年代にテレビの子供番組で、春駒同様、馬の頭がついた棒状の玩具にまたがって、うたいながらスキップする遊戯があった。これは「ギャロップ」と呼ばれて流行した。

●甲螺（ベエ独楽）：ベエ独楽は「ベイブレード」という名に変って、二〇〇一年頃から全国の子供の間に社会現象とも呼べる大流行を起こした。簡単に回すことの出来る作りの凝ったベエ独楽で、プラスチックや金属を用いた各部品の組み換えによって自分だけのベエ独楽を作ることができるのが特徴。大会なども盛んに行われている。

この「ベイブレード」の流行により、数少ない駄菓子屋などで売られていた従来のベエ独楽の売り上げまでもが急上昇した。

●お馬（騎馬戦）：最近の小学校では運動会に騎馬戦を復活させたところが多い。

●此所は何所の細道じゃ：大正十年に本居長世が東京でうたわれていた旋律を元に編曲したものだが、昭和以降は『通りゃんせ』という題が一般的になっていて、近年歩行者用信号機のメロディにもなっている。

通りゃんせ通りゃんせ　ここはどこの細通じゃ
天神様の細道じゃ　ちょっと通して下しゃんせ
御用のないもの通しゃせぬ　この子の七つのお祝いに
お札を納めにまいります　行きはよいよい帰りはこわい
こわいながらも　通りゃんせ通りゃんせ

●兎うさぎ：明治二十五年「小学唱歌」（二）に初めて教材として掲載されて以来、現在も多くの小学校（三年）の音楽の教科書で（日本古謡「うさぎ」として）取り上げられている。

●チンチンモグモグ：地面に数個の円を描き（道路の場合はチョークや蠟石）、「片足、片足、両足……」と円を移動する、片足跳び遊びの変型「けんけんぱ」は現代の小学生も遊んでいる。

●紙鳶揚げ：東京都北区の王子稲荷神社では、江戸時代以来現在も初午と二の午の日に「火防守護」と書いた奴凧が火除けのお守りとして授与されている。そして境内では、武者絵凧や奴凧などを商う凧市が立つ。

●木登り：現在では金属製の「登り棒」が設置されている小学校の校庭や児童公園もある。

●蜻蛉捕り：最近では自然を復元することを目的としたビオトープの一種として各地に「トンボ池」がつくられている。

●蛍狩り：「ほたるこい」は昭和五十一年頃まで小学校の音楽教科書に掲載されていた。

●かや釣り：「蚊帳」は近年安全性が再認識され、通信販売などで売られている。

あとがき

本書は「江戸児戯叢考」という題名で書き進めてきたが、広く遊びの源を示すためにも改名を望まれ、『江戸の子供遊び事典』となった。別に表題が変わったからといって内容には変わりなく、どちらかというと遊びの方法や歌詞の課題には深く触れず、考証を主眼として進めた。

はじめはこれほど大冊になるとは考えていなかったが、『吾妻余波《あずまなごり》』（岡本昆石編、明治十八年〔一八八五〕刊）に収録された「東都子供あそびの図」に掲載された遊びの多さ（男児の遊び三十六種、女児の遊び十六種、男女児の遊び六十種、計百十二種）に驚きながら執筆を進めたところ、このような原稿の量になってしまった。今回、その「あそびの図」をそれぞれの遊び名に配し、全百十四種の遊びを紹介した。

それでもまだまだ書き足りない遊びがあり、残念な思いである。それは「東都子供あそびの図」には掲載されていないが、江戸の町々の至る所で、自然の動植物を相手に子供の遊びがたくさんあったはずである。そんな思いで『守貞漫稿』を繙くと草木虫魚の遊びが収録されている。空き地に茂る雑草や割堀に棲む虫魚相手の遊びである。たとえば、蛙を相手にした「蛙の葬式」遊びは盛んで、小林一茶の『おらが春』にも「蛙の野送」として登場し、他にも「蛙の博打」、「蛙釣り」などの遊びがあった。また、赤飯（イヌタデ）や草人形など、数えあげればきりがないほどである。

こんな草木虫魚の遊びに、私たちの祖先の「おさなごころ」を垣間見ることができる。これについては本書『江戸の子供遊び事典』の附帯本として刊行したいと考えている。

昔の遊びには、今日からみると不適切な表現も含まれているが、歴史的な記述として本文中にはそのまま表記した。ご理解いただきたい。

今回、出版にあたって協力を惜しまず励まして下さった八坂立人氏、ならびに編集の三宅郁子さんに大変お世話になった。

二〇〇九年六月

中田幸平

ら

わ

ま

や

な

は

た

さ

索　引

著者略歴

中田幸平（なかだ　こうへい）
1926年　栃木県栃木市に生まれる。
1946年　戦後、演劇を志し上京、新協劇団に加わる。
1949年　劇団俳優座に属し、ステージ・コスチュームデザイナーとなる。
1955年　俳優座を退き、以来フリーとなり、演劇・舞踊のデザイン、時代考証、原稿執筆、傍ら桑沢デザイン研究所の講師を務める。
1960年　ＮＨＫ大河ドラマ『春の波濤』の風俗考証担当を最後に退く。児童文化の研究に専念。
現在、日本ペンクラブ会員。

著書：『日本の児童遊戯』社会思想社
『野の玩具』中央公論社
『野の民俗』社会思想社
絵本『しんぶんしのようふく』ポプラ社
絵本『くさばなのあそび』ポプラ社
『自然と子どもの博物誌』岳書房
『児童劇の衣装をつくる』大月書店
『昭和 子ども歳時記』八坂書房
その他共著多数

江戸の子供遊び事典

2009年 6月25日　初版第１刷発行

著　者　中 田 幸 平
発行者　八 坂 立 人
印刷・製本　モリモト印刷(株)

発行所　(株)八 坂 書 房
〒101-0064 東京都千代田区猿楽町1-4-11
TEL.03-3293-7975 FAX.03-3293-7977
URL.: http://www.yasakashobo.co.jp

ISBN 978-4-89694-936-0